V&R

Lutherjahrbuch

Organ der internationalen Lutherforschung

Im Auftrag der Luther-Gesellschaft herausgegeben von

Helmar Junghans

Professor an der Universität Leipzig

60. Jahrgang 1993

Vandenhoeck & Ruprecht in Göttingen

ISBN 3-525-87425-1
© Vandenhoeck & Ruprecht, Göttingen 1993
Printed in Germany. Alle Rechte vorbehalten. Das Werk einschließlich seiner Teile ist urheberrechtlich geschützt. Jede Verwertung außerhalb der engen Grenzen des Urheberrechtsgesetzes ist ohne Zustimmung des Verlages unzulässig und strafbar. Das gilt insbesondere für Vervielfältigungen, Übersetzungen, Mikroverfilmungen und die Einspeicherung und Verarbeitung in elektronischen Systemen.
Gesamtherstellung: Gulde-Druck GmbH Tübingen

7 Eberhard Wölfel
In memoriam Walther von Loewenich

13 Steffen Kjeldgaard-Pedersen
In memoriam Regin Prenter

17 Hellmut Zschoch
Martin Luthers Argumentation mit Eccl 7, 21 in der Auseinandersetzung mit Jacobus Latomus

39 Simo Peura
Die Vergöttlichung des Menschen als Sein in Gott

72 Hans Düfel
Voraussetzungen, Gründung und Anfang der Luther-Gesellschaft

118 Martin Treu
Die Lutherhall Wittenberg zwischen 1980 und 1991

139 Buchbesprechungen · Luther und die Welt der Reformation
139 Hans-Martin BARTH: Einander Priester sein; 156 COLLECTED WORKS OF ERASMUS 7-10. 29. 32f. 49. 61; 150 Gerhard EBELING: Disputatio de homine 3; 154 FRÜHNEUHOCHDEUTSCHES WÖRTERBUCH 2 Lfg. 1; 143 Hans-Martin GUTMANN: Über Liebe und Herrschaft; 147 D. Martin LUTHER: Operationes in psalmos 1; 154 MELANCHTHONS BRIEFWECHSEL T 1; 152 Albrecht PETERS: Kommentar zu Luthers Katechismus 2f; 144 Hans-Jürgen PRIEN: Luthers Wirtschaftsethik; 141 Vera SACK: »Glauben« im Zeitalter des Glaubenskampfes; 139 Johannes VON STAUPITZ: Salzburger Predigten 1512.

159 Lutherbibliographie 1993
159 Abkürzungsverzeichnis; 162 Sammelschriften; 166 Quellen; 171 Darstellungen; 210 Forschungsberichte, Sammelbesprechungen, Bibliographien; 211 Nachträgliche Besprechungen; 214 Autoren- und Titelregister

Anschriften

der Mitarbeiter: Wissenschaftlicher Mitarbeiter Dr. Michael Beyer, Pfarrhaus, O-7241 Schönbach; Studiendirektor Dr. theol. Hans Düfel, Zanderstraße 10, W-8520 Erlangen; Professor Dr. Helmar Junghans, Ludolf-Colditz-Straße 22, O-7027 Leipzig; Dr. Reinhard Junghans, Mittelstraße 3, O-7113 Markkleeberg; Professor Dr. Steffen Kjeldgaard-Pedersen, Kong Valdemars Vej 25, DK-4000 Roskilde Dänemark; Direktor Dr. Martin Treu, Lutherhalle, Collegienstraße 56, O-4600 Wittenberg Lutherstadt; Professor Dr. Eberhard Wölfel, Ulmenstraße 45, W-2313 Raisdorf-Nord; Dr. Simo Peura, Fabianinkatu 7 B, SF-00130 Helsinki Finnland; Professor Dr. Ricardo Rieth, Escola Superior de Teologia, Caixa postal 14, BR-93001 Sāo Leopoldo RS Brasilien; Thomas Wilhelmi, Universitätsbibliothek Tübingen, Wilhelmstraße 32, W-7400 Tübingen; Dr. Hellmut Zschoch, Sandstraße 20, W-8034 Germering.

für Rezensionsexemplare, Sonderdrucke, Mitteilungen sowie Anfragen: Theologische Fakultät, Institut für Kirchengeschichte, Emil-Fuchs-Straße 1, O-7010 Leipzig.

der Luther-Gesellschaft: Bindfeldweg 49, W-2000 Hamburg 61.

Die *Abkürzungen* der »Lutherbibliographie 1993« werden im ganzen »Lutherjahrbuch« verwendet. Den Abkürzungen für die Lutherausgaben liegt »Kurt ALAND: Hilfsbuch zum Lutherstudium. 3. Aufl. Witten 1970« zugrunde; StA verweist auf »Martin LUTHER: Studienausgabe. B 1979 ff«; BSLK auf »DIE BEKENNTNISSCHRIFTEN DER EVANGELISCH-LUTHERISCHEN KIRCHE/ hrsg. vom Deutschen Evangelischen Kirchenausschuß im Gedenkjahr der Augsburgischen Konfession 1930. 2 Bde. GÖ 1930« und Nachdrucke.

In memoriam Walther von Loewenich

Von Eberhard Wölfel

Nach einem reich erfüllten Leben erfolgreicher Wirksamkeit ist Walther von Loewenich im Alter von 88 Jahren am 3. Januar 1992 in Erlangen von uns gegangen. Er war einer der letzten noch lebenden Mitgestalter des Neuaufbruchs der Evangelischen Theologie der Zwanziger Jahre. Auch für die Zeit von 1933 bis 1945 und die Geschichte der Theologischen Fakultät Erlangen ist mit ihm ein unersetzlicher Augenzeuge und Chronist verlorengegangen. Dem interkonfessionellen Gespräch fehlt mit ihm ein kritischer, aber stets konstruktiv ökumenisch gesonnener, vorandrängender Begleiter. Seine Autobiographie unter dem Titel: »Erlebte Theologie« (M 1979) zeigt insgesamt, was ihm als Kernbestand des Lebens galt.

Walther von Loewenich wurde am 3. März 1903 in Nürnberg geboren. Seine Jugendzeit ist gleichermaßen geformt durch das »milde melanchthonische Luthertum der Reichsstadt« (ET, 15) und das Bildungserlebnis ihres kulturellen Reichtums. Beides prägt ihn fürs Leben. Daneben tritt alsbald Erlangen, die Stadt familiärer Herkunft. Unlösbar war seine Verbundenheit mit der fränkischen Heimat, die seinen äußeren Lebenskreis ausmachte und aus der er sich nicht lösen konnte oder auch nur wollte. Die Stationen seines Lebens werden durch folgende Daten gekennzeichnet: Das Studium der Germanistik (Erlangen 1922) gewährt ihm keine letzte Befriedigung. Er wollte nicht nur »Künder des Humanum«, sondern »Botschafter des Christianum« sein (ET, 30). Es folgt das Studium der Theologie, zuerst in Tübingen (1923), dann in Göttingen (1924), wo ihn Karl Barth unwiderstehlich in seinen Bann zieht. Mit diesem geht er nach Münster (WS 1925/26) und von dort nach Erlangen zurück. Hier erfolgt die Promotion für »Systematische Theologie« bei Paul Althaus (1928) und die Habilitation für »Kirchengeschichte« (1931). Das Bewußtsein der Zusammengehörigkeit beider Fachgebiete gehört zu dem, was ihn zuinnerst prägt. Das eine gibt die Anschauung des vollen Lebens, das andere die Klarheit argumentativer Durchdringung: »Historie ohne Systematik ist blind; Systematik ohne Historie ist leer« (ET, 87). In seinem auf das Wesentliche ausgerichteten, immer verständlichen Stil prägt sich beides aus: »Verständlichkeit ist die Probe für das eigene Verstehen« (Die Geschichte der Kirche. Witten 1938, Vorwort). Nach vorübergehender Tätigkeit im Dienst der Bayerischen Landeskirche hat er von 1929 bis 1935 die Repetentur für »Neues Testament« an der Theologischen Fakultät in Erlangen inne. Die Zeit von 1935 bis 1945 überdauerte er im Schuldienst. Trost wird ihm in dieser Zeit die Familie. 1935 schloß er die Ehe mit Elisabeth Thielicke.

1945 öffnete sich ihm endlich der Weg weiterer akademischer Laufbahn: von 1946 bis 1971 hatte er das Ordinariat für »Kirchengeschichte, Dogmengeschichte, Konfessionskunde und Geschichte der christlichen Kunst« inne (für letzteres wurde ab 1955 ein eigenes Ordinariat eingerichtet). Rufe nach Bonn (1945), Hamburg (1955) und Göttingen (1958) lehnte er ab. 1955/56 war er Rektor der Universität. Hier konnte er die Fusion der Friedrich-Alexander-Universität mit der Wirtschaftshochschule in Nürnberg einleiten. Sie war für ihn »auch persönlich beglückend«. Seine »innere Verbundenheit mit den beiden Städten ... fand dadurch sozusagen eine hochschulpolitische Erfüllung« (ET, 199). Seit 1959 war er ordentliches Mitglied der Bayerischen Akademie der Wissenschaften; von 1964 bis 1975 Präsident der Luthergesellschaft; von 1953 bis 1974 gehörte er dem Zentralvorstand des Evangelischen Bundes an, dessen Vizepräsident er von 1963 bis 1969 war.

Seine letzte Ruhestätte fand er auf dem Neustädter Friedhof in Erlangen.

Dem äußerlich so geschlossenen Lebensraum steht zur Seite die Entfaltung eines erstaunlich weitgespannten Lebenswerkes von zugleich ausgesprochen verinnerlichter Tiefe. Es ist nicht möglich, hier dasselbe im einzelnen zu würdigen. Seine Aufsatzbände, bes. »Von Augustin zu Luther« (Witten 1959), geben darüber Aufschluß. Bei aller Vielfalt wird deutlich: Das Ringen um Luther erweist sich als organisierendes Zentrum seiner Arbeit. Es zieht auch den »kritischen Humanisten« in ihm immer wieder in Bann.

Versuchen wir also die geistige Gestalt von Loewenichs zu erfassen, indem wir seinem Lutherverständnis und dessen Verflechtungen nachgehen.

Gleich sein *Erstlingswerk*, seine Dissertation »Luthers Theologia crucis« (M 1929) gerät zum großen Wurf und ist ein *Standardwerk* bis zur Stunde geblieben. Es gibt kein Zurück hinter dasselbe. Das Bleibende läßt sich in drei grundlegenden Sätzen charakterisieren: (1) »Theologia crucis« ist das Denk- und Erkenntnisprinzip der Theologie Luthers insgesamt. Und d.h.: (2) Theologia crucis ist streng christologisch zu verstehen, mithin offenbarungsbezogen und radikal antispekulativ. Es gibt allem menschlichen Erfahrungshorizont eine grundlegend andere Perspektive. Nicht in der Herrlichkeit, sondern in der Niedrigkeit und Verborgenheit des Kreuzesgeschehens bildet sich christliche Erfahrungstheologie und Christusnachfolge heraus. (3) Zusammenfassend: *»die theologia crucis ist ein Prinzip der gesamten Theologie Luthers, sie darf nicht auf eine besondere Periode seiner Theologie eingeschränkt werden«* (7. Aufl. 1967, 14f). Mit (1) und (2) ist von Loewenichs Werk *das* Lutherbuch der »Dialektischen Theologie« geworden. Unter diesem Zeichen konnte man sich auch zu einem Zeitpunkt, wo die meisten Theologen dieser Bewegung schon eigene Wege gingen, zusammenfinden. Mit (3) begründet es auch innerhalb von Lutherrenaissance und Lutherforschung eine neue Periode. Für von Loewenich selbst nötigt dann freilich gerade das weitere Durchdenken der Grundlagenproblematik von Luthers Erfahrungstheologie, besonders die Deus-absconditus-Problematik, zu Retraktationen (vgl. 4. Aufl. 1954, 240–248). Gerade der »verborgene Gott« wird ihm zum Lebensthema. Immer erneut sucht er hier in den Kern von Luthers tiefster und verborgenster Botschaft einzudringen.

Wer weiter in Luthers Theologie eindringen wollte, mußte sich freilich vor allem seiner Schriftauslegung zuwenden. Diese Theologie wollte ja nichts anderes sein als Schriftauslegung; so daß sich die systematisch relevante Frage auch so formulieren läßt: In welchem Umfange ist Luthers Theologie wirklich »schriftgemäß«? Die Antwort versucht von Loewenich in dem Buch »Luther als Ausleger der Synoptiker« (M 1952) zu geben. Es ist dies wohl sein gelehrtestes Buch. Man hat vor aller Zusammenfassung den Eindruck: Es war ihm vor allem wohl daran gelegen, die reiche Fülle zur Sprache zu bringen, in der Luther die Synoptiker *theologisch erfährt.* »Luther gehört zu den Typen, deren Denken nicht von apriorischen Grundsätzen, sondern von der Anschauung ausgeht und von ihr lebt. Aller Spekulation und Konstruktion ist er feind. Er liebt das Konkrete« (140).

Dem Verfasser des Buches geht es übrigens ebenso. Er steht dabei vor der Aufgabe, die historisch-kritische Erforschung des Neuen Testaments zur Prüfung der genannten Frage in vollem Umfang heranzuziehen. Das Ergebnis seiner Forschungen nach einer hinreichenden Berücksichtigung der theologischen Eigenart der Synoptiker durch Luther ist: »Diese Frage läßt sich nicht mit einem glatten Ja oder Nein beantworten« (252). Zwar verdankt er vor allem dem Christusbild der Synoptiker Entscheidendes (142). Daneben aber stehen Einzelzüge anderer Lehrausprägung als der paulinischen; ja solche, die in Spannung zu ihr stehen. Dies führt zu zwei wichtigen Erkenntnissen: (1) Der Begriff der »Schriftgemäßheit« ist neu zu definieren. »Die Einheit des Neuen Testamentes liegt nicht in einem geschlossenen Lehrsystem, sondern in dem Bekenntnis, daß die Erscheinung Jesu Christi die entscheidende Wendung in dem Verhältnis Gott – Mensch bedeutet« (11). An Stelle der reinen Lehre oder des Dogmas tritt also der Lehrtypus, der »in seiner Tiefe ein lebensmäßiges Bekenntnis« (ebd) widerspiegelt. Nicht so verstanden, als ob die Schriftgemäßheit in der simplen Addition nebeneinander gestellter »Lehrtypen« bestünde, sondern so, daß die verschiedenen lehrmäßigen Formulierungen nach der Klarheit und Durchdringungskraft gemessen werden, in der das Christusbekenntnis zum Ausdruck kommt. (2) Dies ist von ungewöhnlicher ökumenischer Bedeutung. Joseph Lortz hatte ja mit seiner provokanten Formulierung, Luther sei kein »Vollhörer« der Bibel (vgl. z.B. 10; ET, 216) die Frage von der Kontroverstheologie her entwickelt. Man muß dies, nach von Loewenich, zugeben: aber der Satz ist dann zugleich »gerade gegen ein starres, sich absolut setzendes dogmatisches System, wie es das katholische ist, gerichtet« (10). Was von den unterschiedlichen Formen des neutestamentlichen Christusbekenntnisses gilt, ist für die Konfessionen insgesamt gültig: Sie sind »Stationen auf dem Wege zur klarsten Durchformung« (12).

Von diesem Kontext her versteht man auch, wieso nun »Der moderne Katholizismus« monographisch zur Sprache gebracht werden mußte. (Witten 1956; 7. Aufl. 1970, völlig neu bearb. und erw. zu »Der moderne Katholizismus vor und nach dem Konzil«). Es ist eine kritische Bestandsaufnahme, ein Ringen um Verstehen als dem ersten und vordringlichen Akt neuer Gemeinsamkeit. Nur schonungsloses zur Sprache bringen der Wahrheit macht uns frei füreinander (vgl. die Motti zum Ganzen; vgl. ET, 207). Auch dieses Werk wird lange bleiben. Hier fehlt uns der Raum zu einer notwendig ausführlichen Würdigung. Insgesamt ist das nahezu gleichgebliebene Schlußkapitel der 1. und der 7. Auflage in »Katholizismus und Protestantismus« ein Zeichen dafür, daß die letzten Konstanten beider Konfessionen nach von Loewenichs Meinung sich durch das II. Vatikanum grundsätzlich nicht wesentlich geändert haben.

Wandte sich dieses Buch gleichsam nach »außen«, so ist »Luther und der Neuprotestantismus« (Witten 1963) eine Rechenschaftsablegung nach »innen«, eine Selbstüberprüfung der neuzeitlichen innerprotestantischen Entwicklung. Es ist zugleich ein die tiefsten Wurzeln von Loewenichs selbst berührendes Buch. »Um es ganz persönlich zu formulieren: Wie läßt sich meine

Hingabe an Luthers Kreuzestheologie mit meinem Verpflichtetsein gegenüber der kritischen Theologie vereinen?« (ET, 220). Die seit der Jahrhundertwende mehr und mehr zutage tretende Krise des durch Aufklärung und Idealismus geformten Protestantismus beruht auf dem »Schlechte[n] Erbe der Aufklärung«: »Dahin gehören der flache Optimismus, der vordergründige Rationalismus, der selbstgenießerische Individualismus« (431f; vgl. ET, 220). Wohlbemerkt: Es geht dabei um die *Adjektive*. Die *Substantive* sind ambivalent (432). In ihnen steckt das, was an »gutem Erbe der Aufklärung« (ET, 221) unverlierbar beibehalten werden muß: das kritisch hinterfragende Bewußtsein und die verantwortungsbewußte Persönlichkeit (174). Beide finden freilich ihren religiösen Urgrund in Luther: Aus seinem traditionskritischen Schriftprinzip und seiner Erfahrungstheologie ergeben sie sich als universal tragende Elemente. Die existenzielle Bindung an den christlich verstandenen Gott und das »Sein als ein Sein unter der Rechtfertigung« (442) sind es, die das Subjekt theologisch ins Zentrum rücken, aber dasselbe auch *in voller Innerlichkeit* festhalten und vor Veräußerlichung bewahren. So wird Luther – seinen »progressiven Elementen« nach begriffen – substanziell zum Begründer eines »undogmatischen Christentums« (441: Der Begriff will nicht Lehrformulierungen abwehren oder ein »Lehrchaos« initiieren, sondern sie nur zu einer Reflexionsgestalt über die primäre religiöse Lebenserfahrung herabstufen). Der Protestantismus bleibt so bei sich selbst und gewinnt doch »überkonfessionelle Tendenz« (442). So führt die Frage nach dem Verhältnis von Luther und der Moderne nicht zu einem Antagonismus beider, sondern: Es »wächst dem Protestantismus eine gewaltige Aufgabe zu ... Er kann diese Aufgabe nur erfüllen, wenn er das neuprotestantische Erbe übernimmt und in innerer Wandlungsbereitschaft weiterführt. Damit rückt auch das ihm anvertraute Erbe Luthers in ökumenische und globale Perspektiven« (446f).

Kann das gerade genannte Werk als eine Art Credo, als Zusammenfassung seines Lebenswerks überhaupt gelten (vgl. ET, 221), so ist das Buch »Martin Luther: der Mann und das Werk« (M 1982) mit dem von Loewenich uns am »Vorabend« des 500. Geburtstags Luthers 1983 überraschte, eine Summe seiner über ein halbes Jahrhundert währenden Beschäftigung mit ihm. Es ist ein erstaunliches Buch. Im Alter von fast achtzig Jahren geschrieben – und doch durchglüht von jugendlicher Energie, Konzentration, Überzeugungskraft; ein Buch wissenschaftlicher Reife, das zugleich als ein Volksbuch für den gebildeten Christen gelten kann. Die Theologie Luthers und seine Biographie fallen hier nicht auseinander: Es ist die innere Zusammengehörigkeit, die stetige Bezogenheit des einen auf das andere, die Herleitung dieses Lebensverlaufs aus einzigartiger Gotteserfahrung, die das Buch auch eindrücklich und spannend zu lesen macht. Im Grund begegnet nichts wissenschaftlich Neues – aber alles wird neu durch die Gegenwart Luthers in diesem Buch.

Der immer bewegliche, rege Geist Walther von Loewenichs blieb hellwach bis in die letzte Zeit seines Lebens. Manche Gespräche, die ich in den ganz späten Jahren mit ihm führen durfte, bezeugten dies immer erneut. Vor allem kreiste sein Denken wieder und wieder um den »Deus absconditus« und die beklemmenden letzten Rätsel unseres geschöpflichen Daseins. Trost blieb die »Theologia crucis«: »Ich halte diese Theologie für die tiefste Deutung der neutestamentlichen Botschaft, die uns in der Christenheit beschert wurde« (ET, 213). Daneben erfaßten ihn mehr und mehr Sorgen um Verkündigung und Gestalt der Kirche, die er liebte. Würde sie einer pragmatischen Politisierung widerstehen können? Würde sie aus dem Verwirrgarten des Pluralismus herausfinden? Würde sie zurückfinden zu wirklich kritischem Bewußtsein – und damit wieder hineinfinden in die Theologie des Kreuzes Christi? Und das bedeutet: Es war die Luthervergessenheit, ja tiefer noch: die »Lutherfremdheit« (ET, 230), die ihm Sorge bereitete. In der Tat war sein Leben und Lebenswerk ein großes Ringen um Luther und seine Bedeutung in einer im Wesen gewandelten Zeit. So sei er, über die Zeit hinaus, gegrüßt mit den Lutherworten, die er zu Ende von »Luthers Theologie crucis« seinen Lesern zuruft (WA 5, 179, 31; 85, 5):

»Crux probat omnia; Beatus qui intelligit.«

Zur *Biographie* siehe Walther VON LOEWENICH: Erlebte Theologie: Begegnungen, Erfahrungen, Erwägungen. M 1979 (= ET); vgl. Wolfgang TRILLHAAS: Aufgehobene Vergangenheit: aus meinem Leben. GÖ 1976.

BIBLIOGRAPHIE WALTHER VON LOEWENICH 1927-1967/ zsgest. von Elmar Krämer. In: Humanitas – Christianitas: Walther von Loewenich zum 65. Geburtstag/ hrsg. von Karlmann Beyschlag; Gottfried Maron; Eberhard Wölfel. Witten 1968, 384–411.

Grußadressen und Würdigungen: Erwin MÜLHAUPT: Zum 3. März 1973 [Grußwort zum 70. Geburtstag an Walther von Loewenich]. Lu 44 (1973), 48; Karlmann BEYSCHLAG: Walther von Loewenich zum 75. Geburtstag am 3. März 1978. ThLZ 103 (1978), 697f; Gerhard MÜLLER: Walther von Loewenichs Beitrag zur Lutherforschung. Lu 49 (1978), 1-15; Hans-Ludwig SLUPINA: Walther von Loewenich wird achtzig Jahre. Lu 54 (1983), 1f; Gerhard MÜLLER: Walther von Loewenich zum Gedächtnis. Lu 63 (1992), 1-4.

Ein *Bild* ist in »Humanitas – Christianitas«, Frontispiz, und unten nach Seite 96 zu finden.

In memoriam Regin Prenter

Von Steffen Kjeldgaard-Pedersen

Einige Wochen nach seinem 83. Geburtstag ist Professor Dr. theol. Regin Prenter am 15. Dezember 1990 gestorben. Mit ihm ist eine herausragende Gestalt der dänischen Kirche und Theologie und ein weltweit respektierter Forscher heimgegangen, der als lutherischer, dem ökumenischen Gespräch aufgeschlossener Dogmatiker und Lutherinterpret wegweisende Spuren hinterlassen hat.

Regin Prenter wurde am 6. November 1907 in Frederikssund in Nordseeland als einziger Sohn und zweites Kind einer Lehrerfamilie geboren. Das Elternhaus hielt sich vom Streit zwischen den kirchlichen Richtungen fern. Ein kirchlicher Parteigänger ist auch Prenter nie geworden. Maßgebliche Bedeutung bekam für ihn der grundtvigianische Pfarrer seiner Kinder- und ersten Jugendjahre, Holger Rosenstand, der ihn auch später für Karl Barth interessierte. Das Abitur legte er 1925 an der Metropolitanschule in Kopenhagen ab, und im Herbst desselben Jahres nahm er das Theologiestudium an der Universität Kopenhagen auf. Immanuel Kant, die Geschichte des christlichen Gottesdienstes und Karl Barth mit seinen damaligen Weggenossen waren Schwerpunkte der Lektüre des jungen Prenter. Der Kirchenhistoriker Jens Nørregaard lenkte sein Interesse früh auf Luther. Geschätzte Lehrer waren auch der Kirchenhistoriker J. Oskar Andersen und der junge Dozent für Systematische Theologie Hans Fuglsang-Damgaard, der 1928 eine Einführung in Karl Barths Theologie veröffentlichte. Der Durchbruch der dialektischen Theologie fand in Dänemark gerade während der Studienzeit Prenters durch die seit 1926 erscheinende Zeitschrift »Tidehverv« statt. Prenter konnte ihrer »barthianischen« Kritik von Kirche und Theologie in vielem zustimmen, aber die bissige Form der Polemik blieb ihm fremd. Der grundtvigianische Studentenverein »Studenterkredsen« und das vom anglikanischen Kloster Kelham (Society of the Sacred Mission) inspirierte theologisch-liturgische »Theologisk Oratorium« wurden bevorzugtes Milieu des fleißigen, gern musizierenden Studenten. Die Zusammengehörigkeit von Gottesdienst und Theologie sollte das Leitmotiv des theologischen Schaffens Prenters werden, seine vornehmsten Gesprächspartner Luther, Grundtvig und Barth.

Nach Abschluß des Studiums im Sommer 1931 ernährte er sich ein Jahr lang als Repetitor, um dann eine dreijährige Bildungs- und Studienreise anzutreten. 1932-1933 studierte er in Strasbourg und hörte mit besonderem Interesse Oscar Cullmann und Charles Hauter. Unvergeßlich war ihm das bewegte Jahr 1933-1934, in dem er bei Barth in Bonn studierte und u. a. lernte, exegetisch genau mit altkirchlichen und mittelalterlichen Texten zu arbeiten. Die Vorlesungen von Ernst Wolf über den jungen Luther sowie sein Seminar über den signum-Begriff bei Luther und Augustinus wurden von großer Bedeutung für Prenters spätere Beschäftigung mit Luther. 1934-1935 studierte er am Lincoln Theological College sowie in Cambridge und gelangte durch seine Bekanntschaft mit Michael Ramsey und Sir Edwyn Hoskyns zur Klarheit seines Standpunktes.

Von 1935 bis 1941 war er Landpfarrer in den Gemeinden Hvilsager und Lime unweit von Århus und lehrte gleichzeitig als Assistent an der Universität Århus in Kirchen-, Philosophie- und Religionsgeschichte. Anfang 1941 wurde er Pfarrer (Vikar) in der Domgemeinde in Århus und konnte trotz der schweren Zeiten und seiner Teilnahme an der Widerstandsbewegung gegen die deutsche Besatzungsmacht seine Doktorarbeit an der Universität Kopenhagen am 6. Dezember 1944 verteidigen. Am 1. Mai 1945 wurde er zum Professor für Dogmatik an der Universität Århus ernannt. 1972 nahm er vorzeitig und mit der Entwicklung der Universität nicht ganz zufrieden seinen Abschied, um Landpfarrer in Branderup in Sønderjylland (Nordschleswig) zu werden, wo er bis 1978 wirkte. Seine verwitwete Schwester hat ihm im Pfarrhaus in Branderup und später im Ruhestand im nahegelegenen Bedsted den Haushalt geführt.

Prenters Doktorarbeit »Spiritus Creator: studier i Luthers teologi« (København 1944) hat ihn zu einem der führenden Lutherforscher im Norden gemacht und wurde in mehrere Fremdsprachen (englisch, deutsch [Spiritus Creator: Studien zu Luthers Theologie. M 1954] und japanisch) übersetzt. Sie geht der Lehre vom Heiligen Geist im ganzen Schrifttum Luthers nach, hebt die reale Rechtfertigung des Menschen hervor und stellt das Verhältnis zwischen Rechtfertigung und Heiligung als ein dialektisches dar. Dem »aus Glauben allein« entspricht die Verbindung des Geistes mit »dem äußeren Wort« und den Sakramenten der Kirche. Auch sein systematisch-theologisches Hauptwerk »Skabelse og genløsning« (København 1951-1953; 2. veränd. Aufl. 1955), hat durch deutsche (Schöpfung und Erlösung. 2 Bde. GÖ 1958, 1960), englische, französische und japanische Übersetzungen internationale Verbreitung gefunden und galt eine Zeitlang fast als die lutherische Normaldogmatik. In den USA war das

Lehrbuch bis etwa 1984 die meistgelesene protestantische Glaubenslehre. Ausgangspunkt und Grundlage der Glaubenslehre kann allein das die biblische Botschaft von Gottes Geschichte mit seinen Menschen vermittelnde, gottesdienstliche Bekenntnis zu dem sich offenbarenden Gott sein, wobei das lutherische Verständnis der Dialektik von Gesetz und Evangelium, die auch in die Schöpfungslehre hineinreicht, einen legalistischen Biblizismus ausschließt. Prenters Betonung von Bibel und Bekenntnis – besonders in der 2. Ausgabe der Dogmatik – hat ihm viele »falschen Freunde« gewonnen, deren Konfessionalismus und Biblizismus ihm fremd waren. Wegen seines Verständnisses des kirchlichen Amtes wurde er als hochkirchlich betrachtet. Er selbst hat seinen Widerstand gegen weibliche Pfarrer und seine Bekämpfung aller Ansätze zu einem Staatskirchentum innerhalb der Volkskirche als Konsequenzen seines »altgrundtvigianischen« Standpunktes aufgefaßt.

Um die Lutherforschung hat sich Prenter nicht nur durch seine Doktorarbeit verdient gemacht. 1956 war er Präsident des Ersten Internationalen Lutherforschungskongresses in Århus, und noch der fünfte in Lund 1977 wurde durch sein Referat »Luther als Theologe« bereichert. 1961 hat er auf Ernst Bizers 1958 veröffentlichtes Buch »Fides ex auditu« mit seiner Untersuchung »Der barmherzige Richter: iustitia dei passiva in Luthers Dictata super Psalterium 1513-1515« (Århus; København) geantwortet und die Frühdatierung für Luthers reformatorischen Durchbruch festgehalten. Dreizehn seiner in internationalen Publikationen erschienenen Aufsätze wurden anläßlich seines 70. Geburtstages unter dem Titel »Theologie und Gottesdienst« (Århus; GÖ 1977) neu ediert. Ein origineller Zug seiner Theologie, die Aufnahme des Opfermotivs in eine lutherische Abendmahlslehre, tritt in mehreren dieser Abhandlungen hervor.

Es ist charakteristisch für das Gesamtwerk Prenters, daß er keinen scharfen Trennungsstrich zwischen seinen wissenschaftlich-theologischen und kirchlich-erbaulichen Schriften gezogen hat. Unter den letzten finden sich mehrere Versuche, die Reformation Luthers wie auch das Besondere (und das echt Katholische) des Protestantismus und des evangelisch-lutherischen Bekenntnisses einem breiteren Leserkreis zu erläutern. Das schönste Beispiel ist wohl »Kirkens lutherske bekendelse: en aktuel udlægning af den augsburgske bekendelse 1530« (Fredericia 1977; deutsche Ausgabe: Das Bekenntnis von Augsburg: eine Auslegung/ übers. von Gerhard Klose. Erlangen 1980).

Als Mitherausgeber der vierbändigen Auswahlausgabe »Luthers skrifter i udvalg« in dänischer Übersetzung redigierte Prenter deren zweiten Band (København 1963; Århus 1980), der Schriften über Kirche und Gottesdienst enthält. Zwei Zeitschriften hat er als Mitredakteur betreut, »Kerygma und Dogma« (1954-1975) und »Dansk teologisk tidsskrift« (1962-1971).

Prenters wissenschaftliches Ansehen und seine erstaunliche Gewandtheit in der deutschen, französischen und englischen Sprache hat ihn zum oft beanspruchten Referenten, Gesprächspartner und Gutachter im In- und Ausland werden lassen. Er hat als Vorsitzender in theologischen Kommissionen des Lutherischen Weltbundes (Commission I: 1950-1957) und des Ökumenischen Rates der Kirchen (Commission on Worship: 1961-1962) mitgearbeitet und an den anglo-skandinavischen Konferenzen teilgenommen. Als Gastprofessor bzw. stellvertretender Professor hat er in Lund (1947-1948), in Strasbourg (1961-1963) und an der Kirchlichen Hochschule in Berlin-Zehlendorf (1966) gelehrt. Die Universitäten in Strasbourg (1960), Reykjavik (1961), Lund (1962) und Helsingfors (1980) haben ihm die Würde eines Ehrendoktors verliehen.

Prenter konnte in seiner Person die Kluft zwischen der Universitätsfakultät und der sogenannten bibel- und bekenntnistreuen Gemeindefakultät in Århus überbrücken. Beide Institutionen haben nach seiner Emeritierung als Pfarrer von seiner Arbeitskraft Gebrauch gemacht. Überhaupt ist er in seinem Ruhestand noch sehr produktiv gewesen. Neben der schon erwähnten Auslegung des lutherischen Bekenntnisses der Kirche und seinen Lebenserinnerungen verfaßte er außer einer Predigtsammlung noch drei wichtige Bücher, darunter die theologische Enzyklopädie »Kirken og theologien« (Randers 1987), die gleichsam als eine Zusammenfassung seiner Ziele und Bestrebungen als theologischer Lehrer und Forscher zu lesen ist.

Sein Grab hat Prenter in seiner Geburts- und Heimatstadt Fredrikssund gefunden.

BIBLIOGRAPHIE (BIS 1967). In: Festskrift til Regin Prenter: 6. november 1967/ hrsg. von Gustaf Wingren und A. M. Aagard. København 1967, 209-224; BIBLIOGRAPHIE 1967-1982. In: Regin Prenter: Guds virkelighed: Anselm af Canterbury: Proslogion oversat og udlagt som en indførelse i theologien/ hrsg. von Udvalget for Konvent for Kirke og Theologi. Fredericia 1982, 188-192; BIBLIOGRAPHIE 1982-1987. In: Ders.: Kirken og theologien: theologisk encyklopædi: et forsøg/ hrsg. von Udvalget for Konvent for Kirke og Theologi. Randers 1987, 140-143.

Eine Würdigung der Theologie Prenters findet sich in Michael John ROTT: Creation and redemption: a study of their interrelation: with special reference to the theology of Regin Prenter. New Haven, CT 1979; eine Autobiographie verfaßte Regin PRENTER unter dem Titel »Erindringer« (Århus 1985).

Ein Bild befindet sich in »Festskrift til Regin Prenter«, Frontispiz.

Martin Luthers Argumentation mit Eccl 7, 21 in der Auseinandersetzung mit Jacobus Latomus

Von Hellmut Zschoch

I Einleitung

Luthers Argumentation in der Schrift »Rationis Latomianae pro incendiariis Lovaniensis scholae sophistis redditae, Lutheriana confutatio« vom Juni 1521,[1] im folgenden kurz als »Antilatomus« bezeichnet, erfährt auch in neueren Darstellungen keine einheitliche Beurteilung: Martin Brecht würdigt sie als »eine der geschlossensten und am stärksten systematischen Ausführungen über die zentrale reformatorische Gnadenlehre und Anthropologie vor der späteren Abhandlung ›Vom unfreien Willen‹«.[2] Jos E. Vercruysse dagegen betont »das Wildwüchsige und Weitläufige dieser wichtigen theologischen Schrift Luthers«.[3] Auch Heinrich Bornkamm beklagt die »unglückliche Form, die fast allen theologischen ... Schriften Luthers anhaftet«, als Folge ihres Charakters

---

1 Text: WA 8, (36) 43-128; neue kritische Edition durch Rudolf Mau StA 2, (405) 410-519. Alle Angaben erfolgen nach beiden Ausgaben; in Zitaten folge ich der Textgestalt der WA.
   Literatur zur Entstehung der Schrift: Heinrich BORNKAMM: Martin Luther in der Mitte seines Lebens. GÖ 1979; Martin BRECHT: Martin Luther. [Bd. 1:] Sein Weg zur Reformation 1483-1521. Bd. 2: Ordnung und Abgrenzung der Reformation 1521-1532. S 1981, 1986; Reinhard SCHWARZ: Luther. GÖ 1986. Zu Luthers Theologie in dieser Schrift vgl. außerdem: Rudolf HERMANN: Luthers These »Gerecht und Sünder zugleich«. Nachdruck der Ausgabe GÜ 1930. DA; GÜ 1960; DERS.: Zur Kontroverse zwischen Luther und Latomus. In: Luther und Melanchthon = Referate und Berichte des Zweiten Internationalen Kongresses für Lutherforschung Münster, 8.-13. August 1960/ hrsg. von Vilmos Vajta. GÖ 1961, 104-118 ≙ DERS.: Studien zur Theologie Luthers und des Luthertums/ ... hrsg. von Horst Beintker. B 1981, 256-268); Robert FRICK: Von der »eingesündeten Gnade« und von der »eingegnadeten Sünde«. Wort und Dienst 2 (1950), 90-121 [im wesentlichen identisch mit Fricks Einführung zu seiner Übersetzung der Schrift in Mü³ Erg 6, 139-166]. Zu Einzelfragen der Forschung vgl. den Seminarbericht von Leif GRANE: Luther und Latomus. In: Luther und die Theologie der Gegenwart = Referate und Berichte des Fünften Internationalen Kongresses für Lutherforschung: Lund, Schweden 14.-20. August 1977/ hrsg. von Leif Grane und Bernhard Lohse. GÖ 1980, 170-178.
2 Brecht: AaO 2, 17.
3 Jos E. VERCRUYSSE: Jacobus Latomus (ca. 1475-1544). In: Katholische Theologen der Reformationszeit/ hrsg. von Erwin Iserloh. Bd. 2. MS 1985, 6-26. 19f.

als Streit- und Antwortschrift, in welcher »der Gang der Auseinandersetzung durch den Gegner vorgeschrieben ist«.[4] In der Tat ist die Geschlossenheit der Ausführungen Luthers nicht leicht zu durchschauen. Luther reagiert mit seiner Schrift auf die im Mai 1521 erschienene »Articulorum doctrinae fratris Martini Lutheri per theologos Lovanienses damnatorum ratio ex sacris literis et veteribus tractatoribus« (im folgenden kurz »Ratio«)[5] des Löwener Theologen Jacobus Latomus[6], welche wiederum eine Apologie des Verdammungsurteils der Löwener Theologischen Fakultät gegen Luther darstellt.[7] Luther setzt sich freilich außer mit der Vorrede nur mit dem umfangreichen ersten Hauptteil der »Ratio« auseinander, in dem Latomus die Verurteilung von Luthers Sätzen über das gute Werk als Sünde[8] durch die Löwener verteidigt.[9] Dabei stößt Luther bei Latomus auf seinen eigenen Argumentationsgang: Latomus stützt sich ganz wesentlich auf Luthers zweite Conclusio der »Resolutiones Lutherianae super propositionibus suis Lipsiae disputatis«[10] von 1519, die das Löwener Lehrurteil noch nicht berücksichtigt hatte. Dort hatte Luther seine These »In bono peccare hominem et peccatum veniale non natura sua sed dei misericordia solum esse tale aut in puero post baptismum peccatum remanens negare, hoc est Paulum et Christum semel conculcare«[11] zunächst durch die Auslegung von sieben[12] biblischen Belegstellen[13] begründet, der er dann noch Argumente der Väter und

---

4 Bornkamm: AaO, 21.
5 Druck: Antwerpen 1521; zur Entstehung siehe Vercruysse: AaO, 13 f.
6 Über ihn siehe Vercruysse aaO.
7 Luther hatte das im Februar 1520 veröffentlichte Löwener Urteil schon im März mit einer Antwort versehen und seinerseits publiziert: WA 6, (170) 174-195; vgl. Schwarz: AaO, 75.
8 Die Löwener Theologen hatten folgende Sätze Luthers verurteilt: »Opus bonum optime factum est peccatum veniale« (WA 6, 176, 8), »Item, ex eo, quod sancti in omni bono opere minus faciunt quam debent, quodque nullus sanctorum vixit in hac vita sine peccato, concludit, merita sanctorum nulla esse superflua sibi, quae nobis ociosis succurrant, intendens per hoc manifestum facere, quod merita sanctorum nulla sunt, quae nobis possint communicari, quin et sancti in illis opus habent misericordia ignoscente« (176, 9-14).
9 Jacobus LATOMUS: Articulorum doctrinae fratris Martini Lutheri per theologos Lovanienses damnatorum ratio ex sacris literis et veteribus tractatoribus. Antuerpiae 1521, b 4ʳ - n 1ᵛ.
10 Text: WA 2, (388) 391-435, die Conclusio secunda: 410-421.
11 WA 2, 410, 35-38.
12 Luther zählt acht, überspringt aber »quarto«, vielleicht weil er unter »tertio« zwei Verse aus R 7 besprochen hat.
13 Is 64, 6; Eccl 7, 21; R 7, 19.22; G 5, 17; L 10, 30-37; Mt 13, 33; Ps 142/143, 2.

der ratio sowie eine Interpretation des Vaterunsers folgen ließ. Latomus folgt dieser Argumentationsstruktur. Luther wiederum beschränkt sich in seinem »Antilatomus« auf eine Entgegnung zu Latomus' Äußerungen zu den ersten drei seiner biblischen Belegstellen Is 64,6; Eccl 7,21[14] und R 7,19.22. Man wird daher kaum sagen können, daß Luther sich in seinem »Antilatomus« fremdbestimmt auf die gegnerische Argumentationsstruktur einläßt. Es ist ja Latomus, der sich der Argumentationsweise seines Gegners anpaßt. Sein Vorgehen ermöglicht nun wieder Luther, seine eigene Argumentation auszubauen und zu vertiefen. Gerade der Zusammenhang von Antwort und Gegenantwort in der Diskussion mit Latomus legt die Annahme nahe, daß Luthers Argumentation im »Antilatomus« seine ureigene ist. Es ist kein unglücklicher Zufall, daß seine theologisch-systematischen Erwägungen als Auslegung von Bibeltexten vorgetragen werden. Was dem Interpreten als Schwierigkeit erscheint, daß man nämlich »die grundsätzlichen Gedanken oft mit einiger Mühe aus den exegetischen Ausführungen herauslösen muß«,[15] das erweist sich dann geradezu als das Spezifische der Theologie Luthers, daß sich ihm das Grundsätzliche im Vollzug der Exegese erschlossen hat, daß die Beschäftigung mit biblischen Texten ihn immer tiefer in das Wesen des christlichen Glaubens hineingeführt hat, daß schließlich die Darstellung des systematischen Gehalts christlicher Theologie im ständigen Rückbezug auf diesen Entstehungszusammenhang erfolgt.

Die Schwierigkeit des modernen Interpreten, Luthers Argumentation nachzuvollziehen, bleibt, da sich auch innerhalb der sich auf Luther berufenden protestantischen Theologie andere Argumentationsstrukturen durchgesetzt haben.[16] Im folgenden versuche ich, Luthers Vorgehen bei der Auslegung einer der im »Antilatomus« behandelten Bibelstellen zu beleuchten. Seine Behandlung von Eccl 7,21 (»Non est homo iustus in terra qui bene faciat et non peccet.«) legt sich für eine solche Untersuchung nahe, da sie auf den ersten Blick

---

14 Ich folge der Zählung der Vulgata; in der hebräischen Bibel, in der LXX und in den meisten deutschen Ausgaben ist die Stelle als Vers 20 gezählt.
15 Bornkamm: AaO, 22.
16 Vgl. z.B. zu Melanchthons Übernahme und Verarbeitung der Gedanken des »Antilatomus« in seinen »Loci communes rerum theologicarum seu Hypotyposes theologicae« Wilhelm MAURER: Der junge Melanchthon zwischen Humanismus und Reformation. Bd. 2: Der Theologe. GÖ 1969, 136f. 373-377.

besonders unstrukturiert und textfern erscheint.[17] Ich blende zunächst zurück zur Behandlung der Stelle durch Luther vor dem »Antilatomus« und auf ihre Interpretation durch Latomus. Anschließend zeichne ich Luthers Argumentationsgang im »Antilatomus« nach und versuche dabei, den Plan seiner Darstellung deutlich zu machen.

II Zur Vorgeschichte

Zwei Quellen bieten sich für Luthers Bekanntschaft mit Eccl 7,21 als Belegstelle für die Sündenlehre an. Zum einen seine Beschäftigung mit Augustinus in seinen antipelagianischen Schriften. Dort ist Eccl 7,21 mehrfach als Argument gegen die pelagianische Behauptung einer möglichen Sündlosigkeit der Christen verwendet.[18] Diese Diskussion ist schon in der Alten Kirche verschränkt mit der Auslegung der fünften Bitte des Vaterunsers.[19] In diesem Zusammenhang erscheint die Stelle auch in Gabriel Biels Kommentar zum Meßkanon.[20] Auch auf diesem Wege konnte Luther also auf sie aufmerksam werden. Es ist sicher kein Zufall, daß auch er im Zusammenhang der Vaterunser-Auslegung auf sie hinweist.[21]

Inhaltlich geht die traditionelle Benutzung der Predigerstelle nicht über die Aussage hinaus, daß sich auch im Leben des Glaubenden Sünde findet. Die Verhältnisbestimmung von »bene facere« und »peccare«, auf die Luther seine

---

17 Zur Bedeutung der Stelle im Hinblick auf Luthers Koheletexegese vgl. Eberhard WÖLFEL: Luther und die Skepsis. M 1958, 246-250.
18 Besonders deutlich in Aurelius AUGUSTINUS: De spiritu et littera 36 / 65 (CSEL 60 [1913], 227, 5-16), wo Augustinus außerdem Mt 6,12; Ps 142/143,2; 1 J 1,8 und 1 Rg 8,46 als Belegstellen anführt. Weitere Bezugnahmen auf Eccl 7,21 z.B. in DERS.: De perfectione iustitiae hominis 16 / 37 (CSEL 42 [1902], 37, 34 - 38, 2) und DERS.: De natura et gratia 7 / 8 (CSEL 60 [1913], 238, 2-4). Vgl. auch Eusebius HIERONYMUS: Dialogus adversus Pelagianos 1, 12 (CChr. SL 80 [1990], 15, 37-43), dort gleichfalls in Verbindung mit 1 Rg 8,46 und Ps 142/143,2.
19 Siehe die in der vorigen Anm. angegebene Stelle aus »De spiritu et littera«. Vgl. can. 7 des Concilium Milevitanum II von 416 (SACRORUM CONCILIORUM NOVA ET AMPLISSIMA COLLECTIO/ hrsg. von Johannes Dominicus Mansi. Bd. 4. Neudruck der Ausgabe Paris, 1901. Graz 1960, 328f).
20 Gabriel BIEL: Canonis Misse expositio, lectio 72 K (hrsg. von Heiko A. Oberman und William J. Courtenay. Bd. 3. Wiesbaden 1966, 193).
21 So in der von Johann Agricola veröffentlichten Bearbeitung von Luthers »Auslegung und Deutung des heiligen Vaterunsers« von 1518; WA 9, (122) 123-159. 155.

Betrachtung der Stelle zuspitzt, ist vorher so nicht im Blick.[22] Bei Luther hingegen findet sich diese besondere Akzentsetzung von Anfang an.

Zunächst führt er Eccl 7,21 mehrfach an prominenter Stelle seiner Römerbriefvorlesung von 1515/16 an, nämlich in der Auslegung des dritten und vierten Kapitels des Römerbriefes. Das erste Mal im Scholion zu R 3,10[23] »Non est iustus quisquam«: Der von Paulus vergeblich gesuchte Gerechte ist einer, der das Gute tut und das Böse läßt – ganz aus freiem Willen, ungezwungen. Die Selbstprüfung des menschlichen Herzens muß zugeben: einen solchen Gerechten gibt es nicht. Die Lokalisierung der Sünde – auch der der Gerechten, denn Gerechte können nur solche Menschen sein, die ihre Sünde erkennen und Gottes Gnade erflehen – im Willen macht Eccl 7,21 zu einer brauchbaren Belegstelle: eine Betonung des »qui faciat bene« ist nicht ausgesprochen, aber implizit enthalten. Luther meint: Auch wer gute Werke tut, ist in seinem Willen als Sünder zu qualifizieren. Luther führt die Stelle dann wieder an im Corrollarium zu R 3,21[24]. Er hält auch dort daran fest, daß die aus Glauben Gerechten sich gerade durch das Bekenntnis der eigenen Sündhaftigkeit auszeichnen, auch da, wo die Gnade in ihnen gute Werke wirkt. Eccl 7,21 erscheint als eine Belegstelle unter anderen. Der Mangel an herzlicher Gesetzeserfüllung weist hin auf Christus, der allein sündlos ist.[25] Auch in einem Corrollarium zu R 4,7 benutzt Luther unsere Stelle als Zeugnis für die Allgemeinheit der Sünde.[26] Zusammen mit Is 64,6; R 7,19 und einer Vielzahl anderer Stellen belegt sie, daß auch die guten Werke Sünde sind.[27] Die drei in der Auseinandersetzung mit Latomus dann bedeutsamen Bibelstellen erscheinen hier erstmals im gleichen sachlichen Zusammenhang. Eine detaillierte Auslegung findet freilich noch nicht statt.

22 Auch Luther kann die Stelle gelegentlich unspezifisch verwenden, z.B. in einer nicht genau datierbaren (vielleicht in den Umkreis der Leipziger Disputation gehörigen?) Predigt über J 16,5f (WA 4, 695-700. 699) oder im Galaterbriefkommentar von 1519 (WA 2, [436] 443-618. 515).
23 WA 56, 235, 25 - 237, 18; Eccl 7,21 dort 236,7.
24 WA 56, 259, 8 - 261, 9; Eccl 7,21 dort 260, 14f.
25 WA 56, 260, 18-21.
26 WA 56, 287, 15 - 289, 32; Eccl 7,21 dort 288, 7f.
27 WA 56, 289, 15-20: »Quia etiam bona opera, quia renitente fomite et sensualitate, non tanta fiunt intensione et puritate, quantam lex requirit, cum non ex totis viribus fiant, Sed tantum ex viribus spiritus repugnantibus viribus carnis. Idcirco enim bene operando peccamus, nisi Deus per Christum nobis hoc imperfectum tegeret et non imputaret; ...«

Luther kommt im Zusammenhang mit der Heidelberger Disputation[28] wieder auf die Stelle zurück. In seiner vorbereitenden Niederschrift stellt er Schriftstellen zusammen, welche die These »QVOD iustus etiam inter bene operandum peccet«[29] erhärten sollen. Eccl 7, 21 wird als erste Belegstelle besprochen; vielleicht ist diese Voranstellung durch die sich mit dem Wortlaut der These am engsten berührende Kombination von »bene facere« und »peccare« veranlaßt. Es folgen Auslegungen von R 7, 19. 22 und Ps 142/143, 2. In der Auslegung unserer Stelle[30] weist Luther deren Interpretation auf die nicht-guten Werke des Gerechten zurück. Er hebt auf die Worte »qui faciat bene« ab, die als Rede des Heiligen Geistes nicht überflüssig sein können; nach Luthers Meinung weisen sie eindeutig auf die Sünden in den guten Werken des Gerechten hin. Das ergibt auch der Vergleich mit Prv 24, 16, wo eine entsprechende Zufügung fehlt.[31] Der Gedankengang ist so von Luther in die probatio zur 6. theologischen These der Disputation »Non sic sunt opera Dei merita ⟨de his, quae per hominem fiunt, loquimur⟩, ut eadem non sint peccata«[32] übernommen worden.

In den Resolutiones zu den Thesen der Leipziger Disputation[33] erscheint unsere Stelle in der Begründung der zweiten These »In bono peccare hominem ... negare, hoc est Paulum et Christum semel conculcare« an zweiter Stelle der biblischen Belege,[34] nach Is 64, 6, vor R 7, 19. 22; G 5, 17; L 10, 30-37; Mt 13, 33 und Ps 142/143, 2. Wieder wendet Luther sich gegen ein Verständnis der Stelle, wonach die Sünde bloß gelegentlichen schlechten Taten des Gerechten zuzusprechen sei. Die Argumentation ist mit der der Heidelberger Disputation identisch, auch auf Prv 24, 16 wird analog verwiesen. Dieselben Schriftstellen

---

28 Auf Texte der Heidelberger Disputation wird im folgenden verwiesen nach der neuesten Edition von Helmar Junghans in StA 1.
29 StA 1, 190, 2 ≙ WA 1, 367, 2.
30 StA 1, 190, 3-10 ≙ WA 1, 367, 3-10.
31 »Hic autem ab alijs dicitur, q(uod) iustus quidem omnis peccat, sed non quando bene facit. Quibus respondetur: Si id uellet haec autoritas, quid superfluit verbis? An Spiritus sanctus delectatur multiloquio (et) nugatione? Nam iste sensus fuisset abunde sic expressus: Non est in terra, qui non peccet, ut quid addit. Qui bene faciat? Quasi alius sit iustus, qui faciat male? Non enim nisi iustus facit bene. At ubi de peccatis extra benefacta loquitur, sic dicit: Septies in die cadit iustus [Prv 24, 16]; Hic non dicit: Septies in die cadit iustus, quando bene facit« (StA 1, 190, 4-10 ≙ WA 1, 367, 4-11).
32 StA 1, 202, 19-30 ≙ WA 1, 357, 26-38.
33 WA 2, (388) 391-435.
34 WA 2, 411, 39 - 412, 7.

nennt Luther dann auch wieder in seiner Antwort auf die päpstliche Bannandrohungsbulle, die in ihrem 31. Artikel den Satz »In omni opere bono iustus peccat« verurteilt hatte.[35]

Von den Texten, in denen Luther ausführlich auf Eccl 7,21 zu sprechen kommt, waren Latomus nur die Resolutiones zu den Thesen der Leipziger Disputation zugänglich. Da er im ersten Teil der »Ratio« deren Aufriß folgt, muß er sich auch mit der Auslegung der Predigerstelle befassen. Er interpretiert sie im Anschluß an seine Autoritäten[36] von Prv 24,16 aus. Anders als Luther liegt ihm daran, daß »cadere« dort und »peccare« hier den gleichen Sinn haben, daß also Luthers Gegenüberstellung, die Prv 24,16 auf die bösen und Eccl 7,21 auf die guten Taten des Gerechten bezieht, nicht haltbar ist. Luthers Argumentation, mit der er die Wendung »qui bene faciat« als gleichzeitige Näherbestimmung des Sündigens des Gerechten interpretiert, hält Latomus schon deshalb für gezwungen, weil für ihn Gutes-Tun und Sündigen ebenso einander ausschließende Bestimmungen des Menschen sind wie Leben und Sterben oder Wachen und Schlafen. Daher hält er 1 Rg 8,46 (»Non est enim homo qui non peccet.«) für die klarere Stelle.[37] Auch die Heiligen unterliegen weiterhin der menschlichen Schwäche, so daß sie nie ganz sündenfrei sind.[38] Sünde und gute Werke sind aber innerhalb des menschlichen Lebens eindeutig voneinander abgrenzbar, so daß im Leben der Heiligen auch von Sünde freie gute Werke festgestellt werden können, z.B. die Kollekte des Paulus für Jerusalem.[39] Schließlich argumentiert Latomus mit der Vielschichtigkeit der biblischen Rede von Sünde, die auch Sündengrund, Sündenwirkung, Sündenstrafe und Sündopfer meinen könne.[40] Latomus legt sich nicht fest, welche Bedeutungsnuance in Eccl 7,21 vorliegt; es erscheint ihm jedenfalls unmöglich, theologische Lehre auf diese schillernde Begrifflichkeit zu bauen.

---

35 Assertio omnium articulorum M. Lutheri per bullam Leonis X. novissimam damnatorum (1520); WA 7, (91) 94-151, bes. 136, 20 - 138, 23. Luther verweist auf Is 64, 6; Eccl 7, 21; Ps 142/143, 2; R 7, 22 f (137, 4-20). Vgl. auch die deutsche Fassung »Grund und Ursach aller Artikel...« (299) 308-457, bes. 433, 23-37.
36 Er nennt Hieronymus und Beda (Latomus: AaO, d 4^r f); das Zitat kann nicht belegt werden (siehe StA 2, 452, Anm. 389).
37 Latomus: AaO, d 4^v.
38 Latomus: AaO, e 1^r.
39 Latomus: AaO, e 1^v.
40 Latomus: AaO, e 1^r f.

Während also Luther die theologische Interpretation von Eccl 7,21 immer stärker auf den unlösbaren Zusammenhang von »bene facere« und »peccare« zuspitzt und ihm der Text gerade im Zuge der Formierung seiner reformatorischen Theologie immer bedeutsamer wird, redet Latomus einer allgemeineren Verhältnisbestimmung von Sünde und guten Werken das Wort. Er kann wohl mit einigem Recht beanspruchen, sich mit seinem unspezifischen Verständnis der Stelle in den Bahnen der anerkannten kirchlichen Tradition zu bewegen. Um so mehr zwingt er Luther zu einer argumentativen Klärung sowohl seiner Exegese der Stelle wie auch seiner darauf aufbauenden theologischen Lehre.

III Luthers Argumentation mit Eccl 7,21 im »Antilatomus«

1 Die Struktur der Auslegung

Anders als bei der vorausgehenden Auslegung von Is 64,6 scheint sich Luther bei seinen Darlegungen zu Eccl 7,21 sehr bald von seinem Ausgangstext zu entfernen und sich den von Latomus angestoßenen theologischen Sachproblemen zuzuwenden. Eine Analyse der gedanklichen Disposition des Abschnitts ergibt ein anderes Bild. In Luthers Auslegung lassen sich vier Abschnitte unterscheiden: Der erste[41] setzt sich mit Latomus' Exegese von Eccl 7,21 auseinander; er thematisiert die Frage nach der richtigen Vorgehensweise. In einem zweiten Abschnitt[42] geht es um die Verwendung der Logik bei der Auslegung. Ein dritter Abschnitt[43] kreist um das Stichwort »Gutes tun«, der vierte und längste[44] schließlich widmet sich dem Begriff der »Sünde«. Diese Disposition ist selbst orientiert an dem Text Eccl 7,21 »Non est homo iustus in terra qui bene faciat et non peccet«. Die inhaltlichen Hauptabschnitte der Auslegung orientieren sich an den zentralen Stichworten dieses Verses »bene facere« und »peccare«. Um deren Verknüpfung geht es in dem von Luther vorangestellten Abschnitt zur Logik. So erweist sich der Abschnitt, in dem es um Einzelfragen der Auslegung geht, als Einleitung zu einer großangelegten Auslegung, innerhalb derer der ausgelegte Text selbst in den Hintergrund tritt. Dieser Text ist in der Auslegung aber gerade so präsent, daß deren Struktur die innere Struktur des

---

41 WA 8, 73, 1 - 75, 26 ≙ StA 2, 450, 6 - 453, 13.
42 WA 8, 75, 27 - 77, 37 ≙ StA 2, 453, 14 - 456, 14.
43 WA 8, 78, 1 - 82, 18 ≙ StA 2, 456, 15 - 461, 28.
44 WA 8, 82, 19 - 99, 24 ≙ StA 2, 461, 29 - 483, 20.

Textes abbildet. Diese Parallelität der Strukturen wird freilich nur sichtbar, wenn man Luthers Ausführungen zum Begriff der Sünde als integralen Bestandteil seiner Auslegung von Eccl 7,21 versteht.[45]

2 Der Argumentationsgang im einzelnen

Betrachten wir nach dieser Klärung der Argumentationsstruktur im ganzen die einzelnen Abschnitte noch einmal je für sich und fragen, wie Luther jeweils als Ausleger von Eccl 7,21 in Erscheinung tritt:

2.1 Zum Vorgehen

Gegenüber der von ihm festgestellten Tendenz des Latomus, ohne weiteres zu Auslegungen Dritter bzw. zu anderen Schriftstellen zu springen, einer Tendenz, die Luther als Flucht vor der Wahrheit erscheint,[46] präzisiert Luther seinen Zugang zu Eccl 7,21: Handelte es sich bloß um eine singuläre Belegstelle, ließe sich darauf keine Lehrmeinung gründen. Da die Klarheit dieser Stelle aber mit anderen klaren Stellen eindeutig zusammenklingt, kann Luther seine von den Löwenern verurteilte Lehre von der Sünde im guten Werk auf Eccl 7,21 stützen.[47] Das Verfahren des Latomus erscheint ihm demgegenüber als unernste Spielerei, die nicht auf religiöse Gewißheit aus ist, sondern beliebig Stelle an Stelle reiht, ohne über ein »Vielleicht« des Urteils hinauszukommen.[48]

Der Unterschied in der Vorgehensweise zwischen Luther und Latomus läßt sich festmachen an ihrer Behandlung des Verhältnisses von Eccl 7,21 und 1 Rg 8,46 (»Non est homo qui non peccet«). Während Latomus beide Stellen ohne weiteres als identische Aussagen behandelt[49] und so Luthers Auslegung der

---

45 Frick in seiner Übersetzung des »Antilatomus« (Mü³ Erg 6, 9 [Übersicht über die Gliederung]) verstellt den Blick auf Luthers Argumentationsstruktur durch seine Abtrennung des letzten Abschnitts von der Auslegung von Eccl 7,21. Er löst sich damit ohne Not von Luthers eigener Gliederung, der die folgende Auslegung von R 7 mit »Tertio« überschreibt (WA 8, 99, 25 ≙ StA 2, 483, 21). Auch im Text selbst ist ein deutlicher Hinweis darauf enthalten, daß Luther seine Darlegungen zum Sündenbegriff als Teil der Auslegung von Eccl 7,21 versteht. Er erörtert den Sprachgebrauch von Augustinus und zitiert »Ex quo vitio non est iustus in terra qui bene faciat et non peccet«. Dann fährt Luther fort: »Hic vides et Augustinum hanc autoritatem [sc. Eccl 7,21] sic intellixisse, quod bene faciens peccet, ...« (WA 8, 90, 4-6 ≙ StA 2, 471, 26-28).
46 WA 8, 73, 19-21 ≙ StA 2, 450, 25-27.
47 WA 8, 73, 21-26 ≙ StA 2, 450, 27 - 451, 1.
48 WA 8, 75, 6f ≙ StA 2, 452, 21; WA 8, 75, 10-12 ≙ StA 2, 452, 24-26.
49 Latomus: AaO, d 4ᵛ: »Respondeo illam sententiam alibi idem sapiens ita expressit. Non est

Predigerstelle die Spitze abzubrechen sucht, leugnet Luther die Identität beider Aussagen sowohl was das Subjekt (homo iustus – homo) als auch was das Prädikat (bene faciat et non peccet – non peccet) betrifft.⁵⁰ Luther widersetzt sich der Eliminierung des »bene facere«, die Latomus durch den Verweis auf 1 Rg 8,46 erreicht, indem er in gegenläufiger Argumentation die bedeutungstragende Funktion des Satzelements »qui bene faciat« herausarbeitet. Dabei bezieht er sich sowohl auf den Sinngehalt des hebräischen Verbums עשׂה, das schöpferisch wirksames Tun bezeichnet,⁵¹ als auch auf die hebräische Satzstruktur, deren scheinbar parataktische Aneinanderreihung von »Gutes tun« und »sündigen« in Wahrheit eine logische Verbindung von beidem herstellt.⁵² Das Verhältnis von Eccl 7,21 zu 1 Rg 8,46 erweist sich so für Luther als erheblich differenzierter als für Latomus: Eine Parallele liegt tatsächlich zwischen 1 Rg 8,46 und dem ersten Teil der Predigerstelle vor, wobei auch hier Eccl 7 eine Steigerung bietet.⁵³ Der zweite Teil der Stelle geht aber über 1 Rg 8,46 hinaus und wendet den beiden Stellen gemeinsamen Grundsatz an auf das Sündigen im Tun bzw. im Bewirken des Guten.⁵⁴ Es ist also gerade die ihm von Latomus entgegengehaltene vermeintliche Parallelstelle, die Luthers Verständnis der spezifischen Aussage von Eccl 7,21 vertieft. Dagegen läßt er die Gegenüberstellung zu Prv 24,16, die er noch in den »Resolutiones« zur Leipziger Disputation vorgenommen hatte,⁵⁵ fallen, wohl weniger, weil ihn Latomus'

enim homo qui non peccet tertii regum. viii. [1 Rg 8,46] ... Ne quis superstitiosae ad hanc coactam et absurdam traheret interpretationem, qua diceret in eodem opere hominem bene facere et peccare.«

50 WA 8, 73, 30 - 74, 1 ≙ StA 2, 451, 5-13.
51 WA 8, 74, 23-26 ≙ StA 2, 451, 34 - 452, 2: »Accedit, quod et hic hebraice ›faciens bonum‹ is est, qui autor est, ut sint bona, ut non tantum personalem, sed efficacem bonitatem ad extra prosperatam significet, et tamen hunc peccare dicit: quanto magis operatorem bonorum peccatorem faciet.«
52 WA 8, 74, 29-36 ≙ StA 2, 452, 7-12: »Sciunt enim hebraei, quam soleat coniunctio superflue poni in eius generis locutionibus, ut ... [Gn 17, 14; Ex 12, 15] ... Ita et hic ›Qui bene faciat et non peccet‹ pro eo quod est ›qui cum bene fecerit, non peccet‹.«
53 WA 8, 74, 28-30 ≙ StA 2, 452, 4-6. Luther sagt nicht, worin die Steigerung, die er erkennt, besteht. Vermutlich liegt sie für ihn in der Ersetzung des »non peccat« durch die inhaltlich positiv gefüllte Näherbestimmung des Menschen als »iustus«.
54 WA 8, 74, 30f ≙ StA 2, 452, 6f.
55 WA 2, 412, 4-7.

Einspruch überzeugt hätte,⁵⁶ als vielmehr deshalb, weil er nicht selbst in den Fehler willkürlicher Parallelisierungen verfallen will. Daß er auch den früheren Gedanken, das »bene facere« sei deshalb bedeutungstragend, weil der Heilige Geist nichts Überflüssiges rede,⁵⁷ nur noch beiläufig erwähnt,⁵⁸ wird man darauf zurückführen dürfen, daß ihm selbst die im Vergleich mit 1 Rg 8,46 gewonnene Begründung seiner Auslegung von Eccl 7,21 haltbarer und sachgerechter erschien.

Was gewinnt Luther mit diesem einleitenden Abschnitt seiner Auslegung von Eccl 7,21? Er erreicht eine Klärung der Funktion des Bibeltextes in der theologischen Auseinandersetzung und damit zugleich eine Entscheidung über sein weiteres Vorgehen in der Auslegung. Indem er das von Latomus praktizierte beliebige Sammeln vermeintlicher Parallelen unterbindet und die sich daraus ergebende Beliebigkeit des theologischen Urteils als unmoralisch (insbesondere unter Verweis auf die darauf gegründete Lehrverurteilung)⁵⁹ entlarvt, ergibt sich für ihn selbst die Notwendigkeit, auch theologisch der exegetisch erhobenen Textstruktur zu folgen. Das Eruieren des nach bestem Wissen und Gewissen klaren Sinnes einer Bibelstelle ist also nur der erste Schritt zu einem tieferen, der Struktur des Textes entsprechenden Eindringen in dessen theologischen Sachgehalt. Insofern ist Luthers weiteres Vorgehen bei der Auslegung von Eccl 7,21 die Konsequenz seiner einleitend geführten Auseinandersetzung um den klaren Wortsinn der Stelle.

2.2 *Zur Logik*

Schon früher hatte Luther die logische Beziehung von »bene facere« und »peccare« als grundlegend für sein Verständnis von Eccl 7,21 herausgestellt.⁶⁰ Im »Antilatomus« erweist es sich ihm nun als notwendig, die exegetisch gewonnene Einsicht in die innere Struktur der Stelle dergestalt zu bewähren, daß er zunächst dieses logische Verhältnis in der Auseinandersetzung mit Latomus klärt. Dieser hatte schließlich Luthers Verhältnisbestimmung von »bene facere« und »peccare« als gleichzeitige Bestimmungen des Handelns des Gerechten

---

56 WA 8, 75, 2 ≙ StA 2, 452, 16.
57 Vgl. StA 1, 190, 5-8 ≙ WA 2, 412, 1-5.
58 WA 8, 74, 37 - 75, 2 ≙ StA 2, 452, 13-16.
59 WA 8, 75, 12-24 ≙ StA 2, 452, 26 - 453, 11.
60 Vgl. StA 1, 190, 3-8 ≙ WA 2, 411, 39 - 412, 5.

für absurd erklärt. Luther muß dem Vorwurf entgegentreten, daß sein Verständnis der Textlogik den Gesetzen der allgemeinen Logik widerspricht und deshalb widersinnig ist. Latomus' Karikatur seiner Verknüpfung von »bene facere« und »peccare« mithilfe vergleichbarer Verknüpfungen, deren Absurdität auf der Hand liegt (z.B. die Gleichzeitigkeit von Leben und Sterben, von Wachen und Schlafen, von Leben und Essen)[61], weicht nach Luthers Auffassung der Aussagelogik von Eccl 7,21 aus, indem sie ohne Anhalt am Text eine zeitliche Differenz zwischen beiden Bestimmungen einträgt. So wird Luthers Ansicht zu absurder Logik verkehrt, als schlösse er aus einem zeitlich differenzierten Nebeneinander von gutem Werk und Sünde im Leben des Gerechten auf deren Gleichzeitigkeit.[62] Die auf den ersten Blick so überzeugende logische Argumentation des Latomus erweist sich für Luther als petitio principii.[63] Für Latomus steht bereits fest, daß »bene facere« und »peccare« unterschiedene und voneinander abgegrenzte menschliche Akte sind. Statt sich auf die innere Logik des Bibeltextes einzulassen, paßt er den Text seinem eigenen Verständnis an. Das entwertet das ganze Beweisverfahren.[64] Aus Luthers Polemik gegen Latomus' argumentative Unfähigkeit spricht das Bewußtsein, selber theologische Sätze auf anderem Wege gewonnen zu haben. Luther ist zweifellos davon überzeugt, in seinem theologischen Denken der inneren Struktur des Bibeltextes zu folgen und diesen gerade nicht als mehr oder weniger beliebige Verifikationsinstanz für in sich richtige theologische Lehrsätze zu gebrauchen. Indem sich Luther also mit Latomus über das Verhältnis von allgemeiner Logik und biblischer Logik auseinandersetzt, ergeben sich sowohl Klärungen im Umgang mit Schriftstellen als auch Konsequenzen für die theologische Argumentation. Wenn biblische Texte nicht einfach als dicta probantia anderswoher gewonnener theologischer Behauptungen eingesetzt werden dürfen, sondern verlangt werden muß, daß umgekehrt jede theologische Lehre sich der gedanklichen Struktur der Texte ausgesetzt hat und sich ihr verdankt, dann muß auch das theologische Argumentieren selbst diese Bewegung vom Text zur Lehre erkennen lassen. Die Disposition des »Antilatomus« läßt sich unschwer als Versuch der Durchführung dieser Einsicht verstehen.

---

61 Latomus: AaO, d 4ᵛ; »Antilatomus« WA 8, 75, 28-34 ≙ StA 2, 453, 15-20.
62 WA 8, 76, 35-39 ≙ StA 2, 454, 24 - 455, 3.
63 WA 8, 77, 1 ≙ StA 2, 455, 5.
64 WA 8, 77, 3-7 ≙ StA 2, 455, 7-10.

Luther weicht dabei der Frage nach der Kompatibilität der biblischen Logik mit der allgemeinen keineswegs aus. So begnügt er sich nicht damit, Latomus der petitio principii zu zeihen, sondern kleidet positiv die aus Eccl 7, 21 gewonnene Einsicht in die Terminologie der aristotelisch-scholastischen Logik. Im Unterschied zu den von Latomus gewählten Beispielen »Essen«, »Schlafen«, »Tod«, die Prädikamente »per accidens« sind, muß die Sünde als »praedicatio perseitatis« des Menschen verstanden werden.[65] Sie gehört daher auch zum Menschen, sofern er Subjekt guter Werke ist, woraus sich zwangsläufig ergibt, daß der Mensch im Tun des Guten sündigt.[66] Dieser Schluß ist freilich nur dann zwingend, wenn man der Bestimmung der Sünde im vollen Sinne als Prädikament »per se« bzw. als »propria passio« des Menschen zustimmt. Diese Bestimmung gewinnt Luther, wie er selbst bemerkt,[67] aus Eccl 7, 21. Auch Luthers Logik arbeitet also mit einer petitio principii. Seine Beweisführung kann nur den überzeugen, der bereits überzeugt ist. Insofern kommt seiner Argumentation in der Terminologie scholastischer Logik kein eigenes Gewicht zu. Sie treibt den Gegensatz zu Latomus freilich dergestalt auf die Spitze, daß deutlich wird: wo Latomus scholastische Logik in den Bibeltext einträgt, verfährt Luther umgekehrt und trägt die biblische Logik in die scholastische Terminologie ein. Wird für Latomus die Schriftstelle zum Beleg für die Richtigkeit scholastisch-theologischer Distinktionen, so bleibt für Luther der traditionellen Denkweise und Terminologie allenfalls noch die Funktion des Belegs für die aus der Schrift gewonnene theologische Lehre.

2.3 Zum Begriff »Gutes tun«

Luthers an Eccl 7, 21 gewonnene Einsicht in die Verschränktheit von »bene facere« und »peccare« erfordert als weiteren Auslegungsschritt die Klärung der inhaltlichen Füllung der beiden Begriffe. Was bedeutet nun zunächst »bene facere«? Latomus, der diese Frage so nicht stellt, hatte mit Hieronymus darauf verwiesen, daß es auch im Leben der Heiligen Sünde gebe.[68] Wieder sieht Luther seinen Gegner dem eigentlichen Problem ausweichen. Inhaltlich durch eine Verschiebung der Fragestellung: es steht nicht zur Debatte, daß im Leben der

---

65 WA 8, 77, 9-14 ≙ StA 2, 455, 12-17.
66 WA 8, 77, 16-18 ≙ StA 2, 455, 20f.
67 WA 8, 77, 18f ≙ StA 2, 455, 21f.
68 Latomus: AaO, d 4ᵛ - e 1ʳ.

Heiligen Sünde in Gestalt von solchen Akten in Erscheinung tritt, die von guten Werken eindeutig abgegrenzt werden können.[69] Luther insistiert auf der Auslegung von Eccl 7,21 als Dreh- und Angelpunkt der Auseinandersetzung: Latomus muß vor allem anderen beweisen, daß diese Stelle in seinem Sinn verstanden werden muß.[70] Auch formal weicht er dieser Aufgabe aus, indem er sich auf ein Hieronymuszitat stützt, das die umstrittene Stelle gar nicht auslegen will.[71] Demnach käme der Kirchenvater für Luther allenfalls dann als Autorität in Betracht, wenn er den zur Diskussion stehenden Text selber auslegt. Keinesfalls ist die Autorität der Väter formal derjenigen der Bibel gleichrangig, vielmehr läßt Luther die Väter nur soweit gelten, wie sie sich mit den biblischen Aussagen in Einklang befinden.[72]

Während er Latomus inhaltlich und formal ausweichen sieht, will Luther zur Sache von Eccl 7,21 zurückkehren, indem er ziemlich zugespitzt das Problem der Näherbestimmung des »bene facere« aufgreift. Unzufrieden mit der beziehungslosen Nebeneinanderordnung von gutem Werk und Sünde im Leben des Glaubenden, betont Luther, daß es ihm weiterhin um die Verhältnisbestimmung beider Größen geht. Dabei setzt er nicht bei der Sünde im guten Werk an, sondern bei der Definition des guten Werkes selber. Seine These lautet, daß als gutes Werk das zu gelten habe, was den Willen Gottes erfülle. Dieser Wille werde aber nur so erfüllt, daß Gott selber die jedem Werk anhaftende Sünde verzeihe.[73] Die Sünde gehört also bereits in die Definition des »bene facere« hinein. Gibt es nach dieser Definition dann überhaupt gute Werke der Heiligen? Diese Rückfrage pariert Luther mit dem paradoxen Hinweis, daß für den Glaubenden gerade diejenigen Werke zu guten Werken werden, die Latomus (nach Hieronymus) als Akte der Sünde im ansonsten guten Leben der Heiligen (exemplifiziert an Paulus) meinte auffassen zu müssen. Unter Verweis auf Kol 3,17 spitzt Luther seine These zu: alle Werke des Glaubenden, sofern sie eben im Christusglauben geschehen, sind eo ipso gute Werke.[74] Um einzuschärfen, daß es nicht um Einzelakte des christlichen Lebens, sondern um die ganzheitliche Bestimmtheit des Christen geht, kehrt Luther also seine Ausgangsthese gerade-

---

69 WA 8, 78, 1-6 ≙ StA 2, 456, 15-20.
70 WA 8, 78, 6f ≙ StA 2, 456, 20 - 457, 1.
71 WA 8, 78, 15-17 ≙ StA 2, 457, 9f.
72 WA 8, 79, 12-14 ≙ StA 2, 458, 10-12.
73 WA 8, 78, 31f ≙ StA 2, 457, 25.
74 WA 8, 79, 2-8 ≙ StA 2, 457, 31 - 458, 6.

zu um: nicht nur jedes gute Werk ist Sünde, sondern auch jede Sünde ist gutes Werk!

Die Notwendigkeit, bereits in der Definition des guten Werkes eines Christen auf die göttliche Vergebung zu rekurrieren, weist Luther nach, indem er in rhetorisch steigernder Anlehnung an das Gebet des Pharisäers aus Jesu Gleichnis vom Pharisäer und Zöllner (L 18,11f) eine Rede des Gerechten vor dem Urteil Gottes formuliert: dieser bedarf in bezug auf sein zwar gnadenhaft gestütztes, aber in sich unsündliches Werk nicht der göttlichen Barmherzigkeit. Ohne Zögern kann er allein auf Gottes Gerechtigkeit bauen.[75] Die offenkundige Gotteslästerung, die in der selbstgerechten Verachtung der verzeihenden Barmherzigkeit zutage tritt, ist für Luther die religiöse Konsequenz aus einer Definition des guten Werkes, welche die in Eccl 7,21 ausgedrückte Verknüpfung von »bene facere« und »peccare« mißachtet.[76]

Luther belegt sein Verständnis des guten Werkes dann wie Latomus am Beispiel des Paulus. Allerdings nicht so, daß er wie jener einzelne Akte aus der Paulinischen Biographie, z.B. die Kollekte für die Jerusalemer Gemeinde,[77] als sündlose Handlungen qualifiziert, sondern indem er auf die theologische Wertung der eigenen guten Werke durch Paulus selbst zurückgreift. 1 K 4,4 wird ihm zur Schlüsselstelle der Paulinischen lebensgeschichtlichen Anwendung der in Eccl 7,21 enthaltenen Struktur der Gleichzeitigkeit von gutem Werk und Sünde: Paulus bekundet dort zum einen das Bewußtsein eigener Schuldlosigkeit, zum anderen hält er daran fest, daß dieses Bewußtsein ihn vor dem Urteil Gottes nicht rechtfertigt.[78] Es liegt für Luther auf der Hand, daß die Behauptung, die Glaubenden vermöchten sündlos gute Werke zu tun, sich mit dieser Selbsteinschätzung des Paulus nicht verträgt.[79] Hier wie auch bei anderen Glaubensvorbildern der Bibel[80] zeigt sich eine Differenz, deren Beachtung für die theologische Betrachtung der guten Werke unerläßlich ist, die Unterscheidung der Qualität menschlicher Handlungen coram hominibus und coram deo. Das Tun des Guten nach dem Urteil der Menschen, und dazu gehört auch das Urteil des eigenen Gewissens, reicht vor dem Urteil Gottes keineswegs zu. Vor diesem

---

75 WA 8, 79, 19-28 ≙ StA 2, 458, 19-27.
76 WA 8, 79, 28 - 80, 3 ≙ StA 2, 458, 27-35.
77 Latomus: AaO, e 1ᵛ.
78 WA 8, 80, 11f ≙ StA 2, 459, 6f.
79 WA 8, 80, 13-24 ≙ StA 2, 459, 8-19.
80 Luther nennt Jeremia (Jr 17, 16) und Hiskia (2 Rg 20, 3): WA 8, 80, 29 - 81, 26 ≙ StA 2, 460, 3-35.

gibt es keine Rechtfertigung in einem coram hominibus guten Werk, sondern nur in Christus.[81] Es ist also nicht die Ungewißheit über das Vorhandensein von guten Werken überhaupt, die ein Pochen auf das gerechte Urteil Gottes ausschließt.[82] Vielmehr hat Gott selbst die von Luther herausgearbeitete Unterscheidung zur Vermittlung einer doppelten Gewißheit gebraucht, indem er zum einen den Christen deutlich bewußtmacht, welche Werke als Früchte des Geistes gute Werke sind, indem er zum andern die Sündlosigkeit dieser Werke ausgeschlossen hat und so das christliche Leben als ganzes auf seine Barmherzigkeit hin ausrichtet.[83]

Indem Luther die Verhältnisbestimmung von »bene facere« und »peccare« aus Eccl 7,21 in die Definition des guten Werkes des Christen aufnimmt und mit dem Paulinischen Verständnis von Glaube und Werken verbindet, weist er eine Reduktion des »bene facere« auf eine äußerliche Nachweisbarkeit oder auf ein subjektives Bewußtsein von guten Werken ab. Eccl 7,21 ist ihm auch deshalb mehr als eine zufällige Belegstelle, weil sich die Aussage des alttestamentlichen Predigers in ihrer Struktur mit der Paulinischen Anthropologie deckt. Konsequent theologischer Auslegung erweist sie sich mithin als Ausdruck des innersten Kerns christlichen Glaubensbewußtseins, als Evangelium. Das ist der tiefere Grund dafür, daß Luthers Auslegung nicht bei Einzelfragen stehenbleibt, sondern auf ein Verstehen im Horizont der ganzen Existenz des Glaubenden zielt.

2.4 Zum Begriff »Sünde«

Luther rundet seine Auslegung von Eccl 7,21 durch eine ausführliche biblisch-theologische Klärung des Sündenbegriffs ab.[84] Im Gegenüber zu Latomus' Differenzierungen im Verständnis von »peccatum«[85] liegt Luther an einem klaren und einheitlichen Sprachgebrauch von Sünde, der ein eindeutiges theologisches Argumentieren zuläßt. Ein solcher Sprachgebrauch liegt nach Luthers Meinung in der Bibel vor; sie gibt die einfache Definition der Sünde als das, was dem Gesetz Gottes nicht entspricht, an die Hand.[86] Luthers ausführliche Erörterung dient nun einzig und allein dem Ziel, die Suffizienz dieses Sündenbegriffs zu

---

81 WA 8, 81, 3f ≙ StA 2, 460, 11-13.
82 Luther unterstellt seinen Gegnern, diese Ungewißheit zu pflegen: WA 8, 81, 27 - 82, 18 ≙ StA 2, 460, 36 - 461, 28.
83 WA 8, 82, 3-9 ≙ StA 2, 461, 13-18.

erweisen und damit die in Eccl 7,21 erkannte Verhältnisbestimmung von »bene facere« und »peccare« zugleich abzusichern und inhaltlich zu füllen.

Diesem Beweisziel dient zunächst die Unterscheidung von Bildrede und begrifflicher Rede. Ein langer Exkurs über den Reichtum der biblischen Bilder[87] läuft darauf hinaus, der Vielfalt der Bilder die Eindeutigkeit theologischer Begriffe gegenüberzustellen, zu deren Gewinnung die Bilder gerade beitragen.[88] Aus dieser Überlegung ergibt sich für Luther, daß der theologische Begriff »Sünde« nicht als Bildrede verstanden und damit relativiert werden darf. Auch in 2 K 5,21, wo Christus als »Sünde« bezeichnet wird, woraus Latomus eine übertragene Verwendung des Sündenbegriffs abgeleitet hatte,[89] liegt keine Bildrede vor. Dort geht es Paulus vielmehr um eine theologische Sachaussage: die menschliche Sünde ist tatsächlich auf Christus übertragen worden;[90] dieser hat sie auch real erfahren.[91] Gerade diese Stelle wird Luther so zum Zeugnis eines einheitlichen biblischen Sprachgebrauchs von Sünde.

84 Ich schlage folgende Gliederung dieses Abschnitts vor:
   1. Die Einheitlichkeit des biblischen Sprachgebrauchs von Sünde
      (WA 8, 82, 18 - 83, 31 ≙ StA 2, 461, 29 - 464, 2)
   2. Biblische Bildrede und theologischer Sündenbegriff
      (WA 8, 83, 31 - 88, 3 ≙ StA 2, 464, 2 - 469, 1)
   3. Differenzierungen innerhalb des einheitlichen Sündenbegriffs
      a. in philosophisch-rhetorischer Terminologie
         (WA 8, 88, 3 - 89, 10 ≙ StA 2, 469, 2 - 470, 25)
      b. bei Paulus und den Vätern
         (WA 8, 89, 10 - 90, 38 ≙ StA 2, 470, 25-473, 3)
      c. zwischen der Sünde und ihrer Macht
         (WA 8, 91, 1 - 92, 37 ≙ StA 2, 473, 4 - 475, 18)
   4. Die Rechtfertigung des Sünders sola gratia als Folge des biblischen Sündenverständnisses
      (WA 8, 92, 38 - 93, 34 ≙ StA 2, 475, 19 - 477, 2)
   5. Das Zugleich von Sünde und guten Werken im christlichen Lebensvollzug
      (WA 8, 93, 35 - 97, 7 ≙ StA 2, 477, 3 - 480, 28)
   6. Die Autorität des Paulus und der klaren Schriftzeugnisse für die theologische Lehrbildung
      (WA 8, 97, 8 - 99, 24 ≙ StA 2, 480, 29 - 483, 20).
85 Latomus: AaO, e 1ʳf; vgl. »Antilatomus« WA 8, 82, 19 - 83, 25 ≙ StA 2, 461, 29 - 463, 23.
86 WA 8, 83, 26-29 ≙ StA 2, 463, 24-27.
87 WA 8, 83, 31 - 86, 28 ≙ StA 2, 464, 2 - 467, 13.
88 WA 8, 86, 29-31 ≙ StA 2, 467, 14-16.
89 Latomus: AaO, e 1ᵛ.
90 WA 8, 87, 6-10 ≙ StA 2, 467, 27-31.
91 WA 8, 87, 37 - 88, 1 ≙ StA 2, 468, 21-25.

Die notwendige Differenzierung führt Luther dann innerhalb dieses einheitlichen Sündenbegriffs durch. Er bedient sich dabei der philosophischen Unterscheidung zwischen der Substanz und deren Prädikamenten, von denen seine Gegner in bezug auf die Sünde nichts wissen.[92] Würden sie nach Art der Rhetorik zwischen Wesensaussagen und kategorialen Aussagen unterscheiden, könnten sie die Sünde im Glaubenden klarer fassen.[93] Denn die Taufe und die Gabe des Heiligen Geistes verändern nicht die Sünde in ihrem Wesen, sondern die Umstände, unter denen die Sünde im Menschen existiert.[94] Sie wird von der herrschenden zur beherrschten Sünde, bleibt aber ihrem Wesen nach bis zur eschatologischen Vollendung in den Getauften und Glaubenden als »Rest« erhalten.[95] Dieser »Rest«, um den die Auseinandersetzung mit Latomus geht,[96] will Luther mit Paulus als Sünde im Vollsinne verstehen. Demgegenüber hat die begriffliche Differenzierung bei den Vätern die Sache verunklart.[97] Allerdings findet Luther bei Augustinus den Sachgehalt des Paulinischen Sündenbegriffs gewahrt, auch wenn der Kirchenvater begrifflich zwischen »peccatum« und »vitium« differenziert. Gerade der Verweis auf Eccl 7,21 sichert die Einheitlichkeit des Augustinischen Sündenverständnisses.[98] Der Paulinisch-Augustinische Sprachgebrauch von Sünde läßt sich nun derart mit der philosophischen Begrifflichkeit verbinden, daß sowohl ein einheitlicher Sündenbegriff verwendet als auch die notwendige Differenzierung von Sünde vor und nach der Gnade durchgeführt werden kann: Die Sünde bleibt, aber ihre Herrschaft ist zu Ende.[99] Die Sünde ist verdammt,[100] doch führt der Glaubende sein

---

92 WA 8, 88, 3-6 ≙ StA 2, 469, 2-4. Zur philosophischen Argumentation Luthers vgl. Bornkamm: AaO, 175 f.
93 WA 8, 88, 9-36 ≙ StA 2, 469, 8 - 470, 12.
94 WA 8, 88, 25-28 ≙ StA 2, 470, 1-4.
95 WA 8, 89, 6-10 ≙ StA 2, 470, 20-25.
96 WA 8, 89, 10-12 ≙ StA 2, 470, 25 f.
97 WA 8, 89, 18-23 ≙ StA 2, 471, 2-8.
98 Luther zitiert (WA 8, 89, 37 - 90, 5 ≙ StA 2, 471, 22-27) aus Aurelius AUGUSTINUS: Epistula 167, 4, 15 (CSEL 44 [1904], 602, 11 - 603, 3), wo Augustinus Eccl 7,21 zitiert (WA 8, 90, 4f ≙ StA 2, 471, 26f) und damit seine Rede von »vitium« erläutert; siehe oben Anm. 45.
99 WA 8, 91, 35-40 ≙ StA 2, 473, 38 - 474, 2: »Ita peccatum in nobis post baptismum vere peccatum est naturaliter, sed in substantia, nec in quantitate, nec qualitate, nec actione, in passione vero totum. Nam idem prorsus est motus irae et libidinis in pio et impio, idem ante gratiam et post gratiam, sicut eadem caro ante gratiam et post gratiam, sed in gratia nihil potest, extra gratiam praevalet.«

Leben noch unter Einschluß von Sünde und Tod.[101] Mit dieser Präzisierung des einheitlichen biblischen Sündenbegriffs, der eine differenzierte Anwendung einschließt, hat Luther sein argumentatives Ziel erreicht; er kann seine Ausgangsthese als erwiesen ansehen.[102] Nur die Gleichzeitigkeit von Sündersein und Gerechtfertigtsein des Christen entspricht dem Wesen des christlichen Glaubens. Der Glaube kehrt das Verhältnis von Mensch und Sünde um, indem er die Sünde, d.h. die Macht der Gottesferne und des Widerstrebens gegen den Willen Gottes, so sehen läßt, daß sie entmachtet ist, indem er als durch die Taufe freigesetztes Bewußtsein der göttlichen Barmherzigkeit die verdammende Macht der Sünde außer Kraft setzt und so seinerseits die Sünde verdammt.[103] Eine an der Beschaffenheit einzelner guter Werke festgemachte Nicht-Sünde verdunkelt nicht nur die Totalität des menschlichen Sünderseins, sondern zugleich die Totalität der Barmherzigkeit Gottes, welche die Rechtfertigung des glaubenden Sünders durch Nichtanrechnung seiner Sünde bewirkt.[104]

Luther schließt seine Darlegungen zum Sündenbegriff mit einer seelsorgerlichen Anrede an den Leser ab.[105] Die in der Klärung des Sündenbegriffs zum Ziel gelangte Auslegung von Eccl 7,21 wendet er nun auf den christlichen Lebensvollzug an. Für diesen ist die gefundene Unterscheidung von herrschender und beherrschter Sünde[106] grundlegend, weil sie den Glaubenden sowohl der geschehenen Vergebung vergewissert als ihn auch zu guten Werken im Kampf gegen die verbliebene Sünde verpflichtet. Luther stellt klar, daß er keineswegs das Vorhandensein guter Werke beim Christen leugnen will. Zum Christen gehören gute Werke, aber sie sind nicht Zeichen der Abwesenheit von Sünde, sondern gerade Zeichen der Sünde, insofern sie Produkte des Kampfes gegen die

---

100 WA 8, 91, 15-23 ≙ StA 2, 473, 18-26.
101 WA 8, 92, 5-10 ≙ StA 2, 474, 7-12: »Ille ergo spiritus vitae quid fecit? nondum a morte, nondum a peccato liberavit, liberabit autem tandem, quia adhuc moriendum est, adhuc in peccatis laborandum. Sed a lege peccati et mortis liberavit [R 8, 2], hoc est, a regno et tyrannide peccati et mortis, ut peccatum quidem assit, sed amissa tyrannide nihil possit, et mors quidem instet, sed amisso stimulo nihil nocere neque terrere possit.«
102 WA 8, 93, 18f ≙ StA 2, 476, 20f.
103 WA 8, 92 38-42 ≙ StA 2, 475, 19 - 476, 3.
104 WA 8, 93 14-17 ≙ StA 2, 476, 17-19.
105 WA 8, 93, 35f ≙ StA 2, 477, 3f.
106 WA 8, 94, 2-15 ≙ StA 2, 477, 9-22; dort (WA 8, 94, 9f ≙ StA 2, 477, 16) die ausdrückliche Gegenüberstellung von »peccatum regnans« und »peccatum regnatum«.

Sünde sind.[107] Luther plädiert für ein christliches Selbstverständnis, das sich aus der Dialektik von Zorn und Gnade Gottes speist und daher nicht das Selbstverständnis des Nicht-Sünders, sondern das des begnadeten Sünders ist.[108] Christliche Ethik setzt ein bei der geschehenen Sündenvergebung, sie erhofft die eschatologische Vernichtung der Sünde, sie ergreift die Aufgabe der gegenwärtigen Lebensführung im Tun des Guten, das gegen die Sünde kämpft. Dieses Fazit seiner Erörterung des Sündenbegriffs trägt Luther als feierliches Glaubensbekenntnis vor,[109] ehe er abschließend die Autorität des Paulus als die für die theologische Urteilsbildung maßgebliche herausstellt[110] und die klaren Schriftstellen zur ausreichenden Grundlage der christlichen Lehre erklärt.[111]

Für Luther steht zweifelsfrei fest, daß Eccl 7,21 zu den klaren Schriftstellen gehört, auf die er sein Verständnis von christlichem Leben und Glauben gründen kann. Seine der Struktur des Ausgangstextes folgende Auslegung hat sich insofern als sachgemäß erwiesen, als sich zuletzt herausgestellt hat, daß für biblisches Sündenverständnis, und das heißt in erster Linie für das Sündenverständnis des Paulus, die Korrelation von »bene facere« und »peccare« konstitutiv ist. Eccl 7,21 ist gerade darin ein locus classicus biblischer Sünden- und Gnadenlehre, daß er prägnant formuliert, daß in bezug auf den Glaubenden von guten Werken stets nur so geredet werden kann, daß zugleich von der Sünde geredet wird, von der Sünde freilich so geredet werden muß, daß die guten Werke, mit denen der Glaubende gegen sie kämpft, stets mit im Blick sind.

IV Fazit

1. Eccl 7,21 ist für Luther mehr als eine bloße Belegstelle. Er entwickelt seine theologische Verhältnisbestimmung von Sünde und guten Werken in einem längeren Auslegungsvorgang, der an der inneren Struktur des Textes orientiert

---

107 WA 8, 95, 25-29 ≙ StA 2, 479, 3-7.
108 WA 8, 96, 2-4 ≙ StA 2, 479, 17-19: »Aliud ergo de te iudicabis ... secundum rigorem iudicii dei, aliud secundum benignitatem misericordiae eius. Et hos duos conspectus non separabis in hac vita.«
109 WA 8, 96, 8-12 ≙ StA 2, 479, 23-26: »Credimus enim remissionem peccatorum omnium factam absque dubio, sed agimus quottidie et expectamus, ut fiat etiam omnium peccatorum abolitio et omnimoda evacuatio. Et ii, qui in hoc laborant, faciunt bona opera. Ecce, haec est fides mea, quoniam haec est catholica fides.«
110 WA 8, 97, 27-33 ≙ StA 2, 481, 19-26.
111 WA 8, 99, 15 ≙ StA 2, 483, 10f.

ist. Luthers Argumentation erweist sich in ihrer Verknüpfung von Textauslegung und theologischer Sachdiskussion als durchsichtig und planvoll.

2. Eccl 7,21 erhält seine eigentliche Durchschlagskraft in der Verknüpfung mit dem Paulinischen Sünden- und Gnadenverständnis, als dessen präzisen Ausdruck Luther die Stelle begreift. Eccl 7,21 ist gerade darum eine für die theologische Lehrbildung brauchbare, klare Schriftstelle, weil sie in ihrer logischen Struktur der Gleichzeitigkeit von Sünde und guten Werken dem Paulinischen Evangelium von der Rechtfertigung des Sünders sola gratia entspricht.

3. Demgegenüber hat die Argumentation in traditioneller philosophisch-rhetorischer Terminologie für Luther kein eigenes Gewicht. Sie zeigt nur, daß sich jede theologische Lehre dieser Terminologie bedienen kann, daß die eigentlichen Entscheidungen also anderswo fallen.

4. Luthers an Paulus orientierte Auslegung von Eccl 7,21 zielt auf eine Gesamtanschauung des christlichen Lebens. Der Lebensvollzug des Christen ist als ganzer von Sünde und guten Werken geprägt, und das so, daß niemals das eine ohne das andere sein kann. Indem Luther die Sünde als Totalbestimmung allen menschlichen Lebens und Handelns begreift, lehrt er zugleich ein vertieftes Verständnis der guten Werke. In ihnen kommt die innere Dynamik, die dem Christenleben als beständigem Kampf gegen die Sünde innewohnt, zum Ausdruck. Erst als Zeichen der Sünde, die von Christus schon besiegt ist und doch vom Christen bekämpft werden muß, gewinnen die guten Werke ihre eigene Würde; so verstanden sind sie für den Christen verpflichtend und heilsam. Nur die lebenslange, erst im Eschaton aufzulösende Spannung von Sünde und guten Werken macht das Christenleben zur Gestalt eines Glaubens, der ausschließlich auf die Barmherzigkeit Gottes vertraut.

5. Moderne historisch-kritische Exegese von Eccl 7,21 wird urteilen müssen, daß Luther den Text überstrapaziert und das Paulinische Evangelium in ihn einträgt.[112] Dennoch wird man Luther zubilligen können, daß seine Auslegung

---

112 Aarre LAUHA: Kohelet. NK 1978, versteht unsere Stelle als Ausdruck »weltanschauliche[n] Bankrott[s]« (136) und urteilt: »Von den Gedanken Kohelets verläuft keine positive Linie zur Bewältigung der Schuldfrage im Geiste des Evangeliums« (ebd). Vgl. aber Thomas KRÜGER: Theologische Gegenwartsdeutung im Kohelet-Buch. – M, Univ., Evang.-theol. Fakultät, Habil., 1990 (MS), der in unserem Vers das »Konzept einer universalen Schuldhaftigkeit aller Menschen« im Zusammenhang der Auseinandersetzung mit dem Konzept eines Tun-Ergehen-Zusammenhangs formuliert sieht (344).

den Blick dafür schärft, daß die vom alttestamentlichen Prediger erfahrene und noch unbestimmt zum Ausdruck gebrachte Aporie eines spannungsfreien Verständnisses des Gerechtseins des Gerechten mit dem Paulinischen Evangelium vom Sünder als Gerechtem korreliert.

Die Vergöttlichung des Menschen als Sein in Gott

Von Simo Peura

I Die Theosis und die Lutherforschung

Die bisherige Lutherforschung hat stets bemerkt, daß Luther in seinen Schriften nicht nur gelegentlich, sondern relativ oft den Terminus »Vergöttlichung« (deificatio, θέοσις) und synonyme Bezeichnungen gebraucht. In den meisten Fällen hat aber die Lutherforschung den Gedanken entweder außer acht gelassen oder ihm eine spezifische neue Interpretation gegeben.

Das Thema der Vergöttlichung des Menschen hat seine theologischen Wurzeln in der Heiligen Schrift.[1] Es ist besonders zentral für die Gnadenlehre der Ostkirche. Aber auch der abendländischen Tradition ist es seit Tertullianus bekannt.[2] Die mittelalterliche Theologie hat es ebenfalls behandelt, wenn auch nicht als selbständiges Theologumenon, so doch innerhalb der Gnadenlehre.[3]

Die Tatsache, daß die bisherige Lutherforschung im großen und ganzen das Thema der Vergöttlichung nur zögernd berücksichtigt hat, hängt damit zusammen, daß die lutherische Theologie in der Vergöttlichung fremdes Gedankengut gesehen hat. Die Vergöttlichung wird betrachtet als erneute Annäherung an die Ursünde Adams, der »wie Gott erkennen« wollte (Gn 3, 5) und sich dabei

---

1 Es wird auf Gn 1, 26f; Ps 82, 6 und 2 P 1, 4 hingewiesen. Hier findet sich die biblische Grundlage der Vergöttlichung.
2 Die meisten griechischen Kirchenväter haben das Thema in ihrer Soteriologie behandelt. Seinen bekanntesten Ausdruck »θεοποίησις« hat er in der Formulierung des Athanasios gewonnen. In der abendländischen Kirche widmen mehr Aufmerksamkeit dem Thema erst Augustinus und Leo der Große. Augustinus deutet die Vergöttlichung, die aus der Menschwerdung Gottes folgt, als Teilhabe an der göttlichen Natur. Die Gesamtdarstellung des Themas ist im Lexikon »Dictionnaire de spiritualité, ascétique et mystique« unter dem Stichwort »DIVINISATION« (Bd. 3. P 1957, 1370-1459) zu finden.
3 Die Vergöttlichung des Menschen wurde häufig in der scholastischen Theologie des Mittelalters behandelt. Der Gedanke tritt hervor, wenn die Einwohnung Christi im glaubenden Herzen, die Eingießung der Liebe, die Umgestaltung des Christen durch die Gnade oder die habituelle Gnade erklärt werden. Dazu siehe eingehender ebd 3, 1389-1432.

selbst »vergötzte«. Diese Erklärung ist aber noch nicht ausreichend, um die Abneigung der lutherischen Theologie gegenüber dem Vergöttlichungsgedanken verständlich zu machen. Wir können die Vorbehalte erst dann befriedigend erklären, wenn wir bestimmte forschungsgeschichtliche Bedingungen in Betracht ziehen.

Wie Risto Saarinen nachgewiesen hat, hat das sogenannte »Wirkungsdenken«[4] im Sinne des Abschieds von der Metaphysik seit Albrecht Ritschl die protestantische Theologie des 20. Jahrhunderts beeinflußt und eine bedeutsame Nachwirkung auch in der Lutherforschung bis in unsere Tage hinein gehabt. Saarinen zufolge hat die von Ritschl formulierte Ablehnung der Metaphysik bzw. des Seinsdenkens zugunsten des Wirkungsdenkens nicht nur das neukantianische Lutherbild und die Lutherrenaissance beherrscht, sondern bis zu Karl Barth und Ernst Wolf weitergewirkt.

Es ergibt sich nun die Frage, ob denn die Forschung mit dem »Wirkungsdenken« die eigentlichen Intentionen des Reformators adäquat erklären kann und erklärt hat. Das mögliche Problem des »Wirkungsdenkens«, das mehr oder weniger eine Ontologie der Wirkungen entworfen hat, besteht darin, daß es in seiner vernichtenden Kritik an der Substanzmetaphysik auch das reale Sein außer acht läßt. Das Sein wird durch ein aktualistisches Kraftfeld von Wirkungen ersetzt, in dem sich der glaubende Mensch befindet. Wie die Abhandlung Saarinens nachweist, ist die Gegenwart Christi somit als Wirkung Gottes, aber nicht im Sinne des real-ontischen Seins[5] verstanden worden.

Die Möglichkeit, daß das »Wirkungsdenken« das reale, ontische Sein in der Tat verwischt, wird in der Lutherforschung vor allem bei solchen Themen evident, wie die reale Gegenwart Christi, die Vereinigung mit Christus und die Vergöttlichung, die die Spitze eines theologischen Gedankengangs bildet.

Wenn wir nun die Forschungsgeschichte des Themas überblicken,[6] ist es auffällig, daß das »Wirkungsdenken« oftmals die Deutungen der Vergöttli-

---

4 Zu dem »Wirkungsdenken« und zu der »Ontologie der Wirkungen« siehe im einzelnen Risto SAARINEN: Gottes Wirken auf uns: die transzendentale Deutung des Gegenwart-Christi-Motivs in der Lutherforschung. S 1989.

5 Der Ausdruck »das real-ontische Sein« bezieht sich hier auf das Sein und die Ontologie im allgemeinen, d.h. nicht im Sinne einer bestimmten philosophischen Ontologie.

6 Zur Forschungsgeschichte des Themas bei Luther siehe im einzelnen Simo PEURA: Mehr als ein Mensch?: die Vergöttlichung als Thema der Theologie Luthers von 1513 bis 1519. Helsinki 1990, 15-50.

chung wesentlich bestimmt hat. Die kritische Einschätzung wird meist eben mit dem Hinweis begründet, daß Luthers Denken vom scholastischen Denken, das die Vergöttlichung im Rahmen der Substanzmetaphysik zum Ausdruck gebracht hat, abweicht. Luther lehnt nicht nur die Substanzmetaphysik ab, sondern verzichtet für viele Forscher auch auf die ontologische Fragestellung im allgemeinen. Dementsprechend sind einige Forscher der Meinung, daß der Sachverhalt bei Luther einen ganz und gar neuen Sinn bekommen haben muß. An Stelle der ontologischen Fragestellung wird Vergöttlichung »ethisch«, »relational« oder im Sinne des Wirkungsdenkens ausgelegt. Mit diesen Begriffen ist gemeint, daß das Sein Gottes außerhalb des Seins des Menschen oder neben dem Sein des Menschen bleibt. Somit findet keine reale Vereinigung von Gott und Mensch statt und auch keine Vergöttlichung des Menschen im eigentlichen ontologischen Sinn des Terminus.[7]

Es ist also offensichtlich, daß erst die oben dargestellten hermeneutischen Bedingungen die Vorbehalte der Lutherforschung gegenüber dem Thema befriedigend erklären. Um nun die Bedeutung des Themas für Luther einschätzen zu können, ist es zunächst notwendig, zu fragen, wo der sachliche Zusammenhang zwischen dem Motiv der Vergöttlichung und den im allgemeinen als für Luther wesentlich erachteten Sachfragen steht. Wir versuchen die Antwort anhand einiger Texte zu geben, die nach dem Ablaßstreit entstanden sind.

II Das Thema der Vergöttlichung und die Sache Luthers

Nach dem Beginn des Ablaßstreites im Herbst 1517 gerät Luther in eine Ereignisfolge öffentlich ausgetragener Konflikte, die schließlich 1519 das Einschreiten Roms gegen ihn veranlaßten. Er greift die scholastische Theologie an, in der er eine Art theologia gloriae sieht, die das Heil des Menschen auf den freien Willen, d.h. auf die Menschenwerke, gründet. Die konkrete Verwirklichung

---

7 In der Forschungsgeschichte sind auch einige von dieser »Generallinie« abweichende Deutungen vorgebracht worden. Karl Barth z.B. ist der Meinung gewesen, daß Luther den Gedanken der Vergöttlichung gekannt und bewußt verwendet habe. Die römisch-katholischen Forscher Erwin Iserloh und Peter Manns haben hervorgehoben, daß das Heil – die Vergöttlichung einschließend – eine reale ontologische Veränderung des Menschen bedeute. Sie haben konstatiert, wie auch Wilfried Joest, daß der Begriff »substanzmetaphysisch« nicht direkt mit dem Begriff »ontologisch« gleichzusetzen sei. Diese Position haben auch Tuomo Mannermaa und Ulrich Asendorf vertreten.

dieser Theologie sieht Luther in der Ablaßpraxis seiner Zeit, die der angefochtenen Seele keine Zuversicht auf die Barmherzigkeit Gottes gewähren kann. Nach den Disputationsthesen gegen die scholastische Theologie und den 95 Thesen über die »Kraft der Ablässe« konzipiert Luther seine theologia crucis, die sich in diesen Jahren allmählich zu einem eigenen theologischen Programm entwickelt, und stellt sie der Theologie der Herrlichkeit gegenüber.

Die geschichtlichen Ereignisse jener Zeit erlauben uns nicht, zu behaupten, daß die Vergöttlichung des Menschen (deificatio hominis) das Thema der Auseinandersetzung mit der Theologie der Herrlichkeit ausmachen würde. Trotzdem ist die Vergöttlichung ein integrierter Teil der Darstellung Luthers, wenn er die wichtigsten theologischen Streitfragen, wie z.B. die der Rechtfertigung des Sünders, der Freiheit des Willens, der Buße und der göttlichen Liebe behandelt.

Nach Luther ist die göttliche Liebe, die er auch amor crucis nennt, bestrebt, den Gegenstand für sich selbst zu schaffen. Die von Gott kommende Liebe richtet sich auf Sünder, Böse, Törichte und Schwache, um sie gerecht, gut, weise und stark zu machen. Die Sünder werden Luther zufolge schön, weil sie von Gott geliebt werden.[8] Es ist gerade diese Art der göttlichen Liebe, die die von Gott beabsichtigte Vergöttlichung des sündigen Menschen bewirkt, wenn Christus sich mit ihm vereint und ihn an seiner göttlichen Natur partizipieren läßt.

Das Thema tritt ebenso hervor – wenn auch im gegenteiligen Sinn –, wenn Luther seine theologischen Gegner, die die Liebe falsch verstanden haben, diejenigen nennt, die den Menschen göttlich machen. Wie der Bericht Martin Bucers über die Heidelberger Disputation zeigt, erweisen die Gegner Luthers sich als deificatores hominum, indem sie den menschlichen, mit Hilfe des natürlichen Vermögens und ohne das Anhauchen (aspiratio) Christi vollbrachten guten Werken vertrauen. Weil aber diese Werke ohne Christus allein aus der bösen Freiheit heraus getan werden, sind sie Todsünden. Ihr Versuch, Gutes zu

---

8 »Amor Dei non inuenit, sed creat suum diligibile, ... Prima pars patet, quia amor Dei in homine uiuens, diligit peccatores, malos, stultos, infirmos, ut faciat iustos, bonos, sapientes, robustos, (et) sic effluit potius, (et) bonum tribuit. Ideo enim peccatores sunt pulchri, quia diliguntur, non ideo diliguntur, quia sunt pulchri, ... Et iste est amor crucis ex cruce natus, qui illuc sese transfert, non ubi inuenit bonum quo fruatur, sed ubi bonum conferat malo (et) egeno. Beatius est enim dare, q(uam) accipere, ait Apostolus« (StA 1, 212, 2f. 8-15 ≙ WA 1, 365, 2f. 8-16).

bewirken, ist genauso hoffnungslos, wie es unmöglich ist, mit einem Schwamm voller Tinte die Flecken an einer Tafel auszuwischen.[9]

Diese Denkart der theologia gloriae, die nach Luther letztendlich auf dem liberum arbitrium beruht, führt unvermeidlich zu der falschen Bestrebung des Menschen, sich selbst zu vergöttlichen. Somit sieht Luther in der theologia gloriae eine Verschärfung der menschlichen Sünde, weil sie sich im Grunde als selbstsüchtiges, eigenwilliges Streben zur Gottheit hin verwirklichen möchte.[10]

Diese Kritik an der theologia gloriae hat nun keineswegs zur Folge, daß Luther auch die wahre, von Gott gewollte Vergöttlichung des Menschen ablehnt. Luther erklärt in seiner Predigt nach der Ankunft in Leipzig Ende Juni 1519, daß er erstens die Gnade Gottes und die Freiheit des Willens und zweitens die Schlüsselgewalt behandeln wird.[11] Er beginnt die Darstellung mit der Behauptung, daß der freie Wille zur Erkenntnis Christi nichts helfe. Der Mensch habe die Freiheit im Sündenfall verloren und befinde sich jetzt im Gefängnis seiner Sünden. Der freie Wille habe trotzdem seinen Namen behalten, weil er einmal frei gewesen sei und weil er durch die Gnade wieder frei sein werde.[12]

Luther betont im weiteren, daß der Mensch an sich selbst verzweifeln muß, wenn er geheilt werden will, und im Anschluß daran behandelt er die Wirkung der göttlichen Gnade und die Vergöttlichung des Menschen. Luther sagt: »Dann war ist es, das der mensch mit gnaden beholffen mehr ist dann ein mensch, Ja die gnad gottis macht yn gotformig und vergottet yn, das yn auch die schrifft got und gottis sun heist. Also mus der mensch uber fleisch und blut außgezogen werden und meher dann mensch werden, soll er frum werden. ... Darnach aller erst folgen die guten werck: wann die gnad also erlanget ist, dann hastu ein freyen willen, dann thu was in dir ist.«[13]

Desgleichen spielt das Thema der Vergöttlichung eine wichtige Rolle in der Argumentation Luthers, wenn er die Ablaßpraxis der römischen Kirche kritisiert. Diesmal geht es um die Frage, was der Anteil des Papstes an der Sündenvergebung ist. In der 37. und 38. conclusio seiner Schrift »Resolutiones disputationum de indulgentiarum virtute« erklärt Luther, daß der Papst bloß verkün-

---

9 WA 9, 166, 33-37.
10 WA 1, 225, 1f; siehe auch 2, 537, 20-23.
11 WA 2, 248, 30 - 249, 37.
12 WA 2, 246, 23-32; 247, 3-7. 18-21.
13 WA 2, 247, 39 - 248, 8.

dige, was Gott in der Sündenvergebung bewirkt.[14] Die Sündenvergebung selbst sei ein Werk Gottes und diesbezüglich von der Ausübung der Schlüsselgewalt unabhängig, weil Gott die Sündenvergebung schon vor der Absolution zustandebringt. Das Christsein ist somit nicht von der Sündenvergebung abhängig, die das kirchliche Amt verkündigt hat, sondern es gründet auf den Glauben, durch den Gott den Christen an allen Gütern Christi teilhaftig macht. Diese Teilhabe bedeutet zugleich die Partizipation an der göttlichen Natur (2 P 1,4) und die liebste und angenehmste Verwandlung des Menschen. Wie Luther im weiteren betont, fällt es dem Christen schwer, an diese Tatsache der Teilhabe zu glauben, weil die ihm gegebenen Güter Christi so großartig sind. Dem Christen sind trotz allem nicht nur die Sünden vergeben, sondern eben alle Güter Christi geschenkt worden. Um diesen Tatbestand glauben zu können und den Zweifel zu beseitigen, ist für den Christen die von dem Priester ausgeübte Schlüsselgewalt höchst nötig.[15]

Die oben dargestellten Beispiele zeigen, daß Luther das Thema der Vergöttlichung integriert im Kontext der für ihn wesentlichen Sachfragen dieser Zeit zum Ausdruck bringt. Die Vergöttlichung als Teilhabe an der göttlichen Natur ist sogar der Tatbestand, auf dem das wahre Christsein gründet. Im allgemeinen ist die Vergöttlichung ein gedanklicher und sachlicher Gipfel, wenn der Reformator den sanativen Aspekt der Rechtfertigung erklärt. Um diesen Tatbestand zu beschreiben, gebraucht Luther verschiedene Ausdrucksweisen[16] wie der der »infusio fidei« bzw. »infusio gratiae«.

III Die reale Gegenwart Christi als Eingießung der Gnade

Wenn Gott den Menschen durch sein fremdes Werk zum Nichts (nihil) gemacht hat, ruft der demütig gemachte Mensch Gott zu Hilfe. Gott bringt dann sein eigenes Werk zustande, indem er den Glauben und die Gnade in den Menschen eingießt. Die Eingießung des Glaubens bedeutet für Luther die reale Gegenwart Christi. Das Motiv der Vergöttlichung tritt dort hervor, wo Luther verstehen läßt, daß die wahre Gotteserkenntnis durch die Gegenwart Christi zustandekommt. Luther beschreibt die infusio fidei und ihre Wirkung folgendermaßen:

14 WA 1, 593, 39-41; siehe auch WA 1, 595, 10-15.
15 WA 1, 593, 4-38; 594, 25-32; 595, 10-15.
16 Wir versuchen im weiteren das Motiv der Vergöttlichung anhand einer Textauswahl zu zeigen. Diese Texte sind in den Jahren von 1517 bis 1519 nach dem Ablaßstreit geschrieben.

»Optime autem vocatur fides lumen vultus dei, quod sit illuminatio mentis nostrae divinitus inspirata et radius quidam divinitatis in cor credentis infusus, ...«[17]

Die Gleichsetzung des Glaubens mit dem Licht und die Darstellung seiner Wirkung als Illumination des menschlichen Verstandes bedeuten, daß eine der Eigenschaften Gottes, d. h. das Licht seines Angesichts, die ansonsten nur zur göttlichen Natur gehören, zur Wirklichkeit des menschlichen Herzens wird. Dies ist für die Vergöttlichung von maßgebender Bedeutung, weil damit zum Ausdruck gebracht wird, daß die göttlichen Eigenschaften nicht außerhalb des Menschen bleiben, sondern daß sie *im* Menschen sein werden. Aus diesem Grund ist es möglich, von einer Vergöttlichung im ontischen Sinn zu sprechen. Der Terminus »Licht« enthält somit neben seinem noëtischen Aspekt im Gebrauch Luthers auch eine ontologische Dimension, wie im folgenden bewiesen wird.

Der ontische Aspekt tritt von Anfang an in seiner Darstellung der Illumination hervor. Luther beginnt nämlich die Erklärung in der Weise, daß er zunächst das Licht *in* Gott betrachtet und den Terminus »vultus Dei« auf Gott selbst bezieht. Das Licht des Angesichts Gottes ist ein radius quidam divinitatis, der ins Herz des Glaubenden eingegossen wird. Luther unterscheidet nun nicht zwischen der Gottheit Gottes und dem aus der Gottheit kommenden Licht in dem Sinn, daß er mit dem erstgenannten einen ontologischen Tatbestand und mit dem zweitgenannten einen noëtischen Tatbestand beschreiben wollte. Gott gießt nicht ausschließlich die Erkenntnis, sondern das Licht ein, das eine Entität ist, die aus seinem Wesen entstammt und ontologisch untrennbar zu seinem Wesen gehört.[18] Der Terminus »vultus Dei« besitzt somit neben seiner noëtischen Bedeutung auch eine ontische Dimension. Die Eingießung hat zur Folge, daß das zum Wesen Gottes gehörende Licht durch den Glauben im Menschen *ist*. Eben dies will Luther durch den Gedanken der Illumination zum Ausdruck bringen.

---

17 AWA 2, 200, 3 - 201, 1.
18 Luther weicht in der Deutung des lumen vultus Dei vom scholastischen Verständnis nicht in dem Sinn ab, daß die fides für ihn ein erkenntnistheoretischer Ausdruck anstelle von ratio wäre, wie der Herausgeber AWA 2, 200, Anm. 20, zu denken scheint. Das Besondere in der Darstellung Luthers besteht eher darin, daß er mit Hilfe der Illumination die Anwesenheit Christi begründen will. Vgl. Wilfried JOEST: Ontologie der Person bei Luther. GÖ 1967, 377-379.

Nach Luther wird die Illumination des Herzens in der Geschichte beschrieben, die erzählt, wie Gott sich während des Exodus im Feuer und in der Wolke verbarg und die Juden durch die Leiden der Wüstenwanderung führte. Die Illumination des Herzens geschieht auf entsprechende Weise in Leiden und Bedrängnissen, indem Gott den Christen durch den Glauben über unbekannte und unbewohnte Wege führt. Wie Gott einmal unter den Israeliten in der Gestalt der Säule anwesend war, ist er jetzt inmitten dieser Bedrängnisse im Glauben gegenwärtig. Die illuminatio cordis entsteht nun aus dieser Anwesenheit des Angesichts Gottes. Die Erleuchtung des Herzens kommt somit nicht dadurch zustande, daß der Erleuchtende selbst außerhalb des illuminierten Gegenstandes bleibt, sondern in der Weise, daß er in diesem real anwesend ist.[19]

Luther erklärt die Illumination als Anwesenheit Gottes durch den Glauben weiter, indem er seine Analyse des vultus Dei fortsetzt. Seiner Meinung nach ist der Glaube als lumen vultus Dei auf zwei verschiedene Weisen zu fassen, die schließlich zum gleichen Ergebnis führen. Es ist möglich, den Glauben erstens active, d. h. vom Standpunkt seines Wirkens aus, zu deuten. Gott erleuchtet den Menschen durch seine eigene Anwesenheit und erweckt so in ihm den Glauben. Das Licht des Angesichts Gottes kann zweitens passive, d. h. vom Standpunkt der im Menschen entstandenen Wirkung aus, verstanden werden. Dann handelt es sich um das Licht des Glaubens, auf das vertrauend der Mensch an das Angesicht und an die Gegenwart Gottes glaubt und sie empfindet. Unabhängig also davon, von welchem Gesichtspunkt aus der vultus Dei erfaßt wird, ist das Ergebnis die Anwesenheit Gottes durch den Glauben im Menschen. Luther gründet diese Deutung darauf, daß »facies« und »vultus« in der Schrift gerade eine Anwesenheit bezeichnen.[20]

Der Tatbestand, daß die Illumination stets als reale Gegenwart Gottes (praesentia Dei) durch den Glauben geschieht, schließt nun den kognitiven Aspekt der Illumination gerade nicht aus. Wenn der Glaube den gegenwärtigen Gott »hat«, ist gerade dieser Glaube die Erkenntnis des gegenwärtigen Gottes und das Vertrauen auf ihn. Die Erkenntnis und das Vertrauen sind dem Glauben

---

19 AWA 2, 201, 8-15.
20 »Nihil ergo refert, sive lumen vultus dei intelligatur active, quo nos ipse praesentia sua illuminat fidem accendens, sive passive ipsum lumen fidei, quo nos cum fiducia vultum et praesentiam eius sentimus et credimus – nam ›facies‹ seu ›vultus‹ in sacris litteris praesentiam significat, ut notum est« (AWA 2, 201, 16-19).

möglich, weil er selbst das Licht ist. Deswegen erfährt der Glaube nach Luther das anwesende Angesicht Gottes und all das Gute, was Gott ist.[21]

Die wahre cognitio Dei bedeutet somit letzten Endes, daß Gott im erkennenden Subjekt bzw. im illuminierten Herzen des Menschen gegenwärtig ist. Luther stellt den Zusammenhang zwischen der realen Gegenwart Gottes und der Gotteserkenntnis so dar: »Idem enim est et utrumque simul est: deus illuminans et cor illuminatum, deus visus a nobis et deus praesens.«[22] Dieser Satz des Reformators zeigt nun, daß die Illumination sowohl eine kognitive als auch eine ontische, die Gegenwart Gottes, die Veränderung des Herzens und die Vergöttlichung des Menschen bezeichnende Bedeutung hat. Der illuminierende Gott und das illuminierte Herz sind idem. Der von uns (im Sinne der Illumination) »gesehene« Gott ist der gegenwärtige Gott, der das Herz mit seinem wesenhaften Licht (lumen vultus Dei) illuminiert. Die Vergöttlichung als »Illumination« besteht somit darin, daß Gott im Glaubenden gegenwärtig ist.[23]

In anderen Texten dieses Zeitraums stellt Luther die praesentia Dei als Gegenwart der ganzen Trinität dar. In seiner Erklärung zu G 4,6 kommt auch das Motiv der Vergöttlichung zum Ausdruck. Nach Luther will der Apostel in diesem Vers zeigen, daß derselbe Geist, der in Christus ist, auch den Gläubigen gegeben ist. Der Geist, in dem die Gotteskinder leben, ist somit der Spiritus sanctus. Weil nun einerseits der Vater, wie auch der Sohn als wahrer Gott, durch den Heiligen Geist lebt, und andererseits der Spiritus sanctus der Geist der Glaubenden ist, folgt daraus, daß der trinitarische Gott in den Christen gegenwärtig ist. Die Anwesenheit der einen trinitarischen Person impliziert somit die Gegenwart der gesamten Trinität im glaubenden Menschen.[24]

Luther beschreibt im weiteren diese Gegenwart des trinitarischen Gottes in der Weise, daß der glaubende Mensch dem göttlichen Leben eingefügt ist.

---

21 AWA 2, 201, 11-15; 202, 11-14.
22 AWA 2, 201, 20f.
23 Vgl. damit Gerhard EBELING: Disputatio de homine. Teil 3: Die theologische Definition des Menschen: Kommentar zu These 20-40. TÜ 1989, 336, der ja sagt, daß »am treffendsten und eigentlichsten« lumen vultus Dei als agnitio et fiducia praesentis Dei zu verstehen sei, aber zugleich den oben zitierten Satz »idem enim est ... deus ... et cor« außer acht läßt. Zugleich betont Ebeling (331f), daß Luther vom Konsens der Auslegungstradition abweicht und völlig eigene Wege geht. Zum Quellenmaterial, in dem Luther das lumen Dei (Ps 4,7) behandelt, siehe Ebeling: AaO 3, 331.
24 WA 2, 536, 23-27.

Luther kommt zu diesem Ergebnis, wenn er die oben erwähnte Stelle des Galaterbriefes mit Hilfe von Act 17, 28 (»nos in deo sumus, movemur et vivimus«) deutet. Die Anwesenheit des trinitarischen Gottes bedeutet, daß der Christ in Gott ist, in Gott bewegt wird und in Gott lebt: »Ita et nos in deo sumus, movemur et vivimus: sumus propter patrem qui substantia divinitatis est, movemur imagine filii qui ex patre nascitur divino et aeterno velut motu motus, vivimus secundum spiritum in quo pater et filius quiescunt et velut vivunt.«[25] Das Zitat bezeichnet in philosophischer Begrifflichkeit die Trinität als göttliche Bewegung, die ihren Anfang im Vater hat, der die Substanz der Gottheit ist. Die Bewegung ist der Sohn, der vom Vater göttlich und ewig, wie eine Bewegung aus der Bewegung, geboren wird. Die Bewegung kommt zur Ruhe im Heiligen Geist, in dem der Vater und der Sohn leben.

Das Motiv der Vergöttlichung tritt nun hervor, wenn Luther die Existenz des Christen in Beziehung auf die innertrinitarische Bewegung darstellt. Der glaubende Mensch wird in diese Bewegung »hineingenommen«, weil er in Gott bewegt wird und weil die göttliche Bewegung ihn bewegt. Luther führt ja aus, daß der Christ durch das Ebenbild des Sohnes bewegt wird. Weil der Sohn als Bewegung seinen göttlichen Anfang stets im Vater hat, ist der Christ folglich in Gott oder in der Substanz der Gottheit. Weil die göttliche Bewegung im Heiligen Geist zur Ruhe kommt, lebt der Christ im Heiligen Geist. Somit ist das ganze Sein des Menschen in Gott.

Zumeist aber bringt Luther das Sein des Christen in Gott zum Ausdruck, indem er von der Einwohnung Christi (inhabitatio Christi) im Menschen spricht. Er stellt diesen Gedanken im Kontext des zweifachen Werkes Gottes in seiner Auslegung von G 2, 20 in nuce dar: »Non ergo per legem peccati abolitio, sed cognitio tantum et auctio, frustraque in illa iustificatio quaeritur. Tum vivit iustus non ipse, sed Christus in eo, quia per fidem Christus inhabitat et influit gratiam, per quam fit, ut homo non suo sed Christi spiritu regatur.«[26] Wie wir bemerken können, bedeutet der Glaube, daß Christus im Christen wohnt und lebt und daß der Geist Christi ihn beherrscht. Das Zitat zeigt außerdem, daß der durch den Glauben einwohnende Christus die Gnade in den Menschen hineingießt.

---

25 WA 2, 536, 28-31.
26 WA 2, 502, 11-14. Zur »inhabitatio Dei« siehe auch 364, 30; 502, 29-32; AWA 2, 325, 27 - 326, 2; 328, 16-19.

Wie die oben dargestellten Beispiele zeigen, ist die infusio gratiae in der Theologie Luthers untrennbar mit der durch den Glauben geschehenden praesentia et inhabitatio Christi verbunden. Dies bedeutet, daß der Reformator die Eingießung der Gnade vom Gesichtspunkt der Ontologie aus anders als die von ihm kritisierte scholastische Theologie begründet. Für Luther liegt der Unterschied einerseits in den Voraussetzungen der infusio gratiae: Während der Theologe der Herrlichkeit sich – wie Luther es sieht – auf die Eingießung der Gnade ex puris naturalibus vorbereitet,[27] ist er selbst der Meinung, daß Gott allein den Menschen auf seine Gnade ausrichtet, die extra nos in Gott existiert. Somit kann der Mensch die Gnade für sich selbst weder schaffen noch fördern, sondern es ist in jedem Fall erforderlich, daß sie von außen her eingegossen wird.

Außerdem betrifft der Unterschied die Art, wie die Gnade eingegossen wird: Während für den Theologen der Herrlichkeit die Gnade der Seele als akzidentelle Form gegeben wird,[28] wird sie nach Luther durch die Einwohnung Christi in den Menschen eingegossen. Dieser Unterschied impliziert nun aber keineswegs, daß für Luther die Gnade nicht mehr in den Bereich des Ontischen, sondern in den Bereich des ausschließlich noëtisch verstandenen Begriffs fides Christi gehören würde. Gegen solche Deutungstendenzen ist der Einwand angebracht, daß Luther die ontologische Fragestellung keineswegs kategorisch ausschließt, indem er den charakteristisch scholastisch-ontologischen Terminus der infusio gratiae in seine Gnadenlehre übernimmt. Es geht darum, daß bei Luther die Gnade Gottes im Menschen einen anderen ontologischen Status als in der scholastischen Gnadenlehre hat.

Der ontische Aspekt der Gnadenlehre Luthers tritt auch dort hervor, wo Luther die infusio gratiae anhand der unio cum Deo deutet. Der Glaube erhöht das Herz des Menschen und versetzt (transfert) es aus sich selbst heraus in Gott hinein in der Weise, daß aus dem Herzen und Gott schließlich ein Geist wird.[29]

---

27 Dazu siehe z. B. StA 1, 167, 5-7. 15-17; 206, 12-21; 199, 3-6 ≙ WA 1, 225, 7-9. 17-19; 360, 24-33; 373, 42 - 374, 3.

28 Dazu siehe z. B. StA 1, 198, 6-16 ≙ WA 1, 373, 16-27; 2, 592, 36-38; schon 56, 337, 16-23. Siehe noch Reinhard SCHWARZ: Fides, spes et caritas beim jungen Luther. B 1962, 394f; Karl-Heinz ZUR MÜHLEN: Nos extra nos: Luthers Theologie zwischen Mystik und Scholastik. TÜ 1972, 125-128. 147.

29 »In evangelio ›revelatur iustitia Dei ex fide in fidem‹, quod male exponitur de iusticia Dei, qua

IV Die Vereinigung mit Christus

Der Reformator gebraucht mehrere Redefiguren, um sein unio-cum-Christo-Verständnis zum Ausdruck zu bringen. Luther beschreibt die Gemeinschaft z. B. als Vereinigung des Wortes, des Herzens und des Glaubens. Der Glaube ist wie Leim oder ein Band, das Wort und Herz zu einem Geist macht. Durch den Glauben werden Herz und Wort miteinander im richtigen Verhältnis »gemischt« (temperatur).[30]

Luther meint die Vereinigung mit Gott auch dann, wenn er vom Anziehen Christi spricht. Für ihn bedeutet das Anziehen Christi durch den Glauben, daß der Mensch Gerechtigkeit, Wahrheit, alle Gnade und die ganze Erfüllung des Gesetzes »anzieht«. Da diese Vereinigung per fidem Christi in der Taufe stattfindet, ist sie von sakramentaler Art. Danach ist der Christ ein Kind Gottes. Luther zufolge ist Christus mit dem Glaubenden in dem Maße vereint, daß es unmöglich ist, sie voneinander zu trennen. Der Christ ist eins mit Christus und in Christus.[31]

Eines der Bilder, die die unio cum Deo verdeutlichen sollen, ist der Vergleich, wo Christus als Arznei bezeichnet wird, durch die die Sünde geheilt und der Mensch von allem Bösen befreit wird. Der Vergleich schließt auch die rein forensische Deutung der Rechtfertigung aus, weil Christus durch den Glauben im Menschen lebt und tätig ist und mit ihm eins wird. Luther bringt die Realität der Vereinigung zum Ausdruck, indem er konstatiert, daß der Kranke mit Christus zu einem Fleisch und zu einem Leib wird, indem seine Sünden durch eine sehr intime und unaussprechliche (ineffabilis) Umformung (transmutatio) zur Gerechtigkeit Christi gemacht werden. Der Reformator weist hier auch auf die sakramentale Art der Vereinigung hin. Das Altarsakrament, in dem Brot und

---

ipse iustus est, nisi sic intelligeretur, quia fides ita exaltat cor hominis et transfert de se ipso in Deum, ut unus spiritus fiat ex corde et Deo ...« (WA 57 III, 187, 15-18); siehe auch 2, 364, 23 f; 57 III, 129, 21-25; 153, 8-10.

30 »Id tamen parum refert, quia est mutua illa mixtura seu temperatura verbi et cordium. Ex his enim tribus fit unum: fide, verbo, corde. Fides est glutinum seu copula, verbum et cor sunt extrema, sed per fidem unus spiritus, sicut vir et mulier ›una caro‹. Verum ergo est, quod cor temperatur verbo per fidem et verbum temperatur cordi per eandem« (WA 57 III, 156, 19 - 157, 4); siehe auch 2, 490, 17-20.

31 WA 2, 529, 29-33; 531, 9-13; 535, 24f. Diese Vereinigung mit Gott bedeutet, wie Juhani FORSBERG: Das Abrahambild in der Theologie Luthers. S 1984, 73f, betont, »die neue reale Seinswirklichkeit als Einssein der Gläubigen mit Christus in einem Leib«.

Wein in Leib und Blut Christi transformiert werden, veranschaulicht Luther zufolge die Transmutation, durch die der kranke Sünder mit Christus zu einem Fleisch und Leib gemacht wird.[32]

Die Vereinigung des Sünders mit Christus bedeutet nun die Überwindung der Sünde und des Todes. In seiner Hebräerbriefvorlesung erklärt Luther, daß der Christ wegen der Einheit mit dem unsterblichen Christus den Tod besiegt. Diese unio immortalis Christi gründet sich auf die unio immortalis divinitatis, weshalb Christus den Tod überwunden hat. Wo der Glaubende also an Christus festhält, ist er eins mit ihm und dadurch auch eins in der Gemeinschaft mit der unsterblichen Gottheit.[33]

Der Reformator beschreibt die Vereinigung mit dem ewigen Gott auch mit der aus der Brautmystik entlehnten Metapher von Braut und Bräutigam. Luther meint, wie auch Bernhard von Clairvaux, daß Christus der Freund (amicus) oder der Bräutigam der menschlichen Seele sei. Der Mensch küßt Christus geistlich, indem er ihn verehrt, sich ihm in Niedrigkeit unterordnet und sich durch die

---

[32] »Fides enim in Christum facit eum in me vivere et moveri et agere; non secus atque salutare ungentum in aegrum corpus agit efficimurque cum Christo una caro et unum corpus per intimam et ineffabilem transmutationem peccati nostri in illius iustitiam – sicut nobis repraesentat venerabile altaris sacramentum, ubi panis et vinum in Christi carnem et sanguinem transformantur« (AWA 2, 547, 16-21). Es ist kein Zufall, das Luther hier auf das Altarsakrament hinweist. Die Vergöttlichung geschieht danach eben sakramental. Er gebraucht den Terminus »deifico« von den Abendmahlselementen und sagt, daß sie »vergöttlichtes Brot« und »vergöttlichter Wein« seien; dazu siehe 33, 188, 19-40; 194, 13-24.

[33] »Sicut enim Christus per unionem immortalis divinitatis moriendo mortem superavit, ita Christianus per unionem immortalis Christi (que fit per fidem in illum) eciam moriendo mortem superat ac sic Deus diabolum per ipsummet diabolum destruit et alieno opere suum perficet« (WA 57 III, 129, 21-25); siehe auch 1, 593, 14-28; 2, 455, 19-23; 484, 21-25; 516, 33-36; StA 1, 222, 15-19 ≙ WA 2, 146, 12-16.
Vgl. Walther ALLGAIER: Der »fröhliche Wechsel« bei Martin Luther: eine Untersuchung zur Christologie und Soteriologie bei Luther unter besonderer Berücksichtigung der Schriften bis 1521. Erlangen 1966, 108f – Erlangen-Nürnberg, theol. Diss., 1966 (MS) –, der die »unio immortalis Christi« als »Funktionseinheit« versteht, und Dorothea VORLÄNDER: Deus incarnatus: die Zweinaturenchristologie Luthers bis 1521. Witten 1974, 173f, die sich der Deutung Allgaiers anschließt. Vgl. auch Joest: AaO, 370f, der hier »die Einheit unmittelbarer Person-Verbindung mit Christus selbst« sieht, und Gerhard EBELING: Disputatio de homine. Teil 2: Die philosophische Definition des Menschen: Kommentar zu These 1-19. TÜ 1982, 179f, für den diese Union »auf das noch ausstehende eschatologische Geschehen am Menschen« weist. Vgl. noch Marc LIENHARD: Martin Luthers christologisches Zeugnis: Entwicklung und Grundzüge seiner Theologie. B 1980, 63.

Liebe ihm anschließt.³⁴ Die Liebe ist somit eine vereinende Kraft. Wie die Liebe den Liebenden und den Geliebten vereint, so ist der Wille des glaubenden Menschen mit dem Wort Gottes eins geworden. Der Glaubende kann in dieser Liebesgemeinschaft schmecken, wie gut, lieblich, rein, heilig und wunderbar, d. h., wie gut das wahre summum bonum, das Wort Gottes ist.³⁵

Das Schmecken der Güte Gottes weist schon auf die Folge der intimsten Vereinigung mit Gott hin. Mit Hilfe der Metapher von Braut und Bräutigam will Luther verdeutlichen, daß Christus und der Glaubende alles gemeinsam haben. Dem Prinzip des wundersamen Wechsels (commercium admirabile) gemäß wird all das, was Christus gehört, dem Christen zu eigen, und umgekehrt. So ist denn der Tatbestand, daß Christus gesiegt, gehandelt, gesprochen und gelitten hat, Luthers Ansicht nach nichts anderes, als daß eben der Christ gesiegt, gehandelt, gesprochen und gelitten hat. Der Christ erhält im Austausch die unaussprechlichen Schätze der Barmherzigkeit Gottes zu eigen. Er bekommt somit die Gerechtigkeit, Macht, Geduld, Demut und Verdienste Christi, bzw. alles, was wir als die wesenhaften Eigenschaften Gottes bezeichnen können. Der Christ gibt seinerseits Christus das einzige, was er hat, nämlich seine Sünde. In dieser Einheit des Geistes sind seine Sünden nicht mehr seine eige-

---

34 AWA 2, 113, 13 - 114, 6. Erich VOGELSANG: Luther und die Mystik. LuJ 19 (1937), 40f. 49f. 53. 72-74, und Allgaier: AaO, 128. 212, sind der Meinung, daß Luther die Metapher nicht im Sinne der Brautmystik versteht. Nach ihnen handelt es sich um eine Vereinigung zwischen dem Gewissen und Christus im Glauben, nicht in der Liebe. Zur mystischen Union bei Bernhard von Clairvaux siehe Karl-Heinz zur Mühlen: AaO, 107f.

35 »Tum quia per hanc voluntatem iam unum cum verbo dei factus (siquidem amor unit amantem et amatum), necesse est, ut gustet, quam bonum, suave, purum, sanctum mirabile sit verbum dei, summum scilicet bonum, ...« (AWA 2, 43, 25 - 44, 2); siehe auch 44, 18 - 45, 6.

Zur Diskussion über die Liebe als vereinende Kraft vgl. miteinander Friedrich HEILER: Im Ringen um die Kirche. M 1931, 223; Erich VOGELSANG: Die Unio mystica bei Luther. ARG 35 (1938), 70f; Erwin ISERLOH: Luther und die Mystik. In: Kirche, Mystik, Heiligung und das Natürliche bei Luther/ hrsg. von Ivar Asheim. GÖ 1967, 70; Reinhard SLENCZKA: Glaube VI: Reformation/Neuzeit/Systematisch-theologisch. TRE 13 (1984), 321-323. Vgl. Ebeling: AaO 3, 459f, der die Rolle des Glaubens betont und daran erinnert, daß die unio mit Christus bzw. die unio mit dem Wort des Evangeliums konstitutiv für Luthers Glaubensverständnis ist. Die Union wandle aber nicht den Menschen, wie in der Scholastik, sondern verändere seine Situation.

Luther bezeichnet die Vereinigung mit Gott auch mit dem aus der Mystik stammenden Terminus »raptus«; dazu siehe z. B. AWA 2, 107, 10 - 108, 14; WA 57 III, 185, 1-8.

nen, sondern diejenigen Christi; die Gerechtigkeit Christi ist wiederum seine Gerechtigkeit geworden.³⁶

Wie oben anhand von vielen Beispielen gezeigt wurde, verwirklicht sich das Heil im Menschen durch das commercium admirabile. Der Christ ist durch den Glauben mit Christus eins geworden, und alle Heilsgüter Christi werden die des Christen. Diese intimste Vereinigung mit Christus bedeutet nun nach Luther, daß der Christ an der göttlichen Natur partizipiert.

V Die Teilhabe an der göttlichen Natur

Die Partizipation geschieht, wie Luther in seinen »Resolutiones disputationum ...« erklärt, in der unio cum Christo und im commercium admirabile. Luther zufolge ist der Christ, der mit Christus vereint ist, hierbei aller Güter Christi teilhaftig.³⁷

Die Teilhabe realisiert sich durch die Einheit des Heiligen Geistes (per unitatem spiritus), wenn der Christ an Christus glaubt. Einerseits hat Christus alle seine Güter aus dem Heiligen Geit empfangen, und andererseits ist derselbe Geist im Christen. Somit sind alle wesenhaften Eigenschaften Christi im Christen. Dem Reformator zufolge ist es der Sinn der Partizipation, daß der Christ durch jene unermeßlichen Schätze der Barmherzigkeit des Vaters³⁸ in Christus

---

36 WA 1, 593, 13-24 (zit. unten Anm. 37 und 39); StA 1, 221, 10-16 ≙ WA 2, 145, 14-21; siehe auch 504, 4-17; AWA 2, 451, 24f; 452, 10-22.

37 »CONCLVSIO XXXVII. Quilibet Christianus verus, sive vivus sive mortuus, habet participationem omnium bonorum Christi et Ecclesiae etiam sine literis veniarum a deo sibi datam. Impossibile est esse Christianum, quin Christum habeat, Quod si Christum et omnia simul quae Christi. ... Quia per fidem Christi efficitur Christianus unus spiritus et unum cum Christo. Erunt enim duo in carne una, Quod sacramentum magnum est in Christo et Ecclesia« (WA 1, 593, 3-16).

Joseph LORTZ: Sakramentales Denken beim jungen Luther. LuJ 36 (1969), 21. 25, zufolge handelt es sich hier um das sakramentalische Wirken Gottes. Der Mensch wird mit Christus erfüllt. Es kommt auf die wirkliche Mitteilung göttlichen Heilsgutes an und, wie Lortz betont, »ja – soweit das beim Geschöpf möglich ist – göttlichen Wesens«. Das wirkliche Anteilhaben an Christus, an seinem Sein, Tun und Verdienst ist Lortz zufolge kaum anders als sakralsakramental zu fassen. Vgl. Lienhard: AaO, 72. Zur Deutung dieser Stelle vom Gesichtspunkt der communio sanctorum her siehe Peter MANNS: Luther und die Heiligen. In: Reformatio ecclesiae = Festgabe für Erwin Iserloh/ hrsg. von Remigius Bäumer. PB; W; ZH 1980, 571-573.

38 Der Satz »per inaestimabiles divitias misericordiarum dei patris« (WA 1, 593, 19f) weist hier auf 2 P 1,4 hin; siehe auch WA 1, 593, 20f; StA 1, 221, 11f. 16-18 ≙ WA 2, 145, 15f. 21f.

glorifiziert wird. Der Christ kann diese Schätze vertrauensvoll schon im voraus genießen.[39]

Für das Thema der Vergöttlichung ist nun bedeutsam, daß Luther zufolge die Teilhabe an den Gütern Christi auch Teilhabe an der göttlichen Natur im Sinne von 2 P 1, 4 sei. Zugleich betont er die Schwierigkeit, an die Teilhabe zu glauben, und schreibt wörtlich: »Ita multo difficilius est confidere sese esse participem Christi bonorum, id est inenarrabilium bonorum, ut sit particeps divinae naturae, ut ait S. Petrus. Magnitudo bonorum etiam operatur diffidentiam, videlicet non solum esse remissa tanta mala, verum et collata tanta bona, ut sit filius dei, haeres regni, frater Christi, sotius angelorum, dominus mundi.«[40] Wie wir bemerken können, ist dem Christen nicht nur das Böse vergeben, sondern ihm sind auch die unaussprechlichen Güter so übertragen, daß er an der göttlichen Natur partizipiert. Somit ist es für Luther möglich, gerade anhand der unio cum Christo und der Partizipation die beiden Aspekte der Rechtfertigung miteinander zu verbinden: wenn der Christ mit Christus eins geworden ist und an der göttlichen Natur partizipiert, werden ihm sowohl die Sünden vergeben (der forensische Aspekt) als auch die ihn verwandelnden Heilsgüter Christi gegeben (der effektive Aspekt).

Das Zitat aus den »Resolutiones disputationum ...« ist kein Einzelfall. Luther bringt die Teilhabe an der göttlichen Natur recht häufig zum Ausdruck und besonders dort, wo er sein Verständnis der Gottesnamen darlegt. Seine Vorle-

---

39 »Cum ergo spiritus Christi sit in Christianis, per quem fratres cohaerendes, concorporales et cives fiunt Christi, quomodo ibi possit non esse participatio omnium bonorum Christi? nam et Christus ex eodem spiritu habet omnia sua. Ita fit per inaestimabiles divitias misericordiarum dei patris, ut Christianus possit gloriari et cum fiducia presumere in Christo omnia, scilicet quod iusticia, virtus, paciencia, humilitas, omnia merita Christi sint etiam sua per unitatem spiritus ex fide in illum, Rursum omnia peccata sua iam nos sint sua sed Christi per eandem unitatem, in quo et absorbentur omnia. Et haec est fiducia Christianorum et iucunditas conscientiae nostrae, quod per fidem fiunt peccata nostra non nostra, sed Christi, in quem deus posuit peccata omnium nostrum, et ipse tulit peccata nostra, ipse agnus dei, qui tollit peccata mundi, Rursum omnis iusticia Christi fit notra. Imponit enim manum suam super nos, et bene habemus, et extendit pallium suum et operit nos, benedictus Salvator in saecula, amen« (WA 1, 593, 16-29).

40 WA 1, 594, 25-30. Vgl. Oswald BAYER: Promissio: Geschichte der reformatorischen Wende in Luthers Theologie. GÖ 1971, 180f, der in bezug auf diese Stelle »die an konkretem Punkt gelungene Überwindung der augustinischen Signifikationshermeneutik« sieht. Bayer zufolge wird das Geschehen der Teilhabe »analog der Zueignung der Sündenvergebung durch mündliches, äußeres Wort gesehen (damit aber neu verstanden!)«.

sung über den Galaterbrief (1519) beginnt Luther mit der Feststellung, daß der Name Gottes und das Herz des Menschen bei der Anrufung durch den Glauben zu einem (unum) zusammenwachsen. Daher ist es unmöglich, daß das Herz nicht an denselben Tugenden (virtus) partizipierte, mit denen der Name Gottes etwas bewirkt. Weil nun die verschiedenen Namen Gottes eben seine wesenhaften Eigenschaften sind, partizipiert das Herz in ihnen an Gott. So wie Gottes Name rein, heilig, gerecht, wahrhaftig und gut ist, macht er sich auch das Herz in allem gleich.[41]

In den »Operationes in psalmos« konstatiert Luther, daß der Glaubende den Namen Gottes um Hilfe anruft, wenn er an seiner Schwachheit und seiner Bosheit leidet. Der Hilferuf hat zur Folge, daß Gott und Mensch durch den gleichen Namen Gottes geehrt werden, daß Gott und Mensch durch eben dieselbe Gerechtigkeit gerechtfertigt werden und daß Gott und Mensch durch die gleiche Weisheit weise sind. Dies bedeutet, wie Luther feststellt, wenn er die Stelle aus dem 2. Petrusbrief anführt, Teilhabe an der göttlichen Natur. Sich auf die gleiche Stelle berufend führt er weiter aus, daß der Zweck dieser in Christus gegebenen großen und wertvollen Gaben der ist, daß der Mensch der göttlichen Natur teilhaftig (consortes divinae naturae) wird. Diese Natur, wie Luther mit einem Hinweis auf den Apostel (1 P 1,12) fortfährt, auch nur zu schauen, danach sehnen sich sogar die Engel.[42]

Luther erklärt in seiner Psalmenauslegung die Teilhabe an der göttlichen Natur auch in einem anderen Kontext, der mehrere wichtige Aspekte des

---

41 »Haec enim est aliud nihil quam invocatio nominis divini. Nomen autem dei est misericordia, veritas, iusticia, virtus, sapientia, suique nominis accusatio. Est autem nomen nostrum peccatum, mendacium, vanitas, stulticia, ... Invocatio autem nominis divini, si est in corde et ex corde vere facta, ostendit, quod cor et nomen domini sint unum simul et sibi cohaerentia. Ideo impossibile est, ut cor non participet eiusdem virtutibus, quibus pollet nomen domini. Cohaerent autem cor et nomen domini per fidem. ... Sicut ergo nomen domini est purum, sanctum, iustum, verax, bonum &c., ita si tangat tangaturque corde (quod fit per fidem) omnino facit cor simile sibi« (WA 2, 490, 17-25); siehe auch AWA 2, 340, 21-26; 450, 11-18.

42 »Nec enim hoc sacrificium offert, nisi qui nomine suo perdito in fide invocat nomen domini – hoc est, sapientiam, virtutem, iustitiam dei, ut dixi – interim patiens se infirmum, stultum et malum haberi, nescium vindictae, iudicii, gloriae, ut eodem nomine glorificetur deus et nos, eadem iustitia iustificetur dues et nos, eadem sapientia sapiens sit deus et nos. Et hoc est, quod Petrus 2 Pt 1 dicit: ›Nobis maxima et pretiosa donata in Christo, ut essemus divinae consortes naturae‹, et ›in quae‹ (ut 1 Pt 1) ›desiderant angeli prospice re‹« (AWA 2, 450, 11-18); siehe auch AWA 2, 447, 1-5.

Themas beleuchtet. Zunächst hebt der Reformator hervor, daß jeder Mensch lügnerisch ist, da er lieber an die Gaben Gottes (dona Dei) glaubt, auf sie hofft und sich an sie hängt, als an Gott selbst bzw. den Geber der Gnaden (deum donatorem). »Lügnerisch« ist nach Luther eine der zutreffenden Bezeichnungen für den Menschen, wohingegen »Wahrheit« der Name Gottes ist.[43] »Lügnerisch« bzw. »Mensch« bleibt der Mensch auch, wenn er nicht durch die Partizipation zu »Gott« und zur Wahrhaftigkeit wird: »Homo enim homo est, donec fiat deus, qui solus est verax, cuius participatione et ipse verax efficitur, dum illi vera fide et spe adhaeret redactus hoc excessu in nihilum.«[44] Aus Luthers komprimierter Darstellung geht zunächst der Aspekt hervor, daß der Mensch erst dann »Gott« und wahrhaftig mit den Eigenschaften Gottes ausgerüstet wird, wenn er an Gott partizipiert. Diese Partizipation realisiert sich, wenn der Mensch durch den Glauben und die Hoffnung an Gott hängt und in Gott entrückt (excessus) wird.

Der kreuzestheologische Aspekt der Partizipation ergibt sich nun aus dem Hinweis am Ende des Zitats: »redactus hoc excessu in nihilum«. Die enge Beziehung dieser kreuzestheologischen Aussage mit dem Thema der Partizipation erscheint auf den ersten Blick als nicht besonders deutlich. Der Kontext aber weist auf das fremde Werk Gottes hin, d. h. auf die Abtötung der das Ihre suchenden und nach eigenem Guten strebenden Liebe des Menschen.[45] Diese Abtötung geschieht gerade in der Weise, daß der Mensch zu Nichts gemacht wird.[46]

---

43 »Nomen autem dei est misericordia, veritas, iusticia, virtus, sapientia, suique nominis accusatio. Est autem nomen nostrum peccatum, mandacium, vanitas, stulticia, iuxta illud: Omnis homo mendax, vanitas omnis homo vivens &c. Invocatio autem nominis divini, si est in corde et ex corde vere facta, ostendit, quod cor et nomen domini sint unum simul et sibi cohaerentia. Ideo impossibile est, ut cor non participet eiusdem virtutibus, quibus pollet nomen domini. Cohaerent autem cor et nomen domini per fidem« (WA 2, 490, 13-20); siehe auch AWA 2, 305, 14f; 340, 16 - 341, 5; 345, 16-31.

44 AWA 2, 305, 18-21. Wir folgen hier der Übersetzung von Joest: AaO, 264f, und Ebeling: AaO 3, 570, die den Satz im Sinne »Mensch wird zu Gott« ins Deutsche übertragen haben; vgl. ebd, 523-525.

45 AWA 2, 305, 17f. Luther deutet in diesem Zusammenhang die begehrende Liebe des Menschen nur indirekt an, indem er erklärt, daß der Mensch sich durch seinen Glauben und seine Hoffnung lieber an irgendwelche Gaben Gottes klammert als an Gott selbst. Der Mensch also nutzt hierbei Gott aus, wenn er seine Gaben genießt. Dazu siehe auch AWA 2, 307, 11-15.

46 Für das Verständnis dieses Gedankens des Reformators muß darüber hinaus daran erinnert werden, daß die Aussage »redactus in nihilum« eine Synekdoche ist.

Die Fortsetzung des obigen Zitates führt weiter aus, daß das opus Dei alienum und das opus Dei proprium sich gleichzeitig und quasi »ineinandergeschachtelt« realisieren. Einerseits partizipiert der Mensch an Gott und wird wahrhaftig, wenn er durch den wahren Glauben und die wahre Hoffnung an ihm festhält. Andererseits ist der Mensch jedoch zugleich zu Nichts gemacht (redactus in nihilum). Indem er beide Aspekte miteinander verbindet, kommt der Reformator zu dem Ergebnis, daß das Zunichte-Werden gleichzeitig das Gelangen in Gottes Schoß bedeutet: »Quo enim perveniat, qui sperat in deum, nisi in sui nihilum? Quo autem abeat, qui abit in nihilum, nisi eo, unde venit? Venit autem ex deo et suo nihilo; quare in deum redit, qui redit in nihilum. Neque enim extra manum dei quoque cadere potest, qui extra seipsum omnemque creaturam cadit, quam dei manus undique complectitur. Mundum enim pugillo continet, ut Isaias dicit. Per mundum ergo rue, quo rues? Utique in manum et sinum dei! Si iustorum animae in manu dei sunt, quia extra mundum sunt, ...«[47] Wenn der Mensch also seine Hoffnung auf Gott setzt, so bedeutet dies, daß er in sein eigenes Nichts gerät (in sui nihilum). Dieses ist jedoch – da es sich auch um eine Synekdoche handelt – keine totale Vernichtung des Menschen. Der Mensch gelangt vielmehr dorthin, woher er gekommen ist. Luther meint damit die Erschaffung des Menschen, da der Mensch gerade in der Schöpfung aus Gott (ex deo) und aus »seinem eigenen Nichts« (ex suo nihilo) hervorgegangen ist. Die Partizipation an Gott realisiert sich also in einer dem Schöpfungsakt ähnlichen Weise. Die Teilhabe an Gott ist das Sein in Gott.

Der Reformator erklärt diesen Gedanken von der Partizipation und vom Sein in Gott noch anhand eines Bildes. Redactus in nihilum, bzw. das Gesetzt-Werden außerhalb seiner selbst und alles Geschaffenen, ist das Sein in der Hand oder im Schoß Gottes. Das Zunichte-Werden bedeutet somit kein Fallen aus Gottes Hand, da das Geschöpf überall von ihr umgeben ist. Gott hält die Welt in seiner Hand, wie Luther im obigen Zitat sagt. Aufgrund dessen sind die Seelen der Gerechten auch dann in der Hand Gottes, wenn sie außerhalb der Welt sind.

Wird nun berücksichtigt, daß es sich beim Zunichte-Werden des Menschen um die Vernichtung der falschen Liebe und der von dieser Liebe geleiteten Vernunft handelt und daß die Aussage in diesem Sinne eine Synekdoche bildet,

---

47 AWA 2, 305, 20 - 306, 2. Vgl. Joest: AaO, 264f, der diese ganze Aussage Luthers merkwürdig findet. Die Teilhabe an der göttlichen Natur meint für ihn, daß der Mensch der Wesens- und Wirkkraft Gottes übereignet wird.

wird die Beziehung zum Gedanken der Partizipation verständlich. Die Loslösung von der verderblichen Liebe, unter deren Zwang der Mensch lieber an den Gütern Gottes teilhätte als an Gott, bedeutet, daß der Mensch auf das Nichts reduziert wird. Er hat sich also hinsichtlich der verderbten Liebe von sich selbst und dem Geschöpf »losgelöst« und steht somit außerhalb des Geschöpflichen. Da es zwischen Geschöpf und Gott kein Drittes gibt, folgt aus dem Gesagten, daß der Mensch zu Gott gelangt und in Gott ist. Dann wird er auch Gottes teilhaftig. Somit bringen die participatio Dei und der redactus in nihilum den gleichen Sachverhalt zum Ausdruck: der glaubende und hoffende Christ ist in Gott.

Das Ergebnis der Analyse des Terminus participatio ist in zweierlei Hinsicht bedeutungsvoll, wenn es gilt, die Auffassung Luthers von der Vergöttlichung zu verstehen. Erstens zeigt das Ergebnis, daß die Vergöttlichung im Kontext der theologia crucis zustandekommt. Wenn der Mensch an Gott partizipiert, steht er zugleich unter dem opus Dei alienum und erfährt demzufolge in seinem Leben Kreuz, Tod und Bedrängnis. Zweitens, weil die redactus-in-nihilum-Aussage eine Synekdoche ist, hat sie zur Folge, daß der Mensch trotz der Partizipation nicht verschwindet und sich in der göttlichen Natur auflöst. Die Teilhabe an der göttlichen Natur führt also nicht zum Pantheismus.

Der Pantheismus ist außerdem deswegen ausgeschlossen, weil Christus stets – auch wenn er sich mit dem sündigen Menschen vereint – seine göttliche Substanz bewahrt. Der fröhliche Wechsel, in dem die Teilhabe an Gott sich realisiert, findet nicht zwischen den Substanzen statt. Die substantia Dei ist also nicht in dem Sinn ein Gegenstand des fröhlichen Wechsels, daß Christus seine Gottheit dem Menschen geben und statt dessen die Substanz des Menschen auf sich nehmen würde. Auch nach dem Wechsel bleibt der Unterschied zwischen dem trinitarischen Gott und dem an ihm partizipierenden Menschen in Kraft. Die Teilhabe an der göttlichen Natur impliziert also weder die Verschmelzung Gottes mit dem Menschen noch die des Menschen mit Gott.

Der Tatbestand, daß das Heil als Vergöttlichung und Teilhabe an der göttlichen Natur in der unio cum Christo sich verwirklicht, ist für Luther auch in dem Sinn bedeutsam, daß er anhand dessen die für die scholastisch-aristotelische Theologie typische Deutung, daß die Gnade die Seele »in-formiere« und sie mit einer akzidentellen Form der Gnade ausstatte, verwerfen kann. Die Gnade bewirkt im Menschen keine akzidentelle Form, die ontologisch betrachtet zu wenig und zu oberflächlich für Luther wäre, sondern die Gnade ist

Christus selbst, der sich mit dem Menschen vereint, in ihm wohnt und eine tiefgehende ontische Erneuerung des Menschen zustandebringt. Es ist im weiteren für die Deutung der Vergöttlichung bedeutsam, daß Luther diese Vereinigung, in der der Christ an der göttlichen Natur partizipiert, gemäß dem chalkedonischen Schema versteht. Dies ist zu bemerken, wenn Luther sein Verständnis der Rechtfertigung mit Hilfe der scholastischen Begrifflichkeit als »In-Formation« des Menschen darstellt, aber sie zugleich anhand des unio-Gedankens deutet.

VI Die Gerechtigkeit Gottes als Gerechtigkeit des Glaubenden

Luther beginnt mit der Bemerkung, daß die iustitia Dei unzureichend beschrieben ist, wird mit ihr ausschließlich die Gerechtigkeit gemeint, mit der Gott selbst gerecht ist. Für ihn ist die iustitia Dei der Glaube, der das Herz erhöht und den Menschen von sich selbst weg und hin zu Gott trägt. Dann wird aus dem Herzen und aus Gott ein Geist.[48] In diesem Kontext der unio cum Deo legt Luther nun den Gedanken von der »In-Formation« des Herzens dar: »..., quia fides ita exalat cor hominis et transfert de se ipso in Deum, ut unus spiritus fiat ex corde et Deo ac sic ipsa divina iustitia sit cordis iusticia quodammodo, ut illi dicunt, ›informans‹, sicut in Christo humanitas per unionem cum divina natura una et eadem facta est persona.«[49] Das Zitat besagt also, daß die Gerechtigkeit Gottes »in gewisser Weise« auch die Gerechtigkeit des Herzens sein wird. Trotz seiner Kritik an der scholastischen Theologie ist Luther bereit, dieses »quodammodo« mit Hilfe der scholastischen Terminologie zu erklären.

Luther zufolge impliziert »die Gerechtigkeit« in der Schrift sowohl die göttliche Gerechtigkeit, mit der Gott selbst gerecht ist, als auch die Gnade, mit der der Mensch durch die theologischen Tugenden gerechtfertigt wird. Die so verstandene Gerechtigkeit wird nun mit der scholastischen Gnadenlehre verknüpft. Nach Luther nennen die Scholastiker diese Gnade auch die rechtfertigende Gnade (gratia iustificans) oder den geformten Glauben (fides formata).[50] Die Verknüpfung bedeutet, daß die göttliche Gerechtigkeit sozusagen den Menschen in-formiert, wenn Gott und Herz eins werden und das Herz die iustitia

---

48 WA 57 III, 187, 15-18.
49 WA 57 III, 187, 17 - 188, 3.
50 WA 57 III, 187, 5-16.

divina bekommt. Die göttliche Gerechtigkeit wäre dabei die forma der Gerechtigkeit des Herzens. Luther weist somit auf die scholastische Redeweise der »In-Formation« hin, die er gebraucht, um den ontischen Aspekt der Rechtfertigung zum Ausdruck zu bringen.

Zugleich hält Luther es aber für angebracht, einen wesentlichen Vorbehalt zu machen. Im selben Kontext hebt er nämlich hervor, daß die Füße der Gläubigen aus den Schuhen der Philosophen befreit werden müssen. Wie Luther nun erklärt, ist die scholastische Redeweise für ihn in dem Sinne unannehmbar, daß sie mit dem Schema der »In-Formation« eine menschliche, erworbene Gerechtigkeit begründen kann. Gegen diese scholastische Auffassung stellt Luther fest, daß der Mensch mit Gott vereinigt (coniunctus) sein muß, um gerecht zu werden.[51]

Vom Standpunkt Luthers ist es somit nicht möglich, das Schema der »In-Formation« unkorrigiert zu gebrauchen. Wenn die iustitia divina als Form des Herzens beschrieben wird, ist es erforderlich, daß eine andere Darstellungsart zu Hilfe genommen wird. Dies ist eben die christologische Union. Die iustitia divina ist nach Luther die Gerechtigkeit des Herzens, ebenso wie die humanitas in Christo per unionem cum divina natura zu einer und derselben Person gemacht ist. Die »In-Formation« des Herzens durch die göttliche Gerechtigkeit ist somit in der Weise zu verstehen, daß der Christ wie Christus »zwei Naturen« hat. Die Vereinigung mit Gott bedeutet, daß der Christ einerseits immer noch wahrer Mensch ist. Andererseits ist er in dieser Union göttlich, weil er göttliche forma hat.[52]

Das Beispiel von der In-Formation zeigt, daß die den Sünder rechtfertigende Gerechtigkeit nicht als ausschließlich in Gott selbst seiende bzw. in Gott bleibende Gerechtigkeit zu verstehen ist. Es handelt sich um die Gerechtigkeit, mit der Gott den Menschen bekleidet, indem er mit diesem eins wird.

Luther bringt eben diesen Tatbestand zum Ausdruck, indem er die Seinshaftigkeit der Gerechtigkeit Gottes betont. Zunächst stellt er fest, daß die iustitia Dei diejenige Gerechtigkeit sei, mit der Gott selbst gerecht ist und durch die der Mensch gerecht wird. Um die Gemeinsamkeit dieser Gerechtigkeit zu verdeutlichen, vergleicht Luther sie mit dem Wort Gottes: »... iustitiam dei etiam

---

51 WA 57 III, 187, 17 - 188, 16; 151, 20f.
52 »... quodammodo, ut illi dicunt, ›informans‹, sicut in Christo humanitas per unionem cum divina natura una et eadem facta est persona« (WA 57 III, 188, 1-3).

tropo iam dicto esse iustitiam, qua deus iustus est, ut eadem iustitia deus et nos iusti simus, sicut eodem verbo deus facit et nos sumus, quod ipse est, ut in ipso simus et suum esse nostrum esse sit.«[53] Wie Luther hier erklärt, »wirkt« Gott durch das Wort, und wir sind durch dasselbe Wort das, was Gott selbst ist. Dann sind wir in Gott, und das Sein (esse) Gottes ist unser Sein (esse). Die Gerechtigkeit Gottes bewirkt somit unsere Gerechtigkeit in der Weise, daß wir im Sein und in der Gerechtigkeit Gottes sind.[54]

Im entsprechenden Sinn deutet Luther auch die anderen wesenhaften Eigenschaften bzw. Namen Gottes. Wie Gott und Mensch durch denselben Namen verherrlicht werden, sind sie auch aufgrund derselben Weisheit weise. Die Gemeinsamkeit der Eigenschaften besteht darin, wie Luther verstehen läßt, daß wir an der göttlichen Natur partizipieren.[55] Die Gerechtigkeit ist somit nur unter der Bedingung die eigene Gerechtigkeit des Christen, daß er ohne Unterbrechung mit Christus vereint ist und an ihm partizipiert. Darin besteht der ontische Zusammenhang zwischen der Gerechtigkeit Gottes und der Gerechtigkeit des Christen.

Wie wir oben gezeigt haben, hat die unio cum Christo eine grundlegende Bedeutung für das Rechtfertigungsverständnis Luthers. Anhand der unio ist es möglich, verschiedene Aspekte der Rechtfertigung aufeinander zu beziehen. Auch der bekannte Satz Luthers, daß der Christ »nondum in re, sed in spe« gerecht sei, ist von der unio cum Christo aus zu verstehen. Die Vereinigung bedeutet erstens, daß Christus im Christen die sanative Rechtfertigung begonnen hat. Der Christ ist wegen der heilenden Tätigkeit Christi schon einigerma-

---

53 Siehe die folgende Anm.
54 »... benedictio dei et iustitia dei sint idem, scilicet ipsa misericordia et gratia dei nobis collata in Christo. Atque hic tropus loquendi de iustitia dei, quia alius est ab usitato humanae locutionis modo, multas multis difficultates peperit, quamquam non sit penitus reiciendum iustitiam dei etiam tropo iam dicto esse iustitiam, qua deus iustus est, ut eadem iustitia deus et nos iusti simus, sicut eodem verbo deus facit et nos sumus, quod ipse est, ut in ipso simus et suum esse nostrum esse sit« (AWA 2, 259, 8-14). Vogelsang: AaO, 67f. 73-77, betont ebenso die Untrennbarkeit des »Wesens« Gottes von den »Eigenschaften« Gottes, aber deutet zugleich den Begriff »Wesen« in einem personalistischen Sinne. Vgl. Ebeling: AaO 3, 248f. 251; zur Mühlen: AaO, 192-194.
55 AWA 2, 450, 14-18 (zit. oben Anm. 42). »Haec est iusticia liberalis, gratuita, solida, interna, aeterna, vera, coelestis, divina, quae in hac vita nihil meretur neque accipit neque quaerit. Immo cum sit in Christum et nomen eius, quod est iusticia, fit, ut Christi et Christiani iusticia sit una eademque ineffabiliter sibi coniuncta: ...« (WA 2, 491, 12-15).

ßen gerecht geworden, obwohl es in ihm noch Sündenreste gibt. Der Satz zeigt somit zugleich die Partialität und den real-ontischen Charakter der sanativen Rechtfertigung. Die unio cum Christo ist zweitens deswegen äußerst bedeutsam, weil sie der Grund für die forensische Gerechtsprechung ist. Der noch teilweise sündhafte Christ wird für gerecht erklärt, weil er mit dem sündlosen Christus vereint ist, der für den Sünder beim Vater eintritt. Der Zusammenhang des sanativen und forensischen Aspekts besteht also in der unio cum Christo.[56]

Der Tatbestand, daß die beiden Aspekte nicht voneinander getrennt werden dürfen, tritt auch hervor, wenn Luther die Rechtfertigung Abrahams darlegt. Die fides reputata ad iusticiam ist gerade das spiritum accipere. Der Reformator lehnt jede einseitige Vermutung ab, daß eine göttliche Erklärung extra Deum nichts sei: Der Meinung sind nach seiner Einschätzung nur jene, für die die Gnade eher die Gunst (favor Dei) als die Gabe Gottes (donum) ist.[57] Er selbst aber versteht den forensischen Aspekt und den sanativen Aspekt als untrennba-

56 »Omnis qui credit in Christum iustus est, nondum in re, sed in spe. Caeptus est enim iustificari et sanari, sicut homo ille semivivus. Interim autem, dum iustificatur et sanatur, non imputatur ei, quod reliquum est in carne peccatum, propter Christum, qui, cum sine omni peccato sit, iam unum cum Christiano suo factus, interpellat pro eo ad patrem« (WA 2, 495, 1-5). Der Satz »non in re, sed in spe« enthält außerdem noch einen dritten Aspekt. Das Leben des Christen ist Luther zufolge ein verborgenes Leben cum Christo in Deo. Es ist ein Leben »in fide et spe, non in re praesente«. Dadurch ist keineswegs der real-ontische Charakter der Rechtfertigung und die Gegenwart Christi bestritten, sondern Luther bringt gerade auf diese Weise die Verborgenheit der angefangenen Gerechtigkeit zum Ausdruck. Das neue Sein des Christen ist ein verborgenes Sein mit Christus in Gott. Dazu siehe z. B. AWA 2, 451, 5-9.
57 »Dicit enim, spiritum tributum et virtutes factas ex auditu fide, et hoc probat, quia sic Abrahae fides est reputata ad iusticiam. Ergo ne fidem reputari ad iusticiam est spiritum accipere? Aut ergo nihil facit, aut accipere spiritum et reputari ad iusticiam idem erit. Quod et verum est, et ideo refertur, ne divina reputatio extra deum nihil esse putetur, ut sunt, quibus verbum Apostoli ›gratia‹ magis favorem quam donum significari putatur« (WA 2, 511, 11-17).
Die favor bringt den forensischen Aspekt der Rechtfertigung zum Ausdruck, weil sie die göttliche Gunst ist, aufgrund deren der Mensch für gerecht erklärt wird. Das donum ist sowohl der Geist als auch die anderen in der Rechtfertigung geschenkten Gaben, durch die der Mensch erneuert wird. Das donum Dei bezeichnet somit den sanativen Aspekt der Rechtfertigung. Zu dieser Distinktion siehe Erwin ISERLOH: Sacramentum et exemplum: ein augustinisches Thema lutherischer Theologie. In: Reformata reformanda = Festgabe für Hubert Jedin. Bd. 1. MS 1965, 255-262, und DERS.: Gratia und donum: Rechtfertigung und Heiligung nach Luthers Schrift »Wider den Löwener Theologen Latomus« (1521). Cath 24 (1970), 73-79; ebenso Forsberg: AaO, 72-74. 83; Tuomo MANNERMAA: Der im Glauben gegenwärtige Christus: Rechtfertigung und Vergottung. Hannover 1989, 62-70.

res Ganze. Wenn Gott gnädig ist und dem Menschen die Gerechtigkeit anrechnet, so empfängt der Mensch den Geist, die Gabe und die Gnade. Luther betont weiterhin, daß die Gnade (favor) nicht so verstanden werden darf, daß sie ausschließlich in Gott bliebe. Die Gnade hat ihren Ursprung in der Ewigkeit, aber zugleich wird sie dem Menschen gegenwärtig. Diese reale Gegenwart der Gnade entspricht der Art und Weise, wie Gott liebt. Gott liebt nämlich nicht durch das bloße Wort, sondern durch die Sache selbst (reipsa). Auf ähnliche Weise zeigt Gott seine Gunst. Es handelt sich nicht nur um eine Deklaration, die intra Deum ausgesprochen wird. Wenn Gott den Menschen für gerecht erklärt, zeigt er dem Menschen seine Gunst durch die gegenwärtige Sache selbst (re praesente). Dies impliziert die Gegenwart Christi und im weiteren die sanative Rechtfertigung.[58]

Der Hinweis auf die Liebe Gottes ist kein Zufall, sondern er zeigt den Zusammenhang zwischen der Rechtfertigung und der göttlichen Liebe. Wie Luther in der Heidelberger Disputation sagt, ist der amor Dei diejenige Liebe, die ihren Gegenstand stets aufs neue schafft. Dies geschieht gerade in der Rechtfertigung. Die wesenhaften Eigenschaften Gottes bleiben nicht ausschließlich innerhalb Gottes, sondern sie werden dem Menschen als Gunst und Gabe Gottes gegeben und sind folglich im Menschen, wenn Gott durch die Sache selbst liebt. Eben dadurch ist das Sein Gottes unser Sein.

Weil nun die Liebe Gottes, an der der Christ partizipiert, ihren Gegenstand aufs neue schafft, erneuert sie den Christen, und zwar in der Weise, daß dieser »frei« und »spontan« Gott und seine Nächsten lieben kann. Die Liebe des erneuerten Menschen bildet einen integrierten Teil des Motivs der Vergöttlichung, wie wir zuletzt aufgrund der Leipziger Predigt Luthers am Aposteltag zu zeigen versuchen.

VII *Die Vergöttlichung und die Liebe des neuen Menschen*

Der Tatbestand, daß Luther das Thema der Vergöttlichung im Zusammenhang mit der »freien« spontanen Liebe darstellt, bringt den Kern seines Vergöttli-

---

58 »Nam favente et reputante deo vere accipitur spiritus, donum et gratia. Alioquin ab aeterno gratia fuit et intra deum manet, si tantummodo favorem significat, eo quo in hominibus modo favor est. Deus enim sicut diligit reipsa, non verbo tantum, ita et favet re praesente, non tantum verbo« (WA 2, 511, 17-21).

chungsverständnisses zum Ausdruck: Der Mensch wird vergöttlicht und sein Wille erneuert, weil es die Absicht Gottes ist, daß der Mensch mit seinem eigenen »freien« Willen die wahren Werke der spontanen, ungezwungenen Liebe vollbringt. Zunächst schenkt Luther aber besondere Aufmerksamkeit dem liberum arbitrium, um dessen Möglichkeit zu bestreiten. Dies ist vom Standpunkt Luthers aus konsequent, weil er den scholastisch verstandenen freien Willen durch die Spontaneität der Liebe des vergöttlichten Menschen ersetzen will.

Wie Luther betont, vermag das liberum arbitrium nichts. Es erkennt nicht das Gute und ist kein freier Wille, sondern der eigene Wille des gefallenen Menschen. Der Mensch ist nach Luther wohl in Adam frei gewesen, aber durch den Sündenfall ist er verdorben und in Sünden gefangen. Demzufolge ist das liberum arbitrium bloß ein Name.[59] Der Mensch kann somit nicht mit Hilfe seines eigenen »freien« Willens den Willen Gottes erfüllen, weil er als gefallener Mensch keine Freiheit mehr besitzt.

Zugleich stellt Luther fest, daß die Gnade den Menschen »frei« macht, was für das Thema der Vergöttlichung bedeutsam ist. Dann vermag der Mensch das Gute zu erkennen und zu tun. Diesbezüglich konstatiert Luther im weiteren, daß das liberum arbitrium den Namen des freien Willens behalten hat, weil der Mensch einmal frei gewesen ist und weil er durch die Gnade wieder frei werden soll.[60] Die ursprüngliche Freiheit wird also dank der Gnade wiederhergestellt.

Die Wiederherstellung des ursprünglichen, freien Willens beginnt dann, wenn der Mensch die Unmöglichkeit anerkennt, selbständig »frum« [gerecht] werden zu können. Dies setzt mit anderen Worten das opus Dei alienum voraus. Der Mensch muß an sich selbst verzweifeln, vor den Augen Gottes klagen und die göttliche Gnade anrufen. Wie Luther betont, führt das liberum arbitrium mit dem Prinzip des facere quod in se est in dieser Hinsicht in die Irre. Der Mensch muß anstatt auf den »freien Willen« fest auf die Hilfe Gottes vertrauen.[61]

In den obigen Kontext, in dem einerseits das scholastische liberum arbitrium bestritten und andererseits die wahre Selbsterkenntnis betont wird, bettet der Reformator nun die Vergöttlichung ein. Nach seiner Meinung trifft es zu, daß

---

59 WA 2, 247, 3-21.
60 WA 2, 247, 3-7. 18-21.
61 WA 2, 247, 25-31; 248, 14f.

der Mensch mit Hilfe der Gnade Gottes mehr als ein Mensch ist: »Drumb spricht wol sanct Hieronymus uber ditz ewangelium, das zu merken sey, wie Christus seine jůnger fragt, was die menschen von ym sagen, und darnach, was sie von ym sagten, sam [gleichsam, als ob] sie nit menschen weren. Dann war ist es, das der mensch mit gnaden beholffen mehr ist dann ein mensch, Ja die gnad gottis macht yn gotformig und vergottet yn, das yn auch die schrifft got und gottis sun heist. Also mus der mensch uber fleisch und blut außgezogen werden und meher dann mensch werden, soll er frum werden.«[62]

Die Gnade also macht den Menschen gottförmig (gotformig) und vergottet ihn so, daß auch die Schrift ihn als Gott oder als Kind Gottes bezeichnet. Wie Luther erklärt, bewirkt die Gnade sogar eine die geschaffene Menschheit übertreffende Gleichförmigkeit mit Gott. Der Mensch ist demzufolge »mehr als ein Mensch«, bzw. mehr als Fleisch und Blut allein. Er ist gottförmig und vergottet.

Wenn Luther dann seine Darstellung fortsetzt, hebt er zwei für die Vergöttlichung bedeutsamen Aspekte hervor. Der erste Aspekt betrifft die Partialität der Veränderung: Die Vergöttlichung geschieht erst anfänglich, wenn der Mensch demütig ist und an sich selbst verzweifelt. Die Vergöttlichung steht somit nicht im Widerspruch dazu, daß der Mensch weiterhin unter dem Kreuz als fremdem Werk Gottes bleibt und seine Sündhaftigkeit erkennt. Luther meint auch nicht, daß sich in der Lage des Christen während dieses Lebens daran etwas ändern würde. Der vergöttlichte Mensch erfährt und anerkennt seine Sündhaftigkeit und ersehnt die Gnade, bis daß er vollkommen wird.[63]

Der zweite Aspekt betrifft die Liebe. Die Vergöttlichung impliziert, daß der Mensch befähigt ist, spontan und ungezwungen zu lieben: »Das geschieht nu anfenglich, wann der mensch das erkennet als ym selbs unmůglich und demůtiglich die gnad gottis darzu sucht, an ym selb gantz verzweifelt. Darnach aller erst folgen die guten werck: wann die gnad also erlanget ist, dann hastu ein freyen willen, dann thu was in dir ist.«[64] Das Zitat zeigt den Zusammenhang zwischen der Vergöttlichung und der »Freiheit« des Willens. Die positiv verstandene »Freiheit« des Willens ergibt sich aus dem Tatbestand, daß der Mensch gottförmig und vergottet ist. Wenn dem Menschen die Gnade gegeben ist, was bedeu-

---

62 WA 2, 247, 37 - 248, 4.
63 WA 2, 248, 20-28.
64 WA 2, 248, 4-8.

tet, daß er *vergöttlicht ist,* hat er Luther zufolge den freien Willen und kann es tun, was in ihm ist. Die wahre Freiheit des Willens bedeutet somit, daß der frei und spontan liebende Wille gute Werke zu tun beginnt.

Luther versteht somit die wahre Freiheit des Willens völlig anders als die Theologen der Herrlichkeit, weil diese das Prinzip des facere quod in se est verteidigen wollen. Luther macht nun sich das Prinzip zwar auch zu eigen, aber nur in einem bestimmten Sinn. Nach seiner Auffassung kann der Mensch das, was in ihm *ist,* erst nach der gnadenhaften Vergöttlichung tun, d.h., wenn Christus in ihm durch den Glauben gegenwärtig ist.

Der Unterschied zur scholastischen Lehre besteht somit darin, *wie* der Mensch die »Freiheit« zu eigen hat. Während der Theologe der Herrlichkeit die Eigenständigkeit der in der Gewalt des verdorbenen Menschen gebliebenen Vermögen betont, hebt Luther die Gnade Gottes hervor. Es ist die Gnade allein, die den Menschen vergöttlicht und so in ihm wirkt, daß er mehr als ein Mensch ist. Somit schenkt die Gnade dem Menschen die »Freiheit« des Willens als Ungezwungenheit und Spontanität der Liebe. Wie Luther selbst betont, betrifft dieser Unterschied vor allem den Ursprung der Werke. Dies ist aber das Entscheidende für das Gut-Sein der Werke. Dem guten Anfang folgt nämlich das gute Ende. Wo die Gnade erlangt worden ist, da folgen selbstverständlich die Werke sofort.[65]

Was Luther nun mit der konkreten Verwirklichung der geschenkten Liebe meint, können wir im »Sermo de duplici iusticia« bemerken, wenn er erklärt, wie der gerechtfertigte Mensch das Prinzip des fröhlichen Wechsels auf das Verhältnis zu seinen Mitmenschen anwendet. Danach hat die Stimme des Bräutigams (Christi) ihren Anfang durch die erste Gerechtigkeit genommen. Er sagt zum Geist des Menschen: »tuus ego.« Durch die zweite Gerechtigkeit erklingt die Stimme der Braut, die antwortet: »tua ego.« Die Antwort des Gerechtfertigten ist in der Beziehung von Belang, als sich die Gegenliebe zu der in Christus gegebenen Gabe in der Beziehung zum Nächsten realisiert. Der Geist des Menschen trachtet für sich selbst nicht mehr nach Gerechtigkeit, sondern er hat Luther zufolge bereits seine Gerechtigkeit, nämlich Christus. Deswegen sucht er nun ausschließlich das Heil seines Nächsten.[66]

---

65 WA 2, 248, 15-19.
66 StA 1, 223, 31 - 224, 7 ≙ WA 2, 147, 24-33; siehe auch WA 2, 582, 31-34.

Somit macht Luther in diesem Zusammenhang keinen Unterschied zwischen der Liebe zu Gott und der Liebe zum Nächsten. Er beschreibt das Verhältnis zu Gott vielmehr als Gemeinschaft in der Liebe, für die kennzeichnend ist, daß die Liebe Gottes zum Menschen dabei erst die Liebe und die rechte Gesinnung der Liebe im Menschen zustande bringt. Diese von Gott gewirkte Liebe des Christen verwirklicht sich nun, wenn der Christ seinen Nächsten liebt. Diese Einheit der verschiedenen Dimensionen der Liebe bringt im weiteren wieder die Vergöttlichung zum Ausdruck.

Wenn nämlich der Christ dem Willen Gottes gemäß liebt, folgt er eben dem Beispiel Christi und wird mit der imago Christi gleichförmig. Christus war ja nicht um sich selbst besorgt, sondern um unser Wohl allein.[67] Wie Luther anhand von Ph 2, 5 f erklärt, hatte Christus die rechte Gesinnung der Liebe. Er hätte im Hinblick auf den Menschen ihr Gott und Herr sein und sich selbst in der Form Gottes (forma Dei) kundtun können, aber er hat es nicht gewollt. Christus hatte nicht an sich selber Gefallen. Er hatte eine zum Dienen bereite Gesinnung und wollte aus Liebe unser Knecht sein. Die Christen müssen nun zueinander so gesinnt sein, wie es Christus ihnen gegenüber war.[68]

Diese Gesinnung der wahren Liebe kann der Christ wegen der geschenkten Gerechtigkeit und Gaben erreichen. Luther denkt, daß der Christi göttliche Gaben besitzt, die er den anderen zeigen kann, als seien sie Formen Gottes (tanquam formis dei). Diese Formen sind sapientia, virtus, iustitia, bonitas und libertas. Weil diese wesenhaften Eigenschaften Gottes dem Christen geschenkt sind, könnte er sich auch ihnen entsprechend kundtun. Der Christ trachtet jedoch nicht nach seiner eigenen Ehre, sondern er verhält sich seinem Nächsten gegenüber, als habe er diese Gaben gar nicht.[69]

Die Verweigerung des Selbstlobs besteht darin, daß der Christ die gleiche Gesinnung wie Christus hat. Demzufolge ist er bereit, den fröhlichen Wechsel in der gleichen Weise wie Christus das commercium admirabile mit ihm vollzogen hat, in seinem Verhältnis zum Nächsten zu verwirklichen. Er wird zu einem von denen, die nichts haben, und vergißt sich selbst. Wenn er der Gnade Gottes entäußert ist, behandelt er seinen Nächsten so, als ob dessen Schwachheit, Sünde und Torheit seine eigene wären. Der Christ trachtet auch nicht

---

67 StA 1, 223, 28-31 ≙ WA 2, 147, 19-23.
68 StA 1, 224, 8-12; 225, 3-5 ≙ WA 2, 147, 34-38; 148, 20-22.
69 StA 1, 225, 15-25 ≙ WA 2, 148, 32 - 149, 6; 518, 16.

danach, stolz seinem Nächten gegenüber zu prahlen, als ob er dessen Gott oder seinem Gott gleichartig wäre. Er ist bereit, den Schritten Christi bis dahin zu folgen, daß auch er körperlich leidet und stirbt.[70]

Die wahre, dem Vorbild Christi folgende Liebe bedeutet für den neuen Menschen, daß auch er sich »entäußert«. Wie Luther erklärt, wollen die starken, edlen und gesunden Glieder der Kirche die schwachen, ehrlosen und kranken Glieder nicht beherrschen und deren Gott sein (non sint dii eorum). Diese Christen, die aufgrund der Gaben vergöttlicht sind, scheren sich nicht um ihren Adel, ihre Gesundheit und Kraft, sondern sie dienen den schwachen Gliedern der Kirche. Ihre Liebe richtet sich auf die hassenswerten, dummen, ungeordneten, ungebildeten, armen, feindseligen und verachteten Mitmenschen, die dem Theologen der Herrlichkeit unwürdig für die Liebe scheinen.[71]

Diese Art der Liebe des vergöttlichten Menschen ist charakteristisch eben für die göttliche Liebe, die als ihren Gegenstand immer die schwachen, ehrlosen, kranken, törichten Sünder haben will. Wie Luther in der letzten These und Probation der Heidelberger Disputation feststellt, schafft die Liebe Gottes eigens für sich den liebenswerten Gegenstand, indem sie diesen gerecht, weise und gut macht. Die wahre Vergöttlichung des Menschen kommt somit als die göttliche Liebe, die in ihm lebt, zum Vorschein. Weil Gott den Christen zum Modus (modus) der Liebe Christi geordnet hat, nimmt dieser dem Beispiel Christi folgend das Kreuz. Die Liebe des vergöttlichten Menschen ist somit die Liebe des Kreuzes, die das Gute schenkt.[72]

Wie oben nachgewiesen worden ist, zeigt sich die Vergöttlichung des Christen stets an der Theologie des Kreuzes orientiert, als Teilhabe an der Sünde des Nächsten, aber nicht wie in der theologia gloriae als Selbstlob. Die Sünderin Maria und Simon der Aussätzige sind für Luther Vertreter dieser zwei gegensätzlichen Theologien. Mit ihnen beschreibt Luther die Art, wie die Vergöttlichung in diesem Leben sichtbar wird. Danach sah Simon in sich alle seine

---

70 StA 1, 225, 16-23 ≙ WA 2, 148, 33 - 149, 4; 501, 34 - 502, 4.
71 StA 1, 225, 25-32 ≙ WA 2, 148, 6-13.
72 StA 1, 212, 2f. 8-15 (zit. oben Anm. 9); WA 57 III, 59, 12-14; 224, 18 - 225, 6. Dieser Gedanke erscheint später, z. B. im »Tractatus de libertate christiana« (WA 7, 66, 3-5. 23-28. 33-36), wenn Luther den Christen als alter alterius Christus beschreibt. Dazu Mannermaa: AaO, 165-172; vgl. Gerhard EBELING: Lutherstudien. Bd. 3: Begriffsuntersuchungen – Textinterpretationen – Wirkungsgeschichtliches. TÜ 1985, 254.

Gerechtigkeit und die Form Gottes (forma Dei), während Maria sich für eine Dienerin (forma servi) hielt.[73]

Luther zufolge waren die Sünden Simons groß, aber er sah sie nicht. Der Pharisäer hatte gar nicht die Möglichkeit zu erkennen, daß seine »Form« häßlich war. Deswegen erkannte Christus nicht die »Form Gottes«, mit welcher Simon sich selbstgefällig gebrüstet hatte. Weil Simon nichts anderes als ein Sünder war, der sich selbst für gerecht hielt, nahm Christus die Ehre der fiktiven göttlichen Gestalt von ihm. Simon wurde gegen seinen Willen in die Gestalt des Knechts gezwungen.[74] Der Grund dafür, daß die forma Dei abgelegt wurde, war somit die Tatsache, daß die Selbsteinschätzung Simons seinem wahren Zustand gar nicht entsprach. Wegen der begehrenden Selbstliebe erkannte er sich selbst nicht, sondern glaubte wirklich, gerecht zu sein.

Nach Luther findet Christus aber in Maria die rechte Gesinnung der Liebe. Maria prahlte nicht selbstgefällig und wurde nicht ihrer eigenen Verdienste gewahr. Christus hat Maria der rechten Demut halber geehrt, ihr die forma Dei gegeben und sie so über Simon erhoben.[75] Die göttliche forma Marias war somit keine äußerlich sichtbare und wahrnehmbare Gestalt, die einen Gegenstand für die menschliche Erkenntnisfähigkeit gebildet hätte. Ihre forma Dei war den menschlichen Augen verborgen und in ihrer demütigen Gesinnung allein wahrnehmbar.

Die wahre Vergöttlichung ist somit in der Theologie Luthers immer der theologia crucis gemäß zu verstehen. Wie wir bereits bemerkt haben, räumt Luther auch nicht ein, daß sich die Lage des Christen während dieses Lebens diesbezüglich verändern würde. Der vergöttlichte Mensch erfährt und erkennt seine Sündhaftigkeit an und ist an sich selbst verzweifelt. Er ersehnt die Gnade Gottes und dürstet nach dem lebendigen Gott. Diese Erwartung, vor das Angesicht Gottes treten zu dürfen, und dieses Verlangen nach Gott dauert bis zu seinem Tod.[76]

Der Tod und die Auferstehung bedeuten die Vollendung des vergöttlichten Menschen. Die dem Fleisch anhaftende Sünde wird vollständig zunichte gemacht, und der Mensch ist in einem Moment von der Sünde befreit. Dies

---

73 StA 1, 225, 33 - 226, 3 ≙ WA 2, 149, 15-18.
74 StA 1, 226, 3-10 ≙ WA 2, 149, 18 - 150, 6.
75 StA 1, 226, 10-12 ≙ WA 2, 150, 6-8.
76 WA 2, 248, 20-28.

impliziert, daß nicht nur der innere Mensch, sondern auch der Leib verwandelt wird (commutatio carnis). Dann ist der ganze Mensch gleichförmig mit Christus und Christus gleich.[77] Dies ist eben mit der Sünderin Maria geschehen, als Christus sie zur Gestalt seiner eigenen Herrschaft (magnificavit forma dominationis) erhob. Die Erhebung Marias bedeutet nach Luther, daß sie als Dienerin in statu viae in die Herrlichkeit der Form Gottes transformiert wurde.[78]

Das Reich der Gnade ist somit zum Reich der Herrlichkeit geworden und der Mensch ist in das Ebenbild Christi transformiert. Obwohl Luther diesen Zustand sehr zurückhaltend beschreibt, hebt er jedoch zwei charakteristische Züge des status gloriae hervor. Der vergöttlichte Mensch sieht Gott dort erstens von Angesicht zu Angesicht. Gott verbirgt sich nicht mehr in seiner Menschheit, sondern läßt seine göttliche Natur offenbar werden. Der vergöttlichte Mensch erkennt also Deus ipse per se. Zugleich wird aber auch die göttliche Form des vergöttlichten Menschen offenbar.[79]

Der zweite charakteristische Zug ist, daß der Mensch dort ganz für Gott lebt. Das bedeutet, daß sein Leben von der Liebe geprägt ist. Seine Werke sind Werke der Ruhe und der Vollkommenheit. Diese Werke entstehen mit der vollkommensten Leichtigkeit und Liebeswürdigkeit.[80]

Wie wir oben zu zeigen versucht haben, besteht die Vergöttlichung darin, daß der Glaube den Menschen mit Christus vereint. Wenn Christus durch den Glauben im Christen wohnt und dieser an Christus und an der göttlichen Natur partizipiert, ist der Christ in Gott und mit Gott vereint. Die Teilhabe an der göttlichen Natur impliziert die Veränderung und die Erneuerung des Menschen, wenn Christus die Sünde des Christen zunichte macht. Die Erneuerung

---

77 »Quod tamen non imputatur eis propter fidem interioris hominis, qui deo conformis persequitur, odit, crucifigit peccatum in carne sua, donec in futuro consummatus in carne et spiritu nulli legi debeat« (WA 2, 497, 37 - 498, 1); siehe auch 498, 33-38; 592, 10-12; AWA 2, 296, 10f; 310, 2-4; 548, 2-4.

78 »Vide quanta merita, qua(a)e nec ip(s)a nec Simon videbat, non sunt in memoria vlla eius demerita, nescit Christus forma(m) seruitutis in illa, qua(m) magnificauit forma d(omi)natio(ni)s, nec est Maria aliud q(uam) iusta, exaltata in gloria form(a)e dei (et)c(etera)« (StA 1, 226, 12-16 ≙ WA 2, 150, 8-11); siehe auch WA 57 II, 55, 15-23.

79 WA 57 III, 202, 13-18; 2, 457, 21-30; siehe auch 57 II, 55, 15-23.

80 WA 2, 493, 1f; 498, 37f. Peter MANNS: Fides absoluta – fides incarnata: zur Rechtfertigungslehre Luthers im großen Galater-Kommentar. In: Reformata reformanda 1, 297. 302f, betont, daß der Glaube die Liebe vor dem Stand der Vollkommenheit vertritt. Der status gloriae ist somit vor allem eine Vollendung in der Liebe.

kommt dadurch zum Ausdruck, daß der erneuerte Mensch mit Christus gegen die bleibende Sünde kämpft und dem Willen Gottes entsprechend liebt.

Er liebt also mit einem spontanen, freudigen und diensteifrigen Willen. Er ist nicht um sein eigenes Wohl bemüht und prahlt nicht mit den ihm geschenkten Gaben Gottes, sondern er ist sich seiner eigenen Sündhaftigkeit bewußt und bittet um die Gnade Gottes bis zu seinem Tod. In dieser Demut sucht der vergöttlichte Mensch nur das Wohl der anderen. Dies bedeutet, daß er im amor crucis das Kreuz nimmt, indem er das Elend seines Nächsten trägt.

Voraussetzungen, Gründung und Anfang der Luther-Gesellschaft
Lutherrezeption zwischen Aufklärung und Idealismus

Von Hans Düfel

Die Geschichte der Luther-Gesellschaft begann vor 75 Jahren am 26. September 1918 in Wittenberg mit der Gründungsversammlung, die in der Aula des dortigen Melanchthongymnasiums stattfand. Die Anregung dazu war von dem in Jena lehrenden Philosophieprofessor Rudolf Eucken (1846-1926) ausgegangen, der 1908 den Nobelpreis für Literatur erhalten hatte. Bei einem Vortrag zum Reformationsjubiläum 1917 in Wittenberg hatte er zur Gründung einer Luther-Gesellschaft aufgerufen. Seine bald darauf in der Zeitschrift »Der Kunstwart« (»Deutscher Wille«) publizierten Ausführungen[1] fanden in der Öffentlichkeit breite Zustimmung. In Wittenberg bildete sich ein Gründungsausschuß, der einen Aufruf zur Unterstützung des geplanten Vorhabens ausgehen ließ; er fand binnen kurzem die Unterschrift von 260 Persönlichkeiten aus ganz Deutschland, daneben auch von zwei Vertretern des »neutralen Auslands«, wie ausdrücklich bemerkt wurde. »Die meisten Gelehrten auf dem Gebiete der Reformationsforschung waren darunter, neben den Theologen auch die Profan- und Literaturhistoriker, viele Kirchen- und Schulbehörden, Dichter und Künstler, fast alle großen evangelischen Vereinigungen, hohe Staatsbeamte und Städtevertreter, Zeitungsschriftleiter und Verlagsbuchhändler.«[2]

Bevor im einzelnen den Motiven nachgegangen werden kann, die zur Gründung der Luther-Gesellschaft führten, ist ein Rückblick auf die fundamentalen religiösen, geistigen und geschichtlich-politischen Kräfte jener Zeit erforderlich, wobei die Reformationsjubiläen von 1817, 1883 und 1917 besonders zu berücksichtigen sind.

---

1 Rudolf EUCKEN: Aufruf zur Gründung einer Luthergesellschaft. Deutscher Wille [so firmierte »Der Kunstwart« während des Ersten Weltkrieges]. 31 I (1917), 182-184; vgl. Gerhard MÜLLER: 60 Jahre Luther-Gesellschaft. Lu 49 (1978), 99-108.
2 Theodor KNOLLE: Aus der Luther-Gesellschaft. Lu 1 (1919), 29.

I Voraussetzungen für die Gründung der Luther-Gesellschaft

Der Kirchenhistoriker Heinrich Bornkamm hat darauf hingewiesen, daß jede Darstellung und Beurteilung Luthers und der Reformation eine Auseinandersetzung mit den Grundlagen unserer neueren Geschichte bedeutet und immer von neuem zu einer umfassenden Besinnung über die religiösen, geistigen und politischen Probleme unseres Lebens zwingt. »Keine Bewegung, keine Epoche konnte diesen Fragen ausweichen. Es ist nicht zufällig, daß es bis zur Gegenwart die Zeiten großer latenter oder offener Krisen waren, in denen das Ringen um ihn und seine geschichtliche Bedeutung die Geister besonders aufwühlte und die gegensätzlichsten Urteile hervorrief.«[3] So sind Höhen und Tiefen der neueren deutschen Geschichte mit Luther in Verbindung gebracht worden, wobei der Reformator sowohl als Anreger für bestimmte politische Bewegungen als auch – nach einer politischen und militärischen Niederlage – entweder als Rettung verheißende Gestalt für einen Neubeginn dargestellt oder als Mitschuldiger auf die Anklagebank verbannt wurde. Ersteres gilt besonders für die Reformationsjubiläen von 1817 und 1917, letzteres für die Zeit nach dem Zusammenbruch Deutschlands am Ende des Zweiten Weltkrieges, in die die 400. Wiederkehr von Luthers Todestag am 18. Februar 1946 fiel.[4]

Da die Gründung der Luther-Gesellschaft aufs engste mit dem Luther-Jubiläum 1917 verbunden ist, bedarf es einer kritischen Würdigung dieses Ereignisses, besonders im Hinblick auf das Luther- und Reformationsverständnis jener Zeit und seiner Voraussetzungen, die bis ins ausgehende 18. Jahrhundert zurückreichen. Dabei muß vor allem auf diejenigen Kräfte hingewiesen werden, die diese Zeit am stärksten geprägt haben: Aufklärung und Nationalismus.

Einen klassischen Ausdruck des von diesen beiden Ideen geprägten Lutherverständnisses stellt die Charakterisierung des Reformators durch den Leipziger Philosophen und Historiker Ernst Carl Wieland (1755-1828) in seinem »Pantheon der Teutschen« (1794) dar: »Ein so großer, von allen Seiten betrachtet, so gerechter Bewunderung, so allgemeiner Dankbarkeit würdiger Mann war Luther; gleich groß als Mensch, als Staatsbürger und als Gelehrter. Als Mensch verkannte er nie seine eignen Fehler, und fiel nie in andere Fehltritte, als die den eignen und außerordentlichen Gang eines starken Geistes bezeichneten. Als

---

3 Heinrich BORNKAMM: Luther im Spiegel der deutschen Geistesgeschichte. 2., neu bearb. und erw. Aufl. GÖ 1970, 13.
4 Hans DÜFEL: Das Lutherjubiläum 1883. ZKG 95 (1984) 1 f, passim.

guter Bürger führte er die Aufmerksamkeit der Fürsten auf ihre oft verkannten Regentenpflichten zurück, und predigte den Unterthanen Gehorsam gegen ihre Obrigkeiten. Als gemeinnütziger Gelehrter entlarvte er verjährte Vorurtheile und öffnete seinen Zeitgenossen in mehr als einer Art neue Aussichten zur künftigen Erweiterung des Umkreises menschlicher Kenntnisse. Und dieser große Mann war ein Deutscher. – Heil unserm Vaterlande, welches eines solchen Zöglings sich rühmen kann! Heil unsern Mitbürgern, wenn sie von edelm Stolz, von warmer Vaterlandsliebe beseelt, einem so erhabenen Muster nacheifern!«[5] Hier wird aus dem Theologen, Prediger und Seelsorger Luther ein »großer Mensch, Staatsbürger und gemeinnütziger Gelehrter«, der »verjährte Vorurteile«, womit die mittelalterliche Geisteswelt und Frömmigkeit gemeint ist, »entlarvt« und so zu einem Wegbereiter der Aufklärung wird. Die Beschreibung von Luthers Charakter macht das noch deutlicher. Dabei wird die stark ausgeprägte Erkenntnis des Reformators um Sünde und Schuld des Menschen vor Gott verharmlosend uminterpretiert zu »entschuldbaren Fehltritten« und zum »Erkennen eigner Fehler«. Aus dem Papst und Kaiser gegenüber höchst unbequemen Rebellen wird der »gute Bürger, der die Aufmerksamkeit der Fürsten auf ihre Regentenpflichten richtet und den Unterthanen Gehorsam gegen ihre Obrigkeiten« predigt. Dazu kommt noch der mit Pathos vorgetragene völkisch-nationale Gedanke: »Und dieser große Mann war ein Deutscher.«

In diesem Lutherverständnis liegen die Wurzeln jenes protestantischen Lutherbildes, das im 19. Jahrhundert in den Bann von Liberalismus und Nationalismus geriet. Zum ersten Mal ist das beim Reformationsjubiläum 1817 erkennbar.[6] Nun wurde Luther nicht nur als Vorkämpfer für die Geistesfreiheit im Sinne der Aufklärung in Anspruch genommen, sondern sein reformatorisches Anliegen mit dem Kampf um die politische Freiheit Deutschlands verquickt. Dafür läßt sich Goethe als Kronzeuge anführen. Der Dichter hatte sich zum Sprecher vieler Zeitgenossen gemacht, als er erreichen wollte, daß das Reforma-

---

5 Ernst Carl WIELAND: Pantheon der Teutschen. Chemnitz 1794, 232; zitiert nach LUTHER GESTERN UND HEUTE: Texte zu einer deutschen Gestalt/ hrsg. von Hermann Glaser; Karl Heinz Stahl. F 1983, 170f; vgl. Johann Gottfried HERDER: Briefe zur Beförderung der Humanität Nr. 18. 1793. In: ebd, 169f.

6 Düfel: AaO, 12f; vgl. Wichmann VON MEDING: Jubel ohne Glauben?: das Reformationsjubiläum von 1817 in Württemberg. ZKG 93 (1982), 119-160; Hans WOLTER: Das Reformationsjubiläum von 1817 in der Freien Stadt Frankfurt am Main. ZKG 93 (1982), 161-176; Ulrich VON HEHL: Zwei Kulturen – Eine Nation? Historisches Jahrbuch 111 (1991), 28-52.

tionsfest vom 31. auf den 18. Oktober, dem 4. Jahrestag der Völkerschlacht bei Leipzig, zurückverlegt und mit diesem Gedanken vereinigt würde. Goethe begründete das damit, daß die gleiche Erhebung des Gefühls wie am 18. Oktober am 31. nicht möglich sei. Im Hinblick auf das Jahr 1817 traf er die Feststellung, daß über den Feiern zum 18. Oktober, die deutsche Studenten auf der Wartburg veranstaltet hatten, die Feiern zur Erinnerung an die Reformation vollkommen verblaßt seien. Erklärbar sei diese Tatsache dadurch, daß das Anliegen der Reformation nach dreihundert Jahren nicht mehr verstanden werde und gegenüber den politischen Zielsetzungen der Gegenwart als »veraltet« gelten müsse.[7]

Was war beim Wartburgfest geschehen? In einer festlichen Versammlung deutscher Studenten sollte die Vereinigung der aus den Freiheitskriegen hervorgegangenen Burschenschaften als Hoffnungszeichen für die ersehnte deutsche Einheit besiegelt werden. Beim Festakt im Rittersaal der Wartburg folgte nach Gebet und Lutherlied eine Rede, in der das »doppelte Fest« der Wiedergeburt des freien Gedankens durch die Reformation und der Befreiung des Vaterlandes durch die kriegerischen Ereignisse des Jahres 1813 herausgehoben wurden. Ein Festredner stellte dabei Luther und Marschall Blücher nebeneinander, wobei er den Reformator als das »reinste Vorbild deutscher Nationaltugend« feierte. Hier wurde Ernst Karl Wielands oben zitierte Charakterisierung Luthers als großer deutscher Mann wieder lebendig. Geschlossen wurde die Reihe der Ansprachen beim Wartburgfest mit der Losung »Ein Gott, Ein deutsches Schwert, Ein deutscher Geist für Ehre und Gerechtigkeit«.[8] Aus solchem Geist erwuchs in der Folgezeit jenes nationalprotestantische Lutherverständnis, das weit bis ins 20. Jahrhundert hinein gewirkt hat.

Das Lutherbild des 19. Jahrhunderts ist aber nicht nur von den aufgezeigten aufklärerischen bzw. nationalistischen Tendenzen geprägt worden. Es gab auch Ansätze für ein an Orthodoxie und Pietismus orientiertes Verständnis des Reformators und seines Werkes. Für die Überwindung der Aufklärung hat Johann Georg Hamann (1730-1788), als Anreger für die frühidealistische Bewegung, für Romantik und Erweckung, eine wichtige Rolle gespielt. Bereits 1759 hatte er an einen Freund geschrieben: »Was für eine Schande für unsere Zeit, daß der Geist dieses Mannes, der unsere Kirche gegründet, so unter der Asche liegt. Was für eine Gewalt der Beredsamkeit, was für ein Geist der Auslegung,

---

7 Peter MEINHOLD: Goethe zur Geschichte des Christentums. FR; M 1958, 226f.
8 Alfred ADAM: Nationalkirche und Volkskirche. GÖ 1938, 35.

was für ein Prophet! Wie gut wird Ihnen der alte Wein schmecken, und wie sollten wir uns unseres verdorbenen Geschmacks schämen!«[9] Die hier zum Ausdruck kommende Neubesinnung führte in der Folge zu einer ersten Lutherrenaissance, die – ebenfalls im Jubiläumsjahr 1817 – sich kräftig zu regen begann. So unternahm der Kieler Pastor Claus Harms (1778-1855) den Versuch, Luthers reformatorische Anfänge wieder lebendig werden zu lassen. Mit seinen zum 31. Oktober 1817 herausgegebenen eigenen 95 Thesen wandte er sich gegen den vorherrschenden Rationalismus der Zeit. Seine erste programmatische These lautete: »Wenn unser Herr und Meister Jesus Christus spricht: Tut Buße!, so will er, daß die Menschen sich nach seiner Lehre formen sollen; er formt aber die Lehre nicht nach den Menschen, wie man jetzt tut, dem veränderten Zeitgeist gemäß (2 Tim 4, 3). Mit der Idee der fortschreitenden Reformation, so wie man die Idee gefasset hat und vermeintlich an sie gemahnt wird, reformiert man das Luthertum in das Heidentum hinein und das Christentum aus der Welt hinaus.«[10]

Die Wiedergewinnung des reformatorischen Erbes führte auch zum Erscheinen zweier Lutherausgaben. So kam 1826 die erste Auflage einer zehn Bände umfassenden, rasch vergriffenen Auswahl aus Luthers Schriften heraus, die bei Friedrich Perthes (1772-1843), dem Schwiegersohn von Matthias Claudius, in Hamburg erschien. Sie enthielt – und das ist bemerkenswert – keine polemischen, wissenschaftlichen und politischen Schriften des Reformators, sondern beschränkte sich auf die von seiner Glaubenserfahrung zeugenden Predigten, Schriftauslegungen, Briefe, Gespräche, Lieder und Gebete.[11] Im selben Jahr begann die damaligen wissenschaftlichen Ansprüchen genügen wollende »Erlanger Lutherausgabe« zu erscheinen, die es bis 1886 auf 105 Bände brachte.[12]

Nicht lange danach entstand in Erlangen eine theologische Schule, die sich

---

9 Ernst Walter ZEEDEN: Martin Luther und die Reformation im Urteil des deutschen Luthertums. Bd. 2. FR 1952, 376. 378.

10 2 T 4, 3: »Denn es wird eine Zeit sein, da sie die heilsame Lehre nicht leiden werden; sondern nach ihren eigenen Lüsten werden sie sich selbst Lehrer aufladen, nach denen ihnen die Ohren jücken ...« Den Text der Thesen von Claus Harms siehe KIRCHENGESCHICHTLICHES LESEBUCH/ hrsg. von H[einrich] Rinn; J[ohannes] Jüngst. 3. Aufl. TÜ 1915, 362f.

11 DR. MARTIN LUTHERS WERKE: in einer das Bedürfnis der Zeit berücksichtigenden Auswahl/ hrsg. von H[ans] L[orenz] A[ndreas] Vent. 10 Bde. HH 1826. Vent (1785-1879) war von 1815 bis 1863 Prediger zu Hademarschen in der Propstei Rendsburg (Herzogtum Holstein).

12 Zur EA vgl. Bernhard LOHSE: Martin Luther: eine Einführung in sein Leben und Werk. 2. Aufl. M 1983, 250.

durch eine heilsgeschichtlich orientierte und auf die Bibel sowie das lutherische Bekenntnis gründende Lehre stützte. Sie half, die bis dahin vorherrschende, durch Aufklärung und Rationalismus bestimmte theologische Richtung zu überwinden. Neben Adolf von Harleß (1806-1878), Johann Friedrich Wilhelm Höfling (1802-1853), Gottfried Thomasius (1810-1875), Johann Christian Konrad von Hofmann (1810-1877) u. a. verdient der in Erlangen und Dorpat lehrende Theodosius Harnack (1816-1889) besondere Erwähnung.[13] Sein Hauptwerk »Luthers Theologie mit besonderer Beziehung auf seine Versöhnungs- und Erlösungslehre« (1862) gilt als »das bedeutendste, ja genau genommen das einzige bedeutende theologische Lehrbuch des 19. Jahrhunderts«, auch wenn es zu seiner Zeit nicht die verdiente Beachtung gefunden hat.[14] Alle eben Genannten wußten sich – bei unterschiedlicher Haltung in einzelnen Fragen der Lehre, Frömmigkeit und kirchenpolitischer Einstellung – als Nachfahren Luthers und der Reformation. So war Luthers Wort – ausgehend von der Erweckungsbewegung – »erst seit der Zeit des neu erwachten Glaubens durch unzählige Kanäle wieder unter das Volk ausgegangen«.[15]

Die vielen unzureichenden populären Darstellungen Luthers im Jubiläumsjahr 1817 waren für den damals 21jährigen Leipziger Studenten Leopold Ranke (1795-1886) Anlaß, sich intensiv mit dem Reformator und seinem Werk zu beschäftigen. Ihm genügte die oben zitierte Charakterisierung Luthers durch seinen Lehrer Ernst Carl Wieland nicht. Er begann, reichlich Quellenmaterial zu sammeln, um den Versuch einer Biographie Luthers zu wagen. Die Arbeit blieb Fragment, wurde aber zur Grundlage seines Werkes »Deutsche Geschichte im Zeitalter der Reformation«. Ranke hatte begriffen, daß Luthers Wirken nicht in erster Linie vom Politischen her bestimmt war: »Nicht von den Bedürfnissen der Nation, sondern von religiösen Überzeugungen war er ausgegangen, ohne die er nie etwas zustande gebracht hätte.«[16] Mit seinem Geschichtswerk

---

13 Theodosius HARNACK: Luthers Theologie mit besonderer Beziehung auf seine Versöhnungs- und Erlösungslehre. 2 Bde. Nachdruck der Ausgabe Erlangen 1862, 1886. M 1927.
14 Bornkamm: AaO, 82.
15 August THOLUCK: Gespräch über die vornehmsten Glaubensfragen der Zeit. Halle 1846, 206; vgl. Bornkamm: AaO, 81.
16 Das »Fragment über Luther« von 1817 liegt in vollständiger Fassung vor in: Leopold VON RANKE: Aus Werk und Nachlaß/ hrsg. von Walther Peter Fuchs und Theodor Schieder. Bd. 3: Frühe Schriften. M 1973, (329) 340-466 (12); Leopold VON RANKE: Historische Meisterwerke/ hrsg. von Willy Andreas. Bd. 1. HH 1957, 218.

übertraf Ranke die Lutherschilderungen der gesamten zeitgenössischen Theologie.[17] Rankes Reformationsgeschichte wurde von großem Einfluß auf das protestantische Bildungsbürgertum; Theologen und Historiker sind bei ihm in die Schule gegangen. »Seine Sicht der Geschichte, wie sie gerade in der Reformationsgeschichte entwickelt wurde, hat das politische Urteil des deutschen Luthertums auf Generationen wesentlich bestimmt.«[18] So hörte der spätere Lutherbiograph Julius Köstlin (1826-1895) auf seiner damals üblichen »Kandidatenreise«, die ihn 1849 für einige Zeit auch nach Berlin führte, Rankes Vorlesung über das Reformationszeitalter, die ihn tief beeindruckte.[19] Wie sehr Rankes Geschichtsbild weit über die historische und theologische Fachwelt hinaus wirksam wurde, das zeigt der 3. Band von Gustav Freytags (1816-1895) »Bilder aus der deutschen Vergangenheit«, der »glücklichsten populären Darstellung des Jahrhunderts«.[20]

Zu den wichtigsten Faktoren des Luther- und Reformationsverständnisses des 19. Jahrhunderts gehören auch die geschichtlich-politischen Ereignisse der Reichsgründung 1871 und die sich anschließende Auseinandersetzung zwischen Staat und römisch-katholischer Kirche im sog. Kulturkampf. Wie 1817 wurde Luther auch 1871 »in die Pathetik eines nationalen Geschichtsdenkens hineingezogen, das den ›Helden von Wittenberg und Worms‹ an den Anfang einer providentiellen theologischen Entwicklungslinie stellte, die in der Gegenwart zum Ziel gekommen war«.[21] Der damalige Divisionspfarrer in Metz, Adolf Stöcker (1835-1909), sprach vom »heiligen evangelischen Reich deutscher Nation« und meinte, darin die Spur Gottes von 1517 bis 1871 zu erkennen.[22] 1817 war beim Wartburgfest Luther neben Blücher gestellt worden. »Jetzt war es die Linie von Luther zu Bismarck, auf der sich das nationale deutsche Geschichtsdenken bewegte.«[23] Hier war vollendet, was 1817 begonnen hatte: Das in

---

17 Bornkamm: AaO, 45.
18 Karl KUPISCH: Die Hieroglyphe Gottes: große Historiker der bürgerlichen Epoche. M 1967, 20.
19 G[ustav] KAWERAU: Köstlin, Julius. Realencyklopädie für protestantische Theologie und Kirche. 3. Aufl. Bd. 23. L 1913, 785.
20 Bornkamm: AaO, 48.
21 Karl KUPISCH: Die deutschen Landeskirchen im 19. und 20. Jahrhundert. GÖ 1966, R 73.
22 Zitiert ebd aus Walter FRANK: Hofprediger Adolf Stoecker und die christlichsoziale Bewegung. 2. Aufl. B 1935, 27f (Stoecker an den Indologen Hermann Brockhaus in Leipzig am 27. Januar 1871).
23 Kupisch: Die deutschen Landeskirchen..., R 73.

weiten Kreisen verbreitete Verständnis Luthers als nationaler Heros, dessen Glaube vornehmlich als Ausdruck deutschen Freiheitswillens galt. Manche Lutherdenkmäler jener Zeit, allen voran das Wormser Reformationsdenkmal, sind steingewordene Dokumente dieser Entwicklung.[24]

Der Kulturkampf wurde – vor allem in Preußen – zu einem wichtigen Faktor für die Politisierung der Lutherrezeption des 19. Jahrhunderts. Die kirchenpolitische Situation des deutschen Protestantismus, der durch das landesherrliche Kirchenregiment besonders mit dem allgemeinen politischen Geschehen verbunden war, wurde durch die Auseinandersetzung des neuen Reiches mit der römisch-katholischen Kirche stark in Mitleidenschaft gezogen. Das begann schon mit den vorausgehenden Ereignissen, die in die Zeit des Pontifikats Pius IX. (1846-1878) fallen: der 1854 erfolgten Dogmatisierung der unbefleckten Empfängnis Marias, bei der es sich »um eine Art probeweiser Vorwegnahme des Unfehlbarkeitsdogmas« von 1870 handelte und dem zehn Jahre später zusammen mit der päpstlichen Enzyklika »Quanta cura« herausgegebenen »Syllabus errorum«.[25] Darin werden 80 Irrtümer des Zeitgeistes verworfen, wozu die Gewissens- und Religionsfreiheit ebenso gehörten wie der Protestantismus und die Bibelgesellschaften. Vor allem aber bedeuteten die Äußerungen über das Verhältnis von Kirche und Staat eine Wiederbelebung mittelalterlicher Herrschaftsansprüche des Papsttums; sie riefen heftige Reaktionen hervor. Man empfand den »Syllabus errorum« als »Kriegserklärung an die moderne Staaten- und Kulturwelt«.[26]

Es folgten jahrelange, unerquickliche Auseinandersetzungen, in die sowohl der Protestantenverein (gegr. 1863) wie der Evangelische Bund (gegr. 1886)

---

24 Düfel: AaO, 16-18; Wilhelm WEBER: Das Luther-Denkmal in Worms. In: Der Reichstag zu Worms von 1521: Reichspolitik und Luthersache/ hrsg. Fritz Reuter. Worms 1971, 501-509; Helmut SCHARF: Kleine Kunstgeschichte des deutschen Denkmals. DA 1984, 203; Christian TÜMPEL: Zur Geschichte der Lutherdenkmäler. In: Luther in der Neuzeit: wissenschaftliches Symposion des Vereins für Reformationsgeschichte/ hrsg. von Bernd Moeller. GÜ 1983, 227-247.
25 Walther VON LOEWENICH: Der moderne Katholizismus vor und nach dem Konzil. Witten 1970, 32.
26 ENCHIRIDION SYMBOLORUM DEFINITIONUM ET DECLARATIONUM DE REBUS FIDEI ET MORUM/ hrsg. von Henricus Denzinger. 33. Aufl./ hrsg. von Adolfus Schönmetzer. FR 1965, 579 (DS 2901. 2915 f. 2918); vgl. ebd. 30. Aufl./ hrsg. von Carolus Rahner. FR 1955, 478 (D 1690) – in DS nicht aufgenommen; Karl KUPISCH: Zwischen Idealismus und Massendemokratie. 3. Aufl. B 1960, 88.

kämpferisch eingriffen. Dabei arbeiteten meist politischer und religiöser Freisinn Hand in Hand. Schließlich ging es nicht nur gegen den Ultramontanismus, sondern der politische Liberalismus zog grundsätzlich gegen die christliche Lehre und kirchlichen Einrichtungen beider Konfessionen zu Felde, worunter die evangelische Kirche am meisten zu leiden hatte. So konnte der preußische Hofprediger Rudolf Kögel (1829-1896) auf der Generalsynode von 1879 klagen: »Rom hat man befehden wollen und Wittenberg geschlagen.«[27] Für Luther blieb dabei nur die Rolle als Kämpfer für die Geistesfreiheit und das neue »Evangelische Reich deutscher Nation« übrig. Auch die Warnung des Hallenser Theologen Martin Kähler (1835-1912) vor dem »echt heidnischen, nationaltrunkenen Haß gegen alles Universale im Christentum«, die er bereits am Beginn des Kulturkampfes aussprach, erwies sich als richtig, aber leider vergeblich.[28] Erst nach dem 1878 erfolgten Wechsel im Pontifikat begann sich eine Entspannung abzuzeichnen.

In diese Zeit fiel das Jubiläum zur Wiederkehr von Luthers 400. Geburtstag. Dieses Gedenkjahr stellt einen Markstein in der Geschichte der Lutherrezeption des 19. Jahrhunderts dar.[29] In den unzähligen Festveranstaltungen und Veröffentlichungen spiegelt sich ein Stück deutscher Theologie-, Geistes- und Kulturgeschichte dieser Jahre wider. Obwohl das von Liberalismus und Nationalismus beeinflußte Lutherbild auch bei diesem Jubiläum eine gewisse Rolle spielte, war der vorherrschende Tenor des Gedenkjahres durch die Betonung des eigentlich religiösen Anliegens Luthers und der Reformation gekennzeichnet. Entscheidend war dabei der Erlaß des persönlich frommen Kaiser Wilhelms I., der – in seiner Eigenschaft als König von Preußen und damit summus episcopus seiner evangelischen Kirche – einen Erlaß herausgegeben hatte, der sowohl von nationalistischen Tönen als auch von konfessioneller Polemik gänzlich frei war. Vielmehr wurde darin die religiös-kirchliche Bedeutung der Reformation kräftig herausgestrichen, wie folgende Wendungen zeigen: »Der in diesem Jahre bevorstehende vierhundertjährige Gedächtnistag der Geburt Dr. Martin Luthers mahnt die gesamte evangelische Christenheit, mit Dank gegen Gott der

---

27 Zitiert nach Kupisch: Die deutschen Landeskirchen ..., R 77.
28 Martin Kähler: Die starken Wurzeln unserer Kraft: Betrachtungen über die Begründung des Deutschen Kaiserreiches und seine erste Krise. Gotha 1872; zitiert nach Kupisch: Die deutschen Landeskirchen ..., R 78.
29 Düfel: AaO, 24f.

Segnungen zu gedenken, welche er in der Reformation unserem Volke geschenkt hat ... In dem Dankgebet ist vornehmlich der Gesichtspunkt zum Ausdruck zu bringen, daß es sich nicht um den Lobpreis eines Menschen, sondern um den Lobpreis Gottes für die in der Reformation dem deutschen Volke zuteilgewordene göttliche Gnade handelt.«[30] Das protestantische Oberkonsistorium in München hatte zusätzlich in einem Erlaß zur Lutherfeier vor jeder Polemik gewarnt,[31] obwohl das Lutherjahr mit »maßlosen und dreisten Angriffen« begann, »mit denen die ultramontane Presse das Andenken Luthers und der Reformation zu verunglimpfen bemüht war«, wie der Berliner Hofprediger Bernhard Rogge (1831-1919) in seinen Erinnerungen bemerkt.[32]

Ebenso wie 1817 als Frucht des Reformationsjubiläums zwei Lutherausgaben erschienen, so geschah es auch 1883. Auf Veranlassung der Lutherforscher Julius Köstlin und Joachim Karl Friedrich Knaake (1825-1905) und nach einer persönlichen Intervention des preußischen Hofpredigers Rudolf Kögel bei Kaiser Wilhelm I. begann die Herausgabe der kritischen Weimarer Gesamtausgabe der Werke Luthers. Zum Neujahrsfest 1883 hatte die Verlagsbuchhandlung Böhlau in Weimar einen »Aufruf zur Lutherfeier« ergehen lassen, in dem – neben der religiösen Bedeutung der Reformation und ihrer Wichtigkeit für die Entwicklung der deutschen Literatur – auch auf die durch Luther bewirkte »geistige Befreiung« hingewiesen wurde: »Ihm verdankt unser deutsches Volk die Wiedergeburt seines religiösen Lebens aus den Tiefen des Evangeliums von Christo, ihm die Gestaltung seiner Sprache zum gemeinsamen Organ einer Literaturentwicklung ohnegleichen, ihm eine geistige Befreiung, welche die reichsten Blüten unsres nationalen Kulturlebens hervorgetrieben hat.« Dann werden die evangelische Kirche, die Wissenschaft, Fürsten und Länderregierungen, Städte und Behörden aufgerufen, dafür zu sorgen, »daß die kommende Lutherfeier uns als echte Söhne der Reformation finde, die ihrer Väter wert sind und, weil es einst unser Volk zu den Lebensquellen des göttlichen Wortes zurückgeführt hat, das alte Lutherwort lieben und ehren«.[33] Einige Jahre später

---

30 Ebd, 27f.
31 Nürnberg, Landeskirchliches Archiv, Konsistorium Bayreuth, Nr. 2: Kirchenfeste, D III, 4 Fach 103.
32 Bernhard ROGGE: Aus sieben Jahrzehnten. Bd. 2. B 1899, 365.
33 Otto ALBRECHT: Zur Vorgeschichte der Weimarer Lutherausgabe. In: Lutherstudien zur 4. Jahrhundertfeier der Reformation/ veröffentlicht von den Mitarbeitern der Weimarer Lutherausgabe. Weimar 1917, 63.

(1889-1905) erfolgte die Herausgabe einer zehnbändigen Auswahl von Luthers Werken »für das christliche Haus« mit guter Kommentierung der einzelnen Schriften, die »Braunschweiger Ausgabe«.[34]

Weitreichende wissenschaftlich-literarische Bedeutung erlangte der 1883 gegründete Verein für Reformationsgeschichte. Seine Entstehung war veranlaßt durch das »tendenziöse Treiben der ultramontanen Geschichtsschreibung«, womit das seit 1876 – also mitten im Kulturkampf – im Erscheinen begriffene Werk von Johannes Janssen (1829-1891) »Geschichte des deutschen Volkes seit dem Ausgang des Mittelalters« gemeint war. Der Verein wollte weder eine neue kirchliche oder kirchenpolitische Partei bilden, noch Kulturkampf betreiben, sondern »sine ira, aber cum studio« – wie einer der Gründungsväter formulierte – durch Einführung in eine große geschichtliche Vergangenheit evangelisches Bewußtsein kräftigen und erhalten.[35]

II Evangelisches Lutherverständnis zwischen 1883 und 1917

Das Lutherverständnis zwischen den beiden Gedenkjahren 1883 und 1917 ist zunächst von den vorangegangenen Tendenzen in der Lutherrezeption und den dahinter stehenden theologischen Richtungen abhängig. Diese Entwicklung führte dazu, daß Luther in zunehmendem Maße zu einer emblematischen Figur wurde, »die je nach politischer, religiöser, geistiger Position positiv oder negativ besetzt war«.[36] Dabei spielte das neuprotestantisch-liberale Lutherbild eine wichtige Rolle. Am eindrucksvollsten wurde diese Position von Adolf von Harnack (1851-1930) und Ernst Troeltsch (1865-1923) vertreten.

Adolf Harnack hat wie kein deutscher Theologe seit Friedrich Schleiermacher (1768-1834) eine so tiefe Wirkung auf die Gebildeten ausgeübt.[37] Neben seinem großen Werk über die Dogmengeschichte waren es vor allem die an der Berliner Universität 1899/1900 gehaltenen und heftig umstrittenen sechzehn Vorlesungen für Studierende aller Fakultäten über »Das Wesen des Christen-

---

34 LUTHERS WERKE/ hrsg. von [Georg] Buchwald, [Gustav] Kawerau, Julius Köstlin, [Martin] Rade u. a. 8 Bde. und 2 Ergänzungsbde. Braunschweig; B 1889-1905. – 3. Aufl. Bd. 1-8. B 1905.
35 Theodor KOLDE: Evang. Kirchenzeitung 57 (1883), 211-216, bes. 213.
36 Walter MOSTERT: Luther III: Wirkungsgeschichte. TRE 21 (1991), 575, 24-26.
37 Hermann SASSE: Der Theologe des Zweiten Reiches: Gedanken über die Lebensbeschreibung Adolf von Harnacks. In: Ders.: In statu confessionis. Bd. 2: Gesammelte Aufsätze und kleine Schriften/ hrsg. von Friedrich Wilhelm Hopf. B 1976, 196.

tums«, die den Höhepunkt des Kulturprotestantismus bildeten. Für unser Thema ist Harnacks Luther- und Reformationsverständnis wichtig, das im Rahmen seiner dogmengeschichtlichen Gesamtkonzeption zu sehen ist. Danach besteht das Wesen des Christentums im »schlichten Evangelium Jesu«, das in Antithese zum trinitarischen und christologischen Dogma der Alten Kirche steht. Die Reformation stellt – nach Harnack – das Ende des »dogmatischen Christentums« dar. Damit erweist sich Luther als der eigentliche Begründer der Neuzeit, obwohl sich bei ihm noch etliche »katholische Reste« finden. Der Neuprotestantismus muß die begonnene »Reduktion« der christlichen Religion auf das Evangelium Jesu fortführen.[38] Für Harnack ist die Reformation »die größte und segensreichste Bewegung« gewesen; sie hat bewirkt, daß Millionen von Christen in Deutschland und in der Welt heute »eine Religion haben ohne Priester, ohne Opfer, ohne Gnadenstücke und Zeremonien – eine geistige Religion«.[39] In der Festschrift der Stadt Berlin zum 31. Oktober 1917 hat Harnack im Schlußkapitel zum Thema »Was bedeutet uns Luther heute noch?« geschrieben, daß die Reformation jedem einzelnen und für alle großen Güter und Ordnungen des Lebens den Freiheitsbrief gebracht habe und sie sich nach ihrem eigenen Gesetz entfalten werden: »Keine Sakramente und keine Wunder führen in übernatürlicher Weise das, was not tut, herbei – als Gottes Mitarbeiter mußt Du es schaffen! ... Nicht zuletzt bleibt für uns und die kommenden Jahrhunderte Luthers Persönlichkeit Vorbild und Kraft. Unter allen Deutschen ist er der echteste und größte.«[40]

Der dezidierte lutherische Theologe Hermann Sasse (1895-1976) hat über Harnacks Anschauungen geurteilt, daß sie als Kehrseite seiner missionarischen Wirksamkeit unter den Gebildeten in der Konsequenz zur Auflösung des Dogmas und der Kirche führen mußten: »Das Schicksal so vieler Apologeten hat sich an ihm wiederholt: er gewann die Menschen, indem er das preisgab, wofür er sie gewinnen wollte. Er gewann die Gebildeten um den Preis des Dogmas und der Kirche. Und dieser Preis war denn doch zu hoch.«[41]

Ähnliches gilt für den Theologen, Geschichts- und Kulturphilosophen Ernst Troeltsch, in dessen Werk sich die von der Aufklärung ausgehende Lutherrezep-

---

38 Walther VON LOEWENICH: Luther und der Neuprotestantismus. Witten 1963, 128f.
39 Adolf VON HARNACK: Das Wesen des Christentums. 5. Aufl. L 1901, 196.
40 Adolf VON HARNACK: Martin Luther und die Grundlegung der Reformation: Festschrift der Stadt Berlin zum 31. Oktober 1917. 41.-55. Tsd. B 1917, 64.
41 Sasse: AaO 2, 197.

tion des 19. Jahrhunderts widerspiegelt. Für ihn, der den Absolutheitsanspruch des Christentums in Frage stellte, war der ursprüngliche Protestantismus, trotz des Neuen, das er brachte, noch weitgehend der kirchlich-mittelalterlichen Kulturform verhaftet geblieben, eine Nachblüte des Mittelalters, die erst durch die Aufklärung beendet worden sei. Troeltsch sieht den reformatorischen Neuansatz vornehmlich in Luthers religiösem Personalismus verwirklicht, der durch die Annäherung des Protestantismus an die Bewegungen des Humanismus, Spiritualismus und Täufertums zur Religion des Gewissens ohne dogmatischen Zwang umgeformt und so der Glaube als Haltung dem Glauben als Inhalt übergeordnet wurde. Dieser Protestantismus war es, den die deutschen Klassiker und idealistischen Philosophen einer erstarrten Orthodoxie entgegensetzen zu können glaubten. Darin besteht – so Troeltsch – das Wesen des vom historischen Altprotestantismus klar unterschiedenen Neuprotestantismus.[42]

Vom Luther- und Reformationsverständnis des Neuprotestantismus waren auch zwei Persönlichkeiten geprägt, die bei der Gründung der Luther-Gesellschaft unmittelbar beteiligt waren: der Literatur- und Kulturgeschichtler Arnold E. Berger (1862-1948) und der Philosoph Rudolf Eucken.

Berger hat sich in zwei umfangreichen Publikationen mit Luther und der Reformation befaßt. Sein 1894 erschienenes Werk »Die Kulturaufgaben der Reformation: Einleitung in eine Lutherbiographie« bietet zunächst eine mittelalterliche Kulturgeschichte, wobei der Verfasser der »alten Kultur« und ihren Idealen »Askese und Kontemplation, Devotion und Gehorsam, Resignation und Selbstverleugnung« die der »neuen Kultur« gegenüberstellt: »Weltgenuß und Arbeit, Wille, Kraft und Tat, Selbstsein, Prüfen und Herrschen.« Das »kräftige Gefühl der Persönlichkeit, der Eigenständigkeit des Ichs, der Freiheit und der gottgewollten Menschenrechte forderte gebieterisch eine Auseinandersetzung mit der Kirche als der ältesten Kulturmacht ... Die Lösung konnte nur von einem Genie kommen, welches die tiefsten Bedürfnisse dieser Gesellschaft und das neue Lebensgefühl, welches ihnen allen bewußter oder unbewußter zugrunde lag, im Innersten verstand und für die Summe dieser Lebensgefühle die einigende Formel fand, in deren Zeichen die alte Kultur besiegt werden konnte.« So erscheint bei Berger die Reformation als »Kulturkampf« und »Kulturwendepunkt« und Luther als die genialste Persönlichkeit, die diesen Kampf siegreich beendet. »Und dieser erste Triumph Deutschlands auf der europäi-

---

42 Von Loewenich: Luther und der Neuprotestantismus, 137-140.

schen Geistesbühne war nicht ein Triumph des Intellekts, sondern ein Triumph des Charakters, ein Triumph des Gewissens!« So »erwuchs aus der Tiefe des deutschen Gewissens die Kraft, die tausendjährige Herrschaft des Romanismus abzuwerfen, die Grundlage einer selbständigen Nationalkultur zu legen und gleichwohl mit der nationalen Aufgabe – das war das Größte! – auch eine Weltaufgabe zu lösen«.[43]

In seinem dreibändigen Werk »Martin Luther in kulturgeschichtlicher Darstellung« werden vor allem »die geistigen Ausstrahlungen der Reformation« hervorgehoben, »die für den Weltanschauungsgehalt und die charakterbildenden Kräfte des deutschen Schrifttums wesentlich mitbestimmend geworden sind, insofern sie des Menschen Verhältnis zur Welt und zur Gottheit von Grund aus neu verstehen lehrten und hieraus eine Fülle neuer Lebenswerte entwickeln halfen«.[44] Bezeichnenderweise vertritt Berger die Auffassung, daß das neue Weltgefühl, das sich unter dem Eindruck des »größten deutschen Mannes... bildete«, früher wirksam wurde als »der neue Gottesgedanke, dessen Tiefe und Schönheit sich doch erst ganz entfalten konnte, nachdem das Zeitalter der kirchlich-theologischen Gebundenheit für die führenden Schichten der Nation völlig überwunden war«.[45] Damit tritt Luthers religiöses Anliegen ganz hinter den kulturgeschichtlichen und politischen Auswirkungen der Reformation zurück. Letzteres kommt in den folgenden Sätzen noch deutlicher zum Ausdruck: »Deutsche Frömmigkeit und deutsches Volkstum einten sich in ihm zu einem fortan unlöslichen Bunde, aus dem auch die Vaterlandsliebe den hohen Schwung einer religiösen Begeisterung empfing, wie ihn Schiller, Kleist, Arndt oder Schenkendorf priesterlich verkündeten.«[46] In Luthers Gedankengängen sieht Berger die religiöse Fassung und Vorausnahme jenes *philosophischen* Gottesbegriffes, wie ihn dann der deutsche Idealismus entwickeln sollte. Um das zu erkennen, sei es erforderlich, »die religiösen Leitgedanken Luthers unter Verzicht auf alle theologischen Begriffe auf ihren schlichtesten Ausdruck zu bringen, so daß ihr seelischer Gehalt und ihre lebensgestaltende

---

43 Arnold E. BERGER: Die Kulturaufgaben der Reformation: Einleitung in eine Lutherbiographie. 2., durchges. und verm. Aufl. B 1908, 339. 341.
44 Arnold E. BERGER: Martin Luther in kulturgeschichtlicher Darstellung. Bd. 2 II: Luther und die deutsche Kultur. 2. Aufl. B 1919, 711 f.
45 Ebd 2 II, 712.
46 Ebd 2 II, 713 f.

Kraft unverkürzt zutage treten, ...«.⁴⁷ Diese Erkenntnis würde zu dem Ergebnis führen, »daß der deutsche Idealismus als Ganzes betrachtet, gegenüber dem Theologen- und Kirchenchristentum des 16. und 17. Jahrhunderts die wertvollste Form neuzeitlichen Laienchristentums darstellt und, genau wie jenes, als eine folgerichtige Weiterbildung bestimmter Lutherischer Ansätze verstanden werden muß. Während im Kirchenchristentum die objektiven Gegebenheiten des dogmatisch gefaßten Glaubensinhalts die Entwicklung bestimmt haben, geht der Idealismus dagegen grundsätzlich von einer anderen Seite der Lutherischen Frömmigkeit aus: von dem metaphysischen Bewußtsein des Subjekts, von der in ihm enthaltenen Anerkennung des religiösen Triebes der menschlichen Natur, ...«⁴⁸

Berger spricht darum von einem »inneren Lebenszusammenhange zwischen Reformation und Idealismus« und sieht in dem religiösen Grundzug des deutschen Idealismus ein »wesentlich Lutherisches Erbe«.⁴⁹ In dieser neuen Weltbetrachtung hätten »die alten Grundgedanken der Religion Jesu und der Reformation neues Leben gewonnen«. Das »Ziel der Welt ist weder, wie das mittelalterliche Christentum gelehrt hatte, Weltgericht und Welterlösung noch überhaupt ein jenseits von Natur und Geschichte liegender Zweck, ..., sondern der Zweck der Dinge liegt beschlossen in ihrem eigenen Sein, in der Fülle der darin sich entfaltenden Kräfte und in dem erlösenden Glück, das mit jedem Leben aus der Tiefe, mit jedem selbstgewollten Wachsen und Werden verbunden ist«.⁵⁰ Berger bemängelt zum wiederholten Mal, daß das Zeitalter der Reformation zunächst ein Zeitalter des engen und streitsüchtigen Theologenchristentums gebracht habe und daß erst mit Aufklärung und Pietismus die Führung an das »Laienchristentum« übergegangen sei. Dieses Laienchristentum habe sich von der »Vormundschaft der Theologie« freigemacht und für die »Religion der Gesinnung und der Tat« geworben.⁵¹

In diesen und ähnlichen Bahnen bewegte sich auch das Denken von Eucken, der als bedeutendster und wirkungskräftigster Vertreter einer idealistischen Metaphysik galt. Der Jenaer Philosophieprofessor bekämpfte den damals in

---

47 Ebd 2 II, 717.
48 Ebd 2 II, 720.
49 Ebd 2 II, 722 f.
50 Ebd 2 II, 726 f.
51 Ebd 2 II, 731.

Deutschland herrschenden Positivismus und Materialismus. Seine idealistische Welt- und Lebensanschauung gipfelte in seiner Religionsphilosophie, die ein Spiegelbild des modernen Protestantismus war.[52] Mit ihm verband Eucken die Ablehnung jeder Bindung an ein Dogma und jegliche Kultformen. Auch sein Luther- und Reformationsverständnis zeigt, welche Rolle dabei das von Aufklärung, Liberalismus und Nationalismus bestimmte Geschichtsbild spielte. Für Eucken war der Ausgangspunkt der religiösen Bewegung Luthers rein ethischer Art, d. h., er bestand in der moralischen Entrüstung über die finanziellen Machenschaften des Ablaßhandels. Die für Luther entscheidenden theologischen Begriffe »Glaube« und »Gnade« sind bei Eucken einer Umdeutung durch ein idealistisches Welt- und Menschenverständnis ausgesetzt, dem ein antithetischer Panentheismus zugrundeliegt.[53] Luther erscheint dabei – ähnlich wie es Berger ausgedrückt hat – als derjenige, bei dem sich der Idealismus »zuerst in deutlicher Ausprägung« findet.[54]

Als Ziel seines eigenen Wirkens gab Eucken an, »in dieser zerrissenen und unsicheren Zeit unserem Volk ein geistiger Führer und Berater zu werden«.[55] Von seinen zahlreichen, in hohen Auflagen erschienenen Büchern, die im Ausland mehr noch als in Deutschland Beachtung fanden, ist gesagt worden: »So tragen seine Werke nicht sowohl das Gepräge des kühlen, vorsichtigen und sorgfältig begründenden Denkers, als des begeisternden Propheten und Predigers. Man versteht daraus, daß sie namentlich bei Theologen und religiös gestimmten Seelen Anklang fanden und finden.«[56]

Wie stark Eucken sich dabei von Grundpositionen des christlichen Glaubens entfernt hat, das zeigen Sätze aus einem Aufsatz zum Reformationsfest 1918: »Ferner müssen wir darauf dringen, daß zwischen Vergänglichem und Bleibendem bei Luther deutlicher geschieden wird. Es darf keine Unklarheit darüber walten, daß den meisten von uns Luthers theologische Gedankenwelt, seine Lehre von dem durch unsere Sünden erzürnten, nun aber durch das Blutopfer seines Sohnes versöhnten Gott, schlechterdings unhaltbar geworden ist. Das ruft notwendig die Frage hervor, ob nach Erschütterung dieser Gedankenwelt

---

52 August MESSER: Die Philosophie der Gegenwart. L 1916, 25.
53 H[ermann] Schwarz: Eucken, Rudolf (1864-1926). Die Religion in Geschichte und Gegenwart. 2. Aufl. Bd. 2. TÜ 1928, 399.
54 Rudolf EUCKEN: Die Lebensanschauungen der großen Denker. 18. Aufl. B 1922, 283.
55 Rudolf EUCKEN: Lebenserinnerungen. 2., erw. Aufl. L 1922, 80.
56 Messer: AaO, 28f.

etwas bei Luther bleibt, das uns heute und auch der Zukunft von erheblichem Werte sein könnte.« Eucken bejaht diese Frage. Luthers theologisches Gedankengut könne aber »nur Mittel und Werkzeug« für eine neue Religiosität sein, »die mit innerster Bewegung des Gemütes und tiefer Demut männlichste Tapferkeit, ein volles Aufrechtstehen verbindet. Mehr als irgendwo anders wird hier die Grundlegung eines eigentümlich deutschen Idealismus vollzogen. Die Lage der Gegenwart drängt zwingend dahin, solche unvergänglichen Grundwahrheiten von der unzulänglich gewordenen Fassung abzulösen und sie damit auch für unsere Zeit voll zur Wirkung zu bringen.«[57]

Der Erste Weltkrieg, vor allem aber das Luthergedenkjahr 1917, brachte in Deutschland einen Höhepunkt des im 19. Jahrhundert entstandenen nationalistischen Lutherverständnisses.[58] Dabei standen aus kriegsbedingten Gründen weniger große Feierlichkeiten im Vordergrund, als vielmehr eine »massenhafte literarische Produktion«,[59] die inhaltlich von der Verherrlichung des deutschen Luther gekennzeichnet war. Vertreter aller theologischen und politischen Richtungen fanden sich hier zusammen, wobei sich vor allem die Anhänger des Nationalprotestantismus hervortaten. Auch wenn manche penetrante Betonung des deutschen Charakters der Reformation nur im Hinblick auf die furchtbaren Kriegsereignisse zu erklären, also zeitbedingt ist, so höchst bedenklich sind die Töne jenes »Deutschglaubens« bzw. »Deutschchristentums«, von dem eine direkte Linie zu den »Deutschen Christen« der 30er Jahre führt. Aus der schier unübersehbaren Fülle der Literatur zum Lutherjahr 1917 seien hier nur zwei besonders charakteristische Beispiele angeführt: In der Bildbiographie Luthers von Paul Schreckenbach und Franz Neubert heißt es am Schluß des einleitenden Teils über den Reformator: »Er ward der Retter des deutschen Geistes in einer Zeit, in der es schien, als ob ihn der romanische Geist überwältigen und erdrosseln wolle. Daß wir ein anderes Gewissen, ein anderes Pflichtgefühl, ein anderes Gemütsleben, eine andere und unendlich tiefere und ernstere Religion der Sittlichkeit haben als die Spanier und Italiener, die Wallonen, Engländer und Franzosen – das alles verdanken wir im Grunde ihm, Martin

---

57 Rudolf EUCKEN: Zum Bilde Luthers. In: Das Reformationsfest: Beiträge von Protestanten und Katholiken/ nach dem Kunstwart hrsg. vom Dürerbunde. M 1918, 10f.
58 Vgl. Hartmann GRISAR: Der Deutsche Luther im Weltkrieg und in der Gegenwart. Augsburg 1924, bes. 41-50; dort aber auch Beispiele für Überspannung des Nationalgefühls aus anderen europäischen Ländern (48 f).
59 Gottfried MARON: Luther 1917. ZKG 93 (1982), 179.

Luther, dem Begründer des deutschen Christentums, dem Apostel der Deutschen.«⁶⁰

Es blieb aber nicht allein bei der Würdigung der Reformation als deutschem Ereignis, sondern Luthers Werk erschien – im Zusammenhang mit dem musikdramatischen Werk Richard Wagners – als universale, menschheitsbeglückende, geistig-religiöse Tat. So schreibt der Kunsthistoriker Henry Thode (1857-1920) in der mit »Luther und die deutsche Kultur« überschriebenen Einleitung zu der von namhaften Reformationsforschern herausgegebenen 1. Auflage der Münchner Lutherausgabe, daß der »verschüttete Schatz, ..., das alte Erb und Eigen der germanischen Phantasie, der Mythus und die Sage« durch Wagners Musik nicht nur »zu neuem Besitz seinem Volke – nein der Welt« geschenkt wird. In Wagners Werk erkennt die Welt »das von aller nationalen Beschränkung freie allgemein Menschliche und ein höchstes wahrhaftiges Zeugnis vom Kern der allen Konfessionen in sich schließenden allgemeinen christlich germanischen Weltanschauung«, die nur »der geistigen Freiheit des Protestantismus« entstammen konnte.⁶¹

An solchen und ähnlichen Entgleisungen gab es heftige Kritik. Das wird durch die Stimmen aus kirchlich-theologischen Zeitschriften belegt. Im Hinblick auf das Reformationsgedenkjahr 1917 klagte der Präsident des Bayerischen Oberkonsistoriums, Hermann von Bezzel (1861-1917) schon 1915: »– daß 1917 schon vorüber wäre! –«⁶² Sein Nachfolger Friedrich Veit (1861-1948) kritisierte, daß Luthers »deutsche Art das immer und immer wieder hervorgehobene Moment bildete, ...« Der »sprachgewaltige deutsche Mann, der weltoffene Träger eines neuen Kulturideals« werde stets gefeiert, aber der Lehrer der

---

60 Paul SCHRECKENBACH; Franz NEUBERT: Martin Luther: ein Bild seines Lebens und Wirkens. 3. Aufl. L 1921, 42.
61 Mü¹ 1, CVI f. Der Kunsthistoriker und Hochschullehrer Henry Thode war verheiratet mit Daniela von Bülow (* 1860), Tochter aus der ersten Ehe der Cosima Wagner mit Hans von Bülow. Thode gehörte zum Gesamtvorstand von »Der Kunstwart«; vgl. KUNSTWARTARBEIT: eine Uebersicht zum praktischen Gebrauch über die von Ferdinand Avenarius begründeten und geleiteten Unternehmungen. M 1908, 64.
  Über Thodes kulturpolitische Ansicht vgl. Grisar: AaO, 45 f; Hartmann GRISAR: Die Literatur des Lutherjubiläums 1917: ein Bild des heutigen Protestantismus. ZKTh 42 (1918), 795; zu »Der Kunstwart« siehe Herbert BROERMANN: Der Kunstwart in seiner Eigenart, Entwicklung und Bedeutung. M 1934.
62 Hermann VON BEZZEL: In ernster Zeit. Neue kirchliche Zeitschrift 26 (1915), 21.

Religion, der Vertreter des »im Worte Gottes gegründeten Heilsglaubens« bleibe zurück.[63]

Auch in der »Allgemeinen evang.-luth. Kirchenzeitung« wurde vor den »Gefahren des Lutherjahres« gewarnt: »Luther und immer wieder Luther hört man von den Kanzeln, nicht bloß in Heranziehung von Lutherzitaten, sondern Luther als Thema und Inhalt der Predigt. Man mag Luther noch so hoch stellen und noch so sehr sich an seinem Wort und Leben erbauen, den Herrn Christus ersetzt er nicht und soll ihn nicht ersetzen; auch das Wort Gottes ersetzt er nicht. Und ebenso ersetzt die Geschichte der Reformation nun und nimmer die heiligen Geschichten der Bibel.«[64]

Trotz der Tatsache, daß »die Lutherfeiern ... des Jahres 1917 einen Tiefstand von theologischer wie politischer Erkenntnis offenbart hatten«,[65] begann in dieser Zeit eine entscheidende Wende im Verständnis des Reformators und seines Werkes durch die »Lutherrenaissance«. Heinrich Bornkamm (1901-1977) hat von drei Ansätzen dieser Entwicklung gesprochen, denen allen das Interesse an den irrationalen und paradoxen Zügen in Luthers Theologie eigen ist.[66] So gelangte der Systematische Theologe Rudolf Otto (1869-1937), der 1917 von Breslau nach Marburg ging, durch Luthers Schrift »De servo arbitrio« zu der Kategorie des »Numinosen«, mit der er in seinem Buch »Das Heilige« 1917 die geheimnisvollen Tiefen des Religiösen beschrieb.[67]

Ein neues Lutherbild zeichnete die Dichterin Ricarda Huch (1864-1947) in ihrem 1916 erschienenen Buch »Luthers Glaube«. Im Gegensatz zu den einseitig kulturprotestantischen und deutsch-völkisch orientierten Darstellungen des Reformators gelang es ihr, die zu der Zeit meist vernachlässigten Grundlagen der Theologie Luthers herauszuarbeiten und zu verteidigen; so die Radikalität seines Sündenbegriffs, seine Anfechtungen und seine Glaubensgewißheit sowie den Abendmahlsrealismus.[68] »Es hat nach Hamann und Ranke« – so das

---

63 Friedrich VEIT: Zum neuen Jahr. Neue kirchliche Zeitschrift 29 (1918), 10.
64 GEFAHREN DES JUBILÄUMSJAHRES 1917. Allgemeine evang.-luth. Kirchenzeitung 50 (1917), 614.
65 Kupisch: Die deutschen Landeskirchen ..., R 96.
66 Bornkamm: AaO, 111f.
67 Rudolf OTTO: Das Heilige: über das Irrationale in der Idee des Göttlichen und sein Verhältnis zum Rationalen. Breslau 1917, 98-115 (Das Numinose bei Luther) – 5. Aufl. Breslau 1920, 113-133.
68 So z.B. Ricarda HUCH: Luthers Glaube: Briefe an einen Freund/ Nachwort von Heinrich Bornkamm. 30.-40. Tsd. F 1964, 157.

Urteil Bornkamms – »keine Begegnung mit der Persönlichkeit Luthers von solcher Unmittelbarkeit und Frische gegeben wie in dem Buche Ricarda Huchs, ...«[69]

Mehr noch als Rudolf Otto und Ricarda Huch ist der Berliner Kirchenhistoriker Karl Holl (1866-1926), später Vorsitzender der Luther-Gesellschaft,[70] für die Wiederentdeckung der Theologie Luthers von Bedeutung geworden. Das geschah durch seinen Reformationsvortrag von 1917 in der Berliner Universität »Was verstand Luther unter Religion?«, der aber erst durch die Aufnahme in sein Lutherbuch 1921 die Lutherrenaissance mit heraufführen half.[71] Holl hebt Luthers Theologie und Frömmigkeit von jenem in der Renaissance und später in der Aufklärung sowie im 19. Jahrhundert vorherrschenden Begriff von Religion als »unmittelbar aus dem allgemein Menschlichen geschöpft« ab, den – wie wir sahen – auch der Kulturprotestantismus übernommen hatte.[72] Holl zeigte auf, daß Luther nicht vom Menschen und seinen »Bedürfnissen«, auch den religiösen, aus denkt, sondern von Gott aus, »dessen Ehre es fordert, daß er unnachgiebig auf seinem Willen besteht«.[73] Ebenso erscheint Luthers Lehre vom unfreien Willen als Folgerung aus der Allmacht Gottes gegen das Sowohl-als-auch der scholastischen Theologie.[74] Es geht letztlich darum, daß es »sich in der Religion nicht darum handelt, ob der Mensch von Gott, sondern umgekehrt, ob Gott vom Menschen, von diesem einzelnen Menschen, etwas wissen will«.[75] Daß am Schluß seines Aufsatzes die Frage, ob Luther den Deutschen allein gehört, verneint wird, verdient eigens erwähnt zu werden.[76] Ein Vergleich

---

69 Ebd, 249 (Nachwort).
70 Vorsitzender der Luther-Gesellschaft vom Juli 1925 bis Mai 1926.
71 Karl HOLL: Gesammelte Aufsätze zur Kirchengeschichte. Bd. 1: Luther. TÜ 1921. – 6., neu durchges. Aufl. TÜ 1932, wonach zitiert wird. Für die Lutherrenaissance waren u. a. noch von Bedeutung Heinrich BOEHMER: Luther im Lichte der neueren Forschung. L 1906. – 5., verm. und umgearb. Aufl. L 1918; DERS.: Der junge Luther. L 1925; Otto SCHEEL: Martin Luther: vom Katholizismus zur Reformation. Bd. 1: Auf der Schule und Universität. TÜ 1916. – 3., durchges. Aufl. TÜ 1921. – Bd. 2: Im Kloster. TÜ 1917. – 3. und 4. Aufl. TÜ 1930; sowie die Herausgabe der Frühvorlesungen, vor allem der Römerbriefvorlesung, durch Johannes Ficker (L 1908. – 4. Aufl. L 1930; WA 56 [1938]).
72 Karl HOLL: Was verstand Luther unter Religion? In: Ders.: Gesammelte Aufsätze ... 1, 13.
73 Ebd 1, 20.
74 Ebd 1, 46.
75 Ebd 1, 109.
76 Ebd 1, 110.

zwischen Holls Luther- und Reformationsverständnis und der zu seiner Zeit vorherrschenden und von uns registrierten Lutherrezeption – vor allem der Stimmen zum Jubiläumsjahr 1917 – läßt erkennen, daß es sich bei Holl um eine »so originale und geschlossene Leistung« handelt, »die nur der Theologie Luthers von Theodosius Harnack an die Seite gestellt werden kann und neben die bis heute noch keine vergleichbare getreten ist«. Sie »mußte durch Zustimmung und Widerspruch neue Bewegung in die Auseinandersetzung um die Gestalt Luthers bringen«.[77] Der auf Luther sich berufende streng theologische Ansatz seines Denkens, der im scharfen Gegensatz zum idealistischen Gottesbegriff stand, stellt in »der Geschichte der Lutherforschung ... des 20. Jh. ... den entscheidenden Markstein« dar.[78]

III Die Gründungsphase der Luther-Gesellschaft 1917/18

1 Der Gründungsaufruf

Wie eingangs erwähnt, erschien der Aufruf zur Gründung einer Luther-Gesellschaft in der Zeitschrift »Der Kunstwart«, die der Publizist Ferdinand Avenarius (1856-1923) 1887 gegründet hatte.[79] Sie war zuerst als eine »Rundschau über alle Gebiete des Schönen« gedacht und wollte durch die Herausgabe guter Literatur und die Verbreitung von Kunstblättern auf die Hebung des Kunstgeschmacks breiter Volksschichten einwirken. Die Kunstblätter und Kunstmappen erreichten schließlich eine Millionenauflage! Es entwickelte sich eine Volksbildungsbewegung größten Ausmaßes. Aus dem Kunstwartkreis ging 1901 der »Dürerbund« hervor. Er wandte sich unter der Leitung von Ferdinand Avenarius als Reformopposition gegen Veräußerlichung und Kitsch in Kunst und Kultur und kämpfte für eine neue »Ausdruckskunst«, d.h., das Äußere sollte Ausdruck des Inneren sein. Dem Dürerbund waren ungefähr 150 Verbände mit mehr als zweihunderttausend Mitgliedern angeschlossen. Die Zusammensetzung des aus über hundert Personen bestehenden Gesamtvorstandes umfaßte Männer und Frauen aus allen politischen und konfessionellen Parteien, die eine Art »Partei der Unparteiischen« bildeten.[80] Zu ihnen zählten auch

---

77 Bornkamm: AaO, 116.
78 Johannes WALLMANN: Holl, Karl (1866-1926). TRE 15 (1986), 516, 49 - 517, 16.
79 Siehe oben Anm. 1; [Wilhelm] KNEVELS: Avenarius, Ferdinand (1856-1923). Die Religion in Geschichte und Gegenwart. 2. Aufl. Bd. 1. TÜ 1927, 686.
80 DER DÜRERBUND. In: Kunstwartarbeit, 59f.

Eucken und Huch.[81] Der nicht hoch genug zu veranschlagende Einfluß der Kunstwart-Bewegung auf Kunst und Kultur des deutschen Bildungsbürgertums und die Jugendbewegung läßt es verständlich erscheinen, daß Eucken ihre Zeitschrift für die Veröffentlichung seines Aufrufs zur Gründung einer Luther-Gesellschaft wählte.

Als wichtigstes Dokument der Gründungsphase der Luther-Gesellschaft ist der Gründungsaufruf anzusehen, in dem die Intentionen des Jenaer Philosophen zu erkennen sind. Eucken würdigt darin zunächst »manchen wohltuenden Eindruck, den die zurückliegende Lutherfeier gemacht habe« und rühmt besonders, »daß kein konfessioneller Zwist die Würde der Feier störte« und auch das Ausland (Schweden, Schweiz und sogar der französische Protestantismus) Luthers in ehrender Weise gedacht habe. Trotz aller Feiern sei aber festzustellen, daß das deutsche Volk »Luther im Ganzen seines Wirkens und Wesens viel zu wenig kenne«. Sein geistiges Bild sei »einseitig« bei seiner religiösen Leistung stehengeblieben. Vor allem müßte Luther als der Mann, »welcher dem deutschen Idealismus zuerst die ihm eigentümliche Prägung gegeben und damit unser Volk auf den Weg zu einer geistigen Weltmacht geführt hat«, stärker betont werden. Unter Berufung auf die geistigen Führer unseres Volkes, unter denen Luther, Kant und Goethe die größten seien, regt Eucken an, in Analogie zur Kant- und Goethegesellschaft auch eine Luthergesellschaft zu gründen mit dem Sitz in Wittenberg. Dann folgt ein Satz, der ein Schlaglicht auf Euckens eigentliches Anliegen im Hinblick auf die Luthergesellschaft wirft: »Darauf freilich wäre von vornherein das Augenmerk zu richten, daß die Sache nicht einen einseitigen theologischen Charakter erhielte ...«[82] Das führte bald darauf zu einer geharnischten Reaktion der »Allgemeinen evang.-luth. Kirchenzeitung«. In dem von ihr wiedergegebenen Bericht über Euckens Aufruf wird zu seinem Vorhaben kritisch angemerkt: »Es handelt sich also nicht um eine Vertiefung in das zentrale Wesen Luthers, sondern um seine Akzidentien. So etwa, wenn man an Jesus die Persönlichkeit, das Volkstümliche, das Charaktervolle, das Edle usw. hervorhebt, aber von seinem Wesen als Sohn Gottes und seinem Werk der Erlösung schweigt. Was dabei für das Christentum heraus-

---

81 Die Übersicht der Unternehmungen von »Der Kunstwart« in »Kunstwartarbeit« ist mit 516 kleinen Illustrationen versehen.
82 Deutscher Wille 31 (1917), 182-184, bes. 183.

kam, ist bekannt. Wir besorgen, daß es mit der ›Luthergesellschaft‹ zu ähnlichen Früchten kommen wird.«[83]

2 *Die Gründungsversammlung am 26. September 1918 in Wittenberg*
Auf der Gründungsversammlung hielt der Greifswalder Oberbibliothekar und Germanist Johannes Luther (1861-1954), der sich große Verdienste bei der Erfassung von Lutherdrucken erwarb, den Festvortrag über das Thema »Die Bedeutung Luthers für seine und unsere Zeit«. Der Schriftführer des vorbereitenden Ausschusses, der Wittenberger Pfarrer Theodor Knolle (1885-1955), überbrachte Grüße »des geistigen Vaters der Gründung« Eucken, der durch Krankheit am Erscheinen verhindert war, und verlas dessen Darlegung »Weshalb bedürfen wir einer Luther-Gesellschaft?«.[84]

In der geschäftlichen Sitzung wurde das Ergebnis der Bemühungen des Gründungsausschusses vorgelegt. Es lagen Anmeldungen von etwa 400 Mitgliedern vor, wobei eine »bunte Mischung aller Berufe« als »verheißungsvoll« bezeichnet wurde. Bedenken gegen die Gründung, daß man eventuell mit dem »Verein

---

83 KLEINE MITTEILUNGEN: Deutschland. Allgemeine evang.-luth. Kirchenzeitung 51 (1917), 82.
84 Theodor Knolle, am 18. Juni 1885 in Hildesheim geboren, studierte von 1903 bis 1907 in Marburg, Berlin und Halle. »Wie viele seiner Generation war er – beeindruckt von Adolf von Harnack – theologisch liberal und politisch national« (Karin BOVELAND: Die Hauptpastoren der St.-Petri-Kirche. In: Die Hauptkirche St. Petri in Hamburg: Baugeschichte, Kunstwerke, Prediger/ hrsg. von Carl Malsch. HH 1979, 92). Von 1908 bis 1910 war er im Evangelischen Predigerseminar Wittenberg. »Dort begegnete er zuerst dem genius loci, dem Geist Luthers, dem er Zeit seines Lebens verhaftet blieb« (Henning STAPEL: Landesbischof Prof. D. Theodor Knolle. Lu 26 [1955], 122).
    Nach Amtsjahren in Bitterfeld wurde er 1916 Pfarrer an der Stadtkirche zu Wittenberg, der Predigtkirche Luthers. »Hier bekam sein theologisches Denken eine neue Richtung. Die Beschäftigung mit der Theologie der Reformatoren öffnete ihm den Blick für Luthers zentrales Erlebnis, für die Rechtfertigung allein aus dem Glauben. Das machte ihn zum Zeugen und zum Bekenner im lutherischen Geist. Als im Reformationsjahr 1917 die Luther-Gesellschaft in Wittenberg gegründet wurde, war Knolle eines der Gründungsmitglieder« (Boveland: AaO, 92).
    1924 wurde er Hauptpastor an St. Petri in Hamburg. 1929 erhielt er die Ehrendoktorwürde der Universität Halle. 1949 wurde er Präsident der Landessynode, 1954 Landesbischof der Evang.-luth. Kirche im Hamburgischen Staate. Er lehrte seit 1949 an der 1948 gegründeten Kirchlichen Hochschule Hamburg und war ab 1954 an der neugegründeten Theologischen Fakultät der Universität Hamburg als Honorarprofessor tätig. Am 5. Dezember 1955 verstarb er.
    Bericht über die Gründungsversammlung siehe Theodor KNOLLE: Aus der Luther-Gesellschaft. Lu 1 (1919), 29-31.

für Reformationsgeschichte« und dem »Archiv für Reformationsgeschichte« ins Gehege kommen könnte, waren bereits vorher durch Absprachen mit beiden Vereinigungen ausgeräumt worden, da die Luther-Gesellschaft durch ihre »mehr volkstümliche Art« sich von den rein wissenschaftlichen Bestrebungen der beiden Institutionen klar abgegrenzt wußte. Eine Satzung wurde beschlossen, die – mit geringen Änderungen – noch heute gültig ist, und der Vorstand gewählt. Bei der nachmittäglichen Führung durch die Lutherhalle erklang in der Lutherstube »wie von selbst der Gesang von ›Ein feste Burg‹ und beschloß damit eindrucksvoll die Gründungsfeier«.[85]

Von besonderem Interesse sind die Vorträge, die bei der Gründungsfeier gehalten wurden. Johannes Luther hat in seinen Ausführungen über Luthers Bedeutung für seine und unsere Zeit vor allem den Entwicklungsgang des Reformators vom historischen Standpunkt aus dargelegt, wobei er Luther als einen »Mann aus einem Guß, eine Persönlichkeit in des Wortes weitester und bester Bedeutung« würdigte. Ganz im Sinne des deutschen Idealismus und seines Persönlichkeitskults heißt es dann: »Dieses Persönliche ist einer der vielen Momente, die uns auch heute noch seine Person und sein Werk so nahebringen.« Luthers Bedeutung für unsere Zeit wird nur am Schluß angedeutet. Danach besteht sie »zunächst und in erster Linie« darin, daß Luther »die Schrecken des Gewissenszwanges, den die katholische Kirche auf ihre Glieder ausübte«, durchbrach und »der für jeden das Recht beanspruchte, selbst über sein Christentum zu denken«. Luther hat mit »dem Rechte der Selbstbesinnung und Selbstbestimmung ... das Recht des freien Denkens« nicht nur auf dem Gebiete der Religion erfochten, sondern auch »das ganze Gebiet der Wissenschaft und des Lebens überhaupt«. Die Auswirkungen von Luthers Werk sind danach Voraussetzung für die »Geisteshelden Leibniz, Kant, Lessing und Goethe«, für »Staatsmänner wie Wilhelm von Humboldt und Bismarck«. Am Schluß wird diese kulturprotestantische Sicht des Reformators noch einmal zusammengefaßt: »So leuchtet das Bild Martin Luthers auch über aller Geistesbildung unserer Zeit, so wird es leuchtend bleiben und wirken, ... als Urgrund und Quell heutiger und künftiger Kultur.«[86]

---

85 Ebd, 31.
86 Johannes LUTHER: Die Bedeutung Martin Luthers für seine und unsere Zeit. LuJ 1 (1919), 8-27, bes. 24-27.

Die Ausführungen von Eucken, die die Frage nach der Notwendigkeit einer Luther-Gesellschaft behandeln, gehen in dieselbe Richtung. Dabei wird Luthers »universale Persönlichkeit« in den Vordergrund gerückt. Die Frage, weshalb wir Luthers bedürfen, wird von dem Jenaer Philosophen so beantwortet: »weil sein fester Glaube, seine riesenhafte Kraft, sein unerschütterliches Gottvertrauen uns unentbehrlich ist, um uns von den ungeheuren Gefahren zu retten, in denen wir uns befinden. ... wir bedürfen dringend der großen Persönlichkeiten, wir bedürfen ursprünglicher Lebensquellen, wie Luther sie uns eröffnet.« Dabei denkt Eucken nicht nur an die Zeitumstände, sondern hat den Materialismus und Positivismus im Auge. Alle äußeren Erfolge haben die Seele leer gelassen, »die niederen Mächte des Lebens ... Eigennutz, Selbstsucht, Neid, Machtgier«, entfalten ihre unheimliche Wirkung. Auch die »gespannte Lage unseres Kulturlebens« soll unseren Blick auf »die wenigen, schöpferischen Persönlichkeiten« richten, die »all unserem Streben volle Kraft und frischen Mut« einflößen können. Die Hauptsache bleibt: »Das Wesenhafte, Lebenerhöhende, Ewige.« Dafür steht Luther. So muß die Luther-Gesellschaft »eine lebendige Macht unseres geistigen, gemeinsamen Lebens« werden. Auch die nationalen Töne fehlen nicht: »Für uns Deutsche bedarf es dessen dringend, daß wieder der echte Luthergeist kräftig auf uns wirke«. Alles »Scheinhafte« muß er austreiben und »eine feste Zuversicht, eine Unerschrockenheit, eine Fröhlichkeit des Lebens inmitten aller Gefahren und Nöte« geben. »Wenn in diesem Geist die Luther-Gesellschaft entstehen wird, kann Luther abermals ein Erretter für uns Deutsche werden.«[87]

3 Presseberichte über die Gründung der Luther-Gesellschaft
Über die Gründungsversammlung der Luther-Gesellschaft berichtete die »Allgemeine evang.-luth. Kirchenzeitung« nur in großen Zügen, ohne auf die dabei gehaltenen Vorträge näher einzugehen. Erwähnt werden die Grußworte des Oberbürgermeisters der Stadt Wittenberg und des Regierungspräsidenten von Merseburg, Wolf Heinrich von Gersdorff, der zugleich im Namen der Lutherhalle sprach, deren Vorsitzender ihres Kuratoriums er war.[88]

---

87 Rudolf EUCKEN: Weshalb bedürfen wir einer Luther-Gesellschaft? LuJ 1 (1919), 5-8; auch als Flugblatt verbreitet.
88 KLEINE MITTEILUNGEN: Sachsen. Allgemeine evang.-luth. Kirchenzeitung 50 (1918), 902.

1 Walther von Loewenich (1903–1992)
  Präsident der Luther-Gesellschaft 1964–1975

2 Rudolf Eucken (1864–1926)
Gründer der Luther-Gesellschaft,
Vorsitzender der Luther-Gesellschaft 1918–1920

3 Wilhelm von Hegel (1849–1925)
  Vorsitzender der Luther-Gesellschaft 1920–1925

4 Theodor Knolle (1885–1955)
Gründungsmitglied der Luther-Gesellschaft,
Zweiter Präsident 1929–1955

Auch in der Zeitschrift »Deutscher Wille« wird die erfolgte Gründung in einem Artikel angezeigt, den Eucken verfaßt hatte. Ausgehend von den dunklen Schatten, die unser Volk umringen, wird die Persönlichkeit Luthers als Rettung verheißende Gestalt herausgestellt. Wir »müssen« uns »vergegenwärtigen, was ein Mann, ein echter Mann für das gesamte Leben bedeutet, und wie schließlich doch alles Heil von den Persönlichkeiten stammt«. Es müßten gemeinsam »neue Keime« gepflanzt werden, in der Überzeugung, »daß für eine höhere Ordnung der Dinge nichts von dem verlorengeht, was aus echter Gesinnung und mutigem Schaffen hervorgeht«. Dann wird es wieder programmatisch: »Aus dieser Denkweise ist unsere Luther-Gesellschaft empfunden und entstanden, wir wollen nach bestem Vermögen wirken, damit es innerlich bei uns besser stehe, daß dabei eine Sammlung der Geister, aber auch eine energische Sichtung erfolge: ein rücksichtsloses Austreiben alles Matten, Unwahren, Scheinhaften, das so viel Macht über uns gewonnen hat. – Dazu wollen wir uns verbinden; wir erlangen damit eine große Lebensaufgabe, und die Notwendigkeit der Sache wird uns treiben, fördern, beseelen.«[89]

Nach der Gründung erschien ein Flugblatt »Aufruf zum Beitritt zur Luther-Gesellschaft«. Kerngedanke des Textes war – ähnlich wie in den bisherigen Verlautbarungen –, daß wir uns bewußt werden müssen, welchen Einfluß Luther – über das Religiöse hinaus – vor allem auf die deutschen Denker, Dichter und Künstler, auf die Begründung des deutschen Idealismus, »auf den Gesamtstand des deutschen Lebens« genommen hat. Luther sei »nicht nur ein Reformator der Kirche, sondern der ganzen Welt«. In diesem Zusammenhang taucht dann der in der Satzung sich findende Grundsatz auf, daß es Aufgabe der Luther-Gesellschaft sei, Luther »im Ganzen seines Wesens und Wirkens« zu verstehen und zu vermitteln.

Als Mittel zur Erreichung ihres Ziels wird folgendes angegeben:
1. Jährliche Zusammenkünfte der Mitglieder
2. Ortsgruppenversammlungen
3. Luther-Abende (Verlesung von Luther-Worten im Rahmen Bachscher Musik; künstlerische Leitung: Ida Maria Eucken, Jena)
4. Veröffentlichungen:
    a) Jahrbuch, herausgegeben von Prof. D. Jordan, Wittenberg
    b) Zeitschrift »Luther«, zweimonatlich, hrsg. von Pf. Knolle, Wittenberg

---

89 Rudolf Eucken: Die Luther-Gesellschaft. Deutscher Wille 32 I (1918), 134f.

c) Volks-Luther, Schriften des deutschen Reformators, volkstümlich angeboten
  d) Luther für die Gegenwart, Schriften über den deutschen Reformator und sein Werk
  e) Nachrichten für die Tagespresse
5. Unterstützung der Lutherhalle Wittenberg

Am Schluß des Aufrufs zum Beitritt in die Luther-Gesellschaft heißt es: »Wer nach dem Zusammenbruch den Wiederaufbau des deutschen Volkslebens im Geiste des deutschen Luther-Idealismus will, der trete der Luther-Gesellschaft bei. Auch heute noch gilt, was der Reformator einst sagte: ›Für meine Deutschen bin ich geboren, ihnen will ich dienen.‹«[90]

IV Wachstum und weitere Entwicklung der Luther-Gesellschaft

In der ersten Nummer der seit 1919 erschienenen Zeitschrift »Luther-Mitteilungen der Luther-Gesellschaft« hat der Geschäftsführer und Schriftleiter Knolle über das Wachstum der Gesellschaft berichtet. Er stellt fest, »daß die bisherige Entwicklung der Gesellschaft die Gründung vollauf gerechtfertigt habe«. Der Mitgliederbestand habe sich »inzwischen in stillem, steten Wachstum verdoppelt. Ortsgruppen wurden bisher in Berlin und Wittenberg begründet. Luther-Abende im künstlerischen Rahmen weihevoller Musik Johann Sebastian Bachs wurden im Dom zu Berlin, in Wittenberg, Weimar, Jena und im Magdeburger Dom mit tiefer Wirkung veranstaltet.«[91]

1 Die erste Jahresversammlung 1919

Die erste Jahresversammlung am 7. Oktober 1919 vereinigte die Mitglieder in Wittenberg. Dabei hielt der Vorsitzende Eucken einen Vortrag über »Luther und die geistige Erneuerung des deutschen Volkes«. Darüber berichtet die Zeitschrift: »In prophetisch-feuriger Beredsamkeit verstand der greise Gelehrte Luthers aus dem Zentrum des Glaubenserlebnisses sich auswirkendes Wesen der kulturellen Zerfahrenheit der Zeit gegenüberzustellen und einer Erneuerung eines wirklich geistigen Lebens in Luthers Geiste das Wort zu reden.«[92] In

---

90 AUFRUF ZUM BEITRITT ZUR LUTHER-GESELLSCHAFT (Hamburg, Archiv der Luther-Gesellschaft).
91 Theodor KNOLLE: Aus der Luther-Gesellschaft. Lu 1 (1919), 31.
92 Theodor KNOLLE: Jahresversammlung der Luthergesellschaft. Lu 1 (1919), 71.

der gegenwärtigen Lage sind wir – so der Jenaer Philosoph weiter – auf solche Männer angewiesen, »welche nach Art der alttestamentlichen Propheten ihr ganzes Volk ergriffen und ihnen ein starkes Sehnen nach dem geistigen und göttlichen Leben einflößten«. Luther könne, weil »er aus der Tiefe unseres deutschen Wesens schuf, ... auch mit ursprünglicher Kraft« die Gegenwart »beleben und erhöhen« und »sei eine Macht der Gegenwart«. In sieben Punkten legte der Vortragende dar, wo sich Luthers Streben »mit den Aufgaben und Forderungen der Gegenwart berührt«. Des Reformators »Leben und Streben« sei getragen von der Überzeugung, daß die Anlage des Menschen zum Guten »arg gelähmt« und der Mensch seinem innersten Wesen entfremdet sei. Das schlimmste Übel unserer Zeit sei der Unglaube an den Geist und der damit verbundene Aberglaube. Die Wandlung der Seele ist die Hauptsache, aus der alles andere folgt. Woher die Kraft dazu kommt, ist ein Geheimnis, das von außen her betrachtet im Zweifel bleibt und nur von innen her gewiß wird.[93] Am Ende des Berichts von Knolle heißt es: »Eucken schloß seine Worte, die mit tiefer Ergriffenheit aufgenommen wurden, mit der wuchtigen Mahnung: ›So möge uns gegeben sein Luthers feuriger Zorn gegen alles Nichtige und gegen das Böse, Luthers Glaube an das Gute und Geistige und Luthers erlösende Liebe.‹«[94]

Den zweiten Festvortrag hielt Berger; sein Thema: »Luther und der deutsche Staatsgedanke«. Ausgehend von der Feststellung, daß Luther durch die Kraft seines Glaubens an eine übersinnliche Wirklichkeit den deutschen Idealismus begründet habe, wird die reformatorische Umformung des Staatsgedankens entfaltet, durch die die »hierarchisch-theokratische Staatsform« vernichtet worden sei. Der Reformator habe an den alten deutschen Staatsgedanken angeknüpft, der auf den Genossenschaftsstaat hinziele und »jeden zum Hüter des Ganzen bestellt und vor allem von jedem zur Herrschaft Berufenen mehr Eifer für seine Pflichten als für seine Rechte fordert«. Die historische Entwicklung habe zwar zunächst zum absolutistischen Staat hingeführt, bis der alte deutsche Staatsgedanke in dem Volksstaat, den Fichte und vom Stein vorbereiteten, wieder auferstanden sei. In der genossenschaftlichen Rechts- und Staatsauffassung der germanischen Völker hätten sich die demokratische Idee der Teilhaftigkeit aller am Recht und an der Bildung eines Gesamtwillens und die aristo-

---

93 Rudolf EUCKEN: Luther und die geistige Erneuerung des deutschen Volkes. LuJ 1 (1919), 27-34, bes. 28; Knolle: Jahresversammlung..., 71.
94 Ebd, 72.

kratische der erwählten Herrschergewalt, die gleichfalls nicht über, sondern unter der Rechtsordnung stehend gedacht wird, vereinigt. Diese Auffassung sieht Berger bereits in den Krönungseiden und den Huldigungen der Stände angelegt. Luther sei »ein überzeugter Anhänger des Ständestaates« gewesen und habe »das Wesen dieses Staates in schönem Einklang mit den sozialen Leitgedanken der Heiligen Schrift« gesehen. Als »wesentlich deutschen Zug in Luthers Staatsdenken« wird die »gemütvoll-patriarchalische Auffassung« herausgestellt, »daß der Fürst ›soviel mal Vater ist, als er Untertanen hat«. Es fehlt aber auch nicht Luthers Mahnung, daß »summum ius« leicht zu »summa iniuria« werden kann.[95] Aufschlußreich ist der Hinweis, daß die auf Luther zurückgeführte deutsche Staatsauffassung lebendige Gestalt gewinnen und Tat werden möchte, »transzendent und immanent zugleich wirkend«. In diesem Zusammenhang wird von Berger eine Äußerung des preußischen Reformers Heinrich Theodor von Schön (1773-1856) zitiert, der von sich und den Männern der preußischen Reformzeit im Anschluß an Gedanken des Augustinus von der civitas Dei bekannt hat: »In bezug auf die neue Ordnung der Dinge bildeten wir eine unsichtbare Kirche, deren Haupt die Idee des Staates im Himmel war.« Berger sah – im Hinblick auf die kommende Entwicklung in Deutschland – das Heil nicht »im Machtgötzentum eines materialistischen Staatsgedankens«, sondern darin, dem »hehren Gedanken zum Siege zu helfen, daß der staatliche Wille sich vor der sittlichen Macht des Rechtes in Ehrfurcht zu beugen hat und darum weder an die Willkür begünstigter Klassen noch an die Zufallserscheinungen einer einsichtslosen Masse ausgeliefert werden darf«.[96]

Beide Vorträge stehen unter dem Eindruck des wenige Wochen nach der Gründungsversammlung der Luther-Gesellschaft 1918 erfolgten Zusammenbruchs des Deutschen Reiches. Eine Analyse der beiden Texte ergibt, daß sie von dem Geist des von den Vortragenden vertretenen idealistischen Denkens geprägt sind, wie er schon in den Verlautbarungen aus der Gründungsphase erkennbar ist.

Eucken stellt nach den »ungeheueren Erschütterungen der Zeit« die Frage, ob nicht »das ganze Leben ein Irrtum und eine Narrheit« sei, verspricht aber Hilfe aus Luthers Glauben, der allerdings als »feste Gewißheit einer geistigen Welt im Innern« doch recht verschwommen bleibt, ebenso wie das Verlangen nach

---

95 Arnold E. BERGER: Luther und der deutsche Staatsgedanke. LuJ 1 (1919), 34-56, Zitate 42. 48-50.
96 Ebd, 54f.

Luthers »feurigem Zorn gegen alles Nichtige und Böse«. Das Proprium der Theologie und Frömmigkeit Luthers, das Handeln Gottes in Gericht und Gnade, auch sein biblisches Welt-, Menschen- und Obrigkeitsverständnis, wozu ja auch die wiederholten Drohweissagungen gegen Deutschland gehören, kommt überhaupt nicht vor.[97]

Von anderer Art ist der Vortrag von Berger, der das Einwirken Luthers auf die Entwicklung des deutschen Staatsgedankens historisch darstellt. Berger will – von seinem Verständnis der Entstehung des deutschen Idealismus her – aufzeigen, daß Luthers »geniale Lehre von der Kirche« als Erzeugnis des deutschen Staatsgedankens zu verstehen ist: »Denn auch der deutsche Staatsgedanke, der nicht – wie der antike und der romanische – von der Stadt, sondern von der ländlichen Gemeinde seinen Ausgang genommen hat, ist aus der Gemeinschaft oder Genossenschaft, nicht aus der Gesellschaft entsprossen.«[98] Den durch die göttliche Rechtsordnung zusammengehaltenen Ständestaat sieht Berger – gestützt auf dahin zielende Lutherzitate – als das Ideal deutschen Staatsdenkens an, das aber durch die politische Entwicklung seit dem 16. Jahrhundert nicht zur Durchführung kommen konnte.[99] Das Übergewicht der antiken Gedankenwelt und des geschichtslosen, naturrechtlichen Denkens habe das Verständnis für den deutschen Genossenschaftsstaat verlorengehen lassen.[100] Mit der Hoffnung auf Deutschlands Wiedergeburt durch eine neue Besinnung auf die sittliche Hoheit des germanischen Staatsgedankens und eine starke Obrigkeit, deren Kennzeichen hohe Verantwortlichkeit und das Eintreten für soziale Gerechtigkeit ist, beendet Berger seine Ausführungen, nicht ohne der Hoffnung Ausdruck zu geben, daß – »wie Luther ... einmal gesagt hat – ›die Zeit kommt, daß Gott wieder einen gesunden Helden oder Wundermann gibt, unter dessen Hand alles besser gehet oder je so gut, als in keinem Buch stehet; der das Recht entweder ändert oder also meistert, daß im Lande alles grünet und blühet, mit Friede, Zucht, Schutz, Strafen, daß es ein gesund Regiment heißen mag, und dennoch daneben bei seinem Leben aufs höchste gefürchtet, geehrt, geliebt und nach seinem Tode ewiglich gerühmet wird‹«. Berger schloß seinen Vortrag mit den Worten: »Möchten auch unserer krank gewordenen Zeit die Vorboten wieder-

---

97 Knolle: Jahresversammlung..., 71 f.
98 Berger: Luther und der deutsche Staatsgedanke, 40 f.
99 Ebd, 48-52.
100 Ebd, 53.

kehrender Gesundheit bald erscheinen und der Bund des deutschen Staatsgedankens mit dem sittlichen Geiste des Christentums seine aufbauende Kraft von neuem bewähren!«[101]

Beide Vorträge geben einen Einblick in das Denken und die politische Vorstellungswelt weiter Kreise des deutschen evangelischen Bildungsbürgertums. Die darin zutage tretende Gedankenwelt hat eine lange Tradition. Sie reicht von den Hoffnungen des historisch und national orientierten deutschen Humanismus (Jakob Wimpfeling, Ulrich von Hutten), die Luther in seiner Schrift »An den christlichen Adel deutscher Nation von des christlichen Standes Besserung« aufgenommen und mit seinen theologischen und kirchlichen Reformforderungen verbunden hat, bis hin zur Staatsphilosophie der Romantik und Restauration im 19. Jahrhundert mit ihren konservativen, organisch-ständischen Rechtsstaatsideen. Noch in manchen Vorstellungen deutscher Wiederstandsgruppen gegen das NS-Regime finden sich ähnliche Gedanken.

Bei alledem bleibt festzuhalten, daß Luther nicht mit einem bestimmten »deutschen Staatsgedanken« unmittelbar in Verbindung gebracht werden kann, wie z.B. Berger es tut. Vielmehr bleibt unseres Erachtens richtig, was der Erlanger Kirchenhistoriker Hermann Jordan (1878-1922) am Schluß seiner Arbeit über »Luthers Staatsauffassung« 1917 geschrieben hat: »So ergibt sich in der Tat, daß Luther gerade dadurch, daß er keine neue bindende Staatslehre entwickelt hat, durch die Art, wie er den Staat vom Gesichtspunkt des Christen aus anschaute und andere anschauen lehrte, bis heute von bleibender Bedeutung für eine politische Auffassung geblieben ist, die die in Jahrhunderten wechselnden staatlichen Aufgaben in immer neuer Weise zu erfassen fähig ist. Wir werden über manche Unklarheit im politischen und auch im kirchlichen Leben der Gegenwart hinwegkommen, wenn wir den Spuren der Gedanken des Reformators über die Beziehungen von Politik und Religion nachfolgen.«[102]

2 Chronik der Luther-Gesellschaft von 1919 bis 1921

Im ersten Jahrgang 1919 der Zeitschrift »Luther-Mitteilungen der Luther-Gesellschaft« berichtet Knolle, daß die Mitgliederzahl »in stetem, täglichen

---

101 Ebd, 55f.
102 Hermann JORDAN: Luthers Staatsauffassung: ein Beitrag zu der Frage des Verhältnisses von Religion und Politik. M 1917, 198.

Wachstum die Zahl 1000 überschritten« habe.[103] Ein Jahr später konnte der Schriftleiter auf der Generalversammlung in Berlin berichten, daß die Jahresspanne unter der Losung gestanden habe: »Kein Tag ohne ein neues Mitglied.« Der Zuwachs hatte 370 Mitglieder betragen.[104]

Es kam zur Gründung von Ortsgruppen in Wittenberg und Berlin. Schon 1919 ist von einer zweiten Mitgliederversammlung in Wittenberg die Rede.[105] Auch in Berlin hatten sich die Mitglieder zusammengeschlossen. Dort war der erste Vorsitzende Dompprediger Lic. Bruno Doehring (1879-1961).[106] Schon auf der Jahresversammlung in Berlin war beschlossen worden, dem Volkshochschulgedanken besondere Aufmerksamkeit zuzuwenden. Darum wurde am 1. November 1919 in Berlin eine »Martin Luther-Volkshochschule« eröffnet. Ihre Aufgabe sollte darin bestehen, »die Lebenskräfte der Reformation den weitesten Kreisen unseres Volkes dadurch zugänglich zu machen, daß in ihren Veranstaltungen die brennenden Fragen der Gegenwart im Lichte des reformatorischen Persönlichkeits- und Kulturideals behandelt werden«.[107] Die Eröffnung erfolgte mit einer liturgischen Feier im Dom, bei der Doehring Bibel- und Lutherworte verlas, unter Mitwirkung des Domchores und Ida Maria Euckens. Bemerkenswert auch hier die Berufung auf das kulturpolitische Luther- und Reformationsverständnis Euckens und Bergers.

Mit einer Reihe von festlichen Veranstaltungen gedachte die Luther-Gesellschaft der 400jährigen Wiederkehr der Ereignisse der Jahre 1520 (Verbrennung der Bannandrohungsbulle) und 1521 (Reichstag zu Worms).

Die Jahresversammlung 1920 fand am Reformationsfest in Berlin statt. Im Jahrgang 1921 der Zeitschrift wird darüber ausführlich berichtet. Am Vorabend versammelten sich die Mitglieder zu einer liturgischen Andacht, die als Lutherfeier ausgestaltet war, im Dom. Doehring las »kraftvolle Lutherworte«, der Domchor sang im Wechsel mit der Gemeinde. Die Festsitzung fand in der Aula der Universität statt, »unter Kampfs eindringlichem Bild aus der Zeit der

---

103 Knolle: Aus der Luther-Gesellschaft. Lu 1 (1919), 78.
104 Theodor KNOLLE: Aus der Luther-Gesellschaft. Lu 3 (1921), 28.
105 Knolle: Aus der Luther-Gesellschaft. Lu 1 (1919), 78.
106 Er wurde nach pfarramtlicher Tätigkeit 1912 Direktor des Predigerseminars zu Wittenburg (Ostpreußen), 1914 Hofprediger in Berlin, seit 1923 zugleich Privatdozent an der Theologischen Fakultät der Berliner Universität. Von 1923 bis 1927 war er Präsident des Evangelischen Bundes.
107 Knolle: Aus der Luther-Gesellschaft. Lu 1 (1919), 79.

Befreiungskriege. Zu Fichtes wuchtigem Weckruf, der aus dem Wandgemälde sprach, kam Luthers Sendung für das deutsche Staatsleben, wie sie uns der Nestor der Historiker, Geh. Rat Prof. D. Dietrich Schäfer [1845-1929] im Festvortrag deutete.« Pfarrer Knolle berichtet, daß der Redner »in einer glücklichen Mischung strengster Sachlichkeit auf dem Boden der wissenschaftlichen Grundlagen mit Ausblicken auf Gegenwartsfragen von der hohen Warte historischer Intuition« Antworten auf die Fragen gab, ob Luther die Reichseinheit zerstört habe, ob ihm politischer Sinn gefehlt habe oder ob Luther schuld an der Passivität der lutherischen Staaten und der Mangel an politischem Sinn bei den heutigen Deutschen eine Frucht des lutherischen Geistes sei. »Gerade mit Luthers Hilfe muß der Mangel an staatlichem, volksmäßigem Zusammenhangsgefühl bei uns überwunden werden.«[108] Bei der Eröffnung hatte Karl Holl als Ziel der Luther-Gesellschaft herausgestellt, wirkliche Kenntnis der Person und des Werkes Luthers zu vermitteln und dann »unserem Volksleben die erneuernden Kräfte zuzuführen«.[109]

Ein wichtiges Ereignis für die Luther-Gesellschaft war der Rücktritt des Gründers der Gesellschaft, Eucken, von seinem Amt als Vorsitzender »wegen Arbeitsüberlastung«.[110] Holl schlug im Auftrage des Vorstandes vor, ihn zum Ehrenmitglied des Vorstandes zu ernennen, was auch einstimmig beschlossen wurde.[111] An Euckens Stelle wurde der Wirkl. Geh. Rat D. Dr. Wilhelm von Hegel (1849-1925), Oberpräsident a. D., Domherr zu Merseburg, zum Vorsitzenden gewählt. Wilhelm Hegel war ein Enkel des Philosophen. Über seine bisherige kirchliche Tätigkeit heißt es, daß er »weit über die Grenzen der Provinz Sachsen hinaus den Ruf eines um die großen und allgemeinen Angelegenheiten des Protestantismus hochverdienten Mannes, besonders als Organisator der Missionshilfe wie als Vorsitzender des Evangelischen Preßverbandes für Deutschland«, besitzt.[112]

Über die Feiern zur Wiederkehr der Verbrennung der Bannandrohungsbulle am 10. Dezember 1520 liegt der ausführliche Bericht eines Festteilnehmers, des

---

108 Theodor KNOLLE: Jahresversammlung in Berlin. Lu 3 (1921), 25 f.
109 Ebd, 26.
110 Ebd, 27.
111 Ebd, 27. Der Verbreitung von Euckens Weltanschauung diente seit 1920 der »Euckenbund« mit gleichnamiger Zeitschrift (später »Tatwille«), Sitz in Jena. Wie in der Luther-Gesellschaft wurden Ortsgruppen gebildet und Vorträge gehalten.
112 Ebd, 27 f.

Oberstleutnant a.D. Erhard Schmula, vor.[113] Die feierliche Eröffnung des Gedenkaktes fand am Vortag in der Aula des Melanchthongymnasiums statt, in deren Mittelpunkt der Vortrag des Leipziger Kirchenhistoriker Heinrich Boehmer (1869-1927) über »Luther und der 10. Dezember 1520« stand, in dem der Vortragende seine eingehenden Forschungsergebnisse über die Tat des 10. Dezembers darlegte. Am Abend folgte ein »lebensvolles packendes« Schauspiel »Luther auf der Wartburg« von Friedrich Lienhard, aufgeführt durch Wittenberger Bürger.[114] Der folgende Tag begann mit einer Versammlung am Elstertor, der Stätte des Geschehens, wo der Ephorus des Evangelischen Predigerseminars und Konservator der Lutherhalle, Julius Jordan (1868-1928), das Wort ergriff und seine »tiefpackenden Ausführungen« mit den Worten schloß: »›Lasset Luther durch die deutschen Lande gehen‹, ... Machtvoll war der Zug, der sich nun zum Festgottesdienst in Bewegung setzte; endlos die Teilnehmerzahl, gewiß ein jeder den Wunsch im Herzen: Möchte Luthergeist wieder in uns Herr werden und auch dem Teil unsres armen, verführten Volkes, das ihn verloren, den Glauben wiederbringen!« Die »Kanzelredner« in dem »tannengeschmückten und -durchdufteten stattlichen Gotteshaus« waren der Wittenberger Superintendent Friedrich Orthmann (1854-1926), der Magdeburger Generalsuperintendent Hans Schöttler (*1861) und der Bischof Victor Emanuel Rundgren (1869-1936) aus Wisby (Schweden). »Jeder von ihnen« – so heißt es im Bericht des Schriftleiters – »stimmte seine Worte auf den Trost, daß Lutherstärke, Lutherfrömmigkeit, Lutherzuversicht uns helfen werden, wieder zu gesunden.«[115]

Die Erinnerungsfeiern zum Gedenken an den Wormser Reichstag 1521 begannen im April 1921 in Erfurt, der Stadt, in der Luther Universitäts- und Klosterjahre zugebracht hatte und auf dem Weg nach Worms von Stadt und Universität glänzend empfangen worden war. Luther hatte am 7. April 1521 in der Augustinerkirche gepredigt. Vierhundert Jahre später fand hier ein überfüllter Gottesdienst statt. Am Vorabend hielt die »Akademie« eine Sitzung ab, bei der der Tübinger Kirchenhistoriker Otto Scheel (1876-1954) den Prozeß Luthers darstellte und Pfarrer Knolle über die Aufgaben und die Bedeutung der Luther-

---

113 Theodor KNOLLE: Luther-Erinnerungsfeiern. Lu 3 (1921), 37-44.
114 Ebd, 37; Heinrich BOEHMER: Luther und der 10. Dezember 1520. LuJ 2/3 (1920/21), 7-53; vgl. [Oskar] RÜHLE: Lienhard, Friedrich (1865-1928). Die Religion in Geschichte und Gegenwart. 2. Aufl. Bd. 3. TÜ 1929, 1651.
115 Knolle: Luther-Erinnerungsfeiern, 39.

Gesellschaft sprach. Daraufhin bildete sich eine Ortsgruppe unter der Leitung von Pfarrer Alfred Kurz (*1870), der für die Feiern das Festspiel »Luther in Erfurt« gedichtet hatte, was mehrfach zur Aufführung gelangte.[116]

Bei der großen Lutherfeier in Worms vom 17. bis 19. April 1921, an der wohl 20000 Menschen teilnahmen, war die Luther-Gesellschaft durch ihr Vorstandsmitglied Berger vertreten. Er sprach bei der akademischen Feier über die nationalen und kulturellen Grundlagen zum Verständnis des Wormser Reichstages.[117] Die Luther-Gesellschaft gedachte des Ereignisses von 1521 bei einer besonderen Tagung in Wittenberg, gemeinsam mit der evangelischen Kirchengemeinde und dem Evangelischen Bund. Nach dem morgendlichen Gottesdienst folgte nachmittags in der Stadtkirche eine »Weihefeier« der Luther-Gesellschaft. Wie am 10. Dezember des vorigen Jahres, so kamen auch jetzt Lutherworte im Rahmen Bachscher Musik zu Gehör. Am Abend folgte die Festversammlung der Luther-Gesellschaft, wobei der Berliner Germanist Gustav Roethe (1859-1926) den Vortrag hielt. »Luther in Worms und auf der Wartburg« lautete sein Thema, das er über zwei Stunden lang mit großem nationalen Pathos behandelte.[118]

Auch die 400jährige Wiederkehr des Tages, an dem Luthers Wartburgaufenthalt begann, wurde in Eisenach feierlich begangen, nachdem kurz vorher dort eine Ortsgruppe der Luther-Gesellschaft gegründet worden war.[119]

Ihre Hauptversammlung 1921 hielt die Luther-Gesellschaft in Lübeck ab, und zwar innerhalb der im September dort stattfindenden »Nordischen Woche«, die »die alten Beziehungen wirtschaftlicher und geistiger Art zwischen Deutschland und den nordischen Staaten fester knüpfen sollte«. Die Veranstaltung begann mit einem Festgottesdienst in der »völlig gefüllten« Marienkirche, bei dem Landessuperintendent Gerhard Tolzien (1870-1946) aus Neustrelitz die Predigt hielt; nach ihm sprach der schwedische Pfarrer Gunnar Bergström aus Lund ein Grußwort im Namen des schwedischen Erzbischofs und der schwedischen Kirche, das an ein Lutherwort aus dem Kommentar zum Galaterbrief anknüpfte: »Das ist der Grund, daraus wir fürwahr wissen, daß unsre Theologie gewiß sey, nemlich, daß sie uns über uns selbst hinwegrückt und uns außerhalb

---

116 Ebd, 45.
117 Ebd, 48.
118 Ebd, 50f; Gustav ROETHE: Luther in Worms und auf der Wartburg. LuJ 4 (1922), 3-29.
119 Knolle: Luther-Erinnerungsfeiern, 54.

unsrer selbst stellt, also daß wir uns nicht verlassen auf unsere Kräfte, Gewissen, Fühlen und Person, sondern auf das, was außer und über uns ist, das ist auf Gottes Verheißung und Wahrheit, die da nimmer täuschen können.«[120] Bei einem Festabend in der Jakobikirche mit Bachscher Instrumentalmusik hielt Otto Scheel »einen im edelsten Sinne volkstümlichen und doch aus der ganzen Fülle wissenschaftlicher Überschau geschöpften meisterhaften Vortrag« über »Luther und Gustav Adolf«.[121] Bei einer »Festsitzung« sprach der Vorsitzende der neugegründeten Ortsgruppe Lübeck, Senior Johannes Hermann Friedrich Evers (1859-1945) und wies dabei auf die Beziehungen Luthers zu Lübeck hin. Der Religionshistoriker Edvard Lehmann (1862-1930) aus Lund sprach über schwedisches Luthertum. Scheel umriß die Aufgaben der Luther-Gesellschaft. Sie solle Luther als den »Propheten des Nordens« lebendig machen. Max Lenz (1850-1932), Hamburger Professor für Neuere Geschichte, grenzte die Aufgabe der Gesellschaft gegenüber dem Verein für Reformationsgeschichte dahin ab, daß er ihr alles die Persönlichkeit Luthers und seine Gegenwartsbedeutung Betreffende als Arbeitsgebiet zuwies.[122]

Bei der Hauptversammlung in Lübeck konnte Geschäftsführer Knolle bekanntgeben, daß das Worms-Gedächtnisjahr 1921 den stärksten Mitgliederzuwachs seit Bestehen der Gesellschaft gebracht habe, nämlich fünfhundert, und berichtete über die Neugründungen von Ortsgruppen in Erfurt, Eisenach und Lübeck sowie der eifrigen Arbeit in Berlin und Wittenberg. Knolle betonte die Wichtigkeit der Ortsgruppen für die Ausdehnung der Arbeit, in denen die Mitglieder nicht nur aufnehmend lebten, sondern arbeitend. Auch auf die literarische Tätigkeit der Gesellschaft in der Zeitschrift und dem Jahrbuch, den Flugschriften und bebilderten Flugblättern sowie auf die Weiheabende und Festspiele wies er hin.[123] Bei den Wahlen zum Vorstand wurden die satzungsgemäß ausscheidenden Mitglieder wiedergewählt, neu hinzu kamen der Erzbischof von Uppsala, Nathan Söderblom (1866-1931), der Leipziger Systematiker Ludwig Ihmels (1858-1933), der Berliner Direktor der Missionshilfe August Wilhelm Schreiber (1861-1945), Otto Scheel, der Kirchenhistoriker Hans Lietzmann (1875-1942) aus Jena, der 1924 nach Berlin berufen wurde, und der Eisen-

---

120 Theodor KNOLLE: Lübeck – Stuttgart – Wittenberg. Lu 4 (1922), 32f.
121 Ebd, 35.
122 Ebd, 36.
123 Ebd, 36.

acher Kirchenrat Karl Arper (1864-1936). In dem Bericht wird besonders der Freude über die Wahl Söderbloms, des »anerkannten und hochverdienten Führer[s] der Einigungsbestrebungen im Protestantismus der Welt« Ausdruck verliehen: »Wir freuen uns besonders dieser ökumenischen Weitung unserer Arbeit, ...«[124] Unter dem Begriff »ökumenisch« ist hier aber nur der Gesamtprotestantismus zu verstehen.

Auch auf dem Kirchentag, zu dem der Deutsche Evangelische Kirchenausschuß 1921 nach Stuttgart eingeladen hatte, war der Luther-Gesellschaft »auf dem Festabend, sowohl in der Liederhalle wie in der Parallelversammlung der Hospitalkirche, ein bevorzugter Platz eingeräumt, sofern Exzellenz D. v. Hegel und Prof. D. Julius Jordan neben den ausländischen Rednern im Namen der Luther-Gesellschaft und der Lutherhalle grüßen durften«. Bei »eindrucksvollen Feiern« sprachen von den Vorstandsmitgliedern Otto Scheel und der Gießener Praktische Theologe Martin Schian (1869-1944), Söderblom und der Münsteraner Praktische Theologe Julius Smend (1857-1930) in der Markuskirche. Auch eine »Weihefeier« mit Lutherworten und Bachscher Musik sowie einer Weiherede von Lietzmann wurde »zu einer eindrucksvollen Kundgebung«. Anschließend fand die Gründung der Ortsgruppe Stuttgart der Luther-Gesellschaft statt. Söderblom gab die Anregung zu einer Lutherfeier vom 4. bis zum 6. März 1922 in Wittenberg, um der Ereignisse von 1522 zu gedenken: der Invokavitpredigten im Zusammenhang mit Luthers Kampf gegen die Schwarmgeister und im Hinblick darauf, daß Luther am 6. März 1522 die Handschrift seiner Übersetzung des Neuen Testaments von der Wartburg nach Wittenberg gebracht hat.[125]

In programmatischer Weise äußert sich Knolle am Schluß seines Berichts über die Arbeit der Luther-Gesellschaft. In der Verworrenheit der Weltlage, der Zersplitterung der Geistesstimmung gelte es, sich auf die ökumenische Bedeutung Luthers zu besinnen! Den folgenden Text der Erklärung Knolles bieten wir im vollen Wortlaut, weil er eine Kursbestimmung für die weitere Arbeit der Luther-Gesellschaft darstellt: »Wir glauben, daß gerade die Luther-Gesellschaft dafür eine besondere Aufgabe hat. Nicht als ob sie sich in die kirchlichen Einheitsbestrebungen des Luthertums oder des Protestantismus zu mischen hätte. Das wäre nicht ihres Amtes. Aber der Name ›Luther‹ selbst ist ein geistiges Einheitsprogramm, das als wirkende Macht in diesen entscheidungs-

---

124 Ebd, 37.
125 Ebd, 37f.

vollen Zeiten gar nicht kräftig genug herausgearbeitet werden kann. Wer wäre dazu mehr berufen als die Luther-Gesellschaft? Die namhaftesten Lutherforscher arbeiten bei uns mit und beraten uns. Unsere Veröffentlichungen und Flugschriften bieten wissenschaftlich-gediegenes und ansprechend-volkstümliches Material aus Luther-Quellen und Luther-Art. Unsere Feiern vermitteln Weihestunden in der Verbindung des gewaltigen Lutherwortes mit den mächtigen Tönen des Altmeisters der protestantischen Kirchenmusik. Unsere Festspiele tragen Luther-Anschauung bis in die breiteste Masse hinaus. Mehr als das alles liegt noch vor uns an Aufgaben und Plänen. Noch lange nicht ist Luther ausgeschöpft! Unendlich viel gilt es noch zu bergen und aufs neue anzubieten. Überall regt es sich wie ein neues Begehren nach Luther, wie ein neues Verständnis für Luther. Sollen alle diese Erinnerungsfeiern wirklichen Ertrag bringen, so muß die Luther-Gesellschaft aus ihnen hervorgehen als die Gesellschaft der Zukunft, bestimmt in Kultur und Kirche durch einen innerlich lebendigen, äußerlich ständig wachsenden Mitgliederkreis Luthers Panier aufrechtzuerhalten.«[126]

3 Die Invokavitfeier in Wittenberg 1922

Luther-Gesellschaft und Lutherhalle, deren Zusammenarbeit von Anfang an satzungsgemäß vorgegeben war, begingen die Tage vom 4. bis 6. März 1922 in großem »ökumenischen« Rahmen, wie ihn Söderblom auf dem Stuttgarter Kirchentag angeregt hatte. In der Zeitschrift wurden die Reden der ausländischen Gäste bevorzugt wiedergegeben, »um einen lebendigen Eindruck der ökumenischen Wertung Luthers und der internationalen Beziehungen des Protestantismus zu geben«. Es war »eine in diesem Ausmaße noch nicht in die Erscheinung getretene Berührung der deutschen Kirchen mit dem Luthertum des Auslandes im Zeichen Luthers«.[127] Bei der fortdauernden Isolierung Deutschlands nach dem Ersten Weltkrieg ein verheißungsvolles Zeichen. Der Verlauf dieser Tage ähnelte dem der bisher gestalteten Feiern. Begrüßungsfeiern in der überfüllten Schloßkirche und parallel dazu im Saal des Volksgartens, Ansprachen des Ephorus Jordan, Kranzniederlegung an Luthers und Melanchthons Grab. Für die Lutherhalle sprach deren Kurator, der Regierungspräsident Wolf Heinrich von Gersdorff (1867-1949) aus Merseburg, für die Luther-

---

126 Ebd, 38.
127 Theodor KNOLLE: Die Invokavit-Feier in Wittenberg. Lu 4 (1922), 65.

Gesellschaft von Hegel, außerdem der Oberbürgermeister der Stadt Wittenberg, Arnold Wurm (1878-1933), und für die Kirchgemeinde Superintendent Orthmann. Es folgten Begrüßungen durch eine Reihe von Kirchenvertretern, die theologischen Fakultäten und der Universität Halle-Wittenberg. Die Grußworte der ausländischen Gäste wurden eröffnet von Erzbischof Nathan Söderblom. Es folgten kurze Ansprachen von Abgesandten aus Dänemark, Finnland, Ungarn, der Tschechoslowakei, der Ukraine und Nordamerika.[128]

Bei der Parallelveranstaltung hielt Wilhelm Freiherr von Pechmann (1859-1948) aus München – stellvertretend für den Vorsitzenden der Allgemeinen Evangelisch-Lutherischen Konferenz Ihmels – eine bemerkenswerte Begrüßungsrede.[129] Von Pechmann wandte sich gegen den in einem ausländischen Kirchenblatt erhobenen Vorwurf, »wir seien ständig auf der Jagd nach Gedenktagen und auf der Suche nach Mitteln, um aus unserer Isolierung herauszukommen: darum hätten wir uns entschlossen, diese Märztage zu feiern, und zwar so, daß durch die Anwesenheit zahlreicher Gäste aus dem Auslande die Feier zu einer ökumenischen werde«.[130] Der Vortragende wies den Vorwurf zurück: »Wir deutschen Lutheraner sind nicht isoliert und fühlen uns nicht isoliert.« Dagegen hätte das deutsche Luthertum in diesen Jahren des Zerrissenseins der Christenheit die bleibende Verbindung mit dem außerdeutschen Luthertum erfahren. Man sei vielmehr dem »internationalen Zusammenschluß der lutherischen Bekenner aller Völker der Erde« nähergekommen. Von Pechmann erkennt selbstkritisch die Gefahr der »Jagd auf Gedenkjahre«, rät aber, nicht zu ängstlich zu sein. Die Taten Gottes durch seinen Knecht Martin Luther ragten »wie mächtige Berge der Vorzeit ... in die Niederungen unserer Tage« hinein. Wer wollte es uns verwehren, sich um solche »Hochgipfel« feiernd zu sammeln und »alle dazu laden, die gerne kommen«. Von Pechmann wies weiter darauf hin, daß das Gedächtnis des Wormser Reichstages von viel stärkerer öffentlicher Wirkung sei als Luthers Rückkehr nach Wittenberg und die acht Sermone auf der Kanzel der hiesigen Stadtkirche. »Mindestens ebenso groß wie der Bekenner von Worms war der Prediger von Wittenberg; ...« Abschließend beantwortete der Vortragende die Frage, was wir tun sollen, »um die Schwarm-

---

128 Ebd, 66-72.
129 Ihmels war seit 1902 Professor für Systematische Theologie in Leipzig und wurde am 30. September 1922 als erster Landesbischof der Evang.-Luth. Landeskirche Sachsens verpflichtet.
130 Knolle: Die Invokavit-Feier..., Ebd, 72f.

geister unserer Tage zu überwinden«, und weiß keinen besseren Rat als den: »Zurück zu den Feldzeichen, unter welchen D. Martin Luther in der Woche Invokavit hier in Wittenberg gekämpft und gesiegt, zurück zu der Losung, die er der verstörten Wittenberger Gemeinde schon in seiner ersten Predigt zugerufen hat: ›Wider den Teufel und die Helle kann niemand bestehn, er hab' denn Christum grundlich erkennet ...‹«[131] Wie in Stuttgart folgten wieder Grußworte von in- und ausländischen Kirchenvertretern, u. a. im Auftrage des National Lutheran Council von Nordamerika.

Die eigentliche Feier fand am Sonntag Invokavit statt. Sie begann mit einem Festgottesdienst in der Stadtkirche. Am Nachmittag gab es Bachsche Orgel- und Instrumentalmusik. Es folgte eine Weiherede des Hallenser Kirchenhistorikers Johannes Ficker (1861-1944) mit einer Schilderung Luthers und seines Werkes von der Bannandrohungsbulle bis zu den Invokavitpredigten.[132] Der dritte und letzte Festtag begann mit einer Frühandacht als Matutin in der Schloßkirche. Es folgte eine Festsitzung der Luther-Gesellschaft in der Aula des Melanchthongymnasiums. Dabei hielt Holl seinen Vortrag »Luther und die Schwärmer«, der dann im 1. Band seiner Gesammelten Aufsätze im Druck erschien.[133] Den Beschluß machte Erzbischof Söderblom mit einer Rede über »Christliche Arbeits- und Liebesgemeinschaft«, der »die Hörer aus der Vergangenheit zu einer dringenden Gegenwartsfrage des gesamten Protestantismus« führte.[134] Knolle beendet seinen Bericht mit der Feststellung, daß die Invokavitfeier »einen Merkstein auf dem Wege der übernationalen Beziehungen des Protestantismus« bedeute.[135] Damit hatte auch die Luther-Gesellschaft ihren anfänglich durch die Zeitumstände bedingten beengten Standort in der nationalen Bedrängnis der ersten Nachkriegszeit verlassen.

Die Hauptversammlung 1922 fand – wiederum unter Beteiligung von Vertretern ausländischer lutherischer Kirchen – in Erfurt statt. Die Thematik war vom Gedenken an das Erscheinen des Septembertestaments von 1522 bestimmt. Bei der Festsitzung im Rathaussaal hielt Gustav Roethe den Vortrag über »Luthers Septemberbibel«. Der Vortragende beschäftigte sich vornehmlich mit informativen philologischen Analysen des Luthertextes und verglich

---

131 Ebd, 73f.
132 Ebd, 84.
133 Ebd, 85; Karl HOLL: Luther und die Schwärmer. In: Ders.: Gesammelte Aufsätze... 1, 420-467.
134 Knolle: Die Invokavit-Feier..., 86.
135 Ebd, 86.

ihn mit vorlutherischen deutschen Bibelausgaben und ihren sprachlichen Mängeln. Die Ausführungen waren stark von jenem nationalen und kulturprotestantischen Pathos gekennzeichnet, das wir aus der Gründungsphase der Gesellschaft her kennen. Da heißt es von der Lutherbibel: »Sie vor allem bereitete den Boden, auf dem das Reich des großen Preußenkönigs erwuchs, den Boden, der Aufklärung, Klassiker und Romantiker trug, auf dem die Blüte deutscher Wissenschaft sich entfaltete.«[136] Das »heilige deutsche Buch« sei nicht tot, »in ihm lebt der Lutherische Geist, der immer strebend sich bemüht«, der oft schon erloschen schien, dessen Licht aber immer wieder aufgeflammt sei. »Das heldenhafte Gelöbnis ›das Wort sie sollen lassen stahn‹ ward einst der Schlachtruf einer orthodoxen Verhärtung, die der Reformation gefährlicher wurde als viele ihrer Feinde.« Demgegenüber wird auf die protestantische Musik Johann Sebastian Bachs hingewiesen, »die reformatorischen Geist auf den Schwingen der Töne neu in fromme Herzen trug«. Eine solche Aussage steht im Gegensatz zu der Tatsache, daß Bachs kirchenmusikalisches Werk nur von orthodox-lutherischer Theologie und Frömmigkeit her zu verstehen ist – was übrigens auch für die Lieder Paul Gerhardts (1607-1676) gilt. Auch auf Gotthold Ephraim Lessing (1729-1781) nimmt Roethe Bezug, von dem er zu sagen weiß, daß er »im Kampf für die Geistesfreiheit sich keinen besseren Bundesgenossen wußte als den Bibelübersetzer«.[137] Hier wird das Lutherverständnis der Aufklärung im Rahmen eines nationalistisch gefärbten Kulturprotestantismus wiederbelebt.

Bei der Weihefeier sprach der Hamburger Hauptpastor D. Simon Schöffel (1880-1955) über »Die Bedeutung der Lutherbibel«. Seine Ausführungen, die die religiöse Seite der Lutherübersetzung in den Vordergrund stellten, diente der Ergänzung zu den sprachlichen Darlegungen des Vortages.[138] Die Weihefeier wurde musikalisch mit zwei Bachkantaten ausgestaltet; Knolle rezitierte Lutherworte.

Den Abschluß der Tagung bildete ein vom Evangelischen Bund veranstalteter Volksabend in der bis auf den letzten Platz gefüllten Barfüßerkirche, bei dem Domprediger Doehring »Luthers Bibel als das Schicksalsbuch des deutschen Volkes« in »glänzender Beredsamkeit« zu schildern wußte.[139]

---

136 Gustav ROETHE: Luthers Septemberbibel. LuJ 5 (1923), 1-21, bes. 1.
137 Ebd, 19.
138 Theodor KNOLLE: Hauptversammlung der Luther-Gesellschaft in Erfurt. Lu 5 (1923), 30.
139 Ebd, 30.

4 Die Hauptversammlungen 1923 und 1924

Die sechste Hauptversammlung wurde 1923 im Anschluß an die Jubiläumstagung der Inneren Mission abgehalten. Diese beging ihr 75jähriges Jubiläum in Wittenberg, weil infolge einer Rede, die Johann Hinrich Wichern (1808-1881) hier in der Schloßkirche 1848 gehalten hatte, der Central-Ausschuß der Inneren Mission gegründet wurde. Neben das Jubiläum dieser Einrichtung in der Evangelischen Kirche trat das 400jährige Jubiläum des lutherischen Liedes, das von der Luther-Gesellschaft begangen wurde. Julius Smend hielt den Festvortrag über »Luther der Liturg und Musikant«.[140] Auch von einem Lutherfilm ist die Rede, der »bereits mit großem Erfolge«, in Leipzig und Breslau gezeigt worden war und an dessen Entstehung als Vertreter der Luther-Gesellschaft Otto Scheel, Julius Jordan, Theodor Knolle und Alfred Kurz mitgewirkt hatten.[141]

Bei der satzungsgemäßen Wahl des Vorstandes wurden u. a. der Präsident des Evangelischen Oberkirchenrats und des Deutschen Evangelischen Kirchenbundes Reinhard Moeller (1855-1927) aus Berlin und Kirchenpräsident Friedrich Veit aus München hinzugewählt.[142] Die Wahl dieser beiden hohen Kirchenvertreter zeugt für das Ansehen, das die Luther-Gesellschaft damals besessen hat. Mit den schwedischen Vertretern wurde die Gründung einer schwedischen Tochtergesellschaft vereinbart, die zunächst die Mitglieder in Stockholm und Uppsala in Ortsgruppen vereinen sollte. Die Hauptversammlung bekundete »den energischen Willen, die Arbeit der Luther-Gesellschaft auch durch schwierige Zeiten fortzuführen. Die Stabilisierung, die mit Beginn 1924 einsetzte, hat diesen Willen aufs beste unterstützt und Mut zu neuer Arbeit gegeben.«[143]

Die siebte Jahresversammlung fand in Magdeburg 1924 während der Reformationsfestwoche statt.[144] Dort hatte man im Mai und Juni bereits der Einführung der Reformation gedacht. Der Festgottesdienst vereinigte mehr als eineinhalbtausend Menschen in der St. Johanniskirche. Das Besondere dieses Gottesdienstes bestand darin, daß er als »Deutsche Messe« gehalten wurde, zu der auch die Feier des heiligen Abendmahls gehört. Über die Dauer des Gottesdien-

---

140 Julius SMEND: Luther der Liturg und Musikant. LuJ 6 (1924), 21-37.
141 Theodor KNOLLE: 6. Hauptversammlung der Luther-Gesellschaft. Lu 6 (1924), 33.
142 Ebd, 34.
143 Ebd, 34.
144 Theodor KNOLLE: Siebente Jahresversammlung der Luther-Gesellschaft in Magdeburg. Lu 6 (1924), 77-81.

stes und über die Hereinnahme des Abendmahls »war man geteilter Meinung«.[145] Wie groß die Resonanz der Luther-Gesellschaft in diesen Jahren seit Anfang ihres Bestehens war und noch stetig zunahm, das zeigten wieder die Teilnehmerzahlen in Magdeburg. Da lesen wir in Knolles Bericht: »Die Morgenversammlung im Landbundhause zeigte eine solche Überfüllung, daß es am Nachmittag mit den geräumigeren Altstädter Bürgersälen vertauscht werden mußte. Sehr erfreulich war die Beteiligung aller Schichten: Morgens ein Überwiegen der Pfarrer und Lehrer Magdeburgs und Umgegend, nachmittags vorwiegend Kreise der sogenannten ›Gebildeten‹, abends hauptsächlich Männer und Frauen der evangelischen Elternschaft.«[146] Bedeutungsvoll für die innere Entwicklung der Luther-Gesellschaft waren die beiden Vorträge am folgenden Tag: »Luthers Gottesdienstreform 1523-1526 und ihre Lehren für die Gegenwart« von dem Hallenser Praktischen Theologen Karl Eger (1864-1945) und dem Hallenser Kirchenhistoriker Friedrich Loofs (1858-1928): »Luthers Rechtfertigungslehre«.[147] Damit hatte die Luther-Gesellschaft die zentralen Themen reformatorischer Theologie und Frömmigkeit aufgegriffen: Die Rechtfertigung des Sünders und die davon bestimmte reformatorische Ordnung des Gottesdienstes.

In der Vorstandssitzung wurde beschlossen, daß infolge der Berufung des bisherigen Geschäftsführers der Gesellschaft als Hauptpastor an St. Petri in Hamburg künftig die Geschäftsführung so geregelt wird: Leiter der gesamten Geschäftsführung ist der Zweite Vorsitzende der Gesellschaft Hauptpastor Knolle in Hamburg. Über seinen Aufgabenbereich heißt es: »Er hat nach wie vor die Gesamttätigkeit der Luther-Gesellschaft anzuregen, den Mitgliederkreis durch öffentliche Vertretung und Bildung von Ortsgruppen zu erweitern, die ›Mitteilungen‹ herauszugeben, die Vorstandssitzungen, Hauptversammlungen und Tagungen der Luther-Gesellschaft vorzubereiten, die Beschlüsse auszuführen usw.« Ein Übermaß an Arbeit, das Knolle bis zu seinem Heimgang 1955 bewältigt hat. Nur eine kleine Geschäftsstelle für die Verwaltung und Kasse blieb in Wittenberg.[148] Julius Jordan, der 1924 als Konsistorialrat nach Berlin berufen worden war, blieb weiter in seiner Funktion als Stellvertretender Vor-

---

145 Ebd, 77f.
146 Ebd, 78.
147 Ebd, 78; Karl Eger: Luthers Gottesdienstreform 1523-26 und ihre Lehren für die Gegenwart. Lu 7 (1925), 2-11; Friedrich Loofs: Luthers Rechtfertigungslehre. Lu 6 (1924), 88-90.
148 Knolle: Siebente Jahresversammlung..., 78.

sitzender und Herausgeber des »Lutherjahrbuches«. Bei einer Festsitzung in Magdeburg folgte nach den Begrüßungen durch das Evangelische Konsistorium und die Evangelische Theologische Fakultät Halle ein Vortrag von Heinrich Boehmer, der im Hinblick auf das Jahr 1925 mit der 400jährigen Wiederkehr der Eheschließung Luthers »in launigen Ausführungen die Hörer für eine wissenschaftlich genaue Darstellung des Werdegangs in Luthers Ehe zu fesseln« verstand.[149] »Noch ehe die [sich anschließende] Generalversammlung beendet war, drängten« – wie es im Bericht der Mitteilungen heißt – »die Hörer für den Volksabend in den Saal.«[150] Nach der Eröffnung durch Knolle wurde aus Luthers Sendschrift »An die Ratherren aller Städte deutschen Lands, daß sie christliche Schulen aufrichten und halten sollen« vorgelesen. Den anschließenden Vortrag über »Luther und die Schule seiner Zeit« hielt Otto Scheel. Er stellte den Schulreformator neben den Kirchenreformator. »... nicht in pädagogischer und methodischer Weise moderner Art« habe Luther die Schule reformiert. Ihm sei es vielmehr darum gegangen, die Gelehrtenschule in dreifacher Weise zu gestalten: eine Erziehung in der Sprachenbildung der Humanisten, eine Erziehung auf nationaler Grundlage mit Betonung deutscher Geschichte und deutschen Volkstums, eine Erziehung im christlichen Sinne auf dem Boden des wiederentdeckten Evangeliums. Auch die Gegenwartsbedeutung des »Schul-Reformators« hob Scheel hervor: Freiheit der Gestaltung fern von allem Gewissenszwang, unbedingte Achtung des Rechtes der Eltern und schließlich Kampf gegen »die Kindesmörder und Seelenverderber«, die den Kindern in der Schule das Beste vorenthalten wollen: das Evangelium.[151]

Diese Tagung übte, wie der Zweite Vorsitzende Knolle in seinem Bericht hervorhob, »eine außergewöhnliche Anziehungskraft aus: alle Versammlungen waren überfüllt, etwa 140 Teilnehmer meldeten ihre Mitgliedschaft an: der stärkste Zuwachs, den wir bisher durch eine Tagung zu verzeichnen hatten. Das Echo in der Tagespresse war sehr lebhaft in ausführlichen und rühmenden Besprechungen.«[152]

Am Schluß der »Mitteilungen« 1924 gibt Knolle einen Bericht über das Jahr 1923, der Zeit der schlimmsten Inflation: Das Anschwellen der Geldentwer-

---

149 Ebd, 79; Heinrich BOEHMER: Luthers Ehe. LuJ 7 (1925), 40-76.
150 Knolle: Siebente Jahresversammlung..., 81.
151 Ebd, 81; Otto SCHEEL: Luther und die Schule seiner Zeit. LuJ 7 (1925), 141-175.
152 Knolle: Siebente Jahresversammlung..., 81.

tung brachte auch die Luther-Gesellschaft in Schwierigkeiten. Die »Mitteilungen« konnten nur in vier statt in sechs Folgen erscheinen, Porti und Schreibbedarf wurden zu teuer, Versammlungen mußten eingeschränkt werden, da die Kosten für Anzeigen und Saalmiete nicht aufgebracht werden konnten. Die Mitgliederbeiträge sollten in Raten von 300.– bzw. 600.– und zum Schluß 1000.– M bezahlt werden, waren aber – als die Aufforderung dazu in die Hände der Mitglieder kam – bereits nichts mehr wert! Am 31. Dezember 1923 betrug der gesamte Kassenbestand 88,55 Mark.[153]

Dennoch hat die Luther-Gesellschaft diese schwerste Krise überstanden. Der Mitgliederbestand blieb konstant, und das Jahr 1924 stand im Zeichen ständigen Aufstiegs. Vom Jahrbuch 1924 mußte der großen Nachfrage willen eine 2. Auflage gedruckt werden, was auf den starken Widerhall zurückgeht, den Holls und Smends Aufsätze zur liturgischen und musikalischen Bedeutung Luthers im Jahr des Gesangbuchjubiläums – auch über den Kreis der Mitglieder hinaus – gefunden hatten. Auch in München wurde – nach einer Reihe von Luthervorträgen – die Gründung einer Ortsgruppe in Aussicht genommen. Weiter vereinbarte man, daß die Leiter der Ortsgruppen und ihre Mitarbeiter in Arbeitsgemeinschaften durch Lutherforscher für ihre Aufgaben vorbereitet werden. »Luthers Name ist zum Panier geworden, um das im Kampf der Geister hart gestritten wird. Es ist natürlich gar nicht in erster Linie unsere Gesellschaft gewesen, die dieses Panier wieder hoch aufgeworfen hat. Es ist die Not der Zeit, es ist darin die Hand des ewigen Gottes selbst gewesen, die uns wieder zu Luther zurückgeführt hat. Dieses Zurück ist kein ›Zurück‹, sondern ein ›Vorwärts‹ oder besser wieder ein ›Aufwärts‹, denn wer wollte behaupten, daß Luthers Erbe unter uns rein bewahrt geblieben sei, ... Wir wollen sein Erbe so klar und unmißverständlich wie möglich herausstellen, es von dem Schutt der Jahrhunderte, von der Verfälschung der Feinde, aber auch von der Übermalung mancher Freunde reinigen. Insofern sind wir ›historisch‹ eingestellt. ... Wenn wir ihn [Luther] unserem Volke lebendig erhalten und wieder machen wollen, so treiben wir keinen Totenkult, wir berühren uns mit einem Lebendigen (Holl), weil er ein Zeuge ist des lebendigen Gottes, und Gott ist nicht ein Gott der Toten, sondern der Lebendigen.«[154]

---

153 Theodor KNOLLE: Jahresbericht 1923/24. Lu 6 (1924), 91.
154 Ebd, 92.

Diese Absichtserklärung Theodor Knolles für die zukünftige Arbeit der Luther-Gesellschaft, Luthers Erbe »so klar und unmißverständlich wie möglich« herauszustellen, »es von dem Schutt der Jahrhunderte, von der Verfälschung der Feinde, aber auch von der Übermalung mancher Freunde« zu reinigen, steht wie ein Programm über ihrer weiteren Entwicklung.

Bildnachweis:
1 Universität Erlangen-Nürnberg, Institut für Historische Theologie, Theologenbildersammlung »Corpus imaginum theol.«; 2 Jena, Friedrich-Schiller-Universität, Fotozentrum (Brigitte Backhaus); 3 Privatbesitz; 4 Privatbesitz

Die Lutherhalle Wittenberg zwischen 1980 und 1991
Ein Bericht

Von Martin Treu

Oskar Thulin, der die Lutherhalle von 1930 bis 1968 leitete, hat an verschiedenen Stellen Berichte aus diesem Museum publiziert.[1] Da nach dem Statut der Luther-Gesellschaft e.V. die Förderung der Lutherhalle zu den besonderen Zielsetzungen des Vereins zählt,[2] ist der Verfasser dankbar, mit dem folgenden Artikel wieder an diese Tradition anknüpfen zu dürfen. Einschränkend muß allerdings vorweg bemerkt werden, daß eine Geschichte der Lutherhalle in der jüngsten Zeit erst nach der Öffnung aller Archive geschrieben werden kann.[3] Deswegen wurde die weniger anspruchsvolle Gattung eines Berichtes gewählt, um Grundzüge der Arbeit des Museums im letzten Jahrzehnt vorzustellen.

I Die Rekonstruktion des Lutherhauses 1980-1983

Als in Vorbereitung der staatlichen »Martin-Luther-Ehrung 1983 der DDR« das Museum 1980 geschlossen wurde, war nicht nur die Bausubstanz des Hauses an vielen Stellen marode, sondern auch die vorhandenen Ausstellungen mußten als technisch und moralisch verschlissen gelten. Baulich waren zwei Grundaufgaben zu lösen: zum einen mußte das museal genutzte Denkmal neueren Erfordernissen angepaßt werden, zum anderen waren denkmalpflegerische Auf-

---

1 Vgl. Oskar THULIN: Das wissenschaftliche Prinzip der Lutherhalle. LuJ 15 (1933), 176-198; DERS.: Die Wittenberger Lutherhalle: ein Wandel in 25 Jahren. Lu 25 (1954), 132-135; DERS.: Die Lutherhalle heute: ihre Gestalt und die Arbeit in ihr. Lu 36 (1965), 93-96.
2 Vereinssatzung der Luther-Gesellschaft vom 30. Oktober 79 mit Änderungen vom 16. September 1991: § 3, Aufgaben: »6. Unterstützung der Sammlungen der Lutherhalle in Wittenberg«.
3 Das besondere Verhältnis zwischen Staat und Kirche dürfte sich exemplarisch in den Verhältnissen der Lutherhalle widerspiegeln. Allerdings bedürfte dies noch intensiven Studiums von Quellen, die augenblicklich nicht zugänglich sind. Vgl. auch Martin TREU: Preußens Ruhm und Luthers Ehre: die Geschichte des Lutherhauses als Museum. In: Staat und Kirche: Beiträge zur zweiten Melanchthonpreisverleihung 1991/ hrsg. von Stefan Rhein. Sigmaringen 1992, 87-101.

gaben im eigentlichen Sinne zu bewältigen, die sich vor allem auf die Kellerzone und den Großen Hörsaal im ersten Obergeschoß bezogen.

Völlig neu wurde der Eingangsbereich mit Vorhalle und Rezeption gestaltet, wo der Besucher Eintrittskarten und Publikationen erwerben kann (Abb. 1). Ebenfalls den Besuchern kamen die neugeschaffenen Sanitärtrakte zugute. Das Refektorium erhielt eine neue, eigens für diesen Raum gestaltete Bestuhlung. Ebenfalls völlig erneuert wurden die Baulichkeiten des Verwaltungstraktes im zweiten Obergeschoß. Dabei erhielten nicht nur die Mitarbeiter neue Arbeitsräume; zugleich konnte der Fundus des Museum in einem technisch sicheren und klimatisch günstigen Magazin untergebracht werden. Aufgabe der Mitarbeiter blieb es, die dazu nötigen mehrfachen Transportarbeiten des wertvollen Bestandes durchzuführen. Komplette Neuinstallation fand eine für 1983 moderne Brandwarn- und eine technische Sicherheitszentrale. Fortan war das Museum rund um die Uhr geschützt. Besucher- und mitarbeiterfreundlich sollte die neu eingebaute elektrische Nachtspeicherheizung sein. Bis 1982 mußten die Mitarbeiter des Hauses den Direktionstrakt selber mit Braunkohle beheizen. Die Ausstellungsräume blieben ohne jede Wärmequelle. Nach dem Einbau erwiesen sich jedoch die Nachtspeicheröfen als Produzenten von extrem trockener Luft. Die schadeten den Exponaten nur im geringen Maße, allerdings trockneten die Fußböden aus, so daß es zu erheblichem Knarren wie auch Parkettfehlstellen kam, die heute mühsam ausgebessert werden müssen.[4]

Im Bereich der Denkmalpflege hatte man 1967 im Gefolge des Reformationsjubiläums die Lutherstube gründlich rekonstruiert.[5] Jetzt konzentrierten sich die Bemühungen auf den Großen Hörsaal. Seine Ausgestaltung begann Friedrich August Stüler 1844 in neogotischen Formen als Aula des 1817 eingerichteten Predigerseminars. Im Stile der Zeit schwebte ihm dabei weniger die Rekonstruktion des Zustandes des 16. Jahrhunderts vor, dieser muß als verloren gelten, sondern die Schaffung einer »Weihehalle« für Luthers akademische Tätigkeit. In drei Aktionen, 1947, 1960 und 1963, wurde die Stülersche Fassung fast vollständig entfernt, lediglich die gußeisernen Binder, die die Decke abstützen und die Wappen Luthers und Melanchthons tragen, blieben aus technischen Gründen erhalten. Der Beschluß, die Raumgestaltung Stülers wieder herzustel-

---

4 Eine 1991 fertiggestellte Klimastudie belegt jedoch, daß die vorhandenen Verhältnisse als relativ günstig für die Ausstellungen anzusehen sind.
5 Vgl. SSLW 4 (1988), 40.

len, zeugt von einer gewandelten Einstellung zur Neogotik als eigenständigem Kunststil. Die Realisierung der Rekonstruktion bedurfte jedoch fast detektivischer Akribie seitens des Restaurators Christian Klenner und dauerte vom März 1980 bis zum April 1983. Die umlaufenden Paneele enstanden nach einem auf dem Dachboden erhaltenen Fragment, während für die Neugestaltung der aufwendigen Stukkaturen nur historische Fotos als Vorbild zur Verfügung standen (Abb. 2). Ebenso blieb die Neufassung der Wandfläche mit illusionistischer Rahmung, vor allem bei der Farbgebung, eine schwierige Aufgabe. Das historische Parkett wurde ausgebaut und nach Überarbeitung wieder verwendet. Nach Abschluß der Arbeiten erstrahlte der Große Hörsaal in neuem Glanz als ein wichtiger Anziehungspunkt des Museums (Abb. 3).[6]

Als geschichtlich bedeutsam und denkmalpflegerisch interessant erwies sich auch die Wiederauffindung und Freilegung des Zugangs zu Luthers Turmstube an der Südwestecke des Hauses. Das genaue Aussehen des Turmes sowie das Datum seines Abrisses sind unbekannt. Da Fundamentgrabungen im Klostergarten 1985 keinerlei Ergebnisse brachten, darf wohl vermutet werden, daß es sich um einen Fachwerkbau gehandelt haben muß. Unter der Putzschicht erhielt sich der Türrahmen hervorragend, so daß Reste der ursprünglichen Bemalung sowie die schmiedeeiserne Türschnalle bis heute erkennbar sind (Abb. 4).[7]

Denkmalpflegerischen Aufwand erforderte auch die Rekonstruktion der Kellerzone. Die einfachen Tonnengewölbe mußten zum Teil von früheren Verfüllungen befreit werden, brüchiger Mörtel wurde gesichert. Die neue Nutzung als Café und Ausstellungsraum führt den Besucher somit auch in die ältesten Teile des Schwarzen Klosters (Abb. 5).

II Die neue Ausstellung 1983

Parallel zur baulichen Umgestaltung des Hauses mußten völlig neue Ausstellungen geschaffen werden, wobei relativ früh Konsens bestand, die gesamte Fläche des Gebäudes vom Keller bis zum zweiten Obergeschoß zu nutzen. Dabei ist hervorzuheben, daß die Konzeption der einzelnen Ausstellungen von den Mitarbeitern der Lutherhalle selbständig erarbeitet wurde. Neu für DDR-

---

6 Vgl. SSLW 3 (1987), 19f.
7 SSLW 4 (1988), 40; Abb. ebd, 38.

Verhältnisse war, daß als Gutachter der Konzeption und ihre Umsetzung neben marxistischen Historikern und Kunsthistorikern auch angesehene Kirchengeschichtler zu Wort kamen. Dieses Spannungsfeld der Kräfte ermöglichte einen bis dahin ungekannten Freiraum in der inhaltlichen Gestaltung des Museums. Hilfreich war auch das Argument, daß die Zielgruppe der Besucher nicht ausschließlich aus DDR-Bürgern bestand, sondern man bewußt auch das Weltluthertum ansprechen wollte. So blieb es erklärter Skopus der Konzeption, Martin Luther und seine Reformation in aller Vielgestaltigkeit möglichst objektiv zu schildern. Die in marxistisch ausgerichteten Geschichtsmuseen beliebten hermeneutischen Erläuterungstexte, wie denn das Dargestellte ideologisch zu verstehen sei, fielen fort zugunsten von knappen Zitaten, die einem mündigen Besucher weiteres Material zur eigenen Urteilsbildung an die Hand gaben. Dieses singuläre Vorgehen führte zwar zu heftigen Diskussionen in den Gutachterkreisen, von eigentlicher Zensur kann jedoch nicht gesprochen werden, sieht man davon ab, daß die Vitrine zu Thomas Müntzer im Raum 6 der Hauptausstellung das Lutherzitat »Der Satan zu Allstedt« nicht tragen durfte.[8]

Im Keller entstand eine neue Dauerausstellung, die 320 Stücke aus der etwa 2500 Exemplare umfassenden Münzen- und Medaillensammlung der Lutherhalle präsentiert.[9] Neben dem Refektorium im Erdgeschoß fand sich Raum für eine Ausstellung zur Geschichte des Schwarzen Klosters als Architekturdenkmal. Ziel dieser Exposition war es, bei dem Besucher Verständnis für den Memorialcharakter des Gebäudes sowie für seine unterschiedliche Behandlung in den Jahrhunderten zu wecken.[10] Im zweiten Obergeschoß richtete man eine ständige Ausstellung zur Entstehungsgeschichte der deutschen Bibel ein. Früheste Stücke sind ein Vulgatafragment des 11. und ein griechisches Tetraevangeliar des 12. Jahrhunderts. Daneben werden humanistische und scholastische Editionen des 15. und 16. Jahrhunderts gezeigt sowie drei Ausgaben der vorlutherischen Bibelübersetzung, darunter die besonders seltene von 1522 aus Halberstadt. Bei den Lutherdrucken mußte eine Auswahl aus den etwa 380 vorhandenen getroffen werden, aber September- wie Dezembertestament von 1522 sind ebenso darunter wie die vollständige Erstausgabe von 1534. Eine besondere

---

8   Im Katalog zu dieser Ausstellung (siehe unten Anm. 33) blieb es allerdings stehen; vgl. ebd, 167.
9   Leider ist es bis jetzt nicht gelungen, das fertige Katalogmanuskript zum Druck zu bringen.
10 Diese Ausstellung wurde 1989 verändert. Der ursprüngliche Katalog findet sich SSLW 4 (1988), 21-32.

Rarität stellen die römisch-katholischen deutschen Ausgaben von Hieronymus Emser, Johann Dietenberger und Johannes Cochlaeus dar.[11] Neben die Bibelausstellung wurde eine Exposition über die hundertjährige Geschichte des Hauses als Museum plaziert. In Kopien und Originalen dokumentiert sie das Schicksal deutscher Lutherverehrung. Erstmalig für DDR-Verhältnisse konnte dabei auch explizit auf die problematische Seite dieser Verehrung während der Zeit des Nationalsozialismus eingegangen werden.[12] Im Refektorium komplettierte eine Kabinettausstellung zu Lukas Cranach d. Ä. Leben und Werk das Ausstellungsangebot.

Hauptanziehungspunkt aber wurde die den ganzen ersten Stock umfassende Dauerausstellung zum Leben und Wirken Martin Luthers. In elf Räumen auf über 1000 qm widmet sie sich der Biographie und dem Werk des Reformators sowie seiner Freunde und Gegner. Die mehr als tausend Einzelstücke konnten, zumindest wo es sich um Drucke, Handschriften, Grafiken und Gemälde sowie Münzen handelte, problemlos den umfangreichen Sammlungen entnommen werden, die ungefähr 15 000 alte Drucke, 10 000 Blatt Grafik und 6000 Handschriften umfaßt. Schwieriger gestaltete sich die Lage bei dreidimensionalen Exponaten. Als Dauerleihgabe stellte die Stadt den Wittenberger Gemeinen Kasten zur Verfügung (Abb. 8), ebenso wie das Goethe- und Schillerarchiv Weimar die Kutte eines Augustinereremiten, die durchaus von Luther stammen könnte. Die Stadtkirchengemeinde erneuerte ihren Dauerleihvertrag über Luthers Predigtkanzel, die anläßlich des Lutherjubiläums restauriert werden konnte. Ebenfalls restauriert bzw. konserviert werden mußte eine Fülle von Einzelexponaten für die neue Dauerausstellung. Darunter befand sich der elfteilige Holzschnitt aus der Werkstatt des jüngeren Cranach um 1560, den alten Luther darstellend, ebenso wie das Ölporträt Herzog Ernsts von Braunschweig-Wolfenbüttel aus der Werkstatt des älteren Cranach, das eine größere Fehlstelle aufwies.[13] Aus Sicherheitsgründen kopierte man alle für die Ausstellung vorgesehenen Münzen in Galvanotechnik.

Trotzdem blieben einige Desiderate, die nur als Kopien beschaffbar waren. Herausragend unter diesen Stücken waren die Gemälderepliken von Luthers

---

11 Vollständiger Katalog der Bibelausstellung in SSLW 4 (1988), 46-68.
12 Vgl. dazu SSLW 1. Diese Ausstellung wurde 1989 in verkürzter Form in das Erdgeschoß versetzt, um unter dem Dach mehr Raum für Wechselexpositionen zu gewinnen.
13 Vgl. SSLW 3 (1987), 18-21.

Eltern (Abb. 10), deren Originale sich auf der Wartburg bei Eisenach befinden, sowie ein Mundbecher Luthers (Original im Grünen Gewölbe Dresden) (Abb. 7) und der Trauring der Katharina von Bora (Original im Stadtgeschichtlichen Museum Leipzig) (Abb. 6). Vor allem die Gemäldekopien gelangen in hoher Qualität, so daß sie als eigenständige Kunstwerke gelten dürfen. Am schwierigsten gestaltete sich die Materialbeschaffung für Mundbecher und Trauring. Um an die wenigen Gramm Silber zu gelangen, bedurfte es der Genehmigung durch mehrere Ministerien. Insgesamt aber ermöglichte die hohe Förderung der Lutherehrung durch die Staats- und Parteiführung, ein relativ umfangreiches Maßnahmepaket an restaurierten und kopierten wie geliehenen Exponaten zu realisieren, auch wenn im Laufe der Jahre einige Dauerleihverträge gekündigt wurden.[14]

Für die zu zeigenden Objekte galt es nun, geeignete Ausstellungsvitrinen zu finden. Ein speziell für die Lutherhalle konzipiertes System, Diplomarbeit des jungen Designers Axel Buschmann, prägte für die Zukunft unverwechselbar das Gesicht der Ausstellungen. Die schnörkellosen, schlicht funktionellen Vitrinen bilden einen interessanten Kontrast zu den teilweise erhaltenen neogotischen Raumelementen. Die Bevorzugung einer Hochrechteckform gegenüber den herkömmlichen Tischvitrinen gestaltete sich für die Besucher aus ergonomischen Gründen günstig (Abb. 13). Auf anfängliche Skepsis stieß die eigenwillige Lichtregie, die Tageslicht völlig ausschließt und nur mittels kleiner Spotlights die Ausstellung erhellt. Eine Reduzierung der Lichtfülle mußte jedoch aus konservatorischen Gründen in Kauf genommen werden. Außerdem lenkt das Licht das Augenmerk der Besucher auf die wichtigsten Objekte und hebt sie so optisch heraus, was bei äußerlich unscheinbaren Druckschriften, deren Wert vor allem im Inhalt liegt, wünschenswert ist. Das einheitliche Vitrinensystem wurde durch eine einheitliche Beschriftung ergänzt, deren graphische Ausgestaltung ebenfalls der erleichterten Orientierung des Publikums dient. Zwar hatte man im Vergleich zur Vorgängerausstellung die Anzahl der Objekte reduziert, aber es bleiben im ganzen Haus immer noch ca. 1600 Exponate auf 2000 qm Ausstellungsfläche zu besichtigen.

14 Der für uns schmerzlichste Fall betrifft eine Turnierrüstung des 16. Jahrhunderts, die in der Ausstellung auf den Ritteraufstand Franz von Sickingens verwies und aus dem Besitz des Museums für Deutsche Geschichte stammte. Mit dem Übergang dieser Institution an das Westberliner Deutsche Historische Museum kündigte der neue Eigentümer ohne Angabe von Gründen den Vertrag und entzog uns das dringend benötigte Stück.

Bewußte Gestaltung setzte sich auch bei der Art der Vitrinenverteilung in den Räumen durch. Neben der Lutherstube blieb der Große Hörsaal weitgehend ausstellungsfrei, um so als Ruhepunkt innerhalb der sonstigen Kleinteiligkeit der Exposition zu dienen. Durch die Einführung von Raumüberschriften und -motiven suchte man noch stärker methodisch zu gliedern. So läßt der Kontrast der Motivtafel von Raum 1 mit einem vorreformatorischen Christus Judex als Holzschnitt zu Lukas Cranachs d. J. Ölgemälde des Christus am Kreuz, von 1571, im Raum 2 bereits optisch den reformatorischen Umbruch erahnen. Die gelungenste Raumgestaltung findet sich wohl im Raum 6 unter dem Titel »Vom Wort zur Tat«. Luthers Predigtkanzel steht dabei wortwörtlich im Mittelpunkt des Raumes, während sich die Auswirkung seines Wortes, Gemeindereform, deutsche Predigt und Gottesdienst im Halbkreis darum gruppieren.

Als die Lutherhalle am 16. April 1983 feierlich wieder eröffnet wurde, waren etwa 3 Millionen Mark der DDR investiert und die umfänglichste Umgestaltung des Museums in seiner Geschichte vollendet worden.

III Museumsarbeit zwischen Aktivitäten und Repression (1983-1989)

Von der Neueröffnung bis zum Ende des Jahres 1983 besuchten 165 814 Personen aus aller Welt das reformationsgeschichtliche Museum.[15] Zwar gingen diese Zahlen in der Folgezeit zurück, jedoch zeigte es sich, daß sich das Besucherinteresse in etwa beim Doppelten der Zahlen vor der Rekonstruktion einpendelte. Rund 60000 blieben es, die das Erbe Luthers jedes Jahr zu sehen wünschten. Die bis an den Rand der physischen Erschöpfung gedrängten Mitarbeiter der Lutherhalle fanden seit 1984 wieder Zeit, sich mit den klassischen Museumsaufgaben Sammeln, Bewahren, Ausstellungen und Publizieren zu beschäftigen.

Allerdings blieben Neuerwerbungen für die Sammlungen eine Ausnahme, da es einen freien Markt für alte Drucke und Autographa de facto nicht gab. Man studierte regelmäßig die Antiquariatskataloge, jedoch nur mit geringem Erfolg. Das bedeutendste Stück, eine griechische Evangelienhandschrift des 12. Jahrhunderts, konnte 1988 in Berlin erworben werden. Allerdings erwies es sich als

---

15 SSLW 2 (1986), 61.

kriegsbedingt verlagertes Eigentum der Gesamthochschulbibliothek Kassel und wurde deswegen 1989 an den ursprünglichen Besitzer zurückgegeben.[16]

Umgekehrt profitierte auch die Lutherhalle von solchen Rückübertragungen, die durch das deutsch-deutsche Kulturabkommen von 1986 erleichtert wurden.[17] Neben einem Klopstock- und einem Fontaneautographen handelte es sich um zwei der wichtigsten Stücke der Lutherhallensammlung überhaupt, um Cranachs Lutherrundbild von 1525 und um das sogenannte Reformatorenstammbuch. Das kleine Rundporträt Martin Luthers von 1525 stammt unzweifelhaft von Lukas Cranach d. Ä. eigenhändig und gilt als ein Wahrzeichen der Wittenberger Sammlungen (Abb. 9).[18] Nach dem Krieg war es verschwunden und wurde 1950 unter eigentümlichen Umständen der Gemäldegalerie in West-Berlin zum Kauf angeboten. Die politischen Umstände verhinderten die Rückgabe dieses Bildes genauso wie die eines kleinen Porträts des Kurfürsten Friedrich des Weisen von 1532 aus der Cranachwerkstatt (Abb. 11). Inzwischen befinden sich beide Gemälde wieder in unserer Dauerausstellung. Noch wertvoller ist der als »Reformatorenstammbuch« bekannte Druck von Melanchthons »Loci communes theologici, nunc denuo cum cura & diligentia summa recogniti, multisque in locis copiose illustrati« (Leipzig 1548) mit den eigenhändigen Eintragungen von Luther, Melanchthon, Johannes Bugenhagen, Georg Major und vielen anderen. Dieses Stück kehrte 1990 aus dem Germanischen Nationalmuseum Nürnberg zurück.[19] Die gewandelte politische Situation gibt Anlaß zur Hoffnung, daß weitere verlorene Sammlungsgegenstände zurückgeführt werden können.

Im Laufe der Zeit wurden konservatorische Probleme in der Dauerausstellung deutlich. Ursprünglich sah die Konzeption mit wenigen Ausnahmen vor, wo immer hauseigene Originale vorhanden waren, diese auch zu verwenden. Trotz schonender Ausleuchtung und günstigen klimatischen Verhältnissen

---

16 SSLW 5 (1989), 59; vgl. auch Martin Treu: Eine griechische Handschrift für die Lutherhalle: die andere Seite der Geschichte. Vortrag gehalten auf dem Gedächtniskolloquium für Kurt Treu am 19. November 1991 in Berlin.
17 SSLW 5 (1989), 32.
18 Vgl. z. B. die Abbildung auf dem Vorsatz des einflußreichen Bandes von Paul Schreckenbach; Franz Neubert: Martin Luther. L 1916.
19 Zum Reformatorenstammbuch vgl. Lotte Kurras: Zwei österreichische Adlige des 16. Jahrhunderts und ihre Stammbücher: Christoph von Teuffenbach und Johann Fernberger von Egenberg. Wolfenbütteler Forschungen 42 (1989), 125-137.

erwies es sich aber auf Dauer als nicht zu verantworten, die Kostbarkeiten ständig auszustellen. Deswegen begann man 1984 mit einer kontinuierlichen Ersetzung besonders wertvoller Drucke und Grafiken, vor allem aber der Autographa, durch Kopien. Von den Büchern und Grafiken wurden Faksimiles im aufwendigen Lichtdruckverfahren hergestellt, das im Negativfilmstadium kunstvolle Retuschierarbeit verlangt. Druckstoffe waren entsprechend den Vorlagen entweder Pergamente oder historische Papiere. Bei den Autographa beschritt die Lutherhalle museologisches Neuland, indem durch Spezialisten manuell Kopien hergestellt wurden. Die Qualität dieser auf historischem Papier mit historischen Schreibstoffen hergestellten Repliken ist derart hoch, daß eine Kennzeichnung der Nachbildung auch dem Spezialisten willkommen ist. Gleichzeitig begann man mit verstärkter konservatorischer Betreuung der magazinierten Bestände, die ca. 95 % der Gesamtsammlungen ausmachen. Einfache Fälle wurden in der seit 1985 bestehenden hauseigenen Restaurierungswerkstatt betreut, aufwendige Wiederherstellungen führten Spezialisten in Leipzig und Jena durch. Zwischen 1982 und 1985 konnte der Inkunabelbestand der Lutherhalle komplett restauriert werden. Während das Faksilimierungsprogramm in den Ausstellungen seit 1991 als weitgehend abgeschlossen gelten darf, muß die Arbeit an den magazinierten Beständen kontinuierlich weitergeführt werden.[20]

1985 setzte sich die Erkenntnis durch, daß die Durchführung von zeitlich begrenzten kleineren Sonderausstellungen unabdingbar ist, wollte man die gewaltigen Bestände des Museums wenigstens im Ansatz nutzen. Die Themen dieser Ausstellungen waren oft passenden Jubiläen geschuldet und mögen im Rückblick etwas zufällig wirken.[21] Ihnen allen gemeinsam ist jedoch das Bemühen, die Rezeptionsgeschichte Luthers und der Reformation anschaulich zu machen. Das dringende Desiderat der Rezeptionsgeschichte konnte 1983 vor allem aus Platzgründen kaum berücksichtigt werden,[22] so spiegelt die Vielfalt der Sonderexpositionen den Facettenreichtum der Wirkung Luthers wider, der weit über die Kirchengeschichte im engeren Sinne hinausreicht.

Auftakt bildete im Frühling 1985 eine Ausstellung zum Thema »Musik und Reformation«, die sich nicht nur mit Luthers Liedschaffen befaßte, sondern mit

20 Vgl. SSLW 3 (1987), 14-25.
21 Den Einfluß von Jubiläen auf Kunst- und Wissenschaftsaktivitäten in der ehemaligen DDR zu untersuchen, wäre ein lohnendes Thema für die Forschung.
22 Vgl. jedoch die Ausstellung »100 Jahre Lutherhalle«.

weltlicher und geistlicher Musik auch außerhalb Deutschlands. Mit Hilfe von interessierten Kreisen in Lyon konnte festgestellt werden, daß es sich bei einem ausgestellten französischen Psalter um eine bis dato unbekannte Ausgabe von 1561 handelte.[23]

Noch im selben Jahr folgten eine Gedächtnisausstellung zu Johannes Bugenhagens 500. Geburtstag[24] (Abb. 12) und im Zusammenhang mit dem Jubiläum des Potsdamer Ediktes vom 29. November 1685 »Frankreich im Spannungsfeld der Reformation«.[25] Aus der eigenen Autographensammlung konnten Handschriften der französischen Könige Franz I. und Heinrich II. ebenso gezeigt werden wie eine Urkunde der Gemahlin Heinrichs, Catharina de Medici (1519-1589). Besonderes Interesse erregten die Hinweise auf prominente Deutsche hugenottischer Abstammung, wie Autographen von dem Maler und Graphiker Daniel Chodowiecki (1726-1801), dem Schriftsteller Baron Friedrich de la Motte Fouqué (1777-1843) und dem Chemiker Friedrich Carl Achard (1753-1821), dem Erfinder des Rübenzuckers. Als unangenehme Begleiterscheinung machte sich der Nachweis des museumseigenen Calvinbriefes als glänzend gemachte Fälschung des 19. Jahrhunderts geltend.[26]

Im Rückblick ergab sich, daß drei Sonderausstellungen pro Jahr eine zu große Belastung für die Mitarbeiter bedeuteten. 1986 fanden daher nur zwei statt. »Restauriertes Kulturgut in der Staatlichen Lutherhalle – Bemühungen um die Erhaltung wertvoller Bestände« war als ein Blick hinter die Kulissen des Museums gedacht, indem dem interessierten Besucher Möglichkeiten und Probleme verschiedener Restaurierungs- und Faksimilierungstechniken vorgeführt wurden.[27] Einen besonderen Aspekt der Rezeptionsgeschichte setzte »Martin Luther in der bildenden Kunst vom 16. bis zum 20. Jahrhundert«.[28] Diese Ausstellung fand einen Schwerpunkt in den populären Grafikzyklen zu Luthers Biographie und einen zweiten in der Präsentation einiger interessanter, wenn auch umstrittener Werke der zeitgenössischen Kunst.

23 Abgebildet in SSLW 2 (1986), 30.
24 Katalog dazu in SSLW 2 (1986), 30-39.
25 Katalog dazu in SSLW 2 (1986), 40-48.
26 Vgl. SSLW 2 (1986), 50-54.
27 Katalog zur Ausstellung in SSLW 3 (1987), 14-25.
28 Katalog zur Ausstellung in SSLW 3 (1987), 26-39.

Die Sonderschau mit der größten Publikumsresonanz dürfte wohl 1987/88 »Mode zur Lutherzeit« gewesen sein.[29] Neben Graphiken, Gemälden und Kleiderordnungen des 16. Jahrhunderts fanden auch moderne Nachbildungen originaler Kostüme Platz. Den absoluten Höhepunkt bildete die Eröffnungsfeier, bei der junge Leute eine Modenschau zur Lutherzeit gestalteten (Abb. 14).

1988 zeigte die Lutherhalle zum ersten Mal vollständig den eindrucksvollen Lithographiezyklus Lovis Corinths (1858-1925) zu Luthers Leben, entstanden 1921.[30] Bedeutsamer für die Geschichte des Hauses erwies sich jedoch eine museale Aufarbeitung des Schicksals der Wittenberger Juden im Zusammenhang mit der 50. Wiederkehr des Novemberpogroms von 1938. Unter dem Titel »Verfolgung, Vertreibung und Vernichtung jüdischer Mitbürger der Lutherstadt Wittenberg zwischen 1933 und 1945 vor dem Hintergrund des antisemitischen Mißbrauchs des Reformators Martin Luther«[31] wurden vom 10. November 1988 bis 21. Mai 1989 völlig neue Forschungsergebnisse der Öffentlichkeit vorgestellt. Die Exposition deckte Namen der Opfer und erstmalig der Täter auf und beruhte auf langjährigen intensiven Detailforschungen des Autors Ronny Kabus. Gleichzeitig nahm sie sich des heiklen Themas der Wirkungsgeschichte Luthers im Bereich des Antijudaismus und Antisemitismus an. Von allen Expositionen in den letzten Jahren dürfte diese wohl die Wittenberger am meisten erregt und beschäftigt haben, wurde doch hier ein Tabuthema deutscher Geschichte schonungslos offengelegt. Als Politikum verstanden die herrschenden Kreise vor allem die Namhaftmachung der Täter, und so gab es im Vorfeld dieser Exposition seit langer Zeit wieder direkte und massive Zensurversuche bis hin zu der Tatsache, daß noch kurz vor dem Termin unklar war, ob die Ausstellung wirklich eröffnet werden könnte.

Der politische Druck setzte sich 1989 fort. Die Sonderausstellung »Thomas Müntzer – Schwarmgeist oder Revolutionär: sein Bild in der Geschichte von Martin Luther bis Heinrich Heine«[32] kam auf ausdrücklichen »Wunsch« der »Obrigkeit« zustande, enttäuschte die »Anreger« jedoch tief, da statt einer Jubelausstellung eine wissenschaftlich solide, nüchtern abwägende Exposition

---

29 Katalog zur Ausstellung in SSLW 4 (1988), 9-21.
30 Katalog zur Ausstellung in SSLW 5 (1989), 23-31.
31 Katalog zur Ausstellung in SSLW 5 (1989), 35-58.
32 Katalog zur Ausstellung in SSLW 5 (1989), 1-13.

1 Neugestalteter Eingangsbereich der Lutherhalle (1983)
2 Rekonstruktion des Großen Hörsaales
3 Neugestalteter Großer Hörsaal

4 Wieder aufgefundener Zugang zu Luthers Turmstube
5 Rekonstruiertes Tonnengewölbe im Keller

6 Trauring der Katharina von Bora, Kopie von Rainer Schumann, Görlitz 1982
7 Luthers Mundbecher, Silber, Kopie von Bernd Greif, Dresden 1982
8 Gemeiner Kasten der Stadt Wittenberg

9 Lukas Cranach d. Ä.: Martin Luther, Öl auf Holz 1525
10 Lukas Cranach d. Ä.: Luther Mutter, 1530, Kopie von Helmut Müller, Weimar 1982

11 Cranach-Schule: Friedrich der Weise, Öl auf Holz, 1532
12 Blick in die Sonderausstellung zum 500. Geburtstag Johannes Bugenhagens
13 Entwurf für das Vitrinensystem der Lutherhalle

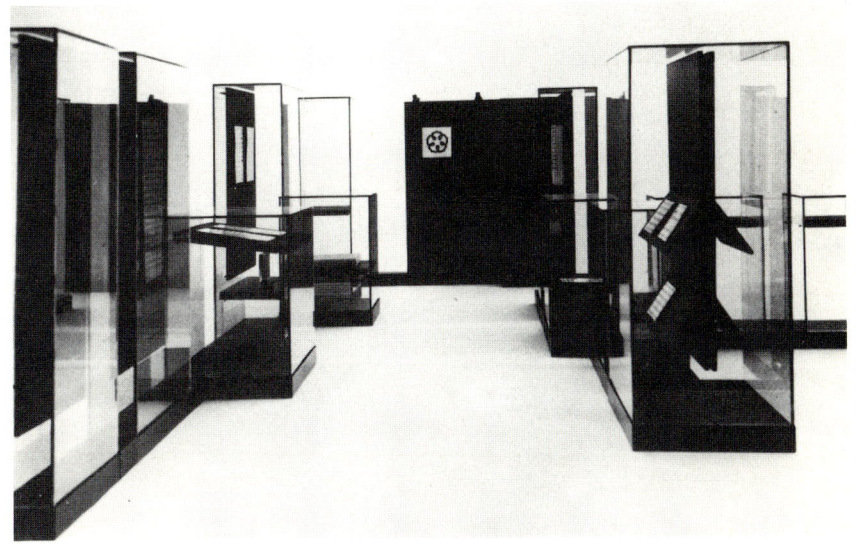

14 Eröffnung der Sonderausstellung »Mode der Lutherzeit« 1985
15 Kammerkonzert im Refektorium 1986

zu den Problemen der Rezeptionsgeschichte entstand, die für propagandistische Zwecke unbrauchbar war.

Neben die Ausstellungen, die in der Vielfalt der Themen auch die Fülle der Handschriften der Mitarbeiter widerspiegelten, trat als weiteres Aufgabenfeld die Publikationstätigkeit. 1984 konnte der vollständige »Katalog zur Ausstellung ›Martin Luther 1483 bis 1546‹ in der Staatlichen Lutherhalle Wittenberg«[33] im Eigenverlag herausgebracht werden. Das Impressum vermerkt Putbus auf Rügen als Druckort und Potsdam als Ort der buchbinderischen Verarbeitung. Schon daran kann man ermessen, welche zusätzlichen Lasten den Mitarbeitern der Lutherhalle aufgebürdet wurden. Die Auflage betrug 5000 Stück. Die äußere Gestaltung, Leineneinband mit Goldprägung und Schutzumschlag, war für DDR-Verhältnisse nobel. Bereits zur Wiedereröffnung der Lutherhalle im April 1983 lag ein Begleitheft durch die neue Ausstellung in einer Auflage von 45 000 Stück vor.[34] Auch dies wurde im Eigenverlag herausgegeben und in Erfurt gedruckt. Ein geplanter zweiter Katalogband, der die übrigen Ausstellungen des Hauses dokumentieren sollte, kam nie zustande, obwohl die Mitarbeiter energisch versuchten, ihn fertigzustellen.

Unter dem Eindruck dieses Mißerfolges wurde die »Schriftenreihe der Staatlichen Lutherhalle Wittenberg« (SSLW) konzipiert. Den Weg zur Herausgabe im Eigenverlag diktierten nicht nur die äußeren Umstände des Verlagswesens der damaligen DDR, sondern auch die weitgehend erfüllte Hoffnung auf Umgehung der Zensur.[35] Prinzipiell stand die Schriftenreihe nur Angehörigen der Lutherhalle als Autoren offen. Auch damit sollte verhindert werden, nicht zu verantwortende politische Fremdbeiträge aufnehmen zu müssen. Vorteil des Eigenverlags war, daß die Zeit zwischen Manuskriptabgabe und Erscheinen weniger als ein halbes Jahr betrug. Als Nachteil stellte sich eine unverhältnismäßig hohe Arbeitsbelastung des für die Redaktion zuständigen Mitarbeiters heraus. Papier mußte bei einer bürokratischen Instanz in Leipzig besorgt

---

33 KATALOG DER AUSSTELLUNG »MARTIN LUTHER 1483-1546« IN DER STAATLICHEN LUTHERHALLE WITTENBERG/ Hans-Joachim Beeskow; Volkmar Joestel; Ronny Kabus; Christian Klenner; Jutta Pötzschke; Elke Stiegler. Wittenberg: Selbstverlag der Lutherhalle, 1984. 278 S.: 134 schwarzweiß Abb., 60 farbige Abb.

34 MARTIN LUTHER 1483-1546: ein Begleitheft durch die Hauptausstellung der Staatlichen Lutherhalle Wittenberg/ bearb. unter Leitung von Elfriede Starke von Ronny Kabus; Jutta Pötzschke. Wittenberg: Staatliche Lutherhalle, 1983. 48 S.: 58 Abb.

35 Bis auf geringfügige Änderungen konnte die Schriftenreihe tatsächlich zensurfrei erscheinen.

werden; dort entstanden auch die Colorklischees, während Schwarz-Weiß-Klischees in Magdeburg angefertigt wurden. Während Heft 1 noch in Putbus gedruckt werden mußte, gelang es wenigstens ab Heft 2, den Druckort nach Wittenberg zu verlegen. Layout und Klebeumbruch sowie Redaktion und Drucküberwachung erfolgten durch einen Mitarbeiter des Hauses. So enstanden zwischen 1984 und 1989 fünf Hefte im Folioformat mit einem Umfang von je 64 Seiten, durchschnittlich 75 Abbildungen, 15 davon farbig, und einer Auflage von je 3000 Stück.

Inhaltlich ging es zuerst um die Veröffentlichung der Kataloge zu den übrigen Dauerausstellungen. Dies konnte schrittweise bis Heft 4 (1988) verwirklicht werden.[36] Weiterhin ermöglichte die Schriftenreihe die Publikation der Kataloge zu den Sonderausstellungen. Damit konnte die Detailarbeit, die solche Expositionen mit sich bringen, dokumentiert und festgehalten werden. Somit läßt sich jede Sonderausstellung im Bedarfsfall auch an anderem Ort rekonstruieren. Neben die Kataloge traten museumsspezifische Aufsätze und Miszellen. Neuerwerbungen wurden in Wort und Bild vorgestellt.[37] Eine kleine Chronik über die wichtigsten Ereignisse im Museumsjahr rundete das Bild ab. Hinzu traten dann auch größere Aufsätze der Lutherhallenmitarbeiter, mit denen faktisch Bilanz über den Jahresertrag der jeweiligen Forschungen gezogen wurde. Diese Aufsätze orientierten sich oft an Jahrestagen und Jubiläen und entstanden meist aus öffentlichen Vorträgen. So gab es Gedenkartikel für Johannes Bugenhagen, Erasmus von Rotterdam und Ulrich von Hutten. Aber auch Wittenberger Lokalgeschichte kam zum Zuge mit materialreichen Untersuchungen zum Schicksal der Wittenberger Juden, zur Armenfreischule im Lutherhaus und zum Wohnort Andreas Bodensteins aus Karlstadt in Wittenberg.

Ein sich ausweitendes Betätigungsfeld fanden die Mitarbeiter der Lutherhalle in Hilfestellungen und Zuarbeiten bei Publikationen Dritter. Als besonders markantes Beispiel für die Forschung sei hier nur der 1. Teil der »Operationes in psalmos«[38] genannt. Nach Ausweis des Registers kommt die Lutherhalle neunmal vor und lieferte sieben Abbildungen. Ebenfalls Abbildungen sowie einen Aufsatz der damaligen Direktorin Elfriede Starke enthält die Festgabe des TARF

---

36 Vgl. jedoch oben Anm. 9.
37 So z.B. SSLW 2 (1986), 58f; 5 (1989), 59f.
38 Martin LUTHER: Operationes in psalmos, 1519-1521. Teil 1: Historisch-theologische Einleitung/ von Gerhard Hammer. Köln; Wien 1991. (AWA 1)

»Leben und Werk Martin Luthers von 1526 bis 1546«.[39] Joachim Rogge erwähnte im Vorwort seiner Bildbiographie Luthers ausdrücklich die Hilfestellung der Museumsmitarbeiter.[40] 1983 beteiligte sich die Lutherhalle an fremden Ausstellungen mit Leihgaben oder Auskünften, u. a. in Berlin und Nürnberg. Schon zu dieser Zeit wurden Stücke der Sammlungen in niederländischen und schwedischen Publikationen reproduziert. Die Liste ließe sich fortsetzen. Vor allem im Schulbuchbereich Westdeutschlands und Europas waren bestimmte Motive immer wieder gefragt. Das wohl am häufigsten verwendete ist ein Spottbild auf Johann Tetzel, ein Holzschnitt von 1617.[41]

Neben eher populärer Verwendung von Bildern kamen vor 1989 durchschnittlich pro Jahr etwa 120 wissenschaftliche Anfragen höchst unterschiedlichen Inhaltes. In dieser Zahl sind Bitten um Unterstützung bei genealogischen Forschungen nicht enthalten, die die Lutherhallenmitarbeiter immer viel Zeit kosteten. Bei der Aufzählung von Forschungsarbeiten soll Vollständigkeit weder erstrebt noch erreicht werden, aber zumindest kann die Vielseitigkeit der Aufgaben angedeutet werden.

Um die Attraktivität des Hauses für die Wittenberger zu erhöhen, wurde im Juni 1985 erstmals ein »Tag der offenen Tür« durchgeführt, aus dem dann seit 1986 eine vergnügliche Sommerunterhaltung um den 13. Juni aus Anlaß von Luthers Hochzeitstag entstand.[42] Neben Buchverkauf und Kinderunterhaltung bildete die Premiere des jeweils neuesten Heftes der Schriftenreihe einen besonderen Höhepunkt. Für die abschließenden Abendkonzerte konnten teilweise hochrangige Solisten und Ensembles verpflichtet werden (Abb. 15).

Öffentliche Vorträge fanden durchschnittlich fünf- bis sechsmal im Jahr statt, wobei jedoch festgestellt werden muß, daß die Resonanz in den späten 80er Jahren rapide zurückging. Auf Konzerte trifft dies, wenn auch im geringeren Maße, ebenfalls zu. Ein nachlassendes Interesse an reformationsgeschichtlichen Themen mag nach den erschöpfenden Feiern 1983 zu verstehen sein, jedoch sollte nicht übersehen werden, daß die hochgespannten Erwartungen der

---

39 LEBEN UND WERK MARTIN LUTHERS VON 1526 BIS 1546: Festgabe zu seinem 500. Geburtstag/ im Auftrag des Theol. Arbeitskreises für Reformationsgeschichtliche Forschungen hrsg. von Helmar Junghans. 2 Bde. B; GÖ 1983, 531-548. 905-916.
40 Joachim ROGGE: Martin Luther: sein Leben, seine Zeit, seine Wirkungen. B 1983, 9.
41 Abbildung im Katalog der Ausstellung »Martin Luther 1483-1983« ..., 71.
42 Vgl. SSLW 3 (1987), 62f.

Lutherhallenmitarbeiter, die sich mit der Rekonstruktion verbanden, nicht erfüllt wurden. Vielmehr verschärfte sich der Grundwiderspruch zwischen einem Museum mit europäischem Anspruch bis in den Raum der Kirchen hinein einerseits und einer kommunalen Unterstellung des Hauses unter ein spätstalinistisches Parteiregime andererseits noch weiter.

Die erhofften Reisemöglichkeiten und erweiterten Kontakte blieben aus. Statt dessen wurde das System der Postüberwachung und Kontaktsperre immer rigider. Zwar konnte im Rahmen einer staatlich verordneten Städtepartnerschaft im Frühling 1989 die Lutherhalle eine Ausstellung in Göttingen eröffnen, aber dem damaligen Direktor wurde noch im Herbst des Jahres in harschen Worten bedeutet, daß daraus erweiterte Kontaktmöglichkeiten nicht abzuleiten seien.

In den Jahren der Agonie des politischen Systems hat sich vor allem der 1966 gegründete Lutherhallenbeirat um die Arbeit des Museums verdient gemacht, genauer gesagt, der kirchliche Teil dieses Gremiums, bestehend aus dem Präsidenten der EKU-Kanzlei Berlin (Ost), dem Konsistorialpräsidenten der Kirchenprovinz Sachsen und dem Direktor des Wittenberger Predigerseminars. Wenn auch die Personen wechselten, so blieb doch die Ausrichtung konstant, der Lutherhalle überregionales Interesse zu sichern und ihre Arbeit, wo möglich, zu fördern. Es ist auch ein Verdienst der kirchlichen Mitglieder des Beirates, daß als Direktor der Lutherhalle ein SED-Mitglied nicht in Frage kam. Als hilfreich für die inhaltliche Arbeit der Lutherhalle erwiesen sich die regelmäßigen Tagungen des Theologischen Arbeitskreises für Reformationsgeschichtliche Forschungen (TARF), der seit seiner Gründung 1971 unter Schirmherrschaft der EKU-Kanzlei alternierend in jedem zweiten Jahr in Wittenberg zusammenkam, auch wenn »die Obrigkeit« diese Tagungen wenig schätzte.

Derlei Aktivitäten konnten die Behinderungen der Museumsarbeit bestenfalls lindern, jedoch keineswegs aufheben. So ist es kein Zufall, daß der sich konstituierende »Runde Tisch« von Wittenberg zum ersten Mal im Dezember 1989 im Keller der Lutherhalle zusammentrat.

IV Die Lutherhalle heute – Perspektiven und Probleme (1990-1992)

Die Wende in Wittenberg erlebte die Lutherhalle als eine Befreiung aus den Zwängen eines vormundschaftlichen Staates. Noch im Dezember 1989 wurde das 1972 aufgezwungene Attribut »Staatliche« im Namen abgelegt.[43] Weiterhin setzte das Museum von sich aus alle Postzensur- und Zwangsberichtsmaßnahmen außer Kraft. Mit dem Wechsel der politischen Verhältnisse konnte auch das dringendste bauliche Problem in Angriff genommen werden, die Neueindeckung des Lutherhallendaches.[44] 1983 war es dazu aus Kapazitätsgründen nicht gekommen. Seit 1987 wurden Besucher durch herabfallende Dachsteine akut gefährdet. Im Mai 1990 übernahm die Landesregierung von Niedersachsen im Rahmen eines Förderprogrammes die Lieferung des benötigten Materials, u.a. 70000 Dachsteine, 3500 laufende Meter Dachlattung und 70 m² Schiefer für die Neugestaltung des Turmdaches. Die Arbeitskosten in Höhe von etwa 300000,- DM trug die Stadt Wittenberg. Gleichzeitig konnte der Putz der Südfassade, der sich noch im Zustand von 1945 (!) befand, erneuert werden. Im Januar 1991 war die Dacheindeckung fertig, jedoch erkannte man, daß die Sandsteinaufbauten am Dach, die auf Stülers Umbau des 19. Jahrhunderts zurückgehen, ebenfalls stark reparaturbedürftig waren. So wurden im Laufe des Jahres 1991 sieben Dachgaupenfenstergewände vollständig erneuert und die Laterne des Treppenturms saniert. Ebenfalls konnten neue Dachfenster eingebaut werden. Den Abschluß bildet 1992 die Erneuerung des Ostgiebels. Vollständig erneuert werden müssen auch die Brandwarn- und technische Sicherungsanlagen, da die 1983 eingebauten nicht mehr heutigen Standards entsprechen.

Mit dem politischen Umbruch stand die Frage nach dem weiteren Schicksal der Ausstellungen. Eine sorgfältige und selbstkritische Prüfung ergab keinen Änderungsbedarf. Das dürfte für ein ostdeutsches historisches Museum weitgehend singulär sein. Die Besucherresonanz gab der Entscheidung der Lutherhalle recht. Während 1990 in den ostdeutschen Museen ein Besucherrückgang um durchschnittlich 30-50% zu beobachten war, verzeichnete die Lutherhalle eine Steigerung um 20% auf 70186 Gäste, wobei der Anteil der Gruppenbesucher zwar real sank, aber dieses Defizit durch den Anstieg der Einzelbesucher mehr als ausgeglichen wurde. Dieser Trend schwächte sich 1991 ein wenig ab, aber man wird mit Sicherheit davon ausgehen können, daß

---

43 Der Begriff »Staatliche Lutherhalle« war irreführend, denn das Museum unterstand der Kommune, gemeint war seitens der Obrigkeit »Nicht kirchlich«.

44 Für die folgenden Ausführungen wurden als Quelle die »Jahresberichte der Lutherhalle« 1990 und 1991 genutzt. Diese Jahresberichte sind öffentlich zugänglich und können gegen eine Schutzgebühr von 10 DM und Rückporto direkt von der Lutherhalle erworben werden.

auch im wieder vereinigten Deutschland das Interesse der Besucher am Lutherhaus anhalten dürfte. Gesamtdeutsch gesehen, gibt es nur 207 Museen, die wie die Lutherhalle eine Besucherzahl zwischen 50000 und 100000 haben.[45]

Trotz der Umbruchsituation konnten Neuerwerbungen für die Sammlungen durchgeführt werden. Neben 21 Grafiken und einem Gemälde mit Lutherdarstellungen moderner Künstler wurden zwei wichtige historische Stadtansichten Wittenbergs, darunter der seltene Holzschnitt im Format 207 × 36 cm von 1691, angekauft. Erstmals seit Jahrzehnten konnten auf dem freien Markt wieder zwei Autographa erworben werden, ein Brief Paul Luthers an Kurfürst Christian von Sachsen ohne Ort und Datum und ein weiterer des Kaisers Maximilian I. an den Kardinal Albrecht von Mainz vom 12. Oktober 1516. Der Stifterverband für die Deutsche Wissenschaft Essen vermittelte eine hochherzige Spende, mit der die dringlich notwendige Neuerfassung der Bestände der Lutherhallensammlungen nun computerunterstützt begonnen werden kann. Mittelfristig ist es das Ziel der Mitarbeiter, vollständige Bestandskataloge, die modernen Anforderungen genügen, zu publizieren. Mit Vorarbeiten im Bereich der »Alten Bibliothek« wurde begonnen. In diesem Zusammenhang erweist sich die Mitarbeit am »Verzeichnis der im deutschen Sprachbereich erschienenen Drucke des 16. Jahrhunderts (VD 16)« unter der Federführung der Forschungsbibliothek Gotha für Ostdeutschland als nützlich. Zuwendungen aus Fördermitteln in Höhe von 80000,–DM dienten dazu, die in vierzig Jahren entstandenen Lücken in der wissenschaftlichen Handbibliothek auszufüllen. Damit konnten etwa 120 Titel, vor allem Editionen und grundlegende Lexika, beschafft werden.

Eine völlig neue Situation ergab sich im Ausstellungsbereich. Nach Fortfall der Beschränkungen beteiligte sich die Lutherhalle im November 1990 erstmals mit umfangreichen Leihgaben an einer Ausstellung »Bilder zur Reformation« in Hameln. Im Februar 1991 wurde die erste spezielle Wanderausstellung zur Geschichte der Lutherhalle in der Melanchthonstadt Bretten eröffnet. Diese

---

45 Nach einer Erhebung des Instituts für Museumskunde (ERHEBUNGEN DER BESUCHSZAHLEN AN DEN MUSEEN DER BUNDESREPUBLIK DEUTSCHLAND SAMT BERLIN [WEST] MIT BESUCHSZAHLENANGABEN ZU DEN MUSEEN DER [EHEMALIGEN] DDR FÜR DAS JAHR 1989. B 1990 [Materialien aus dem Institut für Museumskunde, Staatliche Museen Preußischer Kulturbesitz Berlin; 31]) zählte man in Deutschland insgesamt 3464 Museen. Davon haben über 85% weniger als 50000 Besucher pro Jahr. Nur 216 Museen in Deutschland zählen mehr als 100000 Gäste im Jahr.

1989 von der Lutherhalle angeregte Exposition entstand in enger Gemeinschaft mit der Luther-Gesellschaft und wurde durch Vermittlung ihrer Ortsgruppen in Tübingen, Worms, Wuppertal, Augsburg, München, Osnabrück, Braunschweig, Goslar, Ratzeburg, Hamburg und Haina bei Marburg gezeigt. In Erlangen konnte in Kooperation mit der dortigen Universitätsbibliothek diese Ausstellung noch durch Corinths Lutherzyklus erweitert werden. In der Lutherhalle selber wurden 1991 als Sonderausstellung »Martin Luther 1983 – Rückblick – Zeitzeichen – Orientierung« moderne Kunstwerke vorgeführt, die anläßlich der Lutherehrung 1983 entstanden waren. Erstmalig konnte damit ein repräsentativer Querschnitt der künstlerischen Erträge des Lutherjahres in Ostdeutschland an einem Ort versammelt werden. Das durchaus kontroverse Interesse des Publikums ermutigte uns, auch diese Ausstellung an anderen Orten zu zeigen. So wurde diese Exposition nach Göttingen, Worms, Speyer und München vergeben.

Neuland betrat die Lutherhalle mit einer Sonderschau über »Alte und neue Buntpapiere«. Neben historischen Bucheinbänden und Vorsatzblättern wurden neue Papiere gezeigt, die die Restauratorin der Lutherhalle in überlieferter Technik neu angefertigt hatte. Spezialisten aus ganz Deutschland versammelten sich anläßlich dieser Ausstellung im April 1992 in der Lutherhalle. Der 475. Wiederkehr der Publikation der 95 Thesen Martin Luthers gedenkt das Museum mit einer Ausstellung unter dem Titel »Der Reformator mit dem Hammer – Zur Wirkungsgeschichte des ›Thesenanschlags‹«, die durch eine Fülle hochrangiger Leihgaben gekennzeichnet wird. Unter anderem werden mehrere Ablaß- bzw. »Tetzelkästen« gezeigt sowie der Nürnberger Plakatdruck der 95 Thesen aus den Beständen der Deutschen Staatsbibliothek Berlin – Stiftung Preußischer Kulturbesitz.[46]

Negativ wirkte sich die politische Veränderung auf die Schriftenreihe der Lutherhalle aus, die wegen mangelnder Rentabilität und geringem Käuferinteresse eingestellt werden mußte.[47] Allerdings war die Notwendigkeit des Eigenverlags weitgehend entfallen. Dem Käuferwunsch entsprechend wurden kurz-

---

46 Vgl. DER REFORMATOR MIT DEM HAMMER: zur Wirkungsgeschichte von Luthers »Thesenanschlag« bis 1917 = AUSSTELLUNG VOM 27. MAI BIS 29. NOVEMBER 1992 IN DER LUTHERHALLE WITTENBERG ANLÄSSLICH DES 475. JAHRESTAGES DES BEGINNS DER REFORMATION AM 31. OKTOBER 1992/ Vorwort: Martin Treu; Katalog: Volkmar Joestel. Wittenberg 1992.
47 1991 lagen von ursprünglich 3000 Stück des Heftes 2 (1986) noch ca. 1900 Exemplare unverkauft in der Lutherhalle.

fristig ein kleinerer und ein größerer Führer durch die Lutherhalle aufgelegt.[48] Ebenfalls konnte der Reprint eines historischen Stadtführers durch Wittenberg erscheinen.[49] Das wichtigste Publikationsprojekt stellt zweifellos die Edition der zweiten, völlig neu bearbeiteten Auflage des vollständigen Kataloges zur Hauptausstellung dar. Neben verändertem Format und besserer Bildgestaltung werden darin alle Texte der Ausstellung vollständig geboten sowie sämtliche Zitate nachgewiesen in der Hoffnung, den Katalog damit für die wissenschaftliche Arbeit brauchbarer zu machen.[50]

Den erweiterten Publikationsmöglichkeiten steht ein spürbar gewachsenes Medieninteresse gegenüber. Konnten 1990 nur ca. 20 Meldungen und Artikel in der Presse nachgewiesen werden, waren es 1991 dagegen 255, wobei noch von einer Dunkelziffer mangels Rücklauf auszugehen ist. Auch das Ausland zeigt sich spürbar interessierter.[51] Fernsehteams aus Japan, Großbritannien und Finnland machten Aufnahmen im Lutherhaus.

Ebenfalls positiv verlief die Entwicklung im Bereich Forschungshilfsarbeiten. 1991 nutzten 81 Personen die Lutherhalle für Recherchen vor Ort. Auskünfte auf wissenschaftliche Anfragen wurden 187mal schriftlich erteilt. Mit anderen Anliegen wurden wir 143mal konfrontiert, darunter waren allein 30 Bitten um Fotomaterial zumeist für wissenschaftliche Publikationen. Steigend ist ebenfalls die Nachfrage nach Führungen. 1991 wurden 175 Gruppen durch die Lutherhallenmitarbeiter durch das Haus begleitet. Der Verbesserungen des Kontaktes und des gegenseitigen Austausches dient der am 31. Oktober 1991 in Wittenberg gegründete »Arbeitskreis deutscher reformationsgeschichtlicher Gedenkstätten«. Ihm gehören neben Lutherhalle und Melanchthonhaus Wittenberg die Museen Eislebens, das Augustinerkloster Erfurt, das Lutherhaus Eisenach, das Stadtmuseum Ingolstadt, das Melanchthonhaus Bretten und die

---

48 DIE LUTHERHALLE WITTENBERG/ Martin Treu. L 1991. 129 S.: Ill. (Museen, Sammlungen, Denkmale) und DERS.: Lutherhalle Wittenberg. M; ZH 1991. ([Kleine] Kunstführer; 1924). Weitere Publikationen sind dem Jahresbericht zu entnehmen.

49 STADTFÜHRER LUTHERSTADT WITTENBERG mit einem Vorwort von Martin Treu. Reprint der Ausgabe von Richard Erfurth: Führer durch die Lutherstadt und ihre Umgebung. Wittenberg 1917. Zahna 1991: 113 S.: Ill.

50 MARTIN LUTHER: 1483-1546 = KATALOG DER HAUPTAUSSTELLUNG IN DER LUTHERHALLE WITTENBERG. 2., verb. und erw. Aufl./bearb. von Volkmar Joestel. B 1993. 298 S.: Ill.

51 Vgl. Martin TREU: The Luther house in Wittenberg: reflection and projection. Concordia Historical Institute quarterly 64 (StL 1991), 109-120.

Veste Coburg an. Weitere Museen haben ihr Interesse signalisiert. Ziele sind Austausch von Leihgaben und Ausstellungen, Gestaltung einer gemeinsamen Publikation und die Erarbeitung eines touristischen Reiseprogramms »Auf den Spuren der Reformation in Deutschland«. Über die Grenzen Deutschlands hinaus soll die Mitgliedschaft der Lutherhalle im Gästestatus im »Verband der französischen protestantischen Museen« verweisen. Die erste europäische Tagung fand 1991 im Waldenserzentrum Torre Pellice (Italien) statt, 1992 trifft man in den Cevennen zusammen. Die engsten und fruchtbarsten Kontakte bestehen seit 1990 zum Melanchthonhaus in Bretten.[52]

Wenn die Bilanz der ersten Jahre rundum positiv erscheint, so muß doch auf einige Probleme und damit verbundene perspektivische Planungen verwiesen werden. Die größte Sorge für die Zukunft bereitet der neu zu definierende Status der Lutherhalle. Die Überführung des Museums in »Volkseigentum« 1952 war, wenn auch unrechtmäßig, ein Hinweis auf die unklare Rechtsgestalt des Hauses schon bei seiner Gründung. Rechtshistorische Gutachten belegen, daß eine eindeutige Klärung weder im Kaiserreich noch in der Weimarer Republik herbeigeführt werden konnte. Augenblicklich untersteht die Lutherhalle der Kommune, die allerdings in absehbarer Zeit die steigenden Kosten des Museums kaum aufbringen können wird, abgesehen von der Tatsache, daß es kaum Aufgabe der Stadt sein kann, ein Haus zu finanzieren, dessen Besucher zum überwiegenden Teil nicht aus dem Territorium stammen. Hier sind das Land Sachsen-Anhalt und die Kirchen gefordert. Ein »Freundeskreis der Lutherhalle e. V.« soll die Möglichkeit bieten, zusätzlich Spenden einzuwerben. Die Klärung der Rechtsstellung der Lutherhalle wird allerdings Zeit benötigen, da aufgrund der skizzierten historischen Entwicklung auch die Eigentumsfrage strittig ist.

In der Sacharbeit der Lutherhalle sind mittelfristig zwei Themenschwerpunkte zu setzen. Bereits im Herbst 1990 beschloß das Stadtparlament Wittenbergs die Vereinigung der Lutherhalle mit dem Melanchthonhaus. Die daraus resultierenden organisatorischen Probleme dürfen als geringfügig angesehen werden. Spätestens 1997, zum 500. Geburtstag Philipp Melanchthons, ist eine

---

52 Vgl. dazu Stefan RHEIN: Reformationsgeschichtliche Museen: vor-Ort-Anmerkungen zum Thema »Religion und Museum«. Museumsblatt: Mitteilungen aus dem Museumswesen Baden-Württembergs 5 (August 1991), 16-20; sowie DERS.: Efeu und Dornröschen: Melanchthon und das Melanchthonhaus in Bretten. Lu 62 (1991), 89-96.

vollständig neue Gestaltung der permanenten Ausstellungen in seinem Memorialhaus erforderlich. Die jetzigen gehen in ihrem Kern auf 1967 zurück und sind moralisch wie technisch verschlissen. Die Konzeption und Realisierung dieser Ausstellung müssen in enger Abstimmung mit der Lutherhalle und dem Melanchthonhaus Bretten erfolgen.[53] Wir sind dankbar, daß der TARF sich dieses Themas bei seiner Herbsttagung 1992 in Wittenberg angenommen hat. Der zweite Themenschwerpunkt liegt in der Darstellung der Rezeptionsgeschichte. Zwar besitzt die Lutherhalle im Magazin reichhaltige Bestände, die eine solche Darstellung unter den verschiedensten Aspekten in geradezu idealer Weise ermöglichen würde, jedoch mangelt es an der dazu erforderlichen Ausstellungsfläche. Solange dieser Mangel nicht durch einen Neubau oder die Nutzung vorhandener historischer Gebäude in Wittenberg behoben wird, solange werden die Schätze der Sammlungen im Fundus ungehoben bleiben.

Beim Ausbau der Sammlungen sind große Fortschritte kaum zu erwarten. Jedoch scheint es realistisch, die wenigen bestehenden Lücken in der einmaligen Sammlung von Lutherdrucken schließen zu wollen. Ebenfalls ist zu erwägen, ob der Fundus der Lutherhalle nicht auch wieder Aufbewahrungsort des wissenschaftlichen Nachlasses von Lutherforschern werden kann und soll. Trotz noch bestehender widriger Umstände in der Infrastruktur besteht zur Hoffnung Anlaß, schon vorhandene Ansätze im Tagungsbereich zu aktivieren. Für 1993 ist als Gemeinschaftsveranstaltung mit dem Melanchthonhaus Bretten ein Kolloquium zu »Philipp Melanchthon und Nordeuropa« als Beitrag zur Vorbereitung des Jubiläums »700 Jahre Wittenberg« vorgesehen. Zusätzliche Kooperationsmöglichkeiten im wissenschaftlichen Bereich dürften sich ergeben, wenn die geplante Ansiedlung der Evangelischen Akademie Sachsen-Anhalts sowie von Teilbereichen der Martin-Luther-Universität Halle-Wittenberg zustande kommt.

Die Perspektiven des Lutherhauses, so läßt sich resümieren, überwiegen seine Probleme bei weitem. Die Realisierung dieser Möglichkeiten wird jedoch von der Mithilfe aller abhängen, denen Martin Luther und sein Lebenswerk am Herzen liegen.

---

53 Das geht schon aus dem Umstand hervor, daß das Wittenberger Melanchthonhaus im Gegensatz zur Lutherhalle über keinen nennenswerten Fundus verfügt.

Bildnachweis: Wittenberg, Lutherhalle

Buchbesprechungen

JOHANN VON STAUPITZ: Salzburger Predigten 1512/ eine textkritische Edition von Wolfram Schneider-Lastin. TÜ 1990. XVIII, 125 S. – TÜ, Univ., Phil. Fak., Diss., 1984.

Zwölf Predigten, die der Augustinerpater und Lehrer Luthers im Frühjahr 1512 zu St. Peter in Salzburg gehalten hat, liegen nun in einer kritischen Edition vor, dies als Vorarbeit zum ersten Band der deutschen Schriften (Johannes von Staupitz: Sämtliche Schriften; 3). Schneider-Lastin legt eine mustergültige, mit großer Akribie besorgte Edition der zwölf deutschen Predigten vor. Grundlage bildet ein bisher nicht benutzter Codex des Benediktinerklosters St. Peter in Salzburg. Soweit möglich, hielt sich der Hrsg. an die Editionsprinzipien der von Lothar Graf zu Dohna und Richard Wetzel als Hauptherausgebern betreuten Staupitz-Gesamtausgabe. Etwas seltsam ist die auch von Schneider-Lastin übernommene Zitierweise bei Sekundärliteratur: die sonst üblichen Kommata, Doppelpunkte und Klammern werden konsequent weggelassen.

Im vorliegenden Fall handelt es sich um ungenaue, resümierende Mitschriften von Nonnen und nicht um eine autornahe Drucküberlieferung. Die erwähnten Editionsprinzipien mußten deshalb sinngemäß verändert und erweitert werden. Die Nachschriften vermitteln den Eindruck wörtlicher Treue. Im ganzen, stellt der Hrsg. fest, haben die Nonnen Staupitz' Predigten recht genau erfaßt (bezüglich Formulierungen und Theologie) und in Résumées festgehalten. In der Konstituierung des Textes schlägt der Hrsg. einen Mittelweg ein: wo immer möglich, hält er sich an den Wortlaut der Mitschriften. »Mängel des Textes, welche im unzureichenden Verständnis oder Erinnerungsvermögen der Nonnen begründet liegen, [wurden] nicht behoben« (20). Sprachliche Vereinheitlichungen, Verdeutlichungen und eigentliche Eingriffe wurden nur dort vorgenommen, wo dies unbedingt erforderlich war. Hilfreich ist die sehr überlegte Interpunktion des Hrsg. Von Kenntnisreichtum zeugen die knapp gehaltenen Anmerkungen des Hrsg. zum Wortlaut der Texte (z. B. Worterklärungen) und zum Inhalt (z. B. Hinweise auf Quellen).

Bemerkenswert ist auch die konzise Einleitung zur Edition (3-22). Sie stellt einen wichtigen Beitrag zur Biographie Staupitz' und zu seiner Theologie dar.

Tübingen und Basel   Thomas Wilhelmi

HANS-MARTIN BARTH: Einander Priester sein: allgemeines Priestertum in ökumenischer Perspektive. GÖ: V&R, 1990. 257 S. (Kirche und Konfession; 29)

Das Buch bietet bereits mit seiner Problemanzeige »Kirche als Basisbewegung?« (11-25) die grundsätzliche Richtung auf deren Lösung: die »ekklesiologische Relevanz der These vom allgemeinen Priestertum der Gläubigen« (19), das selbst als »theologische Basiskategorie« (25) begriffen wird. Sodann beschreibt und würdigt Barth historisch unterschiedlich wirksame

»Modelle«: Luthers Verständnis vom APt, Philipp Jakob Speners »Geistliches Priestertum«, Johann Hinrich Wicherns »Beruf der Nichtgeistlichen«, das »Laienapostolat« im Gefolge des Vatikanum II, das Basisgemeinden-Konzept aus Lateinamerika sowie das orthodoxe Verständnis vom gemeinsamen königlichen Priestertum (29-187). Ihren Höhepunkt erfährt die Studie im »Entwurf einer Theorie des allgemeinen, gegenseitigen und gemeinsamen Priestertums« (189-257). Diese Formulierung zeigt: Barth bündelt einzelne »Begründungsmodelle« der Theorie vom APt, die in unterschiedlichen kirchlichen Traditionen (von Wort, Taufe oder der Eucharistie, weniger von den oft vernachlässigten Charismen her) wirksam geworden sind, beschreibt ihre jeweilige Isolierung als Reduktion und plädiert dafür, daß »Wort, Sakrament und Charismen ... als Elemente eines einzigen großen Begründungszusammenhangs für das APt erfaßt werden« müssen (194). So wird es dann auch möglich, die sog. klassischen notae ecclesiae – Einheit, Heiligkeit, Apostolizität, Katholizität – an der sich im APt der Kirche als Basisbewegung (Gemeinschaft der Heiligen) fortsetzenden »Urbewegung« wahrzunehmen, die durch das »Kommen Christi und seines Geistes« ihren Anfang nahm.

Ich habe ein Problem mit Barths Lutherinterpretation: Gerade dieser weite Begründungszusammenhang für das APt, dessen Wirkrichtung andererseits eine bewußte Engführung auf Kirche und Gemeinde korrespondiert, macht es mir schwer, die Darstellung von Luthers Auffassung des APt, vor allem aber die Bitterkeit über Luthers vermeintliches Abgleiten vom ursprünglich eingeschlagenen Weg nachzuvollziehen. Luthers Rede vom APt beinhaltet m. E. von vornherein *keine* vollständige Theorie der Gemeinde, sondern die folgerichtig mit ekklesiologischen und – damals untrennbar – gesellschaftlichen Folgen besetzte Entzauberung des Weihepriestertums für den einzelnen Christen kraft seiner Taufe. Barth versteht das APt als das »innere Strukturgesetz, nach dem Kirche lebt und ihren Auftrag erfüllt«, als das, worin sich »die Gemeinschaft der Heiligen verwirklicht«. An Luther kritisiert er zugleich, der habe diesen Ansatz nicht verwirklicht, »weil sich für ihn schließlich das Konzept des APt mit seiner Sicht der ›Orden und Stände‹ vermengte: Neben dem Dienst am Wort traten nun Familie und Beruf als Strukturen, innerhalb derer ›Heiligkeit‹ sich realisieren sollte. Damit geriet ein säkularer Gesichtspunkt in den Vordergrund, der es nicht mehr erlaubte, spezifische Funktionen des APt innerhalb der Gemeinde deutlich gegen die säkulare Verwirklichung christlicher Existenz abzugrenzen« (241). Abgesehen davon, daß es wohl »Heiligung« heißen müßte, die sich kraft der Hilfe des Heiligen Geistes im Gehorsam gegen Gottes Gebot innerhalb der Aufgaben der von Gott geordneten Lebenswelt des Menschen ansatzweise »realisiert«, war dieses *Nebeneinander* der Stände ja genau die gesellschaftliche Folge der erwähnten Entzauberung des Weihepriestertums vermittels der Rede vom APt. Es ist durchaus legitim, darüber zu diskutieren, ob es nach Luther für Christen überhaupt die Trennung in geistliche und säkulare Verwirklichung christlicher Existenz geben konnte. Ich meine: Nein. Denn die Unterscheidung etwa, die Luther im von Barth häufig angezogenen Traktat »Von der Freiheit eines Christenmenschen« vornahm, bezog sich nicht auf eine Unterscheidung des Dienstes am Nächsten in zwei zu unterscheidende Bereiche, sondern schlicht auf den ungeteilten Vollzug der Nächstenliebe aus dem einen Glauben an Gottes Liebe in Jesus Christus.

Zunehmend liest man von »unverbindlicher Kirchenmitgliedschaft«. Was immer dahinter an Problemen von Christen mit ihren Kirchen stehen mag – die Erfahrung von Kirche etwa als einer Institution neben anderen, vermischt mit dem Verdruß an allem Institutionellen oder zumindest an einer Amtskirche, die nicht zu geben vermag, was Christen bei ihr suchen: Wegweisung und Tröstung die einen, Raum für gemeinsames Nachdenken und verbindliches Engagement die anderen –, wieder einmal scheint es hohe Zeit, darüber nachzudenken, was das Selbstverständnis von Kirche ausmacht. Barths Buch, das sei unabhängig von allen Anfragen im einzelnen betont, leistet hierzu einen Beitrag, dem man nur wünschen kann, daß er nicht nur im akademischen Meinungsstreit, sondern auch und gerade an der Basis der Kirche, der Gemeinde, weiterführend aufgenommen wird.

Leipzig/Schönbach   Michael Beyer

VERA SACK: »Glauben« im Zeitalter des Glaubenskampfes: eine Ode aus dem Straßburger Humanistenkreis und ihr wahrscheinliches Fortleben in Luthers Reformationslied »Ein feste Burg ist unser Gott«: Textanalysen und -interpretationen: mit einem Beitrag zur Frühgeschichte des Emblems. FR: Universitätsbibliothek, 1988. 184 S.: 1 Faks. (Schriften der Universitätsbibliothek Freiburg im Breisgau; 13)

Ein aus Einbandmakulatur geborgener, anonymer sowie undatierter Einblattdruck ohne Druckerangabe wird von der Vfn. identifiziert als eine Gemeinschaftsarbeit zweier aus Jakob Wimpfelings Straßburger Sodalitas litteraria hervorgegangenen altgläubigen Humanisten: des Dichters Thomas Vogler und seines Freundes, des Juristen, Theologen und Musikers Othmar Nachtgall, der seit 1523 als Korrektor in der als Druckort ermittelten Offizin von Sigmund Grimm in Augsburg wirkte. Der hier als Faksimile beigegebene Druck steht für den Versuch, dem innerhalb des Augsburger Humanistenkreises sich zunehmend isolierenden altgläubigen Nachtgall – er war 1525 Prediger an der Moritzkirche geworden – neue Akzeptanz und zugleich seelsorgerlichen Einfluß zu verschaffen.

Ihre Besonderheit und Attraktivität erlangt diese »Streit- und Glaubensschrift« als Frühform des Emblems. Ein solches besteht im Regelfal aus Motto (inscriptio), Bild (pictura) und Epigramm (subscriptio). Das hier allerdings fehlende Motto soll der »lector peritus« im Zuge einer intensiven Beschäftigung »herauslesen« aus dem Zusammenhang des zentral plazierten Bildes, das den auferstandenen Christus zusammen mit dem gerade vom Unglauben zum Glauben kommenden Jünger Thomas abbildet (»Mein Herr und mein Gott«), und dem Epigramm, das selbst wieder durch eine Ode aus 23, teilweise mit Noten versehenen Distichen kommentiert wird. Bild und Epigramm entschlüsseln zunächst des Dichter Anonymität (Didymus: Jüngername und Humanistenname Voglers). Das Motto aber, die aktuell zu vermittelnde Botschaft, ergibt sich laut Vfn. aus der gleichermaßen am Thomaserlebnis wie am Erleiden der Gegenwart partizipierenden Zeugenschaft von Dichter, Herausgeber und schauendem Leser: Christus ist der rettende, dem Chaos widerstreitende Gott, ist »Deus noster, refugium et virtus« (Ps 46,2). Die Ode selbst, die dieses Motto entschlüsseln helfen soll, tradiert als rhetorisch durchgestaltete Kunstrede neben heidnisch-antikem Bildungsgut vor allem patristische Theologie, insbesondere des Augustinus Deutung von Apc 20,9 aus »De civitate dei« lib. 20, 11 f.

Luther, um die im zweiten Teil des Buches versammelten Hypothesen kurz zu referieren, erhält sehr wahrscheinlich durch seine Augsburger Verbindungen ein Exemplar des Druckes gerade zur Zeit intensiver Beschäftigung mit der Abendmahlsfrage im Winter 1525/26. Er entschlüsselt das Motto des Emblems und wird – nicht zuletzt durch die ihn stark bedrängenden Spannungen im evangelischen Lager – dazu angeregt, ein ähnliches Kunstwerk zu verfassen.

Der Rezipientenkreis von »Ein feste Burg ist unser Gott« allerdings soll ein anderer sein als in Augsburg: alle, die sich als evangelische Christen verstehen und darin bestärkt werden wollen und sollen. Luther verwendet jedoch kein Bild, sondern das ihm vorgegebenen Motto »Deus noster, refugium et virtus« als Eingangsmetapher, die er dann allerdings inhaltlich kaum von Ps 46 her ausgestaltet, sondern mittels der bereits erwähnten Auslegung des Augustinus, der festen Burg aus himmlischem Feuer, dem Glauben an Jesus Christus, der als ihr Gott die Christen vor ihrem Erzfeind, dem Antichristen, bewahrt. Die Vfn. analysiert eine Vielzahl von rhetorischen Gestaltungsmitteln und begreift das Lied »Ein feste Burg...« als eine vollendet einheitlich geschaffene Kunstrede.

Das bisher in der Forschung noch nicht zur allgemeinen Zufriedenheit gelöste Problem der literarischen Abhängigkeit zwischen »Ein feste Burg...« und Ps 46 (Paraphrase, Nachdichtung?) hält Vfn. für ein Scheinproblem und identifiziert das Lied als »Psalmlied im Sinne der Psalmen-Summarien«, dessen Aussage letztlich deckungsgleich sei mit Luthers Summarium zu Ps 46 aus der Summarienreihe von 1530-1533 (WA 38, 35, 7-19). An dieser Deutung hat bereits die Kritik eingesetzt (vgl. Ernst Rohmer: Martin Luthers Lied »Ein feste Burg ist unser Gott« und der Psalm 46. Euphorion 85 [1991], 38-69). Obgleich die rhetorische Analyse zuweilen besticht und die z. T. schon länger bekannten Parallelstellen aus Lutherschriften die Nähe dieser Dichtung zum Abendmahlsstreit erhärten, fällt es schwer, den mit Hypothesen gepflasterten Weg der Vfn. mitzugehen. So vermag ich bereits nicht nachzuvollziehen, wieso das zu entschlüsselnde Motto des Augsburger Einblattdruckes gerade »Deus noster, refugium et virtus« sein sollte. Die Bilder, die Vogler benutzt, könnten inhaltlich gesehen auch den Schöpfungspsalmen, der Sturmstillung oder gar dem Gebet der Judith (Jdt 9) entlehnt worden sein.

Luthers Entschlüsselung des Mottos – immer vorausgesetzt, daß er den Druck kannte – hängt schließlich allein daran, ob er des Augustinus Deutung von Apc 20 zum Ausgangspunkt eines Summariums von Ps 46 machen konnte. Luthers Summarium von Ps 46 aber thematisiert den Unterschied zwischen dem Chaosmeer (alle nur denkbaren Gegner des Evangeliums) und dem »wesen der Stad« Gottes: dem unversieglichen »brünlin«, d. h. dem trotz aller Widrigkeiten zuletzt geschützten Christenleben in der durch das Evangelium ermöglichten Gottesnähe.

Statt des so stark hypothetischen Anmarsches über Augustinus sollte zunächst einer stärkeren Beschäftigung mit Luthes trinitarisch gebundenen christologischen Psalmenauslegung Raum gegeben werden (bereits die »Dictata super Psalterium«, 1513-1515, glossieren z. B. die »virtus« aus Ps 45 [46], 2 durch »fortitudo ad sustinendum«, eine »Burg zum Durchhalten« also). Daß Luther Gedanken von Augustinus bezüglich des Kampfes zwischen Gott und Teufel aufgenommen und in seine Vorstellung von den Reichen integriert hat, steht außer Frage. Jedoch hat dieser Kampf bei Luther nicht allein die Bedeutung eines Endkampfes, sondern beschreibt das universelle Heilsgeschehen, in dem Gott siegreich bleibt (vgl. die Warnung von Martin Brecht: Zum Verständnis von Luthers Lied »Ein feste Burg«. ARG 70 [1979], 109f, Gott und Christus in der 1. Strophe vorschnell zu identifizieren). Der Aufgesang der 1. Strophe des Lutherliedes enthält das »Deus noster, refugium et virtus« nicht einfach als Metapher, sondern als kongenial aktualisierende Übertragung von Ps 46, 2f. Dies ist die universelle Sicht der Reichevorstellung, von Anfang an unter Einbeziehung des Menschen »zwischen Gott und Teufel«, der als der »alt böse Feind« im Abgesang eingeführt wird, »jetzt« präsent gegen den Menschen, aber unter dem universellen Aspekt (Heilsgeschichte) eben und gerade im *Abgesang*! Die 2. Strophe konkretisiert dem heillos ausgelieferten Menschen das »jetzt« von Gottes Heilshandeln in Christus, dem Herrn Zebaoth ...

Mit dieser hier nur in Ansätzen möglichen Kritik soll nichts gegen die Methode eingewendet werden, Luthers schriftstellerische und poetische Leistung mittels rhetorischer Kategorien tiefer zu verstehen. Konkret auf das Lutherlied bezogen, müßte – ausgehend vom Summarium, das ja eine hebräische Dichtung mit einer bestimmten Geschichtsschau hineinholt in christliches Gottes-, Welt- und Existenzverständnis – noch einmal überlegt werden, ob es nicht doch sinnvoll sein könnte, die Bilderfülle des Ps 46 im Lied selbst wiederzufinden, notgedrungen transformiert durch die aktualisierende Verschränkung mit einer Vielzahl alt- und neutestamentlicher Anklänge, die wiederum dem spezifisch lutherischen Schrift- und Theologieverständnis entspringt. Gemeinsam mit dieser Möglichkeit einer weiteren Klärung inhaltlicher Zusammenhänge wird eine rhetorische Analyse gewiß das Ihre beitragen können. Das Buch von Frau Sack dürfte leider eher dazu angetan sein, Wasser auf die Mühlen derer zu leiten, die Luthers theologische Sprachleistung nur jenseits schulgerechter Gestaltungsweise auszumachen vermögen.

Leipzig/Schönbach   Michael Beyer

HANS-MARTIN GUTMANN: Über Liebe und Herrschaft: Luthers Verständnis von Intimität und Autorität im Kontext des Zivilisationsprozesses. GÖ: V&R, 1991. 385 S.: Ill. (Göttinger theol. Arbeiten; 47)

Der vorliegende Band ging aus einer Göttinger Dissertation bei Manfred Josuttis im Fachbereich Praktische Theologie 1988 unter dem Titel »Über das Verständnis von ›Intimität‹ und ›Autorität‹ bei Martin Luther: Wechselbeziehungen zwischen den Aussagen Luthers über den Glauben und über die Familienseelsorge im Kontext des Zivilisationsprozesses« hervor. Gutmann untersucht dabei Texte Luthers im Bezugrahmen von Ökonomie (»Gabentausch«), historisch orientierter Psychologie (»Intimität«) und Sozialwissenschaften (Zusammenhang von Psychogenese und Soziogenese). Textgrundlagen bilden neben den »Dictata super Psalterium« und »Operationes in psalmos« vor allem die Hebräerbriefvorlesung 1517/18, die Hoheliedvorlesung 1530/31 und die große Genesisvorlesung. Die durchlaufende Fragestellung beschäftigt sich einerseits mit den Rahmenbedingungen von Luthers Aussagen, andererseits mit ihrer Gegenwartsrelevanz. Textkritische Fragen, wie sie sich im Hinblick auf die Überlieferungssituation der Vorlesungen stellen, interessieren den Autor nicht. Der Blick in das Literaturverzeichnis verrät, daß verschiedenste Lutherausgaben nebeneinander zitiert werden.

Die Einleitung des Bandes bietet »einige Ideen, Anknüpfungspunkte und Abgrenzungen«, eine Zusammenfassung von Ergebnissen fehlt. Der Autor bekennt sich vielmehr zu der »Einsicht, daß Umwege in der wissenschaftlichen Arbeit fruchtbarer sind als der angestrengte Marsch aufs Ziel auf den vorgezeichneten Wegen der eigenen Fachwissenschaften« (18). So findet der Leser eine Aneinanderreihung von Exkursen, z.B. über die historische Entwicklung der Familie, den Zusammenhang von »Kritischer Theorie« und Erik H. Eriksons offensichtlich unverwüstliche Veröffentlichung »Der junge Mann Luther«, die Geschichte vom Schlaraffenland als Paradigma von volkskulturellem Erzählgut und eine ausführliche Interpretation der »Geistlichen Übungen« des Ignatius von Loyola. Die Disperatheit des Textes spiegelt sich im Inhaltsverzeichnis wider, dessen Dezimalklassifikation nur teilweise und punktuell den Text abbildet. Gutmann verweist in seinem Vorwort darauf, daß die ursprüngliche Fassung der Dissertation für die Drucklegung erheblich gekürzt worden sei. Liegt hier ein Grund für den Ausfall von Verbindungsgedanken?

Die Lutherinterpretationen reichen von Sammlungen zu Stichwörtern bis zu ausgeführten Abschnitten, wie etwa zur Zweireichelehre. Allerdings erkennt Gutmann nach eigener Aussage den Unterschied zur Zweiregimentenlehre nicht (125, Anm. 23). Daß Luthers Seelsorge, das Wort kommt bekanntlich bei dem Reformator nur marginal vor, als Trost (consolatio) ein theologisch erheblich gefüllter Begriff ist, vermerkt Gutmann, ohne sich an diesem Punkt seinem eigenen Thema zu stellen. Gelungen scheint der kurze Abschnitt über das Hören und Sprechen in ihrer Bedeutung für den Glauben mit dem Verweis auf Luthers »alltagssprachlich eingespielte Verständlichkeit« (367). In der Tat sollte nicht vergessen werden, daß sich Luther nicht nur in Wort und Schrift immer wieder um Verständlichkeit gegenüber den einfachen Volksschichten bemüht hat, sondern daß es für seine Theologie grundlegend war, daß das Wort der Schrift, auf das der Glaube zu hören hat, nicht dunkel und zweideutig, sondern klar und auch für das schlichte Gemüt zu fassen ist. Dieses genaue Hören auf das, was der Autor eigentlich sagen will, steht bei Gutmann wiederholt in der Gefahr, aufgegeben zu werden zugunsten eines Herantragens psychologischer und sozialhistorischer Kriterien. Daraus ergibt sich dann die Neigung, Interpretationsbegriffe zuzuordnen, die nicht aus dem Text zu gewinnen sind (294, Anm. 11 und öfter). Interesse dagegen verdient Gutmanns Interpretationsversuch der Enterotisierung der erotischen Symbole des Hohenliedes, die Luther in seiner Vorlesung dazu auf das Gebiet der politeia bezieht, als einem im inneren befriedeten und nach außen gesichertem Gemeinwesen.

»Das Pathos dieser Arbeit liegt nicht zuletzt darin, daß die Subjektivität des Untersuchenden als unaufgebbarer Bestandteil des hermeneutischen Zugangs zum Gegenstand behauptet wird.« Mit Blick auf den Leser dürfte anzumerken sein, daß Pathos nicht nur Leidenschaft, sondern auch schlicht »Leiden« heißen kann. Anregungen zur erneuten Beschäftigung mit Luther bietet Gutmann auf jeden Fall, ob man ihm auf seinem Weg folgen möchte, sei dahingestellt.

Wittenberg Lutherstadt   Martin Treu

HANS-JÜRGEN PRIEN: Luthers Wirtschaftsethik. GÖ: V&R, 1992. 266 S.

Nach intensiver Beschäftigung mit der Geschichte des Christentums in Lateinamerika und des Luthertums in Brasilien leistet der Vf. einen Forschungsbeitrag mit einer Erörterung von Luthers Nachdenken über Themen der Wirtschaft bei. Aus der Begründung für die Veröffentlichung dieser Arbeit stellt sich als Verbindung zu seinen früheren Forschungsfeldern heraus: die Armut in den reichen Ländern sei neben der Schuldenkrise, der Unterernährung, dem Hunger und dem Elend in den armen Ländern der Welt eine Herausforderung für eine christliche Wirtschaftsethik, die die Frage der Relevanz der Bergpredigt Jesu in diesem Bereich des Lebens erleuchten sollte.

Außer der Einleitung – aktuelle Fragestellung, Forschungsstand und Zielsetzung der Untersuchung (9-30) – und dem Schluß – Zusammenfassung von Luthers wirtschafts- und sozialethischen Grundsätzen, sein Verständnis der obrigkeitlichen Aufgaben und die Infragestellung der heutigen Relevanz seiner sozialethischen Forderungen (213-241) – hat das Buch drei Hauptteile. Im ersten befaßt sich der Vf. mit dem sozialgeschichtlichen Kontext des

16. Jh. neben der Entwicklung des kanonischen Zinsverbotes (31-68). Im zweiten skizziert er Entstehung und Inhalt von Luthers Wucher- und Kaufhandelsschriften aus den Jahren 1519/1520, 1524 und 1539/40 (69-140). Im dritten erörtert er unter dem Titel »Theologischer Bezugsrahmen der Wirtschaftsethik Luthers« dessen Rechtfertigungs-, Zweireiche- und Zweiregimenten-, Dreistände- sowie Berufslehre. Vor allem aber beschäftigt er sich hier mit Luthers Auslegung der Bergpredigt und der zentralen Rolle, die sie in seiner Wirtschaftsethik besitze (141-212).

Der Vf. analysiert Luthers wirtschaftsethische Schriften in ihrem Kontext und vergleicht sie miteinander, um fragen zu können, inwieweit seine sozio-ökonomische Analyse zutreffend sei. Gleichzeitig unterscheidet er zwischen Luthers ethischer Grund- und konkreter Handlungsorientierung. Er sieht die ethische Argumentation Luthers von den Weisungen Jesu in der Bergpredigt ausgehen, die er in drei Graden des Leidens, Gebens und Leihens zusammenfaßte. Sie gelte für alle Christen nicht nur als evangelische Paränese, sondern auch uneingeschränkt in ihrem usus theologicus legis, dürfe aber nicht in einer gesetzlichen Verfälschung zu einem politischen Handlungsprogramm gemacht werden. Die Forderungen der Bergpredigt verschärften das natürliche Recht in der durch Luther neu verstandenen Goldenen Regel und seien deshalb auch für die Obrigkeit richtungweisend.

Vom sozio-ökonomischen Standpunkt habe Luthers Kampf gegen den Wucher nicht völlig überzeugt, was vielleicht aufgrund einer nicht ausreichenden Situationsanalyse geschehen sei, die der Übergangscharakter seiner Zeit erschwert habe. Der Vf. stellt heraus, daß Luthers wirtschafts- und sozialethischen Grundsätze eine Eigengesetzlichkeit in der Wirtschaft eindeutig ablehnen. Luther entwerfe aufgrund des aus der Bergpredigt gewonnenen Ideals die Grundzüge einer kreditlosen Wirtschaft. In seinen Überlegungen zum Besitz von Gütern verteidige er nicht »das private Verfügungsrecht« über Eigentum, sondern vielmehr dessen »Gemeinschaftsfunktion«. Eine Stärke der Ethik Luthers sei die ständige Berücksichtigung der Billigkeit im Einzelfall, so daß er unter Recht keineswegs eine strenge normative Anwendung als vielmehr richtig erkannter Prinzipien verstehe.

Glücklicherweise trifft die vermutlich vom Verleger auf der Rückseite des Bandes gestellte Aussage nicht zu, »Luthers wirtschaftsethische Ansichten« seien »noch nie in einer Monographie untersucht worden«. Der Vf. zitiert ständig aus früheren Darstellungen und verknüpft Zitieren und eigenes Referieren auf eine Weise, die manchmal die Unterscheidung zwischen Meinung des Vf. und des Zitierten seitens des Lesers beträchtlich erschwert. Das führt auch zu einigen sich widersprechenden Äußerungen im Lauf der Darstellung. Zum Beispiel, als er Luthers Wucherkritik einerseits als nicht auf dem Ideal der einfachen Warenwirtschaft beruhend (48), andererseits als »beim rein naturalwirtschaftlichen Denken« stehenbleibend (216) beurteilt. Oder als er von Luthers Denken her die Festlegung Helmut Hesses vom Grundsatz der Sachgemäßheit im Ökonomischen für akzeptabel hält (233) und kurz danach Hesses aus diesem Grundsatz abgeleitete Kritik an der angeblich unsachgemäßen Wirtschaftsauffassung des Wittenbergers bestreitet (238 f).

Die Verdrehung von Sünde zur Tugend klagte Luther bereits in früheren Äußerungen zu Wirtschaftsthemen an. Man darf sie deswegen keineswegs – wie der Vf. es tut – als den Hauptgrund ansehen, weshalb er die Ausübung der Kirchenzucht an Wucherern erstmalig 1540 in »An die Pfarrherrn wider den Wucher ...« forderte (127 f). Luthers Grund für diese Forderung sollte man vielmehr bei den Adressaten der Schrift und bei seinen von 1525 an verstärkten

145

Anstrengungen um den Gemeindeaufbau suchen. Eine sorgfältige Lektüre des 1530 erschienenen »Widerruf vom Fegefeuer« – vor allem von den Stellen, wo die Ausdrücke »12 000 Drachmen«, »Mammon« und »geitz« vorkommen – macht die Meinung des Vf. unhaltbar, Luther habe »sich offenbar nicht direkt klargemacht, daß die Lehre vom Fegefeuer in Verbindung mit der Entwicklung der Ablaßtheorie die Hemmschwelle für Geldgeschäfte aller Art weitgehend abgebaut hat« (175). Auch trübten die Bodenreform in der Deutschen Demokratischen Republik und der beginnende Kalte Krieg sicherlich nicht Hermann Barges Sicht von Luthers Eigentumsbegriff (201), denn er veröffentlichte seine Arbeit 1937/38 und starb bereits 1941.

Die Arbeit ist verdienstvoll, indem sie eine Zusammenfassung der Forschung, vor allem in ihrer Entwicklung seit den 1980er Jahren, als die Rolle der Bergpredigt in Luthers Wirtschaftsdenken in angebrachter Weise ausgewertet wird, bietet. In dieser Hinsicht bringt der Vf. wichtige Impulse für die Lutherforschung, den Blick auf die mit diesem Thema verbundenen Fragen intensiver als bisher zu werfen.

São Leopoldo   Ricardo Rieth

Martin Luther und die Welt der Reformation

Von Helmar Junghans

D. MARTIN LUTHER: Operationes in psalmos: 1519-1521. Teil 1: Historisch-theologische Einleitung/ von Gerhard Hammer; mit der Neuedition des Vatikanischen Fragments Psalm 4 und 5 1516(/17?)/ bearb. von Horst J. Eduard Beintker. Köln; Wien: Böhlau, 1991. XXII, 641 S.: Ill. (Archiv zur Weimarer Ausgabe der Werke Martin Luthers; 1)

Genau zehn Jahre, nachdem die Neuedition der »Operationes in psalmos« von Ps 1-10 in AWA 2 erschienen ist, folgt die Einleitung zu diesem für die reformatorische Bibelauslegung wichtigen Werk. Dieser Band hat viele Vorzüge. Register erfassen die Personen, Orte, Sachen und auch die Bibelstellen. 32 Abbildungen vergegenwärtigen Titelblätter, Druckseiten und Handschriften. Stemmata veranschaulichen die Abhängigkeit der Drucke und der Übersetzungen dieses Psalmenkommentars. Tabellarische Übersichten über die Wasserzeichen des für den Erstdruck verwendeten Papiers und zum Verlauf von Luthers zweiter Psalmenvorlesung fassen die Untersuchungen zusammen.

Nachdem das »Vatikanische Fragment« vor über 50 Jahren von Erich Vogelsang veröffentlicht worden war und eine Neuedition in der WA noch keine Aufnahme fand, hat diese endlich in AWA 1 ihren Platz gefunden. Sie ist mit einem Apparat zur Handschrift ausgestattet, der auch abweichende Lesarten der Abschrift anzeigt, die sich im Besitz des Merseburger Kammer-Konsulenten Anton Günther Löscher befand. Ein zweiter Apparat führt Konjekturen und Lesarten von Vogelsang an. Der Erläuterungsapparat folgt der Neuedition der »Operationes in psalmos« und bietet daher ausführlich Verweise auf die Tradition der Psalmenauslegung und auf Luthers eigene Texte. Eine hilfreiche Beigabe stellt eine Synopse des Textes zu Ps 5, 12 aus dem »Löscher-Fragment«, dem »Vatikanischen Fragment« und den »Operationes ...« dar. Sie erleichtert exemplarisch den Vergleich der Texte vorzunehmen und Luthers Entwicklung zu erfassen.

Die Diskussion über die Entstehung dieser Auslegung von Ps 4 und 5 führen der Herausgeber und der Vf. der Einleitung zu den »Operationes ...« zu dem Ergebnis, daß dieser Text zu Luthers Versuch gehört, die »Dictata super Psalterium« zu einer Druckvorlage umzuarbeiten, und von ihm für seine zweite Psalmenvorlesung herangezogen wurde.

Leider wird oft übersehen, daß die Großschreibung zur Hervorhebung dienen kann; so wurde auch hier die Groß- und Kleinschreibung »normalisiert« (480, Anm. 60). Dadurch wird dem Benutzer ein Ausdrucksmittel vorenthalten, das vielleicht Luther in seiner Handschrift verwendete.

Der herausragende Vorzug der Einleitung besteht in dem Bestreben, Luthers Psalmenauslegung durchgehend in sein Leben hineinzustellen, eine lebendige Anschauung davon zu gewinnen, wie sich Luthers Beschäftigung vollzog.

Zunächst verfolgt der Vf. Luthers Umgang mit dem Psalter vom Chorgebet der Augustinereremiten über die erste Psalmenvorlesung, den Versuch einer Druckbearbeitung bis zur Übersetzung und Auslegung der Bußpsalmen 1517 und des Psalmes 109 im Jahre 1519. Er zieht Luthers Hebräerbriefvorlesung heran, um Luthers Entwicklung in der exegetischen Methode zu erfassen. Als Voraussetzung für die zweite Psalmenvorlesung behandelt er die Wittenberger Frühtheologie, Wittenberger Studienreform und den damit verbundenen Hebräischunterricht.

Der Vf. sichtet sorgfältig die Überlieferung, um Aussagen über den chronologischen Verlauf der Vorlesung treffen zu können. Er rechnet mit dem Beginn der Vorlesung am 22. März 1519 oder wenige Wochen vorher. Aufgrund der Eintragungen von Studenten in einigen Exemplaren des lieferungsweise veröffentlichten Erstdruckes gelangt er zu dem überzeugenden Schluß, daß Luther am Anfang der zweiten Psalmenvorlesung den Studenten seine bereits gedruckte Auslegung erläuterte, aber später – vielleicht schon ab Anfang 1520 – der Text erst nach den Vorlesungen erschien.

Anhand der unterschiedlichen Wasserzeichen versucht der Vf. – unter Heranziehen von zeitgenössischen Mitteilungen –, das Erscheinen der einzelnen Lieferungen zu bestimmen. Dabei gelingt es dem Vf., die Situation einzufangen, wie Luther den Psalter jeweils in einer bestimmten Phase der Causa Lutheri vor den Studenten auslegte.

Aufgrund neuer Forschungen und Funde kann der Vf. aufzeigen, daß Stücke zu Ps 13 aus Luthers Manuskript der zweiten Psalmenvorlesung, das eine Vorform der Druckvorlage darstellte, in eine Sammelausgabe von Luthertexten eingegangen sind, die nach dem August 1520 bei Jan Seversz in Leiden erschien und – wahrscheinlich im Frühjahr 1521 – in Paris nachgedruckt wurde. Wenn – wie zu erwarten – die Lesarten der beiden Drucke in AWA 3 angezeigt werden, wird eine weitere Entwicklungsstufe in Luthers Psalmenauslegung leicht zugänglich werden.

Die Ausführungen zu den späteren lateinischen Ausgaben in Basel und in Wittenberg sowie in der Wittenberger und der Jenaer Lutherausgabe helfen, von der Vorstellung freizukommen, als ob nur der Erstdruck Beachtung verdiene. Der Vf. stellt die Baseler Korrektoren Konrad Pelikan und Ulrich Hugwald sowie den Bearbeiter in Wi lat 3 und J lat 2, Georg Rörer, vor und beschreibt ausführlich ihre Editionsleistung. Er ermittelt die jeweils verwendete Vorlage und verweist auf Teile der zweiten Baseler Ausgabe, die – wie die handschriftlichen Eintragungen Rörers zeigen – für Wi lat 3 als Druckvorlage diente und gut die Bearbeitung erkennen läßt (vgl. die Abb. auf Seite 280). Der Vf. betont die Seltenheit, solche Druckvorlagen heranziehen zu können, mit der Behauptung, daß der Band, der von Rörer für Wi lat 1 bearbeitete Schriften enthält, »derzeit nicht auffindbar« sei (278). Diese Auskunft von Otto Clemen aus dem Jahre 1905 hat er übernommen, ohne zu berücksichtigen, daß dieser Band aus der Lessing-Bibliothek Kamenz als Grundlage für die Edition von Luthers probationes zu den philosophischen Thesen der Heidelberger Disputation LuJ (1979), (10) 34-59, danach WA 59, (405) 409-426, diente.

Relativ ausführlich widmet sich der Vf. auch den deutschen Drucken, Übersetzungen von Teilen – besonders Exkursen – der »Operationes ...«, wobei er nicht nur ihren Vorlagen nachgeht, sondern auch ihre Veranlassungen, ihre Übersetzungsmethode und ihre Intention aufzeigt. Sein Ergebnis ist, daß die Übersetzungen den im Dialog mit den Studenten entstandenen Vorlesungstext – nicht zuletzt durch Auslassungen – in Erbauungsschriften umformten. Die wichtigen Fakten der Rezeption von Luthers zweiter Psalmenvorlesung ergänzen Mitteilungen über Luthers eigene Urteile – Autorezeption – und Benutzung durch Freunde und Feinde bis zu Philipp Jakob Spener und August Hermann Francke.

Besondere Beachtung verdient die »Einführung in den Psalmenkommentar« (365-439), weil sie sich vorwiegend Elementen widmet, die für das rechte Verstehen außerordentlich wichtig sind. Zunächst beschäftigt sich der Vf. mit dem lateinischen Text der Psalmen, den Luther mit Hilfe des hebräischen Textes korrigierte, wobei die Hilfsmittel vorgestellt werden, die Luther zur Bewältigung des hebräischen Textes zur Verfügung standen. Erfreulicherweise benennt er auch die rhetorischen Elemente, die Luther heranzieht. Dabei wird deutlich, welchen fruchtbaren Anstoß die ersten Hinweise auf rhetorische Elemente in Luthers Psalmenauslegungen in den 70er Jahren gegeben haben. Der Vf. findet in den »Operationes ...« eine »neue Stufe der Rhetorikrezeption ..., die über die mittelalterlich-frühhumanistische hinausweist« (387). Er scheut sich nicht – zurecht, wie mir scheint – Luthers Verständnis von dem Heiligen Geist als Autor der Psalmen, der die Affekte der Hörer und Beter erregen will, als Gleichstellung mit einem Redner anzusehen, der sich der Regeln menschlicher Rede bedient. Allerdings scheint unbewußt die verbreitete Tendenz nachzuwirken, Luther von den Humanisten abzusetzen. So referiert der Vf. Luthers Meinung, daß der Heilige Geist sich der repetitio bediene, um Trost und Ermunterung zu bewirken. »Nach den Gesetzen der menschlichen Rhetorik dagegen erscheine die Wiederholung als etwas Fehlerhaftes und Überflüssiges, ...« Kurz danach wird behauptet, Luther habe »auf die Beurteilungsunterschiede zwischen der weltlichen Redekunst und der Sprache der Bibel aufmerksam« gemacht (392. 394). Luther selbst redet aber an der herangezogenen Stelle, an der Luther einen Parallelismus membrorum auszulegen hat, nicht von »Gesetzen der menschlichen Rethorik«, sondern behauptet, daß die tautologia in Dingen Gottes notwendig sei, auch wenn sie »in humanis locutionibus« fehlerhaft und überflüssig erscheint (AWA 2, 77, 3-5).

Luther hat tatsächlich von seiner ersten Psalmenvorlesung an häufig die Eigenart des biblischen Sprachgebrauches – besonders im Gegensatz zur scholastischen Terminologie – herausgestellt. Aber tat er das im Gegensatz zu einer Rhetorik, die er den Humanisten verdankte? Lehrte nicht die humanistische Philologie, auf die sprachliche Eigenart jedes Schriftstellers, jeder literarischen Urkunde zu achten? Und konnte er nicht gerade aus den rhetorischen Werken sowohl die Warnung vor der unnützen als auch die Anleitung zur bewußten repetitio entnehmen? Der von Luther angefragte Sprachgebrauch ist keine Anfrage an rhetorische Anleitungen.

Merkwürdigerweise hat der Vf. trotz seiner wertvollen Einführung in Luthers Verwendung rhetorische Kenntnisse bei seinen Ausführungen über die Exkurse in Luthers zweiter Psalmenvorlesung nicht einbezogen, daß die Rhetorik die digressio empfiehlt, um Affekte zu erzeugen, auch um die Hörer zu gewinnen. Achtet man darauf, welch eine große Rolle das reformatorische Verständnis theologischer Begriffe und die Kirchenkritik in den Exkursen bildet, drängt es sich auf, zu untersuchen, wie bewußt Luther sie mit der genannten rhetorischen Intention abfaßte. Wahrscheinlich läßt sich über die Verwendung von Exkursen doch mehr sagen, als daß es sich um einen »spätmittelalterlichen Rest« handelt, bei dem Luther allerdings die Quästionenform aufgegeben habe (428).

Liegt mit dieser Einleitung, die auch auf Luthers Umgang mit der Tradition und seine hermeneutischen Grundlinien eingeht, ein Modell für zukünftige Einleitungen zu Lutherschriften vor? Diese Frage möchte ich weitgehend bejahen. Vorbildlich ist, welche Themen einbezogen werden. Daraus ist zu lernen, worauf bei einer Edition zu achten ist. Und es steht außer jedem Zweifel, daß derjenige, der sich die Mühe gemacht hat, diese Einleitung zu lesen, erst in der Lage sein wird, die der Edition beigegebenen

Apparate voll für eine Interpretation des Textes auszuschöpfen und Luthers Vorgehen umfassend wahrzunehmen. Offen bleibt jedoch, ob sich nicht manches gestraffter darstellen läßt. Mußte z. B. so ausführlich auf die Freiberger Reformationsgeschichte eingegangen werden, um mitzuteilen, daß aus Freiberg die Bitte an Stephan Roth gerichtet wurde, Luthers Auslegung von Ps 21 zu übersetzen (332-342)? Andererseits überrascht in einigen wenigen Fällen, daß manches nicht weiter verfolgt wurde. Bei der Identifikation der Wasserzeichen wird nicht nur ausgeführt, wie schwer sie auf den eingebundenen Blättern bis zum letzten Unterscheidungsmerkmal zu bestimmen sind, sondern auch hinzugefügt, daß das Licht in der Tübinger Universitätsbibliothek keine bessere Wahrnehmung gestattete. War es unmöglich, in einer so einmaligen Untersuchung für diese Edition eine Benutzung unter besseren Lichtbedingungen zu erreichen?

Die Besprechung verdeutlicht, wie der Vf. mit seiner Einleitung nicht nur die bisherige Forschung zusammengefaßt und durch eigene Beiträge fortgeführt hat, sondern auch zu weiteren Untersuchungen und Diskussionen anregt. So bleibt nur zu wünschen, daß AWA 3 mit dem zweiten Teil der Psalmenvorlesung bald folgt.

GERHARD EBELING: Disputatio de homine. Teil 3: Die theologische Definition des Menschen: Kommentar zur These 20-40. TÜ: Mohr, 1989. XXIII, 696 S. (Ders.: Lutherstudien; 2 III)

Zunächst ist mit Befriedigung festzustellen, daß ein auf drei Teile angelegtes Werk, dessen erster Teil 1977 erschien, seinen Abschluß gefunden hat. Der Titel des letzten Teiles läßt die Darstellung der theologischen Anthropologie Luthers erwarten. Aber dieser Band bietet viel mehr, ist weitgehend eine Darbietung der Theologie Luthers anhand der Thesen 20-40 der »Disputatio de homine«.

Gleich die Erläuterung der These 20 weitet sich zu einer grundsätzlichen Erörterung darüber aus, was für Luther die Sache, die Sprache und die Wahrheit der Theologie ist (1-77).

Da Luther sich besonders in den Thesen 26 bis 31 mit der Scholastik auseinandersetzt, hat der Vf. die Gelegenheit genutzt, an vielen Stellen den Unterschied Luthers zur Scholastik zu benennen, und sogar Luthers These 31 unter der Überschrift »Die Grunddifferenz zur Scholastik« abgehandelt. Hier setzt sich der Vf. ausführlich mit der römisch-katholischen Lutherinterpretation auseinander, die aus ökumenischen Interessen versucht, sachliche Übereinstimmungen zwischen der Theologie der Scholastik und Luthers hervorzuheben. Die kritischen Antworten des Vf. treffen gleichzeitig – ohne daß dies angesprochen wird – die protestantischen Ökumeniker, die die theologischen Konfrontationen des 16. Jh. auf gegenseitiges Mißverstehen reduzieren wollen.

Der Vf. ruft ins Bewußtsein, daß es unsachgemäß ist, einzelne theologische loci miteinander zu vergleichen, ohne die jeweilige theologische Gesamtauffassung ins Auge zu fassen. Er stellt als eine Grundintention heraus, daß die Scholastiker trotz vieler Differenzierungen darauf aus waren, die überlieferten Autoritäten miteinander in Konkordanz zu bringen, während Luther das rechte Unterscheiden in den Vordergrund rückte. Daher verfolgte er nicht die rechte Zuordnung von Natur und Gnade, sondern legte im Gefolge biblischen Wirklichkeitsverständnisses fundamentale Unterscheidungen wie die von Gesetz und Evangelium, vom Urteil Gottes und dem Urteil der Welt sowie die von moralisch und theologisch seiner Theologie zugrunde. Der Vf. zeigt wiederholt und entschieden auf, wo Luthers Kritik nicht nur den Ockhamismus, sondern die ganze Scholastik trifft.

Um die Thesen 35 bis 38 zu interpretieren, zieht der Vf. die aristotelische Lehre von den vier causae heran, obgleich Luther selbst hier nur die Begriffe »materia« und »forma« verwendet. Der Vf. berührt damit Luthers Aristotelesrezeption, die einerseits äußerst kritisch gegen die scholastische Aristotelesrezeption ist, aber deshalb nicht darauf verzichtet, Aristoteles weiterhin zu verwenden, sondern diesen vielmehr unter humanistischem Einfluß besser verstehen und benutzen will. Luther zog das Viercausae-Schema heran, wobei er die causa efficiens und die causa finalis der Theologie zuwies, ohne aber die causa materialis ganz der Philosophie zu überlassen. Er konnte vielmehr die causa materialis sehr gut gebrauchen, um die totale Passivität des Menschen gegenüber Gottes Handeln zum Ausdruck zu bringen.

Indem der Vf. hier darauf aufmerksam macht, daß Luther Vorstellungen der aristotelischen causa-Lehre benutzte, ohne sie zu benennen, ergeben sich auch neue Möglichkeiten bei einem Vergleich mit Melanchthon (vgl. LuJ 47 [1980], 89-114). Dadurch dürften sich die Unterschiede zwischen den beiden Reformatoren in bezug auf die Verwendung des Aristoteles in der Theologie geringer darstellen, als oft angenommen wird.

Der Vf. scheut sich nicht, in der Gegenwart unpopuläre Themen ausführlich zu behandeln, so im Anschluß an Luthers These 25 »Luthers Rede vom Teufel« (246-271). Er geht nicht nur auf Vorstellungen seit Augustinus ein, sondern auch auf den Aberglauben und Luthers Auseinandersetzung mit ihm. Wesentlich ist aber für den Vf., daß Luther damit den antithetischen Charakter der biblischen Sprache zur Geltung bringt, die Christus in der Auseinandersetzung zeigt. Der Vf. weiß, daß die von der Aufklärung bewirkte »Sprachschwindsucht in geistlicher Hinsicht« es kaum noch zuläßt, Luthers Einsicht zu vermitteln (271), daß der Mensch der Sünde und dem Tod verhaftet bleibt, weil er vom Teufel unterdrückt wird. Immerhin kann der von ihm verwendete Begriff »Daseinsmächte« den Zugang dazu erleichtern. Besondere Beachtung verdient die Feststellung, daß die Anfechtung nicht nur zu Luthers Ringen vor der reformatorischen Entdeckung oder auch noch später zu seiner Biographie gehört, sondern seine Theologie durchgehend den Menschen in seinem Angefochtensein beschreibt, das der Teufel steigert, wenn jemand als Christ von ihm befreit wird (241f).

Der Vf. erörtert nach jahrzehntelanger Beschäftigung mit Luthers Beziehung zur Scholastik kenntnisreich und manches gängige Klischee korrigierend die antischolastische Seite der Theologie Luthers. Daher tritt auch die forensische Seite von Luthers Rechtfertigungslehre stark in Erscheinung. Es wird deutlich, daß sie nicht vernachlässigt werden darf. Aber einige Fragen bleiben. Wenn für Luther anstelle der Seinsbeschreibung das gezielte Handeln Gottes durch sein Wort in den Vordergrund rückt, sollte dann nicht auch mit gleicher Intensität aufgespürt werden, welche Beziehung hier zur humanistischen Rhetorik besteht, die lehrt wie durch die Rede bei dem Hörer bestimmte Wirkungen zu erzielen sind?

Die zugrunde gelegte Disputation bewahrt den Vf. davor, Luthers Theologie aus einem unsachgemäßen Grundgedanken heraus zu entwickeln. Als Ausgangspunkt ergibt sich eine Konzentration auf anthropologische Fragen, die der Vf. sehr gut in ihrem Zusammenhang mit der Christologie und Gottes Wirken am Menschen zu entfalten weiß. Und obgleich der interpretierte Disputationstext darauf kaum eingeht, zieht der Vf. die Wirkung der Rechtfertigung bis zur vita christiana aus, wobei deutlich wird, wie sehr Luther das ethische Verhalten des Christen dem neu interpretierten Begriff »gute Werke« zuordnete.

Diese gelungene Darstellung sollte aber nicht übersehen lassen, daß es daneben auch sachgemäß ist, Luthers Theologie von Gottes Handeln her zu konzipieren. Daß eine solche Darbietung inhaltlich nicht in Widerspruch zu der vorgelegten geraten würde, ist an den vielen Stellen abzulesen, an denen der Vf. herausstellt, wie es Luther nicht darum ging, in seiner Theologie Seinsbeschreibungen vorzunehmen, sondern Aussagen über Gottes Handeln zur Geltung zu bringen.

Der Vf. lehnt es ab, unhistorisch den theologischen Gehalt der Schriften Luthers zu erheben, aber er will damit keinesfalls eine rein theologiegeschichtliche Interpretation bieten. Der Vf. führt vielmehr durchgehend einen Dialog mit dem Denken der Gegenwart und ist bestrebt, Luthers Erkenntnisse für sie fruchtbar zu machen. Er geht z. B. darauf ein, wie das Wort »Sünde« und die Verbindlichkeit des Theologischen aus der allgemeinen Sprache und dem allgemeinen Bewußtsein geschwunden sind und Luthers Reden von der »besessenen Welt« »bestenfalls als eine rhetorische Übertreibung, wenn nicht als finsterer Pessimismus« erscheinen. Mit dieser Feststellung begnügt sich der Vf. nicht, sondern wirft die Frage auf, »ob nicht in der Tat mangelndes Ernstnehmen Gottes daran hindert, Luthers Aussagen über den Menschen ernstzunehmen« (239f).

Der Vf. schöpft aus einem intensiven, langjährigen Umgang mit Luther und der Lutherforschung. Viele Formulierungen sind spürbar akzentuiert, um Interpretationen der Gegenwart zu korrigieren, ohne daß diese alle in den Anmerkungen aufgeführt werden. In bezug auf die umfangreiche Lutherliteratur ist der Anmerkungsteil eher zurückhaltend, um so mehr aber von zahlreichen, zentralen Lutherzitaten bestimmt. Da sie ausgedruckt sind, ist ein »thesaurus Lutheri« entstanden, der für künftige Lutherdarstellungen eine Fundgrube sein wird. Erfreulicherweise wird das Gesamtwerk durch je ein Register der Bibelstellen, der Personen, der Sachen und der griechischen Begriffe sowie einer »Liste näher erörterter Luther-Texte« erschlossen (626-696). Ohne Zweifel ist der Lutherforschung mit diesem Werk ein Handbuch zu Luthers Theologie geschenkt worden, aus dessen Gedankenfülle hier nur einiges angeführt werden konnte.

ALBRECHT PETERS: Kommentar zu Luthers Katechismus/ hrsg. von Gottfried Seebaß. Bd. 2: Der Glaube. Bd. 3: Das Vaterunser. GÖ: V&R, 1991, 1992. 266; 198 S.

Rasch sind diese beiden Bände dem ersten dieses Katechismuskommentars gefolgt und bieten weiterhin dieselben Vorzüge (vgl. LuJ 59 [1992], 196-198).

Der Vf. setzt Luthers Verständnis des »Apostolikums« im ganzen und dessen Auslegung der einzelnen Artikel und Wendungen zur Entstehung dieses Glaubensbekenntnisses und seiner Rezeption in Beziehung, indem er den ursprünglichen Sinn und die Deutungen von den Kirchenvätern bis ins Spätmittelalter aufnimmt. Danach zeigt er auf, welche Traditionen Luther übernahm, überging, kritisierte, zusammenführte und vertiefte, wobei er Luthers Entwicklung verfolgt. Der Vf. bringt den biblischen Hintergrund sowohl für Aussagen des »Apostolikums« als auch deren Deutungen bis auf Luther ein.

Dieses vielschichtige Vorgehen, das Luthers Anliegen deutlich hervortreten läßt, ist gut an Luthers Glaubensverständnis zu erfassen (27-36). Hier bot sich ihm eine dreifache Tradition an: das Glaubensbekenntnis der Taufe, das die Absage an die Verderbensmächte einschloß, das Glaubensbekenntnis der Beichte, das ein Schuldbekenntnis enthielt, und ein Glaubensverständnis, das wie bei Augustinus zwischen »credere deum« – der Glaube, daß Gott existiert –, »credere deo« – Anerkennung der göttlichen Autorität – und »credere in deum« – Glauben zu Gott hin – unterschied. Während Luther in seiner Römerbriefvorlesung diese Trias noch aufnahm, begnügte er sich später mit der Unterscheidung zwischen einem Glauben »von« – Gottes Rede für wahr halten – und »in« Gott – Gott vertrauen –. Indem Luther seit 1523 »an Gott glauben« vor »in Gott glauben« bevorzugte, nahm er nicht nur einen Sprachgebrauch des frühen und hohen Mittelalters auf, sondern schied damit zugleich ein vom Neuplatonismus geprägtes Glaubensverständnis – Bewegung des Menschen zu Gott hin – aus. Denn fortschreitend setzte Luther diese Vorstellung die von dem auf den Menschen zugehenden Gott entgegen. Die fides caritate formata vertiefte Luther zur fiducia promissionis, wodurch er das pro nobis thematisierte. Am Schluß zeigt der Vf., wie Luther den Glauben vorrangig als »personales Sich-Gründen« auf den dreieinigen Gott herausstellte und die anderen Gesichtspunkte zuordnete.

Der Vf. beschränkt sich nicht auf eine theologiegeschichtliche Darstellung. Er unterwirft einzelne Aussagen biblischer Kritik. An einigen Stellen unterrichtet er über Formulierungen in dem deutschen ökumenischen Text des »Apostolikums« und dessen Intention. Aber er bemüht sich auch um die Frage, was Luthers Aussagen heute bedeuten können. Er spricht z. B. Luthers »naive Anthropologie« an, nach der der Mensch im Mittelpunkt des Kosmos steht. Er erwähnt nicht nur, daß dieses ptolemäische Weltbild heute zerbrochen ist, sondern gibt zu bedenken, daß die Welt »von der Zentriertheit und Komplexität des Lebens« her betrachtet werden kann, wobei in einer von den Elementen ausgehenden Ordnung der Mensch an die Spitze der Schöpfung zu stehen kommt (78 f) und Luthers Aussagen Gewicht behalten.

Die Gedankenfülle des Kommentars kann hier nicht aufgelistet werden. Die Fragen zur Beziehung zwischen der einen Gottheit und den drei Personen, ihre Unterschiede und ihr Einssein in der Tradition und bei Luther sind sorgfältig aufgearbeitet und ein wertvoller Beitrag zu Luthers Gotteslehre. Dagegen sind die Verflechtungen des dritten Artikels – wie in der Dogmatik ziemlich üblich – nicht mit derselben Vielseitigkeit aufgespürt und dargestellt. Die Ausführungen über ekklesiologische Aussagen in der Tradition und bei Luther fallen trotz des lebenslangen Kampfes des Reformators mit der Papstkirche und seines Ringens um die Unterscheidung zwischen der wahren und der falschen Kirche relativ mager aus.

Der dritte Band ist von dem Bemühen des Vf. geprägt, durchgehend den Wandel in Luthers Auslegung des Vaterunsers herauszuarbeiten, wodurch dem Leser deutlich wird, wie unangemessen Darstellungen der Theologie Luthers ausfallen müssen, die sich auf seine Schriften bis 1525 beschränken. Wie der Vf. im ersten Band auf die alttestamentliche Wissenschaft zurückgriff, um den Text und den Inhalt des Dekalogs zu ermitteln, zieht er nun die neutestamentliche heran, die das Vaterunser als Bitte um den eschatologischen Durchbruch der Gottesherrschaft versteht. Der Vf. unterrichtet, wie demgegenüber die Alte Kirche die Existenz des Beters in den Vordergrund rückte und Luther daran anknüpfte, indem er das Herz des Beters, sein Ringen zwischen dem alten und dem neuen Menschen im Auge hatte. Der Vf. kann aufzeigen, wie Luther die ursprüngliche Intention aufnahm, indem er tiefer in das Verständnis des biblischen Textes eindrang und fortschreitend Zusammenhänge zwischen den einzelnen Bitten aufwies – z. B. die ersten drei Bitten als Ausdruck des Retterwillens Gottes auslegte – und den Beter schließlich in allen Bitten in das eschatologische Ringen der beiden Reiche hineinstellte.

Der Vf. verfolgt, wie Luther bei der Auslegung der vierten Bitte fortschreitend den Dank für die Gottesgabe zur Erhaltung der irdischen Existenz in den Vordergrund schob, ohne sich aber zu scheuen, konkret um Regen zu bitten. Dieser Feststellung fügt der Vf. an: »Ein derart direktes Gebet um ein unmittelbares Eingreifen des

Schöpfers dürfte uns neuzeitlichen Menschen, die wir um die kosmischen Zusammenhänge ein wenig mehr wissen, nur selten über die Lippen kommen« (132). Dieser Satz läßt nachprüfen, was der Vf. in seinem Kommentar von Luthers Auslegung zu »allmächtig« im ersten Artikel aufgenommen hat. Dabei ergibt sich, daß er sich zu diesem Begriff nicht wie bei vielen anderen in Luthers Schriften – z. B. in »Das Magnificat verdeutscht und ausgelegt« – umgesehen hat. Außerdem sollte eine zeitgemäße Theologie weder das Newtonsche Weltbild so selbstverständlich voraussetzen, während Naturwissenschaftler die strenge Kausalität dieses mechanistischen Weltbildes hinterfragen, noch angebliche Kenntnisse kosmischer Zusammenhänge zum Maßstab erheben, ohne auf die gottesdienstliche Fürbitte einzugehen.

Der Vf. macht darauf aufmerksam, wie angefangen von Petrus Lombardus über die Darstellung der Theologie der lutherischen Bekenntnisschriften bis in die moderne Dogmatik hinein das Gebet vernachlässigt wird. Um diese Lücke zu schließen, zeigt der Vf. durchgehend die Verbindung auf, die Luther zwischen dem Gebet und Gottes Schöpfer-, Erlösungs- und Heilswirken sowie der Rechtfertigung herstellte. Er erörtert aber den Standort des Gebets in Luthers Theologie nicht zusammenfassend, sondern begnügt sich mit der Feststellung, daß bei Luther das »dreifache reformatorische Solus – Christus allein, allein aus Gnaden, allein durch den Glauben – ... aus sich ein viertes Solus, allein durch das Gebet, ›sola oratione‹« entläßt (188).

FRÜHNEUHOCHDEUTSCHES WÖRTERBUCH/ hrsg. von Ulrich Goebel und Oskar Reichmann. Bd. 2, Lfg. 1: apfelkönig-aufkündigung. B; NY: de Gruyter, 1991. 521 Sp., eröffnet den zweiten Band dieses Bedeutungswörterbuches. Das erste Lexem macht deutlich, daß hier auch Wörter zu finden sind, die sich auf eine ganz spezifische Person oder einen speziellen Gegenstand beziehen. So zielte die auch von Luther verwendete Benennung »apfelkönig« auf Maximilian I., weil die 1486 schlecht entlohnten eidgenössischen Söldner ihn für so arm ansahen, daß ihm nur noch der Reichsapfel bleibe. Über den »auferstehungstaler« erfährt der Leser, daß es sich um eine 1538, 1545 und 1546 geprägte Münze handelt, in der Braunschweigs Beziehung zum Schmalkaldischen Bund festgehalten wird.

Das Wörterbuch hilft, rasch spezielle Bedeutungen zu erfassen, an die der heutige Leser nicht sogleich denkt. So hat Luther das Wort »aufenthalt« in der Bedeutung von »Zuflucht, Zufluchtsort« verwendet. Die Aussage, daß ein Herzog von Bayern jemanden in München »auffgehalten« habe, damit er gegen Luther schreibe, besagt nicht, daß er ihn am Weiterreisen hinderte, sondern daß er seinen Aufenthalt finanzierte. Manche Erläuterungen helfen zu einer plastischeren Vorstellung. So wurde »aufher« verwendet, um eine Aufwärtsbewegung auf eine Bezugsperson zu beschreiben, im Sinne von »herauf«. Als Beleg der 28. Bedeutung »etw. abschaffen, abstellen, aufheben; etw. für nichtig, unwirksam erklären; jm. etw. (ein Recht o. ä.) entziehen« für »aufheben« wird an erster Stelle Luthers Übersetzung von 1 K 15,26 »Der letzte Feind / der auffgehaben wird / ist der Tod« als Beleg angeführt.

Zu bedauern bleibt nur, daß nicht auch schon andere Bände zu erscheinen begonnen haben.

MELANCHTHONS BRIEFWECHSEL. Bd. T 1: Texte 1-254 (1514-1522)/ bearb. von Richard Wetzel. S-Bad Cannstatt: Frommann-Holzboog, 1991. 558 S.

Nachdem von 1977 bis 1988 in sechs Bänden 6690 Regesten für Melanchthons Briefwechsel bis Ende 1552 veröffentlicht worden sind, erscheint nun der erste von voraussichtlich 32 Textbänden. Leider wurde die geplante Durchzählung der gesamten Ausgabe über alle Abteilungen hinweg aufgegeben und damit Verwechslung vorprogrammiert.

Der Text wurde in eine lesbare Form gebracht, daher ist die Großschreibung vereinheitlicht und eine satzlogische Interpunktion eingebracht worden. Der Vorspann zu einzelnen Briefen gibt aber zu manchen Eigentümlichkeiten der Quellen Auskunft. Zitate bzw. Anspielungen wurden markiert. Mit dieser Ergänzung des »Urtextes« hat *einer* – der Hrsg. – *vielen* – den Benutzern – weitgehend die Mühe abgenommen, den Brieftext mit der zitierten Stelle zu vergleichen, um zu erfassen, wie der Autor mit dem zitierten Text ungegangen ist. Der Lautbestand wird bewahrt, so z.B. auch die Form »omneis« (271, 28 [132]) mit dem Hinweis, daß »Melanchthons Werke in Auswahl« dafür »omnes« haben. Zwei kurze Striche markieren unauffällig und doch eindeutig Anfang und Ende der Auflösungen von Kürzeln. Die in einer ansprechenden Schrift wiedergegebenen griechischen Wörter sind »hinsichtlich Akzenten, Spiritus und Jota subscriptum schulgriechisch bereinigt« (12), wogegen die hebräischen Wörter wie in den Vorlagen unpunktiert bleiben, aber im Quellenapparat mit Punktierung als »Vorschlag« in einer klaren Schrift wiederholt werden. Es liegt also ein sorgfältig erarbeiteter und erschlossener Text vor, der über seine Entstehung vielfältig Auskunft gibt. Seine Gestaltung erleichtert das Verstehen und unterläßt es nur in wenigen Punkten, Eigentümlichkeiten der Vorlage zu übermitteln – Großschreibung, Interpunktion, Schreibung griechischer Wörter –, so daß ein zuverlässiger Text vorliegt, der in der Regel in bezug auf die wissenschaftliche Akribie über die älteren Ausgaben hinausführt, der aber auch zugleich, das sollte der Benutzer im Auge behalten, ein vom Herausgeber interpretierter Text ist.

Zu einem herausragenden Merkmal dieser Briefausgabe gehört das Bestreben, die Überlieferung möglichst breit zu erfassen. Ein Vergleich mit WA Br ergab z.B., daß sowohl mehr Abschriften als auch mehr Drucke im Vorspann angegeben werden. Darüber hinaus ist bemerkenswert, welche Aufmerksamkeit den Übersetzungen vom 16. Jh. bis in die Gegenwart gewidmet wurde. WA Br hatte zunächst darauf verzichtet, dann aber in WA Br 13 die Übersetzungen in den großen Lutherausgaben nachgetragen. MBW fügt nun noch bibliographische Angaben von Auswahlübersetzungen hinzu, sowohl von älteren – wie z.B. die von Carl Alfred Hase aus dem Jahre 1867 – als auch von den neuesten – wie z.B. die zum Lutherjahr 1983 angefertigten. Dabei wird häufig angegeben, welcher Text der Übersetzung zur Vorlage diente, und mitgeteilt, ob der Text vollständig oder unvollständig übersetzt wurde. Überhaupt enthält der Vorspann eine Fülle von Informationen zu den einzelnen Abschriften bzw. Drucken, so daß der Leser sich nicht erst aufgrund der im Textapparat aufgenommenen Varianten ein Urteil über die jeweilige Quelle bilden muß.

Ein spezieller Apparat E = Entstehungsvarianten informiert bei dem Vorhandensein eines Autographen über die Arbeit des Autors am Text. Während der Apparat T = Text die Varianten vor allem aus den Abschriften wiedergibt, damit der Leser die Entscheidungen des Hrsg. für den vorliegenden Text nachvollziehen kann, bietet der Apparat W = Wirkungsgeschichte die Varianten in Editionen einschließlich der darin enthaltenen lateinischen Übersetzungen griechischer Zitate. Damit wird erfaßbar, wie ein von einem Hrsg. veränderter Text das Melanchthonbild beeinflußt hat. Zugleich wird damit offengelegt, wie die Texte jeweils rezipiert worden sind. Wer noch die Informationen über die Übersetzungen heranzieht, verfügt über reichlich Material zur Melanchthonrezeption. Es ist ein großer wissenschaftlicher Fortschritt, daß die einseitige Konzentration auf den ursprünglichen Text überwunden und der Zugang zur Rezeptionsgeschichte geöffnet worden ist, auch wenn Vollständigkeit nicht zu erreichen ist.

Der Apparat Q = Quellen enthält die Nachweise der Zitate und die literarischen Anspielungen. Nach der ursprünglichen Konzeption sollte er erst in den Kommentarteil aufgenommen werden. Da dieser aber zurückgestellt wurde, ist es ein Vorteil, daß diese Nachweise bereits in den Textbänden enthalten sind. Die Nachweise informieren über dem jeweiligen Autor zugängliche Ausgaben, aber verdienstvollerweise auch über moderne Editionen.

Dem Band sind »Indices« beigegeben, die »Absender, Adressaten, Fremdbriefe« und die Quellen (Bibelstellen; Namen, Autoren und Werke bis ca. 1500 und Autoren und Werke ab ca. 1500) erfassen. Es ist sicher von Vorteil, daß diese Indices gleich in jedem Band enthalten sind, auch wenn es hilfreich sein wird, sie nach dem Erscheinen aller Textbände zusammenzuführen. Die Register zu den in den Briefen erwähnten Personen und behandelten Sachen sollen bereits nach Abschluß der Regestenbände erarbeitet werden.

Eine so sorgfältige Beschäftigung mit dem Text muß Korrekturen zu bisherigen Veröffentlichungen bringen. So enthält der Band T 1 vier Stücke, die in den Regesten noch nicht erfaßt sind und daher als a-Nummern chronologisch eingefügt sind. Es ergeben sich auch Korrekturen zu den Regesten. Die Datierung eines Titels im »Verzeichnis der im deutschen Sprachbereich erschienenen Drucke des 16. Jahrhunderts« kann durch T 1, 44 (6) korrigiert werden. Aber auch für die Texte ergeben sich Verbesserungen, die auch erheblich sein können. So ist T 1, 290, 56 (141) in Luthers Brief vom 26. Mai 1521 das von Johannes Aurifaber aufgebrachte »N. N.«, das in WA Br 2, 351 (413) mit »Herzog Georg von Sachsen« erläutert wurde, durch »...« ersetzt und der Bezug zum Psalter und Luthers Auslegung hergestellt. Es empfiehlt sich also, für Luthers Briefwechsel mit Melanchthon stets MBW heranzuziehen.

Während manche Briefausgaben in ihrem Vorspann zu den einzelnen Briefen stark variieren und es dem Benutzer schwer machen, eine bestimmte Information rasch zu finden, verwendet MBW T ein klares Schema. Eine ausgefeilte Terminologie hält genau die Beziehungen zwischen den verschiedenen Überlieferungen fest. Es wäre hilfreich, wenn der Ausgabe nicht nur die Zusammenfassung »Hinweise für den Benutzer« (17 f) zur Verfügung stünde, sondern auf einer losen Beilage zur Hand wäre, was ihm erleichtern würde, Sigel, Zeichen und editorische Begriffe rasch exakt zu erfassen.

MBW T 1 hat neue Maßstäbe aufgerichtet, an der sich alle zukünftigen Editionen von Briefen der Reformationszeit werden messen lassen müssen.

Die COLLECTED WORKS OF ERASMUS, die seit 1974 in Toronto: University of Toronto, erscheinen und auf 86 Bde. berechnet sind, wollen die Werke des Erasmus in »an accurate, readable English text« zur Verfügung stellen. Inzwischen sind 25 Bde. erschienen, von denen einige kurz vorgestellt werden sollen.

THE CORRESPONDENCE OF ERASMUS. Bd. 7-10 (vgl. LuB 1989, Nr. 628 f; LuB 1991, Nr. 691; 1993, Nr. 569) umfaßt den Briefwechsel von 1519 bis 1524. Jeder Band enthält eine Kartenskizze mit den wichtigsten Orten aus dem Briefwechsel des betreffenden Bandes und Illustrationen, die zeitgenössische Portraits, Titelseiten, Textseiten, Autographen – darunter eine Seite des Briefes an Herzog Georg von Sachsen vom 12. Dezember 1524 – oder auch die von Hans Holbein gezeichnete Hand des Erasmus zeigen. Jeder Band enthält ein Orts- und Personenregister. Die Kommentierung befindet sich jeweils am Ende eines Bandes und ist knapp gehalten. Sie vernetzt sehr stark die Briefe untereinander.

Manche Bände enthalten aber interessante Beigaben, die sich auf Themen in der Korrespondenz des entsprechenden Bandes beziehen. Bd. 7 bietet eine englische Fassung des »Dialogus bilinguium ac trilinguium« von Konrad Nesen (334-347). Bd. 8 ist ein Briefwechsel zwischen Juan de Vergara und Diego López Zúñiga beigegeben, weil er Einblick in die Kontroverse zwischen Erasmus und Zúñiga gewährt (337-346), aber auch zwei Tabellen zum Feingehalt der Münzen (349f).

Der Band 29 (1989. L, 546 S.) schließt die 7 Bde. umfassende Abteilung »LITERARY AND EDUCATIONAL WRITINGS« ab und bietet gewissermaßen als zusammenfassende Rückschau die Kapitel »Erasmus and the Greek Classics« und »Erasmus and the Latin Classics« (XXI-XXXIII. XXXIV-L), in denen die jeweilige Entwicklung des Erasmus, seine Förderung dieser Studien, seine Übersetzungen und Editionen und einige Probleme abgehandelt werden.

Der Band 66 (1988. LI, 352 S.) eröffnet die auf 5 Bde. angelegte Abteilung »SPIRITUALIA« mit den Schriften »Enchiridion militis christiani«, »De contemptu mundi« und »De vidua christiana«. Die Einleitung führt in die Erasmusrezeption ein. Während Erasmus sowohl von Rom als auch von den Lutheranern als Theologe in Frage gestellt und oft nur anhand weniger Schriften beurteilt wurde, haben die letzten beiden Jahrzehnte eine ernsthafte Beschäftigung mit dem Theologen Erasmus gebracht. Der Hrsg. hofft, daß die in den fünf Bänden angebotenen Texte dazu beitragen werden, Erasmus umfassender zu verstehen und sachgemäßer zu beurteilen. Angesichts der Tatsache, daß z. B. das »Enchiridion militis christiani« soviel Traditionelles enthält, bleibt unverständlich, welchen Zuspruch diese Schrift fand. Der Hrsg. rät, darauf zu achten, mit welchem eleganten und leicht verständlichen Latein Erasmus seine Botschaft in seinen die spiritualia betreffenden Schriften zu vermitteln weiß.

Die »Collected works of Erasmus« wollen gewiß vorrangig einer englischsprechenden Leserschaft den Zugang zu Erasmus erleichtern und sie zur Beschäftigung mit diesem Humanisten anregen. Daher ist die Kommentierung knapp gehalten und ans Ende gerückt. Es wäre aber eine Unterschätzung dieses Unternehmens, wenn der Benutzer keine eigenen Beiträge zur Erasmusforschung erwartete. So konnte z. B. Erika Rummel bei »De contemptu mundi« erstmals nachweisen, daß Erasmus dafür auch Schriften des Bischofs Eucherius von Lyon († um 450) verwendete.

Die Abteilung »NEW TESTAMENT SCHOLARSHIP« soll 20 Bände umfassen. Darin ist der Band 49 (1988. XIV, 243 S.) als zweiter erschienen und enthält die 1523 abgefaßte »Paraphrasis in Marcum«.

Die vorliegenden Übersetzungen können oft auf Texte in Erasmusausgaben zurückgreifen. Natürlich liegt dem Briefwechsel das »Opus epistolarum Erasmi Rotterodami Des.« zugrunde, das von Percy Stafford Allen und Helen Mary Allen herausgegeben wurde und von 1906 bis 1958 in 12 Bänden erschien. Allerdings werden dem Briefwechsel auch neue Texte hinzugefügt. Die von Johannes Clericus von 1703 bis 1706 in Leyden herausgegebenen »Desiderii Erasmi Roterodami opera omnia« in 10 Bänden liefern einen soliden Grundstock, zu dem Texte aus der kritischen Ausgabe »Opera omnia Desiderii Erasmi Roterodami« hinzukommen, die seit 1969 in Amsterdam erscheinen. Soweit die Texte in diesen Ausgaben vorhanden sind, ist dies im Kolumnentitel mit Seitenzählung angegeben.

Die »Collected works of Erasmus« lassen nun mit einem Blick erkennen, welche Schriften in den von Clericus herausgegebenen »Opera omnia« nicht enthalten sind. So fehlen darin die Beigaben des Erasmus zur Hieronymusausgabe, die in Basel erschien. Sie wurden teils von Allen in den Briefwechsel, teils von W. K. Ferguson 1933 in die »Erasmi opuscula« aufgenommen und befinden sich nun übersetzt in Band 61 (1992. XXXVII, 293 S.: Ill.), dem ersten Band der zweibändigen Abteilung »PATRISTIC SCHOLARSHIP«. Das betrifft nicht nur Vorreden und Erläuterungen zu einigen Hieronymusbriefen, sondern auch eine Hieronymusbiographie (1962), die sowohl ein Zeugnis der Gelehrsamkeit des Erasmus als auch seines Ideales von einem Gelehrten ist.

Diese Biographie verdient mehr Aufmerksamkeit als bisher, nicht zuletzt dann, wenn Luthers Kritik an der Hieronymusrezeption des Erasmus erörtert wird.

Für die »ADAGIA« sind 7 Bde. geplant und drei (31-33) erschienen, von denen Band 32 (1989. 412 S.) I vi 1 bis I x 100 und Bd. 33 (1991. X, 479 S.) II i 1 bis II vi 100 umfassen. Dieses humanistische Sprichwörterlexikon ist bekanntlich ein unentbehrliches Hilfsmittel für die Interpretation von Zitaten in den Briefen und in der Literatur des 16. Jh., weil es nicht nur diese Sprichwörter verifizieren hilft, sondern auch ein damals damit verbundenes Verständnis vermittelt. Die vorliegende Übersetzung hat den Vorzug, daß sie zunächst das Sprichtwort in seiner lateinischen Fassung bietet, ehe dessen Übersetzung angeboten wird, und ebenso mit den griechischen Zitaten in den Erläuterungen verfährt. Jedem Band ist eine Übersicht beigegeben, die die Sprichwörter in lateinischer und englischer Fassung in der Reihenfolge der »Adagia« auflistet. Es bleibt zu hoffen, daß das Werk mit einem alphabetisch geordneten Register abgeschlossen wird. Band 30 mit der Einleitung steht noch aus.

Die kurzen Hinweise lassen zur Genüge erkennen, daß die »Collected works of Erasmus« nicht nur im englischsprachigen Raum Aufmerksamkeit verdienen.

Lutherbibliographie 1993

Mit Professor Dr. José J. Alemany, Madrid (Spanien); Dr. Matthieu Arnold, Strasbourg (Frankreich); Dr. Hans Ulrich Bächtold, Zürich (Schweiz); Professor Dr. Johannes P. Boendermaker, Amsterdam (Niederlande); Professor Dr. Tibor Fabiny, Budapest (Ungarn); Professor Dr. Joachim Fischer, São Leopoldo (Brasilien); Professor Dr. Bengt Hägglund, Lund (Schweden); Gerhard Hammer, Tübingen (Deutschland); Førstelektor Dr. Oddvar J. Jensen, Bergen-Sandviken (Norwegen); Dozent Dr. Igor Kišš, Bratislava (Tschechoslowakei); Professor Dr. Steffen Kjeldgaard-Pedersen, Roskilde (Dänemark); Universitätsassistent Dr. Rudolf Leeb, Wien (Österreich); Bischof Sen. D. Janusz Narzyński, Warszawa (Polen); Liisa Rajamäki, Helsinki (Finnland); Dr. Louis J. Reith, Washington, D.C. (USA); Dozentin Dr. Noemi Rejchrtová, Praha (Tschechoslowakei); Professor Dr. Paolo Ricca, Roma (Italien); Professor Dr. Maurice E. Schild, Adelaide (Australien) und Professor Dr. Jos E. Vercruysse, Roma (Italien) bearbeitet von Professor Dr. Helmar Junghans, Wiss. Mitarbeiter Dr. Michael Beyer sowie Dr. Reinhard Junghans, Leipzig (Deutschland).

 Den Mitarbeitern der Universitätsbibliothek der Universität Leipzig sowie der Leiterin ihrer Zweigstelle Theologie und den Mitarbeitern von Die Deutsche Bibliothek – Deutsche Bücherei Leipzig und der Theologischen Abteilung der Universitätsbibliothek Tübingen danke ich für ihre Unterstützung herzlich. Ein besonderer Dank gilt der Fritz Thyssen Stiftung in Köln für die Finanzierung einer Computerausstattung zur Herstellung der LuB.

ABKÜRZUNGSVERZEICHNIS

1 Verlage und Verlagsorte

ADVA	Akademische Druck- und Verlagsanstalt	L	Leipzig
AnA	Ann Arbor, MI	LO	London
B	Berlin	LVH	Lutherisches Verlagshaus
BL	Basel	M	München
BP	Budapest	MEES	A Magyarországi Evangélikus Egyház
BR	Bratislava		Sajtóosztálya
ČSAV	Československá akadimie věd	MP	Minneapolis, MN
CV	Calwer Verlag	MRES	A Magyarországi Református Egyház
DA	Darmstadt		Zsinati Irodájának Sajtóosztálya
dtv	Deutscher Taschenbuch Verlag	MS	Münster
EPV	Evangelischer Presseverband	MZ	Mainz
EVA	Evangelische Verlagsanstalt	NK	Neukirchen-Vluyn
EVW	Evangelisches Verlagswerk	NV	Neukirchener Verlag
F	Frankfurt, Main	NY	New York, NY
FR	Freiburg im Breisgau	P	Paris
GÖ	Göttingen	PB	Paderborn
GÜ	Gütersloh	Phil	Philadelphia, PA
GVH	Gütersloher Verlagshaus	PR	Praha
HD	Heidelberg	PUF	Presses Universitaires de France
HH	Hamburg	PWN	Pánstwowe Wydawníctwo Naukowe

Q&M	Quelle & Meyer	UMI	University Microfilm International
S	Stuttgart	V&R	Vandenheock & Ruprecht
SAV	Slovenská akadémia vied	W	Wien
SH	Stockholm	WB	Wissenschaftliche Buchgesellschaft
StL	Saint Louis, MO	WZ	Warszawa
TÜ	Tübingen	ZH	Zürich

2 Zeitschriften, Jahrbücher

AEKHN	Amtsblatt der Evang. Kirche in Hessen und Nassau (Darmstadt)	EvEG	Evangelium – ›euaggelion‹ – Gospel (Bremen)
AG	Amt und Gemeinde (Wien)	EvK	Evangelische Kommentare (Stuttgart)
AGB	Archiv für Geschichte des Buchwesens (Frankfurt, Main)	EvTH	Evangelische Theologie (München)
		GuJ	Gutenberg-Jahrbuch (Mainz)
AKultG	Archiv für Kulturgeschichte (Münster; Köln)	GWU	Geschichte in Wissenschaft und Unterricht (Offenburg)
ALW	Archiv für Liturgiewissenschaft (Regensburg)	He	Helikon (Budapest)
		HThR	The Harvard theological review (Cambridge, MA)
ARG	Archiv für Reformationsgeschichte (Gütersloh)	HZ	Historische Zeitschrift (München)
ARGBL	ARG: Beiheft Literaturbericht (Gütersloh)	IL	Igreja Luterana (Porto Alegre)
BEDS	Beiträge zur Erforschung der deutschen Sprache (Leipzig)	ITK	Irodalomtörténeti Közlemények (Budapest)
		JBrKG	Jahrbuch für Berlin-Brandenburgische Kirchengeschichte (Berlin)
BGDS	Beiträge zur Geschichte der deutschen Sprache und Literatur (Tübingen)	JEH	Journal of ecclesiastical history (London)
BlPfKG	Blätter für pfälzische Kirchengeschichte und religiöse Volkskunde (Otterbach)	JHKV	Jahrbuch der Hessischen Kirchengeschichtlichen Vereinigung (Darmstadt)
BlWKG	Blätter für württembergische Kirchengeschichte (Stuttgart)	JLH	Jahrbuch für Liturgik und Hymnologie (Kassel)
BPF	Bulletin de la Societé de l'Histoire du Protestantisme Français (Paris)	JNKG	Jahrbuch der Gesellschaft für Niedersächsische Kirchengeschichte (Blomberg/Lippe)
BW	Die Bibel in der Welt (Stuttgart)		
ČČH	Československý časopis historický (Praha)	JGPrÖ	Jahrbuch für Geschichte des Protestantismus in Österreich (Wien)
CCL	Concilium (Zürich; Mainz)		
ChH	Church history (Chicago, IL)	JRG	Jahrbuch für Regionalgeschichte (Weimar)
CJ	Concordia journal (Saint Louis, MO)	JWKG	Jahrbuch für Westfälische Kirchengeschichte (Lengerich/Westf.)
CL	Cirkevné listy (Bratislava)		
Cath	Catholica (Münster)	KÅ	Kyrkohistoriskårskrift (Uppsala; Stockholm)
CThQ	Concordia theological quarterly (Fort Wayne, IN)		
		KD	Kerygma und Dogma (Göttingen)
CTM	Currents in theology and mission (Chicago, IL)	KR	Křestanská revue (Praha)
		LF	Listy filologické (Praha)
DLZ	Deutsche Literaturzeitung (Berlin)	LK	Luthersk kirketidende (Oslo)
DPfBl	Deutsches Pfarrerblatt (Essen)	LM	Lutherische Monatshefte (Hamburg)
DTT	Dansk teologisk tidsskrift (København)	LP	Lelkipásztor (Budapest)
		LQ	Lutheran quarterly N. S. (Milwaukee, WI)
EÉ	Evangélikus Élet (Budapest)	LR	Lutherische Rundschau (Stuttgart)
EN	Evangélikus Naptár az … évre (Budapest)	LThJ	Lutheran theological journal (Adelaide, South Australia)
EP	Evanjelický Posol spod Tatier (Liptovsky Mikuláš)		
		LThK	Lutherische Theologie und Kirche (Oberursel)
EThR	Etudes théologiques et religieuses (Montpellier)		
		Lu	Luther: Zeitschrift der Luther-Gesellschaft (Göttingen)
EvD	Evangelische Diaspora (Kassel)		

LuB	Lutherbibliographie	Te	Teológia (Budapest)
LuJ	Lutherjahrbuch (Göttingen)	ThLZ	Theologische Literaturzeitung (Berlin)
MD	Materialdienst des Konfessionskundlichen Institutes (Bensheim)	ThPh	Theologie und Philosophie (Freiburg im Breisgau)
MEKGR	Monatshefte für evangelische Kirchengeschichte des Rheinlandes (Köln)	ThPr	Theologia practica (Hamburg)
		ThR	Theologische Rundschau (Tübingen)
MKSz	Magyar Könyvszemle (Budapest)	ThRe	Theologische Revue (Münster)
ML	Martin Luther (Wien)	ThSz	Teológiai Szemle (Budapest)
NAKG	Nederlands archief voor kerkgeschiedenis (Leiden)	ThV	Theologische Versuche (Berlin)
		ThZ	Theologische Zeitschrift (Basel)
NELKB	Nachrichten der Evangelisch-Lutherischen Kirche in Bayern (München)	TRE	Theologische Realenzyklopädie (Berlin; New York, NY)
NTT	Norsk teologisk tidsskrift (Oslo)	TTK	Tidsskrift for teologi og kirke (Oslo)
NZSTh	Neue Zeitschrift für systematische Theologie und Religionsphilosophie (Berlin)	US	Una sancta (München)
		VE	Vox evangelii (Buenos Aires)
ODR	Ortodoxia: Revista Patriarhiei Romine (Bucureşti)	Vi	Világosság (Budapest)
		Vig	Vigilia (Budapest)
ORP	Odrodzenie i reformacja w Polsce (Warszawa)	WZ...	Wissenschaftliche Zeitschrift der Universität in ... Gesellschafts- und sprachwissenschaftliche Reihe
PBl	Pastoralblätter (Stuttgart)		
PL	Positions luthériennes (Paris)	ZBKG	Zeitschrift für bayerische Kirchengeschichte (Nürnberg)
PrL	Přítel lidu – Przyjaciel ludu (Český Těšín)	ZDZ	Die Zeichen der Zeit (Berlin)
Pro	Protestantesimo (Roma)	ZEvE	Zeitschrift für evangelische Ethik (Gütersloh)
PTh	Pastoraltheologie (Göttingen)		
RE	Református Egyház (Budapest)	ZEvKR	Zeitschrift für evangelisches Kirchenrecht (Tübingen)
RHE	Revue d'histoire ecclésiastique (Louvain)		
RHPhR	Revue d'histoire et de philosophie religieuses (Paris)	ZGW	Zeitschrift für Geschichtswissenschaft (Berlin)
		ZKG	Zeitschrift für Kirchengeschichte (Stuttgart)
RL	Reformátusok Lapja (Budapest)	ZKTh	Zeitschrift für katholische Theologie (Wien)
RSz	Református Szemle (Kolozsvár, Rumänien)		
		ZRGG	Zeitschrift für Religions- und Geistesgeschichte (Köln)
RW	Rondom het woord (Hilversum)		
SCJ	The sixteenth century journal (Kirksville, MO)	ZSRG	Zeitschrift der Savigny-Stiftung für Rechtsgeschichte: Kanonistische Abteilung (Wien; Köln)
SSLW	Schriftenreihe der Staatlichen Lutherhalle Wittenberg (Lutherstadt Wittenberg)		
		ZThK	Zeitschrift für Theologie und Kirche (Tübingen)
STK	Svensk teologisk kvartalskrift (Lund)		
StZ	Stimmen der Zeit (Freiburg im Breisgau)	ZW	Zeitwende (Gütersloh)
TA	Teologinen aikakauskirja / Teologisk tidskrift (Helsinki)	Zw	Zwingliana (Zürich)

3   Umfang der Ausführungen über Luther

L"	Luther wird wiederholt gestreift.	L 2-7+"	Luther wird auf diesen Seiten ausführlich behandelt und sonst wiederholt gestreift.
L 2-7	Luther wird auf diesen Seiten ausführlich behandelt.	L*	Die Arbeit konnte nicht eingesehen werden.

SAMMELSCHRIFTEN

01 **Academia et ecclesia = Studia in honorem Frederic Cleve**/ hrsg. von Hans-Olav Kvist. Åbo: Åbo Akademis, 1991. 268 S. – Siehe Nr. 458. 464.

02 **Æquitas, æqualitas, auctoritas:** raison théorique et légitimation de l'autorité dans le XVIe siècle européen: theoretical reason and legitimation of authority in XVIth century Europe/ unter Leitung von Danièle Letocha. P: Vrin, 1992. XVIII, 359 S. (De Pétrarque à Descartes; 54) – Siehe Nr. 288. 459 f. 587.

03 Aland, Kurt: **Supplementa zu den Neutestamentlichen und Kirchengeschichtlichen Entwürfen:** zum 75. Geburtstag/ hrsg. von Beate Köster ... B; NY: de Gruyter, 1990, VI, 516 S. – Siehe Nr. 123. 443. 539. 849. 1107. 1116.

04 Amberg, Ernst-Heinz: **Zur Erkenntnis der Wahrheit kommen:** theologische Aufsätze und Betrachtungen/ eingel. und hrsg. von Martin Petzoldt. L: EVA, 1992. 301 S.: 1 Portr. – Siehe Nr. 162. 916-920. 983.

05 **Anthropologie und Christologie**/ hrsg. von Joachim Heubach. Erlangen: Martin-Luther-Verlag, 1990. 94 S. (Veröffentlichungen der Luther-Akademie Ratzeburg; 15) – Siehe Nr. 166. 819.

06 Bayer, Oswald: **Rechtfertigung.** Neuendettelsau: Freimund, 1991. 56 S. (Luth. Verantwortung heute) – Siehe Nr. 248 f.

07 **Bilder und ihre Macht:** zum Verhältnis von Kunst und christlicher Religion/ hrsg. von Horst Schwebel; Andreas Mertin. S: Kath. Bibelwerk, 1989. 252 S.: Ill. – Siehe Nr. 690. 905.

08 **Die Bildung des frühmodernen Staates:** Stände und Konfessionen/ hrsg. von Heiner Timmermann. Saarbrücken-Scheidt: Dadder, 1989. 430 S. (Forum: Politik; 6) (Dokumente und Schriften der Europäischen Akademie Otzenhausen; 62) – Siehe Nr. 474. 696.

09 **Blätter für Sächsische Heimatkunde:** Mitteilungen der Studiengruppe für Sächsische Geschichte und Kultur München/ hrsg. von der Studiengruppe für Sächsische Geschichte und Kultur München; Redaktion: Albert Herzog zu Sachsen ... M: Mühlbauer-Druck, 1991. 80 S.: Ill. – Siehe Nr. 148. 526.

010 **Cracovia litterarum:** kultura umysłowa i literacka Krakowa i Małopolski w dobie Renesansu (Cracovia litterarum: die geistige und literarische Kultur Krakaus und Kleinpolens im Zeitalter der Renaissance)/ Redaktion: Tadeusz Ulewicz. Wrocław: Zakład Narodowy im. Ossolińskich, 1991. 674 S. (Polska Akademia Nauk: Oddział w Krakowie) – Siehe Nr. 565. 783.

011 Deppermann, Klaus: **Protestantische Profile von Luther bis Francke:** sozialgeschichtliche Aspekte/ hrsg. von Thomas Baumann ... GÖ: V&R, 1992. 111 S. (Kleine Vandenhoeck-Reihe; 1561) – Siehe Nr. 449. 594. 625. 927.

012 **Divergenzen in der Mariologie:** zur ökumenischen Diskussion um die Mutter Jesu/ im Auftrag der deutschen Arbeitsgemeinschaft für Mariologie hrsg. von Heinrich Petri. Regensburg: Pustet, 1989. 102 S. (Mariologische Studien; 7) – Siehe Nr. 417. 438.

013 **Erzbischof Albrecht von Brandenburg (1490-1545):** ein Kirchen- und Reichsfürst der Frühen Neuzeit/ hrsg. von Friedhelm Jürgensmeier. F: Knecht, 1991. 539 S.: 1 Frontispiz, 5 Ill. (Beiträge zur Mainzer Kirchengeschichte; 3) – Siehe Nr. 124. 130. 549 f. 553. 559. 573. 588. 692. 695. 697. 704 f.

014 **Evangelisch-Lutherische Kirche in Brasilien:** Nachfolge Jesu – Wege der Befreiung/ Institut für Brasilienkunde; hrsg. von Ulrich Schoenborn. Mettingen: Brasilienkunde, 1989. VII, 286 S. (Brasilien-Taschenbuch; 11) – Siehe Nr. 788. 995. 1103.

015 **Les frontières religieuses en Europe du XVe au XVIIe siècle = Actes du XXXIe Colloque international d'Études humanistes**/ unter Leitung von Alain Ducellier ... hrsg. von Robert Sauzet. P: Vrin, 1992. 351 S. (De Pétrarque à Descartes; 55) – Siehe Nr. 547. 552. 811. 830. 847.

016 **Geloof dat te denken geeft = Opstellen aangeboden aan Prof. Dr. H. M. Kuiter** (Glauben, der zu denken gibt = Prof. Dr. H. M. Kuitert gewidmete Aufsätze)/ hrsg. von K. U[lrich] Gäbler ... Baarn: ten Have, 1989. 336 S.: 1 Frontispiz. – Siehe Nr. 314. 1112.

017 Haas, Alois Maria: **Gottleiden – Gottlieben:** zur volkssprachlichen Mystik im Mittelalter. F: Insel, 1989. 521 S. – Bespr.: Benrath, Gustav A.: ARGBL 20 (1991), 14 f. – Siehe Nr. 481 f.

018 **Handbuch der Fundamentaltheologie**/ hrgs. von Walter Kern ... Bd. 4: **Traktat theologische Erkenntnislehre. Schlußteil: Reflexionen und Fundamentaltheologie**/ mit Beitr. von Avery Dulles ... FR; BL; W: Herder, 1988. 544 S. – Siehe Nr. 263. 331. 348. 370. 454 f. 487.

019 **Handbuch der Geschichte des bayerischen Bildungswesens.** Bd. 1: **Geschichte der Schule in Bayern:** von den Anfängen bis 1800/ in Verb. mit

Gernoth Breitschuh ... hrsg. von Max Liedtke. Bad Heilbrunn/Obb.: Klinkhardt, 1991. 796 S.: Ill. – Siehe Nr. 402. 404. 435. 711. 713. 715. 718 f. 721 f.

020 **Hansische Stadtgeschichte – Brandenburgische Landesgeschichte:** Eckhard Müller-Mertens zum 65. Geburtstag/ hrsg. von Evamaria Engel ... Weimar: Böhlau, 1989. 279 S., 1 Frontispiz. (Hansische Studien; 8) (Abhandlungen zur Handels- und Sozialgeschichte; 26) – Siehe Nr. 725. 732 f.

021 **The harvest of humanism in central Europe = Essays in honor of Lewis W. Spitz**/ hrsg. von Manfred P. Fleischer. StL: Concordia, 1992. 389 S.: Ill., Kt., 1 Frontispiz. – Siehe Nr. 564. 572. 823. 828. 836. 841. 848. 1122. 1130.

022 **Der Heilige Geist im Verständnis Luthers und der lutherischen Theologie**/ hrsg. von Joachim Heubach. Erlangen: Martin-Luther-Verlag, 1990. 118 S. (Veröffentlichungen der Luther-Akademie Ratzeburg; 17) – Siehe Nr. 174. 812. 1022. 1089.

023 **Im Lichte der Reformation 33 = Rechtfertigung und Gerechtigkeit**/ hrsg. von Walter Fleischmann-Bisten. GÖ: V&R, 1990. 120 S. (Jahrbuch des Evang. Bundes; 33) – Siehe Nr. 236. 253. 1019. 1091.

024 **Im Lichte der Reformation 34 = Evangelische Frömmigkeit**/ hrsg. von Walter Fleischmann-Bisten. GÖ: V&R, 1991. 151 S. (Jahrbuch des Evang. Bundes; 34) – Siehe Nr. 268. 342. 990. 1004. 1017.

025 **Jan Kochanowski 1584-1984:** epoka – twórczość – recepcja (Jan Kochanowski 1584-1984: Epoche – Werk – Rezeption)/ hrsg. von Janusz Pelc ... Bd. 1. Lublin: Wydawnictwo Lubelskie, 1989. 556 S. – Siehe Nr. 567. 774.

026 Japsert, Bernd; Ratschow, Carl Heinz: **Paul Tillich:** ein Leben für die Religion. Kassel: EPV, 1987. 85 S. (Didaskalia; 32) – Siehe Nr. 944. 964.

027 Jaspert, Bernd: **Theologie und Geschichte:** gesammelte Aufsätze. Bd. 1. F; Bern; NY; P: Lang, 1989. 417 S. (Europäische Hochschulschriften: Reihe 23: Theologie; 369) – Siehe Nr. 485. 792. 1021.

028 **Kirche und Nationalsozialismus**/ unter Mitarb. von Dirk Acksteiner ... hrsg. von Wolfgang Stegemann. 2., überarb. und erw. Aufl. S: Kohlhammer, 1992. 176 S. – Siehe Nr. 674. 938.

029 **Klassiker der Religionspädagogik**/ hrsg. von Henning Schröer und Dietrich Zilleßen. F: Diesterweg, 1989. 304 S. – Bespr.: Asendorf, Ulrich: LM 30 (1991), 40. – Siehe Nr. 401. 534. 850. 957.

030 **Die Kunst des Unterscheidens**/ hrsg. von Joachim Heubach. Erlangen: Martin-Luther-Verlag, 1990. 109 S. (Veröffentlichungen der Luther-Akademie Ratzeburg; 14) – Siehe Nr. 154. 187. 246. 1028.

031 **Die Lehrverurteilungen des 16. Jahrhunderts im ökumenischen Gespräch:** gemeinsame Stellungnahme und Beiträge zu einer Studie des Ökumenischen Arbeitskreises evangelischer und katholischer Theologen in der Bundesrepublik Deutschland/ im Auftrag des »Ökumenisch-Theol. Arbeitskreises« hrsg. von Ulrich Kühn und Lothar Ullrich. L: Benno, 1992. 158 S. – Siehe Nr. 235. 273. 1006.

032 **La liberté de conscience (XVIe-XVIIe siècles) = Actes du colloque de Mulhouse et de Bâle (1989)**/ hrsg. von Hans R. Guggisberg ... Genève: Droz, 1991. 375 S. (Etudes de philologie et d'histoire; 44) – Siehe Nr. 651. 670. 716.

033 **Literatur Lexikon:** Autoren und Werke deutscher Sprache/ hrsg. von Walther Killy unter Mitarb. von Hans Fromm ... Bd. 1: **A-Bis.** GÜ: Bertelsmann Lexikon, 1988. 524 S.: Taf. – Siehe Nr. 515. 523. 528. 540. 557. 561. 702.

034 **Literatur Lexikon:** Autoren und Werke deutscher Sprache/ hrsg. von Walther Killy unter Mitarb. von Hans Fromm ... Bd. 8: **Mat-Ord.** GÜ: Bertelsmann Lexikon, 1990. 512 S.: Ill. – Siehe LuB 1992, Nr. 815; LuB 1993, Nr. 531. 593. 643.

035 **Le livre religieux et ses pratiques:** études sur l'histoire du livre religieux en Allemagne et en France à l'époque moderne/ hrsg. von Hans Erich Bödeker ... GÖ: V&R, 1991. 415 S. (Veröffentlichungen des Max-Planck-Instituts für Geschichte; 101) – Siehe Nr. 729. 805.

036 **Luther als Seelsorger**/ hrsg. von Joachim Heubach. Erlangen: Martin-Luther-Verlag, 1991. 127 S. (Veröffentlichungen der Luther-Akademie Ratzeburg; 18) – Siehe Nr. 231. 277. 498. 1053. [Vgl. die nachfolgende Nr.].

037 **Luther als Seelsorger**/ hrsg. von Joachim Heubach. Verb. Nachdruck der 1. Aufl. Erlangen: Martin-Luther-Verlag, 1991. 127 S. (Veröffentlichungen der Luther-Akademie Ratzeburg; 18) – Siehe Nr. 232. 278. 499. 1054. [Vgl. die vorangehende Nr.].

038 **Lutherjahrbuch:** Organ der internationalen Lutherforschung/ im Auftrag der Luther-Gesellschaft hrsg. von Helmar Junghans. Bd. 59. GÖ: V&R, 1992. 264 S. – Siehe Nr. 2. 21. 228. 262. 322. 825. 861. 1101. 1129. 1133.

039 **Maria – mater fidelium = Mutter der Glaubenden:** Madonnen von 1350-1800: Ausstellung zum Marianisch-Mariologischen Weltkongreß

1987 in Kevelaer, Bundesrepublik Deutschland: Festschrift/ Hrsg.: Internationaler Mariologischer Arbeitskreis (IMAK); Konzeption und red. Zusammenstellung: Willy Schmitt-Lieb. Würzburg: Echter, 1987, 880 S.: Ill., Noten. L". (Marianische Schriften des Internationalen Mariologischen Arbeitksreises Kevelaer) [Einbandtitel: Das Marienbild im Wandel von 1300 bis 1800] – Siehe Nr. 434. 436. 1025.

040 **Martin Bucer:** Strasbourg et l'Europe = **Exposition à l'occasion du 500ᵉ anniversaire du réformateur strasbourgeois Martin Bucer:** 1491-1991: Strasbourg – Eglise Saint-Thomas, 13 juillet – 19 octobre 1991/ Katalog hrsg. unter konzeptioneller Mitarb. von Marc Lienhard und Jean Rott von Christian Krieger und Frank Müller. [Strasbourg]: Finkmatt, [1991]. 182 S.: Ill. – Siehe Nr. 94. 634. 638. 653.

041 **Nehmt und lest!:** 2000 Jahre Bibelauslegung/ hrsg. von Kurt Rommel. Bd. 1: **Von den Anfängen bis zur Reformation.** S: Quell, 1989. 216 S. – Siehe Nr. 367. 527. 576. 633. 640. 642.

042 **Öffentliche Festkultur:** politische Feste in Deutschland von der Aufklärung bis zum ersten Weltkrieg/ hrsg. von Dieter Düdig ... Reinbek bei HH: Rowohlt-Taschenbuch, 1988. 412 S. (Rowohlts Enzyklopädie; 462: Kulturen und Ideen) – Siehe Nr. 887 f.

043 **Der Ost- und Nordseeraum:** Politik – Ideologie – Kultur vom 12. bis 17. Jahrhundert/ hrsg. von Konrad Fritze ... Weimar: Böhlau, 1986. 208 S. (Hansische Studien; 7) (Abhandlungen zur Handels- und Sozialgeschichte; 25) – Siehe Nr. 332. 772.

044 **Papsttum und Kirchenreform:** historische Beiträge = **Festschrift für Georg Schwaiger zum 65. Geburtstag**/ hrsg. von Manfred Weitlauff und Karl Hausberger. St. Ottilien: EOS, 1990. XX, 812 S. – Siehe LuB 1991, Nr. 492; LuB 1993, Nr. 488. 560.

045 **Protestantische Ethik zwischen Selbstliebe und Nächstenliebe = Dokumentation einer Tagung der Evangelischen Akademie Loccum vom 30. Oktober bis 1. November 1987/** hrsg. von Wolfgang Greive = Loccumer Protokolle 58 (1987). 153 S. – Siehe Nr. 276. 306.

046 Rade, Martin: **Ausgewählte Schriften.** Bd. 3: **Recht und Glaube**/ mit einer Einl. hrsg. von Christoph Schwöbel. GÜ: GVH, 1988. 211 S. – Siehe Nr. 209. 239. 266. 297. 904. 912. 962.

047 **Das Regensburger Religionsgespräch im Jahr 1541:** Rückblick und aktuelle ökumenische Perspektiven/ von Hans-Martin Barth ... Regensburg: Pustet, 1992. 123 S. ([Tagungen der Kath. Akademie in Bayern und der Evang. Akademie Tutzing]) – Siehe Nr. 512. 548. 644.

048 **Releitura da teologia de Lutero em contextos do Terceiro Mundo:** Conferência de Educadores Teológicos Luteranos do Terceiro Mundo, São Leopoldo, Brasil, 5 a 11 de setembrode de 1988 (Überdenken von Luthers Theologie im Kontext der Dritten Welt: Konferenz der lutherischen theologischen Erzieher in der Dritten Welt, São Leopoldo, Brasilien, 5.-11. September 1988]/ hrsg. von Nelson Kirst. São Leopoldo: Escola Superior de Teologia, 1990. 119 S.: Ill. (Estudos teológicos; 30: número especial) [Engl. Ausgabe vgl. LuB 1992, Nr. 038] – Siehe Nr. 982. 987. 1000. 1023. 1044. 1055. 1069. 1079.

049 **Renaissance und Barock:** 1400-1700/ Gesamtplan und Redaktion: Erika Wischer. Lizenzausgabe. F: Ulstein, 1988. 620 S.: Ill. (Propyläen Geschichte der Literatur: Literatur und Gesellschaft der westlichen Welt; 3) – Siehe Nr. 333. 350. 366. 400. 451. 467. 754.

050 **Renaissance-Humanismus:** Zugänge zur Bildungstheorie der frühen Neuzeit/ hrsg. von Jörg Ruhloff. Essen: Die Blaue Eule, 1989. 420 S.: 22 Ill. (Bildung und Selbstinterpretation; 2) – Siehe Nr. 409. 415. 580.

051 **Rhetorik zwischen den Wissenschaften:** Geschichte, System, Praxis als Probleme des »Historischen Wörterbuchs der Rhetorik«/ hrsg. von Gert Ueding. TÜ: Niemeyer, 1991. VII, 379 S.: Noten. (Rhetorik-Forschungen; 1) – Siehe LuB 1992, Nr. 284; LuB 1993, Nr. 361.

052 Rott, Jean: **Investigationes historicae:** églises et société au XVIᵉ siècle: gesammelte Aufsätze zur Kirchen- und Sozialgeschichte/ zsgest. und hrsg. von Marijn de Kroon und Marc Lienhard. Bd. 1. Strasbourg: Oberlin, 1986. XXXIII, 574 S.: Ill., Faks., 1 Portr. (Société Savante d'Alsace et des Regions de l'Est: collection »Grandes publications«; 31) – Siehe Nr. 17. 583. 610. 647. 657. 661. 723. 1132.

053 Rott, Jean: **Investigationes historicae:** églises et société au XVIᵉ siècle: gesammelte Aufsätze zur Kirchen- und Sozialgeschichte/ zsgest. und hrsg. von Marijn de Kroon und Marc Lienhard. Bd. 2. Strasbourg: Oberlin, 1986. X, 725 S.: Ill., Faks., 1 Portr. (Société Savante d'Alsace et des Regions de l'Est: collection »Grandes publications«; 32) – Siehe Nr. 18. 582. 656. 658-660. 662-664.

054 Schäfer, Rolf: **Gotteslehre und kirchliche Praxis:** ausgewählte Aufsätze/ hrsg. von Ulrich Köpf und Reinhard Rittner. TÜ: Mohr, 1991. VI, 345 S. – Siehe Nr. 227. 241. 352. 1080.

055 **Ein Schritt zur Einheit der Kirchen:** können die

gegenseitigen Lehrverurteilungen aufgehoben werden?/ Wolf-Dieter Hauschild... Regensburg: Pustet, 1986. 147 S. – Siehe LuB 1991, Nr. 248; LuB 1993, Nr. 199. 208. 1047. 1106.

056 **Sola scriptura:** das reformatorische Schriftprinzip in der säkularen Welt/ hrsg. von Hans Heinrich Schmid und Joachim Mehlhausen. GÜ: GVH, 1991. 374 S. (Veröffentlichungen der Wissenschaftlichen Gesellschaft für Theologie) – Siehe Nr. 315. 368. 1014. 1061.

057 **Staat und Kirche:** Beiträge zur zweiten Melanchthonpreisverleihung 1991/ hrsg. von Stefan Rhein. Sigmaringen: Thorbecke, 1992. 105 S.: Taf. (Melanchthon-Schriften der Stadt Bretten; 2) – Siehe Nr. 105. 519.

058 **Stammbücher des 16. Jahrhunderts/** hrsg. von Wolfgang Klose. Wiesbaden: Harrassowitz, 1989. 171 S.: 5 Ill. (Wolfenbütteler Forschungen; 42) – Siehe Nr. 504f. 518.

059 **Sztuka miast i mieszczaństwa XV-XVIII w Europie Środowowschodniej** (Die Kunst der Städte des Bürgertums 15.-18. Jh. in Ostmitteleuropa/ hrsg. von Jan Harasimowicz. WZ: PWN, 1990. 477 S. – Siehe Nr. 684. 688. 813. 818.

060 **Le temps des Réformes et la Bible/** unter Leitung von Guy Bedouelle und Bernard Roussel. P: Beauchesne, 1989. 811 S. (Bible de tous les temps; 5) – Bespr.: Pitassi, Maria-Cristina: ZKG 102 (1991), 256f; Reyff, Simone de: Freiburger Zeitschrift für Philosophie und Theologie 37 (Freiburg/Schweiz 1990), 278-282; Vogler, Bernard: ARGBL 20 (1991), 24. – Siehe LuB 1991, Nr. 464f. 474; LuB 1993, Nr. 307. 392.

061 **Theología alemana y teología latinoamericana de la liberación:** un esfuerzo de diálogo (Deutsche Theologie und lateinamerikanische Befreiungstheologie: ein Dialogversuch)/ hrsg. von Franz J. Hinkelammert... San José [Costa Rica]: Dei, 1990. 124 S. (Colección historia de la iglesia y de la teolgía) – Siehe Nr. 155. 444. 513. 613.

062 [Tillich, Paul]: **Paul Tillich:** theologian of the boundaries/ hrsg. von Mark Kline Taylor. LO; San Francisco; Ottawa; Dublin; Blackburn: Colin, 1987. 351 S.: Ill. (The making of modern theology; 2) – Siehe Nr. 974-976.

063 **The transmission of ideas in the Lutheran Reformation/** hrsg. von Helga Robinson-Hammerstein. Dublin: Irish Academic, 1989. 192 S.: 1 Ill. – Bespr.: Beylor, Michael G.: ARGBL 18 (1989), 32f. – Siehe Nr. 95. 240. 338. 357. 391. 509. 517. 724.

064 **Verspätete Orthodoxie:** über D. Johann Melchior Goeze (1717-1786)/ hrsg. von Heimo Reinitzer und Walter Sparn. Wiesbaden: Harrassowitz, 1989. 220 S.: Ill., Kt. (Wolfenbütteler Forschungen; 45) – Siehe Nr. 854. 870. 875.

065 **450 Jahre Reformation:** Schorndorf im Spätmittelalter und in der Reformationszeit = **Eine Ausstellung des Stadtarchivs Schorndorfs im Rathaus der Stadt, 22. November bis 20. Dezember 1987/** Katalogbearb.: Reinhold Scheel; Uwe Jens Wandel. Schorndorf: Bürgermeisteramt, 1987. 155 S.: Ill. (Schriftenreihe des Stadtarchivs Schorndorf; 2) – Siehe Nr. 89. 200. 207. 707.

066 **Von der Reformation zur Aufklärung:** Vorträge/ von Peter C. Bloth ... Symposion der Evang. Theologie im Fachbereich 2, Geschichte – Philosophie – Theologie, der Bergischen Universität – Gesamthochschule Wuppertal am 21. Juni 1991 anläßlich des 60. Geburtstages von Martin Schloemann hrsg. von Wilfried Eckey. Wuppertal: Universität – Gesamthochschule, 1991. 75 S. – Siehe Nr. 395. 831.

067 **Voor de achtste dag:** het Oude Testament in de Eredienst = **Een bundel opstellen voor J[ohannes] P. Boendermaker** (Für den achten Tag: das Alte Testament im Gottesdienst = Aufsätze für J[ohannes] P. Boendermaker)/ hrsg. von Horst van der Kees ... Kampen: Kok, 1990. 342 S. – Siehe Nr. 164. 372f. 378.

068 **Die Zeit der Konfessionen:** (1530-1620/30) (Le temps des confessions [1530-1620/30] ⟨dt.⟩)/ hrsg. von Marc Venard. Deutsche Ausgabe/ bearb. und hrsg. von Heribert Smolinsky; übers. aus dem Franz.: Dorothee Becker ... FR; BL; W: Herder, 1992. XX, 1260 S.: Ill., Kt., Farbtaf. (Die Geschichte des Christentums: Religion, Politik, Kultur [Histoire du christianisme des origines à nos jours ⟨dt.⟩]; 8) – Siehe Nr. 214. 244. 309. 393. 511. 551. 627. 648. 650. 756. 762. 779. 806.

A QUELLEN

1 Quellenkunde

1 Braekman, Emile M[ichel]: **Protestantse drukken en prenten uit de hervormingstijd te Antwerpen = Tentoonstelling in het Stedelijk Prentenkabinet, Museum Plantin-Moretus, Antwerpen, van 23 april tot 25 augustus 1985:** Catalogus (Protestantische Drucke und Kupferstiche aus der Reformationszeit Antwerpens = Ausstellung im Stedelijk Prentenkabinet, ...: Katalog)/ Einl. von Francine de Nave: Hervorming en boekdrukkunst: Antwerpen als typografisch centrum in de 16de eeuw. Antwerpen: Société d'Histoire du Protestantisme Belge, 1985. 80, XII S.: 27 Ill. (Collection des etudes historiques; 8)

2 Brecht, Martin: **Das gestohlene Manuskript von Luthers Fastenpostille.** LuJ 59 (1992), 118-127.

3 **Card catalogue of printed books/** Lambeth Palace Library. Cambridge: Chadwyck-Healy, 1989. 544 Mikrofiches.

4 Delius, Hans-Ulrich: **Die Quellen von Martin Luthers Genesisvorlesung.** M: Kaiser, 1992. 96 S. (Beiträge zur evang. Theologie; 111)

5 Doering, Wilhelm: **Sammlung Doering:** Bestandsverzeichnis = **Katalog der Ausstellung:** zur Geschichte Pommerns und Preußens, Vorgänge und Ereignisse historischer Bedeutung, Autographen, Druckschriften u.a. aus der Sammlung Doering: 12. Juni bis 2. August 1987, Kiel, Schloß, Rantzaubau/ Katalogbearb.: Helga Wetzel, Kiel: Stiftung Döring 1987. 208 S.: Ill., 1 Kt. L 16f+".

6 **Fontes hymnodiae Neerlandicae impressi 1539-1700** = De moelodieën van het nederlandstalige geestelijke lied 1539-1700: een bibliografie van de gedrukte bronnen. (Die Melodien der niederl. geistlichen Lieder 1539-1700: eine Bibliographie der gedruckten Quellen)/ Caspar A. Höweler; Frits H. Matter. Nieuwkoop: de Graaf, 1985. LXIII, 400 S. L". (Bibliotheca bibliographica Neerlandica; 18)

7 **Hauswedell & Nolte, Hamburg:** 27. bis 30. November 1991. Weltkunst 61 (1991), 3562f.

8 Heijting, W.: **De catechismi en confessies in de Nederlandse Reformatie tot 1585:** with a summary in English = **The catechisms and confessions of faith in the Dutch Reformation to 1585.** Bd. 1: **Tekst** = Text. Nieuwkoop: de Graaf, 1989. IX, 413 S. (Bibliotheca bibliographica Neerlandica; 27 I) – Zugl.: Amsterdam, Univ., Diss.

9 Heijting, W.: **De catechismi en confessies in de Nederlandse Reformatie tot 1585:** with a summary in English = **The catechisms and confessions of faith in the Dutch Reformation to 1585.** Bd. 2: **Afbeeldingen en registers** = Images et tables des matières. Nieuwkoop: de Graaf, 1989. V, 380 S.: Faks. (Bibliotheca bibliographica Neerlandica; 27 II) – Zugl.: Amsterdam, Univ., Diss.

10 Kapp, Maria: »**Gute Lieder fleißig und mit allerlei Zierde zu drucken«:** Gesangbuchillustration als Wirkungsgeschichte einer Forderung Luthers. Lu 63 (1992), 14-20: Faks.

11 Kaufmann, Thomas: **Capito als heimlicher Propagandist der frühen Wittenberger Theologie:** zur Verfasserfrage einer anonymen Vorrede zu Thesen Karlstadts in der ersten Sammelausgabe von Schriften Luthers [Okt. 1518]. ZKG 103 (1992), 81-86.

12 Keil, Joachim: **Schriften der Lutherzeit.** [Stadt- und Kreisbibliothek Bautzen]. Bautzener Kulturschau 33 (1983) Heft 11, 21-24.: Ill.

13 Koehn, Horst: **Corpus doctrinae christianae als Sammlung von Lehrschriften der lutherischen Reformation:** Anmerkungen und Ergänzungen zu W[ilhelm] H. Neusers »Bibliographie der Confessio Augustana und Apologie 1530-1580«. Wolfenbütteler Notizen zur Buchgeschichte 16 (1991), 7-21.

14 Peter, Rodolphe; Gilmont, Jean-François: **Bibliotheca Calviniana:** les œuvres de Calvin publiées au XVIe s. Bd. 1: **Ecrits théologiques, littéraires et juridiques:** 1531-1554. Genève: Droz, 1991. 544 S.: Ill. (Travaux d'humanisme et Renaissance; 255)

15 **Polnische Drucke und Polonica 1501-1700:** Katalog der Herzog August Bibliothek Wolfenbüttel = **Druki polskie i polonica 1501-1700:** Katalog zbiorów Herzog August Bibliothek Wolfenbüttel. Bd. 1: **1501-1600.** Teil 1/ bearb. von Małgorzata Gołuszka und Marian Malicki. M; NY; LO; P: Saur, 1992. XXVII, 265 S.: Faks. L 265+".

16 Reiniger, Wolfgang: **Sickingens Ebernburg in der Publizistik 1520-1523.** BlPfKG 58 (1991) [293-314] = Ebernburg-Hefte 24 (1990), 85-100: Ill.

17 Rott, Jean: **Un recueil de correspondances strasbourgeoises du XVIe siècle à la Bibliothèque de Copenhague (Ms. Thott 497, 2°).** (1968). In: 052, 243-312.

18 Rott, Jean: **Die Überlieferung des Briefwechsels von Bullinger und den Zürchern mit Martin Bu-**

cer und den Straßburgern. (1975). In: 053, 235-264: Faks. L".

19 Schild, Maurice E.: **Early Lutheran printed books in South Australian collections.** Journal of the Historical Society of South Australia 19 (Adelaide 1991), 119-134. L".

20 Schilling, Johannes: **Lutherausgaben.** TRE 21 (1991), 594-599.

21 **Ein unbekannter Brief des Rates der Stadt Naumburg an der Saale an Martin Luther vom 16. Juli 1528/** hrsg. von Ernst Koch. LuJ 59 (1992), 115-117.

22 Wagner, Herbert H.: **Reiss & Auvermann, Königstein/Ts.:** 24. bis 28. Oktober 1989: [Auktion]. Weltkunst 60 (1990), 147f.

2 Wissenschaftliche Ausgaben und Übersetzungen der Werke Luthers sowie der biographischen Quellen

23 **Das Babstsche Gesangbuch von 1545.** Faksimiledruck [Geystliche ‖ Lieder. ‖ Mit einer newen vorrhede/ ‖ D. Mart. Luth. ‖ ... Leipzig/ ‖ ... M.D.XLV.]/ mit einem Geleitwort hrsg. von Konrad Ameln. 3. Aufl. Kassel; BL: Bärenreiter, 1988. 3-16, unpag. S. (Documenta musicologica; 38) – Bespr.: Blaufuß, Dietrich: ZBKG 60 (1991), 158f.

24 **Bremer Bibel/** auf der Grundlage der Lutherbibel von 1545/46 hrsg. von D. E. Sattler. Bd. 2: **Exodus.** Editionsausgabe. Bremen: Neue Bremer Presse, 1988. [Circa 85] S.

25 **Bremer Bibel/** auf der Grundlage der Lutherbibel von 1545/46 hrsg. von D. E. Sattler. Bd. 3: **Leviticus.** Editionsausgabe. Bremen: Neue Bremer Presse, 1989. [Circa 85] S.

26 **Bremer Bibel/** auf der Grundlage der Lutherbibel von 1545/46 hrsg. von D. E. Sattler. Bd. 4: **Numeri.** Editionsausgabe. Bremen: Neue Bremer Presse, 1989. [Circa 60] S.

27 **Bremer Bibel/** auf der Grundlage der Lutherbibel von 1545/46 hrsg. von D. E. Sattler. Bd. 5: **Deuteronomium.** Editionsausgabe. Bremen: Neue Bremer Presse, 1989. [Circa 60] S.

28 **Bremer Bibel/** auf der Grundlage der Lutherbibel von 1545/46 hrsg. von D. E. Sattler. Bd. 6: **Josua.** Editionsausgabe. Bremen: Neue Bremer Presse, 1989. [Circa 85] S.

29 **Bremer Bibel/** auf der Grundlage der Lutherbibel von 1545/46 hrsg. von D. E. Sattler. Bd. 7: **Samuel I.** Editionsausgabe. Bremen: Neue Bremer Presse, 1988. [Circa 85] S.

30 **Bremer Bibel/** auf der Grundlage der Lutherbibel von 1545/46 hrsg. von D. E. Sattler. Bd. 8: **Könige I.** Editionsausgabe. Bremen: Neue Bremer Presse, 1989. [Circa 80] S.

31 **Bremer Bibel/** auf der Grundlage der Lutherbibel von 1545/46 hrsg. von D. E. Sattler. Bd. 12: **Sprüche, Prediger, Hoheslied.** Editionsausgabe. Bremen: Neue Bremer Presse, 1989. [Circa 60] S.

32 **Bremer Bibel/** auf der Grundlage der Lutherbibel von 1545/46 hrsg. von D. E. Sattler. Bd. 13: **Jesaja.** Editionsausgabe. Bremen: Neue Bremer Presse, 1988. [Circa 85] S.

33 **Bremer Bibel/** auf der Grundlage der Lutherbibel von 1545/46 hrsg. von D. E. Sattler. Bd. 14: **Jeremia.** Editionsausgabe. Bremen: Neue Bremer Presse, 1989. [Circa 85] S.

34 **Bremer Bibel/** auf der Grundlage der Lutherbibel von 1545/46 hrsg. von D. E. Sattler. Bd. 15: **Hesekiel.** Editionsausgabe. Bremen: Neue Bremer Presse, 1989. [Circa 60] S.

35 **Bremer Bibel/** auf der Grundlage der Lutherbibel von 1545/46 hrsg. von D. E. Sattler. Bd. 16: **Daniel, Zwölf Propheten.** Editionsausgabe. Bremen: Neue Bremer Presse, 1990. [Circa 120] S.

36 **Bremer Bibel/** auf der Grundlage der Lutherbibel von 1545/46 hrsg. von D. E. Sattler. Bd. 18: **Marcus.** Editionsausgabe. Bremen: Neue Bremer Presse, 1989. [Circa 30] S.

37 **Bremer Bibel/** auf der Grundlage der Lutherbibel von 1545/46 hrsg. von D. E. Sattler. Bd. 19: **Lucas, Apostelgeschichte.** Editionsausgabe. Bremen: Neue Bremer Presse, 1990. [Circa 100] S.

38 **Bremer Bibel/** auf der Grundlage der Lutherbibel von 1545/46 hrsg. von D. E. Sattler. Bd. 21: **Episteln.** Editionsausgabe. Bremen: Neue Bremer Presse, 1990. [Circa 180] S.

39 **Christologie/** bearb. von Karl-Heinz Ohlig. Bd. 2: **Vom Mittelalter bis zur Gegenwart.** Graz; Köln: Styria, 1989. 239 S. L 84-96 (Nr. 194-204). (Texte zur Theologie: Abteilung Dogmatik; 4, 2)

40 Ebeling, Gerhard: **Todesangst und Lebenshoffnung: ein Brief Luthers.** ZThK 88 (1991), 181-210.

41 **Flugschriften des späteren 16. Jahrhunderts: 1531-1600/** hrsg. von Hans-Joachim Köhler. Bd. 1. Zug: IDC, 1990. 190 Microfiches.

42 **Konfesja Augsburska z 1530 r.** (Confessio Augustana ⟨poln.⟩)/ eingel. und übers. von Andrzej

Wantuła und Janusz Włodzimierz Jackowski. 2. Aufl. Bielsko-Biała: Ośrodek Wydawniczy »Augustana«, 1992. 63 S.

43 Luther, Martin: **An open letter to those in Frankfurt on the Main, 1533** (*Ein Brief an die zu Frankfurt am Main* ⟨engl.⟩)/ übers. von John. D. Vieker. CJ 16 (1990), 333-351.

44 [Luther, Martin] Lutero, Martin: **Opere scelte** (Ausgew. Werke ⟨ital.⟩)/ hrsg. unter Leitung von Paolo Ricca. Bd. 5: **Gli articoli che dovrebbero essere sottoposti da parte nostra al Concilio di Mantova, o in qualunque altro luogo sia convocato, e quel che possiamo accettare o concedere oppure no:** (1537-1538) (*Die Schmalkaldischen Artikel* ⟨ital.⟩). [Melanchthon, Philipp] Melantone, Filippo: **Trattato sul potere e sul primato del papa** (Tractatus de potestate et primatu papae ⟨ital.⟩)/ hrsg. und komm. von Paolo Ricca; übers. von Paolo Ricca; Elio Pizzo; Mathias Grube. Torino: Claudiana, 1992. 200 S.: Ill., Taf. [Einbandtitel: Lutero: Opere scelte 5: Gli Articoli di Smalcalda: i fondamenti della fede: (1537-38); Rückentitel: Lutero: Gli articoli di Smalcalda].

45 Luther, Martin: **Het hogepriesterlijk gebed, Joh. 17** (*Das [16. und] 17. Kapitel Johannes von dem Gebet Christi* ⟨niederl.⟩)/ übers. von K. Exalto. Houten: Den Hertog, 1989. 141 S.

46 Luther, Martin: **Studienausgabe.** Bd. 2/ in Zusammenarb. mit Helmar Junghans; Joachim Rogge und Günther Wartenberg hrsg. von Hans-Ulrich Delius. 2. Nachdruck der 1. Aufl. L: EVA, 1992. 558 S.

47 **Passio Lutheri** (Passio Doctoris Martini Lutheri ⟨finn.⟩)/ übers. von Simo Heininen. TA 96 (1991), 515-519.

3 Volkstümliche Ausgaben und Übersetzungen der Werke Luthers sowie der biographischen Quellen

a) Auswahl aus dem Gesamtwerk

48 Frieling, Reinhard; Schöpsdau, Walter: **Lehrverurteilungen damals und heute:** eine evangelische Arbeitshilfe zum Ergebnis der Gemeinsamen Ökumenischen Kommission. GÖ: V&R, 1987. 54 S. (Bensheimer Hefte; 67).

49 Luther, Martin: **An den christlichen Adel deutscher Nation. Von der Freiheit eines Christenmenschen** [u. a.]/ mit einer kurzen Biographie und einem Nachwort hrsg. von Ernst Kähler. Nachdruck. S: Reclam, 1990. 174 S. (Universal-Bibliothek; 1578)

50 [Luther, Martin]: **Begegnung mit Martin Luther/** hrsg. von Robert van de Weyer. Gießen; BL: Brunnen, 1991. 64 S. (Brunnen kleine Klassiker)

51 [Luther, Martin], Luther, Martti: **Kaste ja usko:** valikoima Lutherin kirjoituksia kasteesta ja lapsen uskosta (Ausgewählte Schriften Luthers zu Taufe und Kinderglauben)/ übers. und hrsg. von Eero Huovinen. Lapua: Herättäjä-Yhdistys, 1991. 123 S.

52 [Luther, Martin]: **Luther Deutsch:** die Werke Martin Luthers in neuer Auswahl für die Gegenwart/ hrsg. von Kurt Aland. Bd. 1: **Die Anfänge.** Nachdruck der 2., durchges. Aufl. GÖ, 1983. GÖ: V&R, 1991. 472 S. (UTB für Wissenschaft: Uni-Taschenbücher; 1656)

53 [Luther, Martin]: **Luther Deutsch:** die Werke Martin Luthers in neuer Auswahl für die Gegenwart/ hrsg. von Kurt Aland. Bd. 2: **Der Reformator.** Nachdruck der 2., durchges. Aufl. GÖ, 1981. GÖ: V&R, 1991. 400 S. (UTB für Wissenschaft: Uni-Taschenbücher; 1656)

54 [Luther, Martin]: **Luther Deutsch:** die Werke Martin Luthers in neuer Auswahl für die Gegenwart/ hrsg. von Kurt Aland. Bd. 3: **Der neue Glaube.** Nachdruck der 4., erw. Aufl. GÖ, 1983. GÖ: V&R, 1991. 396 S. (UTB für Wissenschaft: Uni-Taschenbücher; 1656)

55 [Luther, Martin]: **Luther Deutsch:** die Werke Martin Luthers in neuer Auswahl für die Gegenwart/ hrsg. von Kurt Aland. Bd. 4: **Der Kampf um die reine Lehre.** Nachdruck der 4. Aufl. GÖ, 1990. GÖ: V&R, 1991. 388 S. (UTB für Wissenschaft: Uni-Taschenbücher; 1656)

56 [Luther, Martin]: **Luther Deutsch:** die Werke Martin Luthers in neuer Auswahl für die Gegenwart/ hrsg. von Kurt Aland. Bd. 5: **Die Schriftauslegung.** Nachdruck der 4. Aufl. GÖ, 1990. GÖ: V&R, 1991. 400 S. (UTB für Wissenschaft: Uni-Taschenbücher; 1656)

57 [Luther, Martin]: **Luther Deutsch:** die Werke Martin Luthers in neuer Auswahl für die Gegenwart/ hrsg. von Kurt Aland. Bd. 6: **Kirche und Gemeinde.** Nachdruck der 3., durchges. Aufl. GÖ, 1983. GÖ: V&R, 1991. 369 S. (UTB für Wissenschaft: Uni-Taschenbücher; 1656)

58 [Luther, Martin]: **Luther Deutsch:** die Werke Martin Luthers in neuer Auswahl für die Gegenwart/ hrsg. von Kurt Aland. Bd. 7: **Der Christ in der Welt.** Nachdruck der 3., durchges. Aufl. GÖ, 1983. GÖ: V&R, 1991. 416 S. (UTB für Wissenschaft: Uni-Taschenbücher; 1656)

59 [Luther, Martin]: **Luther Deutsch:** die Werke Martin Luthers in neuer Auswahl für die Gegenwart/ hrsg. von Kurt Aland. Bd. 8: **Die Predigten.** Nachdruck der 3., durchges. Aufl. GÖ, 1983. GÖ: V&R, 1991. 476 S. (UTB für Wissenschaft: Uni-Taschenbücher; 1656)

60 [Luther, Martin]: **Luther Deutsch:** die Werke Martin Luthers in neuer Auswahl für die Gegenwart/ hrsg. von Kurt Aland. Bd. 9: **Die Tischreden.** Nachdruck der 4. Aufl. GÖ, 1983. GÖ: V&R, 304 S. (UTB für Wissenschaft: Uni-Taschenbücher; 1656)

61 [Luther, Martin]: **Luther Deutsch:** die Werke Martin Luthers in neuer Auswahl für die Gegenwart/ hrsg. von Kurt Aland. Bd. 10: **Die Briefe.** Nachdruck der 2. Aufl. GÖ, 1983. GÖ: V&R, 1991. 440 S. (UTB für Wissenschaft: Uni-Taschenbücher; 1656)

62 [Luther, Martin]: **Luther Deutsch:** die Werke Martin Luthers in neuer Auswahl für die Gegenwart/ hrsg. von Kurt Aland. **Registerband**/ bearb. von Michael Welte. Nachdruck der Ausgabe GÖ, 1974. GÖ: V&R, 1991. 206 S. (UTB für Wissenschaft: Uni-Taschenbücher; 1656)

63 Luther, Martin: **O dobrých skutcích:** Sermon von den guten Werckenn (Von den guten Werken ⟨tschech.⟩)/ übers. von Jindrich Schiller. Ein klein Unterricht was man in den Euangeliis suchen und gewaerten soll (Kirchenpostille [Sonderdruck: Ein kleiner Unterricht ...] ⟨tschech.⟩)/ übers. von Jan Lukáš. Der kleine Catechismus (Der kleine Katechismus ... ⟨tschech.⟩)/ übers. von Bedřich B. Bašus. PR: Kalich, 1987. 159 S.

64 **Mystisch-theosophische Texte der Neuzeit**/ hrsg. und mit einer Einleitung von Gerhard Wehr. ZH: Diogenes, 1989. 178 S. L 16-49. (Diogenes-Taschenbuch; 21808)

65 **Readings in the history of Christian theology**/ hrsg. von William C. Placher. Bd. 2.: **From the Reformation to the present.** Phil: Westminster, 1988. 213 S. L 12-19. 23-26.

b) Einzelschriften und Teile von ihnen

66 **Die Bibel:** mit Erklärungen: nach der Übersetzung Martin Luthers/ hrsg. vom Bund der Evang. Kirchen in der DDR und von der Evang. Kirche in Deutschland; Mitarb.: Dieter Baltzer ... 2. Aufl. B; Altenburg: Evang. Haupt-Bibelgesellschaft, 1990. 793, 726, 524 S.: Ill, Kt.

67 **Die Bibel:** nach der Übersetzung Martin Luthers/ hrsg. vom Bund der Evang. Kirchen in der DDR und von der Evang. Kirche in Deutschland. Bibeltext in der rev. Fassung von 1984. Taschenformat, 7. Aufl. B; Altenburg: Evang. Haupt-Bibelgesellschaft, 1991. 1306 S. in getr. Zählung: Kt.

68 **Die Bibel:** nach der Übersetzung Martin Luthers: mit Konkordanz/ hrsg. vom Bund der Evang. Kirchen in der DDR und von der Evang. Kirche in Deutschland. Bibeltext in der rev. Fassung von 1984. Taschenformat, 3. Aufl. B; Altenburg: Evang. Haupt-Bibelgesellschaft, 1991. [1599] S. in getr. Zählung: Kt.

69 **Die Bibel in Bildern:** 240 Darstellungen/ erfunden und auf Holz gezeichn. von Julius Schnorr von Carolsfeld; mit Bibeltexten nach Martin Luthers deutscher Übersetzung. Neuhausen-S: Hänssler, 1990. 254 S.: Ill.

70 **Bremer Gesangbuch**/ Bremische Evang. Kirche, Bremer Gesangbuchgesellschaft. Faksimile der Ausgabe Bremen, 1917. Bremen: Hauschild, [1987]. XI, [596], 33 S.: 3 Ill., 36 Vignetten.

71 **Kleine Konkordanz:** unter Benutzung des revidierten Luthertextes/ hrsg. von der Verlagsredaktion und Pfarrer Roessle. 95. Tsd. Konstanz: Christliche Verlagsanstalt, 1991. 272 S. (Bibel, Kirche, Gemeinde; 1)

72 **Kleine Konkordanz zur Lutherbibel '84:** unter der Benutzung des Lutherbibel in der revidierten Fassung von 1984/ bearb. und hrsg. von Herbert Hartmann. 4. Taschenbuch-Originalausgabe. Konstanz: Christliche Verlagsanstalt, 1991. 329 S. (Bibel, Kirche, Gemeinde; 22)

73 Luther, Martin: **Wer ungezwungen gläubet:** Aussprüche und Bemerkungen aus seinen Briefen (*Briefe*)/ zsgest. von Johann-Friedrich Enke. Jena: Wartburg; B: EVA, 1990. [72] unpag. S. (10×7 cm).

74 Luther, Martin: **Das Handwerkszeug des Christen:** (*Gebete*). M; ZH; W: Neue Stadt; S: Christliches Verlagshaus, 1991. 134 S.

75 [Luther, Martin]: **Der Kleine Katechismus D. Martin Luthers = Beilage zu: Leben entdecken:** ein Buch für Konfirmanden [Hauptband]/ im Auftrag der Bischofskonferenz der Vereinigten Evang.-Luth. Kirche Deutschlands für die Arbeitsgruppe Konfirmandenbuch hrsg. von Hans Reimers und Horst Reller. 6., unv. Aufl. GÜ: GVH; Gelnhausen: Burckhardthaus, 1987. 192 S.: Ill., Noten & Beil. (8 S.).

76 [Luther, Martin]: **Der Kleine Katechismus D. Martin Luthers = Beilage zu: Leben entdecken:** ein Buch für Konfirmanden [Hauptband]/ im Auftrag der Bischofskonferenz der Vereinigten Evang.-Luth. Kirche Deutschlands für die Arbeitsgruppe Konfirmandenbuch hrsg. von Hans Reimers und Horst Reller. 7., neubearb. Aufl./ neu bearb. von Hans Gerhard Maser und Hans H. Reimer. GÜ: GVH; Gelnhausen: Burckhardthaus, 1989. 192 S.: Ill., Noten & Beil. (8 S.).

77 [Luther, Martin]: **Der Kleine Katechismus Doktor Martin Luthers.** Neubearb. Ausgabe 1986, 3. Aufl. Hannover: LVH, 1991. 31 S.

78 [Luther, Martin]: **Der Kleine Katechismus Doktor Martin Luthers.** Neubearb. Ausg. 1986/ gemeinsame Fassung der Evang. Kirche der Union und der Vereinigten Evang.-Luth. Kirche Deutschlands. 4. Aufl. Bielefeld: Luther, 1991. 31 S.

79 [Luther, Martin]: **Der Kleine Katechismus Doktor Martin Luthers:** mit der Theologischen Erklärung von Barmen 1934, einer Sammlung von Gebeten, Bibelversen und Liedern sowie Übersichten über das Kirchenjahr und die Bücher der Bibel. 25. Aufl., rev. Fassung (781.-810. Tsd.) GÜ: GVH, 1991. 61 S. (GTB Siebenstern; 1000)

80 [Luther, Martin]: **Predigen mit Luthers Hilfe:** Predigthilfen für Advent/Weihnachten. (*Predigten*)/ ausgew. und komm. von Hartmut Hövelmann. Lu 62 (1991), 103-109.

81 [Luther, Martin]: **Wenn Christus durch verschlossene Türen kommt:** eine Predigt Martin Luthers über Joh 20, 19-23 am 12. April 1523. (*Predigten*)/ hrsg. und erl. von Reinhard Schwarz. Lu 63 (1992), 5-13.

82 [Luther, Martin]: **The distinction between the law and the gospel:** a sermon by Martin Luther: January 1, 1532 (*Wie das Gesetz und Evangelium recht gründlich zu unterscheiden sind ... [Auszug] ⟨amerik.⟩*)/ übers. von Willard L. Burce. CJ 18 (1992), 153-163.

83 **Das Neue Testament:** sechs Bibelübersetzungen in einer Übersicht: Hexapla/ Abraham Meister; Martin Luther; Franz Eugen Schlachter; Rev. Elberfelder Bibel; Hermann Menge; Ludwig Albrecht. Pfäffikon/ZH: Mitternachtsruf, 1989. 952 S.

84 **Synopse der vier Evangelien:** auf der Grundlage des Novum Testamentum Graece von Nestle und Aland, 26. Aufl., und des Greek New Testament, 3. ed., sowie der Lutherbibel, rev. Text 1984, und der Einheitsübersetzung 1979/ hrsg. von Kurt Aland. Griech.-dt. Ausgabe der Synopsis Quattuor Evangeliorum, 1-5. Tsd. S.: Deutsche Bibelgesellschaft, 1989. XXIX, 361 S.

4 Ausstellungen, Bilder, Bildbiographien, Denkmäler, Lutherstätten

85 Damm, Emil: **Die Lutherische Jubelstiftung.** [Möhra: Lutherdenkmal]. Familienblatt der Lutheriden-Vereinigung 67 (1992) Heft 16, 9 f.

86 Düfel, Hans: **Die Lutherhalle Wittenberg.** Lu 63 (1992), 37-42.

87 Fowler, Angus; Klein, Ulrich: **Marburg im 16. Jahrhundert.** In: Marburg: eine illustrierte Stadtgeschichte; Wirtschaft und Kultur, Armseliges und Herrschaftliches, Torheit und Gelehrsamkeit aus 850 Jahren; mit einem Rundgang durch die Stadt/ mit Beiträgen von Eberhard Dähne ... Marburg: Arbeiterbewegung und Gesellschaftswissenschaft, 1985, 79-87: Ill.

88 Hintzenstern, Herbert von: **Luther in Eisenach**/ mit Zeichnungen von Erich Bock. 5., veränd. Aufl. [Jena]: Wartburg, 1991. 44 S.: Ill. Text in Dt., Engl., Frz. und Russ.

89 [**Katalogteil**: Reformation. In: 065, 121-149: Ill.

90 **Eine Kugel in Luthers Bein:** Eisleben, die Geburts- und Sterbestadt des Reformators [Restaurierung des Eislebener Lutherdenkmals]. ideaspectrum (13. November 1991) Heft 46, 21.

91 Kuhr, Hermann: **Die Reformation im Raum Wolfsburg:** Beiträge und zeitgenössische Texte zur Reformationsgeschichte/ hrsg. anläßlich der Ausstellung zum Lutherjahr 1983 in Niedersachsen »Reformation im Raum Wolfsburg«, vom 29. September bis 30. Oktober 1983 in der Bürgerhalle des Rathauses Wolfsburg unter Mitwirkung von K.-W. Wintzingerode. Wolfsburg: Stadtverwaltung, 1983. 74 S.: Ill. L 14-25. (Texte zur Geschichte Wolfsburgs; 12)

92 Lieske, Reinhard: **Die Bilderwelt evangelischer Kirchen in Württemberg.** BlWKG 90 (1990), 92-122. L 106 f. 121.

93 **Die Lutherhalle Wittenberg**/ Martin Treu. L: Edition Leipzig, 1991. 129 S.: Ill. (Museen, Sammlungen, Denkmale)

94 **Martin Bucer:** Strasbourg et l'Europe: catalogue d'exposition. In: 040, 57-179: Ill, L".

95 Moeller, Bernd: **A Luther relic.** (Eine Reliquie Luthers ⟨engl.⟩). In: 06, 47-64.

96 Pel, C.: **Kerkgeschiedenis in de philatelie** (Kirchengeschichte auf Briefmarken). Documenta-

tieblad Lutherse kerkgeschiedenis 9 (Haarlem 1991), 41-47: Ill.

97 **Der Reformator mit dem Hammer:** zur Wirkungsgeschichte von Luthers »Thesenanschlag« bis 1917 = **Ausstellung vom 27. Mai bis 29. November 1992 in der Lutherhalle Wittenberg anläßlich des 475. Jahrestages des Beginns der Reformation am 31. Oktober 1992**/ hrsg. von der Lutherhalle Wittenberg; Vorwort: Martin Treu; Katalog: Volkmar Joestel. Wittenberg: Elbe-Druck, 1992. 39 S.: Ill.

98 Rhein, Stefan: **Reformationsgeschichtliche Museen:** vor-Ort-Anmerkungen zum Thema »Religion und Museum«. Museumsblatt: Mitteilungen aus dem Museumswesen Baden Württembergs 5 (1991) August, 16-20: Ill.

99 Rößling, Udo; Ambros, Paul: **Reisen zu Luther:** Erinnerungsstätten in der DDR/ mit einem einl. Beitrag von Gerhard Brendler. Ausgabe in Kassette. B: Tourist, 1989. 240 S.: 117 Ill., Kt. (Martin Luther, Thomas Müntzer)

100 Rößling, Udo; Ambros, Paul: **Reisen zu Luther:** Erinnerungsstätten in der DDR/ mit einem einl. Beitrag von Gerhard Brendler. Lizenzausgabe. S: Klett, 1990. 240 S.: 117 Ill., Kt. (Tourist-DDR-Reiseführer)

101 Schad, Martha: **Stadtführer Augsburg**/ Fotografien von Helmut Müller. Bindlach: Gondrom, 1990. 184 S.: Ill. L".

102 Stempel, Walter: **Die Reformation in der Stadt Wesel.** In: ... unnder beider gestalt ...: die Reformation in der Stadt Wesel/ mit einem Beitrag von Walter Stempel. Wesel: Städtisches Museum, 1990, 9-73: Ill. (Weseler Museumsschriften; 26)

103 Strehle, Jutta: **Martin Luther 1983:** Lutherinterpretation in der bildenden Kunst der ehemaligen DDR: Dokumentation zu einer Ausstellung der Lutherhalle Wittenberg/ mit einem Vorwort von Martin Treu und Nachbemerkungen von Otto Kammer. Griesheim: Bassenauer, 1992. 56 S.: Ill.

104 Treu, Martin: **Lutherhalle Wittenberg.** M; ZH: Schnell & Steiner, 1991. 19 S.: Ill. ([Kleine] Kunstführer; 1924)

105 Treu, Martin: **Preußens Ruhm und Luthers Ehre:** die Geschichte des Lutherhauses als Museum. In: 057, 87-101.

106 **Was du ererbt ...:** Sammlungen und Nachlässe, Schenkungen und Ankäufe in der Deutschen Staatsbibliothek = **Ausstellung aus Anlaß des 325jährigen Bibliotheksjubiläums, 29. September bis 23. November 1986.** B: Deutsche Staatsbibliothek, 1986. 22 S.: Ill., Noten, 1 Kt.

B DARSTELLUNGEN

1 Biographische Darstellungen

a) Das gesamte Leben Luthers

107 Beutel, Albrecht: **Martin Luther.** Originalausgabe. M: Beck, 1991. 139 S.: Ill. (Beck'sche Reihe; 621: Autorenbücher)

108 Brecht, Martin: **Luther, Martin (1483-1546)** I: **Leben.** TRE 21 (1991), 513-530.

109 Brendler, Gerhard: **Martin Luther:** theology and revolution (Martin Luther: Theologie und Revolution ⟨engl.⟩)/ übers. von Claude R. Foster, Jr. NY; Oxford: Oxford University, 1991. 388 S.: Ill.

110 Delumeau, Jean: **El caso Lutero** (Le cas Luther ⟨span.⟩)/ übers. von Gloria Rossi Callizo. Barelona: Caralt, 1988. 91 S. (Cultura histórica)

111 Friedenthal, Richard: **Luther:** sein Leben und seine Zeit. Neuausgabe, 14. Aufl., (6. Aufl. dieser Ausgabe). M; ZH: Piper, 1990. 680 S. (Serie Piper; 259)

112 Friedenthal, Richard: **Marcin Luter** (Luther ⟨poln.⟩)/ übers. von Czesław Tarnogórski. WZ: Państwowy Instytut Wydawniczy, 1991. 578 S. (Biografie sławnych ludzi)

113 **Les grandes dates du christianisme**/ unter der Leitung von François Lebrun verf. von Christiane Saulnier ... P: Larousse, 1989. 215 S.: Kt. (Essentiels)

114 **Der große Ploetz:** Auszug aus der Geschichte von den Anfängen bis zur Gegenwart/ begr. von Karl Julius Ploetz. 31., aktual. Aufl. FR: Ploetz, 1991. XX, 1766 S. L".

115 **Die Grundlegung der modernen Welt:** Spätmittelalter, Renaissance, Reformation/ hrsg. und verf. von Ruggiero Romano und Alberto Tenenti. Originalausgabe. 106.-107. Tsd. F: Fischer Taschenbuch, 1991. 363 S.: 28 Ill. L 262-274+". (Fischer Weltgeschichte; 12)

116 Haraldsø, Brynjar: **Fra reform til reformasjon** (Von der Reform zur Reformation). Oslo: Tano, 1988. 205 S.: Ill., Kt. L 51-119+". (Kristendommen in Europa; 3)

117 Lutz, Heinrich: **Reformation und Gegenreformation.** 3. Aufl./ durchges. und erg. von Alfred Kohler. M: Oldenbourg, 1991. XII, 276 S. (Oldenbourg Grundriß der Geschichte; 10)

118 **Propyläen-Weltgeschichte:** eine Universalgeschichte/ hrsg. von Golo Mann und Alfred Heuss. Sonderausgabe. Bd. 7: **Von der Reformation zur Revolution**/ Heinrich Lutz ... F: Propyläen, 1991. 735 S.: Ill., Kt.

119 Roloff, Hans-Gert: **Luther, Martin.** In: Literatur Lexikon: Autoren und Werke deutscher Sprache/ hrsg. von Walther Killy unter Mitarb. von Hans Fromm ... Bd. 7: Kräm-Mas. GÜ: Bertelsmann, 1990, 403-410.

120 Tejada, Andrés M.: **La Reforma protestante:** causas, consecuencias e influencias en el tiempo presente (Die protestantische Reformation: Ursachen, Konsequenzen und Einfluß auf die heutige Zeit). Santo Domingo: Comery, 1987. 216 S.: Ill.

121 Veselý, Daniel: **Martin Luther – reformátor** (Martin Luther – der Reformator). Liptovský Mikuláš: Tranoscius, 1991. 105 S.

b) Einzelne Lebensphasen und Lebensdaten

122 [Aegidius Viterbiensis]: **Aegidii Viterbiensis O.S.A. resgestae generalatus.** Teil 1: **1506-1514**/ hrsg. von Albericus de Meijer. Roma: Institutum Historicum Augustinianum, 1988. 500 S. L". (Registra Priorum Generalium; 17)

123 Aland, Kurt: **Die Anfänge des Reformators und der Reformation Martin Luthers.** (1986). In: 03, 205-225.

124 Auer, Leopold: **Die Quellen zum Episkopat Albrechts von Brandenburg im Wiener Haus-, Hof- und Staatsarchiv.** In: 013, 49-56. L 50.

125 Brecht, Martin: **Martin Luther:** shaping and defining the Reformation 1521-1532 (Martin Luther. Bd. 2: Ordnung und Abgrenzung der Reformation 1521-1532 ⟨engl.⟩)/ übers. von James L. Schaaf. MP: Fortress, 1990. XVI, 543 S. – Bespr.: Zophy, Jonathan W.: SCJ 23 (1992), 164 f.

126 **Katalog der Leichenpredigten und sonstiger Trauerschriften in der Hessischen Landes- und Hochschulbibliothek Darmstadt**/ bearb. von Rudolf Lenz ... Bd. 1. Sigmaringen: Thorbecke, 1990. VIII, 533 S. L 287 (Nr. 1144f). (Marburger Personalschriften-Forschungen; 11, 1)

127 Kaufmann, Thomas: **Bucers Bericht von der Heidelberger Disputation.** ARG 82 (1991), 147-170: abstract, 170.

128 Ricci, Tommasso: **Ein Blitzschlag war es nicht.** 30 Tage in Kirche und Welt 2 (1992) Heft 2, 49-51: Ill.

129 Schwarz, Reinhard: **Luther's inalienable inheritance of monastic theology** (Luthers unveräußerte Erbschaft an der monastischen Theologie ⟨engl.⟩)/ übers. von Franz Posset. The American Benedictine review 39 (Atchison, KS 1988), 430-450.

130 Steiner, Jürgen: **Albrecht von Brandenburg und die Reform der Mainzer Universität.** In: 013, 259-276. L 262.

131 Tuchman, Barbara: **Die Torheit der Regierenden:** von Troja bis Vietnam (The march of folly ⟨dt.⟩/ aus dem Amerik. übers. von Reinhard Kaiser. Ungek. Sonderausgabe: 40 Jahre Fischer Taschenbücher. F: Fischer Taschenbuch, 1992. 550 S. L". ([Fischer-Taschenbücher]; 11235)

c) Familie

132 Arnold, Matthieu: **Luther et la table.** Almanach évangélique-luthérien d'Alsace et de Lorraine (Neuwiller-lès Saverne 1992), 126-129.

133 Delhaas, Sieth: **Een protestanse non:** Katharina von Bora (Eine protestantische Nonne: Katharina von Bora). Kampen: Kok, 1989. 177 S.: Ill. [Vgl. LuB 1985, Nr. 260]

134 Kaufmann, Lothar: **Bedeutende Vorfahren und Ahnengemeinschaften mit der Luther-Familie.** Familienblatt der Lutheriden-Vereinigung 67 (1992) Heft 16, 6-8.

135 Sachau, Ursula: **Das letzte Geheimnis:** das Leben und die Zeit der Katharina von Bora. M: Ehrenwirth, 1991. 479 S.

136 Schmugge, Ludwig: **Martin Luther – unehelich geboren?** ARG 82 (1991), 311-314: abstract, 314.

137 Winter, Ingelore M.: **Katharina von Bora:** ein Leben mit Luther: mit Briefen an die »liebe Herrin«. Düsseldorf: Droste, 1990. 180 S.: Ill. – Bespr.: Meister, Johannes: ZBKG 60 (1991), 156-158.

d) Volkstümliche Darstellungen seines Lebens und Werkes, Schulbücher, Lexikonartikel

138 Aland, Kurt: **Kirchengeschichte in Zeittafeln und Überblicken.** Originalausgabe. 2., durchges. und erg. Aufl. GÜ: GVH, 1991. 155 S. (GTB Siebenstern; 1411)

139 **Dictionnaire des mots de la foi chrétienne**/ hrsg.

von Olivier de la Brosse ... Neue Ausgabe. P: du Cerf, 1989. XI S., 836 Sp. L 434f.

140 Douglas, James D.; Elwell, Walter A.; Toon, Peter: **The concise dictionary of the Christian tradition:** doctrine, liturgy, history. Grand Rapids, Mich. Zondervan, 1989. 419 S. L 234f. (Regency reference library)

141 Glaser, Hermann: **Europa – Umbruch im Aufbruch:** Widersprüche um die Jahrtausendmitte. In: Terra-X: und dann kam Kolumbus: als die Welt sich veränderte/ hrsg. von Ingo Herrmann. M: Bertelsmann, 1992, 11-53: Ill.

142 **Die Habsburger:** ein biographisches Lexikon/ hrsg. von Brigitte Hamann. M: Piper, 1988. 447 S.: Ill., Stammtaf. L".

143 Kürzdörfer, Karl: **Lutero, Martino – riformatore religioso.** In: Enciclopedia pedagogica. Bd. 4/ hrsg. von Mauro Laeng. Brescia: Scuola, 1990, 7130-7134.

144 Kunzmann, Peter; Burkard, Franz-Peter; Wiedmann, Franz: **dtv-Atlas zur Philosophie:** Tafeln und Texte: mit 111 farbigen Abbildungsseiten/ Graphiker: Axel Weiß. Originalausgabe. M: dtv, 1991. 249 S.: Ill. L 92f. 101+". (dtv; 3229)

145 Lange, Ulrich: **Deutschland im Zeitalter der Reichsreform, der kirchlichen Erneuerung und der Glaubenskämpfe (1435-1648).** In: Deutsche Geschichte/ begr. von Peter Rassow; vollst. neu bearb. und ill. Ausgabe/ Michael Behnen ...; hrsg. von Martin Vogt. S: Metzler, 1987, 144-217: Ill., Kt. L 159-171+".

146 Leach, Katherine: **The German Reformation.** Basingstoke; LO: Macmillan Education, 1991. VIII, 116 S. (Documents and debates)

147 Müller, Helmut M.: **Schlaglichter der deutschen Geschichte/** in Zusammenarb. mit Karl Friedrich Krieger; Hannah Vollrath und Meyers Lexikonredaktion. Lizenzausgaba. 2., aktualisierte und erw. Aufl. Bonn: Bundeszentrale für politische Bildung, 1990. 480 S.: Ill., Kt.

148 Müller, Herbert: **Martin Luther.** In: 09, 3-28: Ill.

149 Niemetz, Gustav: **Geschichte der Sachsen:** vom germanischen Stamm bis zum Freistaat. 2., überarb. Aufl. Waltersdorf/OL: Oberlausitzer Verlag, 1991. 128 S.: Ill. L 36-38.

150 **Religionen unserer Welt:** ihre Bedeutung in Geschichte, Kultur und Alltag: ein Arbeitsbuch für die Hand des Schülers/ hrsg. von Holger Preißler. L: Militzke, 1990. 207 S.: Ill. L 75-77.

151 Todd, John M.: **Martin Luther.** LO: Catholic Truth Society, 1985. 16 S.

2 Luthers Theologie und einzelne Seiten seines reformatorischen Wirkens

a) Gesamtdarstellungen seiner Theologie

152 Asendorf, Ulrich: **Luthers Theologie nach seinen Katechismuspredigten.** KD 38 (1992), 2-19.

153 Brown, Collin: **Christianity & western thought:** a history of philosophers, ideas & movements. Bd. 1: **From the ancient world to the age of enlightenment.** Downers Grove, Ill.: Intervarsity, 1990. 447 S. L 148-151+".

154 Ebeling, Gerhard: **Das rechte Unterscheiden:** Luthers Anleitung zu theologischer Urteilskraft. (1988). In: 030, 19-58.

155 Epperlein, Ulrich: **La teología de Lutero** (Luthers Theologie). In: 061, 17-24.

156 Goeser, Robert: **Word of God, church, and ministry.** Dialog 29 (MP 1990), 195-202.

157 Hell, Silvia: **Die Dialektik des Wortes bei Martin Luther:** die Beziehung zwischen Gott und dem Menschen. Innsbruck: Tyrolia, 1992. 195 S. (Innsbrucker theol. Studien; 35) – Zugl.: Innsbruck, Univ., Theol. Fak., Diss., 1990.

158 **Jornados sobre Martín Lutero** (Arbeiten über Martin Luther). Mexico: Communidad Teológica de México, 1983. 55 S. (Taller de teología; 13)

159 **Luther und Theosis/** hrsg. von Joachim Heubach in Zusammenarb. mit der Luther-Agricola-Gesellschaft, Helsinki. Erlangen: Martin-Luther-Verlag; Helsinki: Luther-Agricola-Gesellschaft, 1990. 232 S. (Veröffentlichungen der Luther-Akademie Ratzeburg; 16) (Schriften der Luther-Agricola-Gesellschaft; A 25) – Siehe LuB 1991, Nr. 191. 207. 212. 215. 229. 283. 611. 1105. 1249. [Vgl. für nachträgl. Bespr.: LuB 1991, Nr. 048]

160 McGonigle, Thomas D.; Quigley, James F.: **A history of the Christian tradition:** from its Jewish origins to the Reformation. NY: Paulist, 1988. VI, 218 S.: Ill., Kt. L 188-191.

161 Zur Mühlen, Karl-Heinz: **Luther, Martin (1483-1546)** II: Theologie. TRE 21 (1991), 530-567.

b) Gott, Schöpfung, Mensch

162 Amberg, Ernst-Heinz: **Christliche Lehre vom Menschen:** ein Literaturbericht. (1982). In: 04, 171-182. L".

163 Bayer, Oswald: **Schöpfung als Anrede:** zu einer

Hermeneutik der Schöpfung. 2., erw. Aufl. TÜ: Mohr, 1990. X, 200 S.

164 Bell, Theodorus M. M. A. C.: **De mens als ezel van Christus** (Der Mensch als Esel Christi). In: 067, 129-139.

165 Dalferth, Ingolf U.: **Gott und Sünde.** NZSTh 33 (1991), 1-22. L 10-12.

166 Ebeling, Gerhard: **Das Sein des Menschen als Gottes Handeln an ihm.** In: 05, 23-68.

167 Folmar, Barry R.: **Recovering lectio divina.** Phil, 1990. 249 S. – Phil, Lutheran Theological Seminary, Diss., 1990.

168 Hütter, Reinhard: »**Creatio ex nihilo**«: promise of the gift: remembering the Christian doctrine of creation in troubled times. CTM 19 (1992), 89-97.

169 Kišš, Igor: **Človek ako spolutvorca stvorenia** (Der Mensch als Mitschöpfer der Schöpfung). Tvorba 1 (Liptovský Mikuláš 1991) Heft 5, 5 f.

170 Knoche, Hansjürgen: **Schöpfungsethik:** ökumenische Grundlagen der Schöpfungstheologie und Ethik. M: Behrendt, Meta-Verlag, 1989. III, 374 S. L".

171 Link, Christian: **Schöpfung.** Teil 1: **Schöpfungstheologie in reformatorischer Tradition.** GÜ: GVH, 1991. 329, XIX S. (Handbuch Systematischer Theologie; 7) – Bespr.: Moltmann, Jürgen: EvTh 52 (1992), 86-92.

172 Lubac, Henri de: **Théologie dans l'histoire.** Bd. 1: **La lumiere du Christ.** P: Declée de Brouwer, 1990. 222 S. L 164-166.

173 Mannermaa, Tuomo: **Liebe VII: Reformation und Orthodoxie.** TRE 21 (1991), 152-156.

174 Mostert, Walter: **Hinweise zu Luthers Lehre vom Heiligen Geist.** In: 022, 15-45.

175 Ringeling, Hermann: **Liebe VIII: Dogmatisch.** TRE 21 (1991), 170-177.

176 Scheffczyk, Leo: **Einführung in die Schöpfungslehre.** 3., verb. und erw. Aufl. DA: WB, 1987. IX, 185 S. L". (Die Theologie)

177 Steinacker, Peter: **Luther und das Böse:** theologische Bemerkungen im Anschluß an Luthers Schrift »De servo arbitrio« (1525). NZSTh 33 (1991), 139-151.

178 Weir, David A.: **The origins of the federal theology in sixteenth-century reformation thought.** Oxford: Clarendon, 1990. XVII, 244 S.; 1 Ill. – Zugl.: St. Andrews, Univ., Diss., 1984.

179 Zwanepol, Klaas: **Godsliefde en mensenliefde:** een interpretatie van stelling 28 van Luthers Heidelberger Disputatie (Gottesliebe und Menschenliebe: eine Interpretation von These 28 aus Luthers Heidelberger Disputation). Gereformeerd theologisch tijdschrift 88 (Kampen, 1988), 229-246.

c) **Christus**

180 Fleinert-Jensen, Flemming: **Ecclesia crucis:** Erwägungen zu einer Ekklesiologie des Kreuzes in ökumenischer Perspektive. KD 37 (1991), 174-189: summary.

181 Glebe-Möller, Jens: **Jesus and theology:** critique of a tradition (Jesus og teologien ⟨engl.⟩)/ aus dem Dänischen übers. von Thor Hall. MP: Fortress, 1989. XI, 196 S. L 117-132+".

182 Hall, Douglas John: **Luther's theology of the cross.** Consensus: a Canadian Lutheran journal of theology 15 (Winnipeg, Manitoba 1989) Nr. 2, 7-19.

183 Hall, Douglas John: **Luther's theology of the cross.** In: Theology of the cross: theory and practice/ hrsg. von Richard C. Crossman. Waterloo, Ont.: Waterloo Lutheran Seminary, 1989, 7-19. (Consensus; 15, 2)

184 Heimbucher, Kurt: **Das Wort zum Kreuz:** die Aktualität von Luthers Unterscheidung zwischen »Theologie des Kreuzes« und »Theologie der Herrlichkeit«. In: ders.: Zukunft durch Umkehr. Gießen: TVG, Brunnen; Dillenburg: Gnadauer Verlag, 1989, 42-68. – Bespr.: Eichler, Johannes: Theol. Beiträge 21 (1990), 274-276.

185 Jark-Swain, Marsha: **Luther's theology of the cross and rural life.** Chicago, Ill.: Lutheran School of Theology at Chicago, 1990. 102 S.

186 Jay, Pierre: **La foi de Luther:** a propos du livre de Marc Lienhard: au cœur de la foi de Luther en Jésus Christ. Esprit et vie 101 (Langres 1991), 551-553. [Bespr. zu LuB 1992, Nr. 141]

187 Jensen, Oddvar Johan: **Deus absconditus und Deus relevatus im Lichte der Christologie Luthers.** In: 030, 59-71.

188 Jungkuntz, Theodore R.: **The confession of »Jesus« in the Lutheran confessions.** CTM 19 (1992), 124-127.

189 Lage, Dietmar: **Martin Luther's christology and ethics.** Lewiston, NY; Queenston, Ont.; Lampeter, Wales: Mellen, 1990. X, 175 S. (Texts and studies in religion; 45) – Bespr.: Lohse, Bernhard: ThLZ 116 (1991), 680f; Russell, William R.: SCJ 22 (1991), 592.

190 Markschies, Christoph: »**Hie ist das recht Osterlamm**«: Christuslamm und Lammsymbolik bei Martin Luther und Lucas Cranach. ZKG 102 (1991), 209-230.

191 Meessen, Frank: **Unveränderlichkeit und Menschwerdung Gottes:** eine theologiegeschichtlich-systematische Untersuchung. FR; BL; W: Herder, 1989. XIII, 562 S. (Freiburger theol. Studien; 140) – Zugl.: FR, Univ., Diss., 1988.

- Bespr.: Dalferth, Ingolf U.: ThLZ 117 (1992), 211-213.
192 Solé, Jacques: **Martin Luther et la fin des temps.** Le monde (P 1983) 13. November, Chroniques, XIV f.
193 Zwanepol, Klaas: **»Ziet hoe tere is de Here«:** de zondeloosheit van Christus in Luthers uitleg van Psalm 22: een dogmatische verkenning in theologische perspectief (»Sehet wie zart der Herr ist«: die Sündlosigkeit Christi in Luthers Auslegung von Ps 22: eine dogmatische Untersuchung in theol. Perspektive). Gereformeerd theologisch tijdschrift 88 (Kampen 1988), 1-19.

d) Kirche, Kirchenrecht, Bekenntnisse

194 Alberigo, Giuseppe: **Nostalgie di unità:** saggi di storia dell ecumenismo (Nostalgie der Einheit: Abhandlung zur Geschichte der Einheit der Kirche). Genova: Marietti, 1989. 175 S. L 111-121+". (Dabar: saggi di storia religiosa; 8)
195 Arrighini, Angelo: **L'Antichristo:** nelle sacre scritture, nella storia, nella letteratura (Der Antichrist: in der Heiligen Schrift, in der Geschichte, in der Literatur). 2. Aufl. Genova: Dioscuri, 1988. 277 S.: Ill. L 78-85. (Le metamorfosi del sacro; 15)
196 Exalto, Karel: **De kerk bij Luther** (Die Kirche bei Luther). In: De kerk, wezen, weg en werk van de kerk naar reformatorische opvatting (Die Kirche, Wesen, Weg und Arbeit der Kirche nach reformatorischer Auffassung)/ hrsg. von Willem van 't Spijker. Kampen: de Groot Goudriaan, 1990, 95-110.
197 Goebel, Hans Theodor: **Notae ecclesiae:** zum Problem der Unterscheidung der wahren Kirche von der falschen Kirche. EvTh 50 (1990), 222-241.
198 Herms, Eilert: **Erfahrbare Kirche:** Beiträge zur Ekklesiologie. TÜ: Mohr, 1990. 258 S. – Bespr.: Wegner, Gerhard: LM 31 (1992), 45; Wenz, Gunther: ThLZ 117 (1992), 52-54.
199 Hünermann, Peter: **Theologische Kriterien und Perspektiven der Untersuchung zu den gegenseitigen Lehrverwerfungen des 16. Jahrhunderts.** In: 055, 43-66.
200 Kasper, Walter: **Die Confessio Augustana in katholischer Sicht.** (1980). In: 065, 18-28.
201 Knitter, Paul: **Reformation yesterday and today.** Gurukul journal of theological studies 3 (Madras 1992) Heft 1, 18-26.
202 Kolb, Robert: **Confessing the faith:** reformers define the church, 1530-1580. StL: Concordia, 1991. 181 S. (Concordia scholarship today)
203 Kratsch, Dietrich: **Justiz – Religion – Politik:** das Reichskammergericht und die Klosterprozesse im ausgehenden 16. Jahrhundert. TÜ: Mohr, 1990. XIV, 270 S. (Ius ecclesiasticum; 39) – Zugl.: TÜ, Univ., Juristische Fak., Diss., 1988.
204 Lazareth, William H.: **The pastor as ecumenical leader.** In: The many gaces of pastoral ministry: perspectives by bishop of the Evangelical Lutheran Church in America/ hrgs. von Herbert W. Chilstrom; Lowell G. Almen. MP: Augsburg, 1989, 75-83.
205 McGrath, Alister E.: **Dogma und Gemeinde:** zur sozialen Funktion des christlichen Dogmas. KD 37 (1991), 24-43: summary.
206 Michalko, Jan: **The doctrine of the church.** 2 Tle./ übers. aus dem Slowakischen von William P. Hinlicky mit Paul P. Hinlicky. LQ 4 (1990), 271-316. 439-469.
207 Oberman, Heiko A.: **Vom Protest zum Bekenntnis:** die Confessio Augustana: kritischer Maßstab wahrer Ökumene. (1980/81). In: 065, 29-37.
208 Pannenberg, Wolfhart: **Das Ergebnis der Untersuchung zu den gegenseitigen Lehrverwerfungen und seine ökumenischen Perspektiven.** In: 055, 67-97. L".
209 Rade, Martin: **Der Sprung in Luthers Kirchenbegriff und die Entstehung der Landeskirche.** (1914). In: 046, 151-166.
210 Reumann, John: **A new way for reading confessional documents on bishop and ministry?** CTM 18 (1991), 245-256.
211 Root, Michael: **The Augsburg Confession as ecumenical proposal:** episcopacy, Luther, and Wilhelm Maurer. Dialog 28 (MP 1989), 223-232.
212 Schütte, Heinz: **Kirche im ökumenischen Verständnis:** Kirche des dreieinigen Gottes. PB: Bonifatius; F: Lembeck, 1991. 203 S. L".
213 Stein, Albert: **Evangelisches Kirchenrecht:** ein Lernbuch für Theologen und Juristen. 3., durchges. und erg. Aufl. Neuwied: Luchterhand, 1992. 236 S.
214 Vogler, Bernard: **Die lutherischen Kirchen.** In: 068, 3-46: Ill.
215 Wicks, Jared: **Heiliger Geist – Kirche – Heiligung:** Einsichten aus Luthers Glaubensunterricht. Cath 45 (1991), 79-101.
216 Wirsching, Johannes: **Kirche und Pseudokirche:** Konturen der Häresie. GÖ: V&R, 1990. 282 S.

e) Sakramente, Beichte, Ehe

217 Buchholz, Stephan: **Recht, Religion und Ehe:** Orientierungswandel und gelehrte Kontroversen im Übergang vom 17. zum 18. Jahrhundert.

F: Klostermann, 1988. XI, 494 S. (Ius Commune, Sonderheft: Studien zur Europäischen Rechtsgeschichte; 36) – Zugl.: Bochum, Univ., Jur. Fak., Habil., 1985.

218 Cooke, Bernard J.: **The distancing of God:** the ambiguity of symbol in history and theology. MP: Fortress, 1990. VIII, 381 S. L 303-305 +".

219 Greiner, Albert: **L'enseignement de Luther sur le mariage.** Fac réflexion 16 (Vaux-sur-Seine 1990), 39-51.

220 Hardt, Tom G. A.: **Luther och bikten** (Luther und die Beichte ⟨schwed.⟩). Nya väktaren 82 (Växjö 1989), 122-126. 132-138.

221 Hardt, Tom G. A.: **Luther om Marie bebadelse** (Luther über Mariä Verkündigung). Nya väktaren 80 (Växjö 1987), 37-41.

222 Johnson, John F.: **Evangelical sacraments:** a look at the Apology. CJ 18 (1992), 259-264.

223 Kleinheyer, Bruno: **Sakramentliche Feiern.** Bd. 1: **Die Feiern der Eingliederung in die Kirche.** Regensburg: Pustet, 1989. 266 S. L 139-141. (Gottesdienst der Kirche; 7 I)

224 Mackin, Theodore: **The marital sacrament.** NY-Mahwah: Paulist, 1989. XI, 701 S. L". (Marriage in the Catholic church)

225 Mohr, Rudolf: **Wer darf mitfeiern?:** unterschiedliche und trennende Auffassungen vom Abendmahl im Reformationsjahrhundert. MEKGR 40 (1991), 1-24.

226 Roosen, Rudolf: **Taufe lebendig:** Taufsymbolik neu verstehen. Hannover: LVH, 1990. 130 S. L". – Bespr.: Volp, Rainer: LM 30 (1991), 475.

227 Schäfer, Rolf: **Zum Problem der Gegenwart Christi im Abendmahl.** (1987). In: 054, 296-315.

228 Schwarz, Reinhard: **Abendmahlsgemeinschaft durch das Evangelium, obwohl der Tisch des Herrn »durch menschliche Irrung versperrt ist«:** Text aus der Frühzeit der Reformation. LuJ 59 (1992), 38-78: 2 Faks.

229 Siegwalt, Gérard: **La question du nombre des sacrements.** PL 40 (1992), 84-89.

230 Winkler, Eberhard: **»Weltlich Ding« oder »göttlicher Stand«?:** die Ehe als Bewährungsfeld evangelischer Frömmigkeit. Lu 62 (1991), 126-140.

f) Amt, Seelsorge, Diakonie, Gemeinde, allgemeines Priestertum

231 Ebeling, Gerhard: **Der theologische Grundzug der Seelsorge Luthers.** In: 036, 71-48.

232 Ebeling, Gerhard: **Der theologische Grundzug der Seelsorge Luthers.** Verb. Nachdruck. In: 037, 21-48.

233 Godzik, Peter: **Die verlorengegangene Kunst des Sterbens.** LM 30 (1991), 377f. [Bespr. zu LuB 1993, Nr. 237]

234 Goeser, Robert: **Word, ministry, and episcopacy according to the confessions.** LQ 4 (1990), 45-59.

235 Kühn, Ulrich: **Zu »Amt«:** Annäherung in der Amtsfrage. In: 031, 126-131.

236 Maron, Gottfried: **Allgemeines Priestertum im Protestantismus:** In: 023, 67-79.

237 Neher, Peter: **Ars moriendi – Sterbebegleitung durch Laien:** eine historisch-pastoraltheologische Analyse. St. Ottilien: EOS, 1989. 373 S. – Bespr. siehe LuB 1993, Nr. 233.

238 Nilsen, Else-Britt: **Le ministère ordonné dans la tradition catholique et luthérienne.** P: Thèses-Cerf, 1987. 227 S. – Bespr.: Noblesse-Rocher, Annie: PL 35 (1987), 292-297.

239 Rade, Martin: **Das königliche Priestertum der Gläubigen und seine Forderung an die evangelische Kirche unserer Zeit.** (1918). In: 046, 167-196.

240 Robinson-Hammerstein, Helga: **Introduction:** Luther and the laity. In: 063, 11-46.

241 Schäfer, Rolf: **Allgemeines Priestertum oder Vollmacht durch Handauflegung?:** zu Luthers Ordinationsauffassung im Brief an Johann Sutel in Göttingen. (1982). In: 054, 264-285.

242 Schmidt, Heinrich Richard: **Konfessionalisierung im 16. Jahrhundert.** M: Oldenbourg, 1992. XII, 153 S. L 11f. (Enzyklopädie deutsche Geschichte; 12)

243 Spijker, W[illem], van 't: **Aspecten van gemeenteopbouw in de Reformatie:** voor namelijk bij Luther, Bucer en Calvin (Aspekte des Gemeindeaufbaus in der Reformation: vorwiegend bei Luther, Bucer and Calvin). Theologia reformata 33 (Woerden 1990), 309-332.

244 Venard, Marc; Vogler, Bernard: **Die kollektiven Formen des religiösen Lebens.** In: 068, 959-1029: Ill., Taf. L".

245 Wee, Daniel D.: **Luther's understanding of the universal priesthood as it relates to ministry in daily life in the twentieth century.** Princeton, NJ: Princeton Theological Seminary, 1990, 126 S.

g) Gnade, Glaube, Rechtfertigung, Werke

246 Asendorf, Ulrich: **Die Unterscheidung von Gesetz und Evangelium aufgrund der Predigten Luthers.** In: 030, 73-89.

247 Bayer, Oswald: **Aus Glauben leben:** Über Rechtfertigung und Heiligung. 2., überarb. Aufl. S: CV, 1990. 100 S. – Bespr.: Härle, Wilfried: LM 31 (1992), 94.

248 Bayer, Oswald: **Rechtfertigung:** Grund und Grenze der Theologie. (1990). In: 06, 7-29.
249 Bayer, Oswald: **Thesen zur Bedeutung der Rechtfertigungslehre.** In: 06, 31-34.
250 Brandt, Reinhard: **Die ermöglichte Freiheit:** sprachkritische Rekonstruktion der Lehre vom unfreien Willen. Hannover: LVH, 1992, 433 S. – Zugl.: M, Univ., Evang.-theol. Fak., Diss., 1990.
251 Casale, Umberto: **L'avventura della fede:** saggio di teologia fondamentale (Das Abenteuer des Glaubens: eine Analyse der Fundamentaltheologie). Leumann (Torino): Elle Di Ci, 1988. 179 S. L". (Saggi di teologia)
252 Cassese, Michele: **L'interpretazione protestante:** religione e prassi nel mondo protestante (Die protestantische Deutung: Religion und Praxis in der protestantischen Welt). In: La »Religione populare«: tre interpretazioni: la cattolica, la protestante, la sociologia/ besorgt von Attilio Agnoletto. Milano: Instituto Propaganda Libreria, 1991, 107-214. L". (Il Sestante)
253 Ganoczy, Alexandre: **Von der Gottesgerechtigkeit zur rechten Mitgeschöpftlichkeit heute:** Rechtfertigung und Gerechtigkeit in der Sicht eines römisch-katholischen Theologen. In: 023, 25-40. L".
254 Hardt, Tom G. A.: **Om försoningens nödvändighet** (Über die Notwendigkeit der Versöhnung). Svensk pastoraltidskrift 30 (Uppsala 1988), 354-356. 732-735.
255 Hardt, Tom G. A.: **Rättfärdiggörelse och pask** (Justification and easter ⟨schwed.⟩). Nya väktaren 79 (Växjö 1986), 122-125. 135-139. 154-159; 80 (Växjö 1987), 6-8.
256 Hesselink, I. John: **Law and gospel or gospel and law?:** Calvin's understanding of the relationship. In: Calviniana: ideas and influence of Jean Calvin/ hrsg. von Robert V. Schnucker. Kirksville, Mo: SCJ Publishers, 1988, 13-32. (Sixteenth century essays & studies; 10)
257 Kettling, Siegfried: **Das Gewissen:** Erfahrungen, Deutungen, biblisch-reformatorische Orientierung. Wuppertal: Brockhaus, 1985. 143 S.: Ill. L". (TVG: Allgemeine Reihe)
258 Korpinen, Sakari: **Lutherin vanhurskauttamisoppi – eräitä näkökohtia nykyiseen keskusteluun** (Luthers Rechtfertigungslehre im heutigen Gespräch). Perusta (Helsinki 1991) Heft 4, 136-139.
259 Korsch, Dietrich: **Glaubensgewißheit und Selbstbewußtsein:** vier systematische Variationen über Gesetz und Evangelium. TÜ: Mohr, 1989. XII, 290 S. (Beiträge zur historischen Theologie; 76) – Zugl.: GÖ, Univ., Theol. Fak., Habil.
– Bespr.: Jakob, Friedrich: ThLZ 117 (1992), 56-58.
260 Lindberg, Carter: **Justice & justification in ecumenical context:** a Reformation model. Africa theological journal 10 (Makumira 1981), 37-51.
261 Martens, Gottfried: **Die Rechtfertigung des Sünders – Rettungshandeln Gottes oder historisches Interpretament?:** Grundentscheidungen lutherischer Theologie und Kirche bei der Behandlung des Themas »Rechtfertigung« im ökumenischen Kontext. GÖ: V&R, 1992. 428 S. (Forschungen zur systematischen und ökumenischen Theologie; 64)
262 Mau, Rudolf: **Liebe als gelebte Freiheit der Christen:** Luthers Auslegung von G 5, 13-24 im Kommentar von 1519. LuJ 59 (1992), 11-37.
263 Neuner, Peter: **Der Glaube als subjektives Prinzip der theologischen Erkenntnis.** In: 018, 51-67. L 56.
264 Ohly, Friedrich: **Metaphern für die Sündenstufen und die Gegenwirkungen der Gnade.** Opladen: Westdt. Verlag, 1990. 169 S. L". (Vorträge/ Rheinisch-Westfälische Akademie der Wissenschaften: Geisteswissenschaften; G 302)
265 Peura, Simo: **Jumalallistaminen ja sen sakramentaalinen perusta Lutherin teologiassa** (Der sakramentale Grund der Vergöttlichung in der Theologie Luthers). TA 96 (1991), 207-212.
266 Rade, Martin: **Das Gewissen des evangelischen Theologen.** (1912). In: 046, 136-150.
267 Raunio, Antti: **Sinulla tulee olla Kristus ja Pyhä Henki:** Lutherin käsitys lain saarnasta (Christus und der Heilige Geist werden mit dir sein: Luthers Lehre von der Gesetzespredigt). TA 96 (1991), 97-109.
268 Rössler, Andreas: **Rechtfertigung:** »der Artikel mit dem die Kirche steht und fällt«? In: 024, 108-125.
269 Schurb, Ken: **The resurrection in gospel proclamation.** CJ 18 (1992), 28-39.
270 Schwarzwäller, Klaus: **Luthers Auffassung von Gesetz und Evangelium:** eine Skizze. EvTh 50 (1990), 189-206.
271 Strelan, John G.: **Theologia crucis, theologia gloriae:** a study in opposing theologies. LThJ 23 (1989), 99-113.
272 Tillard, J. M. R.: **The problem of justification:** a new context for study. One in Christ 26 (LO 1990), 328-338.
273 Ullrich, Lothar: **Zu »Rechtfertigung«:** hermeneutische Vorfragen und vier Problemfelder. In: 031, 75-91.
274 Walls, Jerry L.: **Divine commands, predestination, and moral intuition.** In: The grace of God,

the will of man/ hrsg. von C. Pinnock. Grand Rapids, Mich.: Academie Books, 1989, 261-276.

h) Sozialethik, politische Ethik, Geschichte

275 Bay, Douglas: **From Constantine to Calvin:** the doctrine of the just war. In: Theology & violence: the South African debate/ hrsg. von C. Villa-Vicencio. Grand Rapids, Mich.: Eerdmans, 1988 (c 1982), 147-171.

276 Bayer, Oswald: **Der Mensch in seiner Weltverantwortung nach Luther:** In: 045, 50-64.

277 Bayer, Oswald: **Der seelsorgerliche Grundzug der Ethik Luthers.** In: 036, 49-65. [Vgl. LuB 1988, Nr. 423; LuB 1992, Nr. 181]

278 Bayer, Oswald: **Der seelsorgerliche Grundzug der Ethik Luthers.** In: 037, 49-65. [Vgl. LuB 1988, Nr. 423; LuB 1992, Nr. 181]

279 Bedouelle, Guy: **El deseo de ver Jerusalén:** historia del tema de las dos ciudades (Das Verlangen, Jerusalem zu sehen: Geschichte der Zweireichelehre). Communio 8 (Madrid 1986), 125-136.

280 Böttcher, Diethelm: **Ungehorsam oder Widerstand?:** zum Fortleben des mittelalterlichen Widerstandsrechtes in der Reformationszeit (1529-1530). B: Duncker & Humblot, 1991. 205 S. (Historische Forschungen; 46)

281 Collange, Jean-François: **Droit de la résistance et Reformation.** RHPhR 65 (P 1985), 245-255.

282 Cooper, Roslyn: **Bruce Mansfield and early modern Europeen history in Sydney.** The journal of religious history 15 (Sydney 1989), 384-387.

283 Diesner, Hans-Joachim: **Stimmen zu Krieg und Frieden im Renaissancehumanismus.** GÖ: V&R, 1990. 101 S. L". (Abhandlungen der Akademie der Wissenschaften in Göttingen: Phil.-Hist. Klasse: Folge 3; 188)

284 Frey, Christofer: **Theologische Ethik.** NK: NV, 1990. XIV, 298 S. (Neukirchener Arbeitsbücher)

285 Furnham, Adrian: **The protestant work ethic:** the psychology of work-related beliefs and behaviors. LO; NY; Routledge, 1990. XV, 305 S.: graph. Darst. L 276f.

286 Kišš, Igor: **Činnost' farára pre dobro spoločnosti podl'a Luthera** (Die Tätigkeit des Pfarrers für das Gute der Gesellschaft nach Luther). CL 104 (1991), 60-62. 108f.

287 Kišš, Igor: **Relevancia Lutherovej eziky pre súčasnú situáciu v ČSFR** (Die Relevanz der Ethik Luthers für die gegenwärtige Situation in der ČSFR). CL 104 (1991), 21-24.

288 Lienhard, Marc: **Les autorités politiques et les dissidentes d'après Luther.** In: 02, 57-67.

289 Lienhard, Marc: **La Réformation, une révolution?** In: Viallaneix, Paul: Réform et Révolutions: aux origines de la démocratie moderne. [s. l.]: Réforme Presses du Languedoc, 1990, 17-39. L".

290 Maaser, Wolfgang: **Rechtfertigung und politische Strukturen.** Glaube und Lernen 7 (1992), 51-63.

291 MacIntyre, Alasdair: **Geschichte der Ethik im Überblick:** vom Zeitalter Homers bis zum 20. Jahrhundert (A short history of ethics ⟨dt.⟩)/ aus dem Amerik. übers. von Hans-Jürgen Müller. Königstein/Ts.: Hain, 1984. 253 S. L 117-122+".

292 Moses, John: **The church's role in the collapse of communism in East Germany 1989-90.** Colloquium 23 (Brisbane 1991), 122-134. L".

293 Niinivaara, Erkki: **Maallinen ja hengellinen** (Das Weltliche und das Geistliche [Synodalabhandlungen, Tampere]). 3. Aufl. Helsinki: Gaudeamus, 1982. Unpag. L".

294 Pawlas, Andreas: **Welche Beiträge leistet Martin Luther zu einer Unternehmensethik?:** auf der Suche nach einer evangelischen Unternehmensethik. Zeitschrift für Betriebswirtschaft 61 (1991), 379-398.

295 Prien, Hans-Jürgen: **Luthers Wirtschaftsethik.** GÖ: V&R, 1992. 266 S.

296 Pryszmont, Jan: **Historia teologii moralnej** (Geschichte der Moraltheologie)/ Bearb. des Kapitels »Zarys etyki protestanckiej (Grundriß der protestantischen Ethik)«: Alojzy Marcol. WZ: Akademia Theologii Katolickiej, 1987. 396 S. L 202-204.

297 Rade, Martin: **Die Bedeutung des geschichtlichen Sinnes im Protestantismus.** (1900). In: 046, 98-122.

298 **Reformationen:** frihetskamp och överhet (Reformation: Freiheitskampf und Obrigkeit)/ Redaktionskomitee: Per Persson ... SH: Förb. för folkets historia; Göteborg: Föreningen för folkets historia Göteborg, 1986. [2], 140, [3] S.: Ill. L". (Folkets historias skriftserie; 1)

299 Rendtorff, Trutz: **Vielspältiges:** protestantische Beiträge zur ethischen Kultur. S: Kohlhammer, 1991. 302 S. L".

300 Rohls, Jan: **Geschichte der Ethik.** TÜ: Mohr, 1991. XI, 553 S. L 176-182+".

301 Ruppert, Martin: **Het Rijk Gods en de wereld:** over de verhouding tussen het Rijk Gods en de wereld naar aanleiding van Luthers onderscheiding van het eeuwige Rijk Gods en Gods tijdelijke wereldlijke regiment (Reich Gottes und Welt: über die Beziehung zwischen dem Reich Gottes und der Welt nach Luthers Unterscheidung von

301 ewigem Reich Gottes und Gottes vorläufigem weltlichen Regiment). Kampen: Kok, 1987. 335 S.
302 Saarinen, Risto: **Virtus heroica:** »Held« und »Genie« als Begriffe des christlichen Aristotelismus. Archiv für Begriffsgeschichte 33 (1990, ersch. 1992), 96-114. L 101-105+".
303 Schild, Maurice E.: **Being a Christ to the neighbour:** Luther and the development of human rights. LThJ 24 (1990), 11-17.
304 Schnübbe, Otto: **Christen in der Politik:** das Liebesgebot der Bergpredigt und das Gewaltmonopol des Staates/ mit einem Geleitwort von Hans-Gernot Jung. S: Quell, 1989. 125 S. L". – Bespr.: Steinen, Ulrich von den: PTh 81 (1992), 206-208.
305 Seifert, Arno: **Der Rückzug der biblischen Prophetie von der neueren Geschichte:** Studien zur Geschichte der Reichstheologie des frühneuzeitlichen deutschen Protestantismus/ hrsg. von H. Dickerhoff. Köln; W: Böhlau, 1990. 207 S. (Beihefte zum Archiv für Kulturgeschichte; 31) – Bespr.: Sparn, Walter: ARGBL 20 (1991), 35.
306 Sommer, Wolfgang: **Weltverantwortung bei Luther:** Von der Freiheit eines Christenmenschen. In: 045, 142-144.
307 Soulie, Marguerite: **L Bible et la politique au 16ᵉ siecle.** In: 060, 545-562.
308 VanCleve, John Walter: **The problem of wealth in the literature of Luther's Germany.** Columbia, SC: Camden, 1991. 197 S.
309 Venard, Marc: **Fragen der Ethik.** In: 068, 1173-1198: Ill. L".
310 Wieland, Josef: »**Wucher muß sein, aber wehe den Wucherern**«: einige Überlegungen zu Martin Luthers Konzeption des Ökonomischen. ZEvE 35 (1991), 268-284.

i) Gottes Wort, Bibel, Predigt, Sprache

311 **L'alliance:** la théologie de l'alliance dans la Bible et dans la tradition/ Fédération des Églises Protestantes de la Suisse. Bern, 1987. 90 S.; Ill. L 32-34. (Collection foi, église, oecuménisme; 1)
312 **Approaches to teaching the Hebrew Bible as literature in translation**/ hrsg. von Barry N. Olshen ... NY: Modern Language Association of America, 1989. X, 156 S. L". (Approaches to teaching world literature; 25)
313 Arnold, Matthieu: **Luther, imitateur de Paul:** ses lettres aux communautés évangéliques. RHPhR 72 (1992), 99-112.
314 Bakker, J[an] T.: **Wereldse heiligheid:** Luther over de Bergrede (Weltliche Heiligkeit: Luther über die Bergpredigt). In: 016, 9-29.
315 Baur, Jörg: **Sola scriptura – historisches Erbe und bleibende Bedeutung.** In: 056, 19-43.
316 Bayer, Oswald: **Vom Wunderwerk, Gottes Wort recht zu verstehen:** Luthers Letzter Zettel. KD 37 (1991), 258-279: summary.
317 Behrmann, Alfred: **Einführung in den neueren deutschen Vers:** von Luther bis zur Gegenwart: eine Vorlesung. S: Metzler, 1989. IX, 191 S.
318 Beintker, Horst J. Eduard: **Luther und das Alte Testament.** ThZ 46 (1990), 219-244.
319 Bering, Dietz: **Gibt es bei Luther einen antisemitischen Wortschatz?:** zur Widerlegung einer politischen Legende. Zeitschrift für germanistische Linguistik 17 (1989), 137-161.
320 Betz, Otto: **Bergpredigt und Sinaitradition:** zur Gliederung und zum Hintergrund von Matthäus 5-7. In: ders.: Aufsätze zur biblischen Theologie. Bd. 1: Jesus, der Messias Israels. TÜ: Mohr, 1987, 333-384. L 380. (Wissenschaftliche Untersuchungen zum Neuen Testament; 42)
321 Beutel, Albrecht: **Bescheidenheit:** ein homiletisches Plädoyer. Pastoraltheologische Informationen 12 (1992), 41-56.
322 Beyer, Michael: **Martin Luther »bleybt ein Deudscher schreyber«:** Dialog und Drama als Mittel seines literarischen Gestaltens. LuJ 59 (1992), 79-114.
323 Bielfeldt, Dennis: **Luther, Metaphor, and theological language.** Modern theology 6 (Oxford 1989/90), 121-135.
324 **Bundestheologie und Bundestradition**/ hrsg. von der Theol. Kommission der SEK, Schweizer Evang. Kirchenbund. Bern: Sekretariat der SEK, 1987. 84 S. (Reihe Glaube, Kirche, Oekumene; 1)
325 **Deutsche Literaturgeschichte:** von den Anfängen bis zur Gegenwart/ von Wolfgang Beutin ... 3., überarb. Aufl. S: Metzler, 1989. 622 S. L".
326 Dutschke, Manfred: »**... was ein singer soll singen**«: Untersuchung zur Reformationsdichtung des Meistersängers Hans Sachs. F; Bern; NY: Lang, 1985. 249 S. L". (Europäische Hochschulschriften: Reihe 1, Deutsche Sprache und Literatur; 865)
327 Eicher, Peter: **The burning bush:** Holy Scripture and the Reformation question of identity (Der brennende Dornbusch: die Heilige Schrift: zur reformatorischen Identität ⟨engl.⟩)/ übers. von R. Nowell. In: Christian identity/ hrsg. von C. Duquoc und C. Floristan. Edinburgh: Clark, 1988, 80-92.
328 Ferry, Patrick: **Martin Luther on preaching:** promises and problems of the sermon as a source of Reformation history and as an instrument of the Reformation. CThQ 54 (1990), 265-280.

329 **Frühneuhochdeutsches Wörterbuch/** hrsg. von Ulrich Goebel und Oskar Reichmann; begr. von Robert R. Anderson ... Bd. 2, Lfg. 1: **apfelkönigaufkündung/** bearb. von Oskar Reichmann. B; NY: de Gruyter, 1991. 512 Sp.

330 Gadamer, Hans-Georg: **Hermeneutik I: Wahrheit und Methode:** Grundzüge einer philosophischen Hermeneutik. 6., durchges. Aufl. TÜ: Mohr, 1990. XI, 494 S. L". (Gadamer, Hans-Georg: Gesammelte Werke; 1)

331 Gerlings, Wilhelm: **Apologetik und Fundamentaltheologie in der Väterzeit.** In: 018, 317-333. L 333.

332 Gernentz, Hans Joachim: **Die Entwicklung der mittelniederdeutschen Literatursprache in der Zeit der frühbürgerlichen Revolution.** In: 043, 134-146.

333 Grimm, Gunter E.: **Die Suche nach der eigenen Identität:** deutsche Literatur im 16. und 17. Jahrhundert. In: 049, 326-369. L".

334 Große, Rudolf: **Luthers Bedeutung für die Herausbildung der nationalen deutschen Literatursprache.** (1983). In: ders.: Beiträge zur Sprachgeschichte und Soziolinguistik (1953-1983)/ mit einem Vorwort hrsg. von Ulla Fix und Horst Weber. Reprint von Originalbeiträgen aus den Jahren 1953-1983. L: Zentralantiquariat der DDR, 1989, 322-333.

335 Gutzen, Dieter: **Literatur und Religion V: Von der Reformation bis in die Gegenwart.** TRE 21 (1991), 280-294. L 282f+".

336 Hardt, Tom G. A.: **Luther om Esthers bok:** kononiks eller icke? (Luther und das Buch Esther: kanonisch oder nicht?). Nya väktaren 83 (Växjö 1990), 308-317.

337 Hardt, Tom G. A.: **Luther on verbal inspiration:** a review article. The Confessional Lutheran Research Society newsletter (Trinity 1990), 1-10.

338 Jackson, Timothy R.: **Drama and dialogue in the service of the Reformation.** In: 063, 105-131.

339 Köpf, Ulrich: **Experientia contra experientiam:** religiöse »innere« und »äußere« Erfahrung im Spätmittelalter und im Übergang zur Neuzeit. Berichte zur Wissenschaftsgeschichte 14 (1991), 205-216.

340 Koester, Craig: **John six and the Lord's supper.** LQ 4 (1990), 419-437. L 423.

341 Laskey, Dennis A.: **Luther's exposition of John 17.** CTM 18 (1991), 204-208.

342 Leipold, Heinrich: **Maria und Martha:** Bleiben unter dem Wort: Bibelarbeit über Lukas 10, 38-42. In: 024, 34-41.

343 **Le moyen âge et la Bible/** hrsg. von Pierre Riché und Guy Lobrichon. P: Beauchesne, 1984. 639 S. L". (Bible de tous les temps; 4)

344 Niemczyk, Jan B.: **Autorytet Pisma Świętego według Doktora Marcina Lutra** (Die Autorität der Heiligen Schrift nach Dr. Martin Luther). In: Ministerium verbi/ Redaktion: Henryk Muszyński; Alfons Skowronek. WZ: Akademia Teologii Katolickiej, 1985, 16-28.

345 Noordergraaf, Anton: **Om de waarheid van hed Evangelie:** Gal. 2: 11-14 in de uitleg van Luther en Calvijn (Um die Wahrheit des Evangeliums: G 2,11-14 in der Auslegung Luthers und Calvins). In: Verleden en heden. Apeldoorn: de Zwijgerstichting, 1989, 79-112.

346 Pannenberg, Wolfhart: **Einheit gelingt, wo Freiheit wirkt:** das protestantische Prinzip im ökumenischen Dialog. LM 30 (1991), 125-129.

347 Pareigis, Walter: **Die gefesselte und die befreite Bibel.** Essen: Die Blaue Eule, 1989. 284 S. L 22. 25. 48+".

348 Pesch, Otto Hermann: **Das Wort Gottes als objektives Prinzip der theologischen Erkenntnis.** In: 018, 27-50. L 32-35.

349 Ringel, Klaus-Heinrich: **Der Wortschatz der Liturgie von 1530 bis zum Ende des 16. Jahrhunderts.** B: E. Schmidt, 1987. 514 S. (Philologische Studien und Quellen; 116) – Zugl.: Bonn, Univ., Phil. Fak., Diss., 1986.

350 Roloff, Hans-Gert: **Neulateinische Literatur.** In: 049, 196-230. L".

351 Rothen, Bernhard: **Der Hang zur frommen Lüge:** die Gute Nachricht als Beispiel einer kritiklosen natürlichen Theologie. KD 37 (1991), 280-306: summary.

352 Schäfer, Rolf: **Oratio, meditatio, tentatio:** drei Hinweise Luthers auf den Gebrauch der Bibel. In: 054, 245-251.

353 Schaibley, Robert W.: **Lutheran preaching:** proclamation, not communication. CJ 18 (1992), 6-27.

354 Schlosser, Horst Dieter: **dtv-Atlas zur deutschen Sprache:** Tafeln und Texte: mit 116 farbigen Abbildungsseiten/ Graphiker: Uwe Goede. Originalausgabe. 4. Aufl. M: dtv, 1990. 309 S.: Ill. (dtv; 3219)

355 Schützeichel, Heribert: **Ein Grundkurs des Glaubens:** Calvins Auslegung des 51. Psalms. Cath 44 (1990), 203-217.

356 **Scripture alone/** hrsg. von Paul R. Hinlicky. Lutheran forum 23 (NY 1989) Nr. 3, 14-32.

357 Sparn, Walter: **Preaching and the course of the Reformation.** In: 063, 173-183.

358 **Sprachgeschichte:** ein Handbuch zur Geschichte der deutschen Sprache und ihrer Erforschung/

hrsg. von Werner Besch ... Halbbd. 2. B; NY: de Gruyter, 1985. XX S., S. 950-2251: Ill.

359 Stockmann-Hovekamp, Christian: **Untersuchungen zur Straßburger Druckersprache in den Flugschriften Martin Bucers:** graphematische, morphologische und lexikologische Aspekte. HD: Winter, 1991. XII, 435 S.: Ill., Kt. L". (Studien zum Frühneuhochdeutschen; 9) – Zugl.: Bonn, Univ., Diss., 1991.

360 Stolle, Volker: **Der Weg der Bibel in die Welt.** Oberursel: Oberurseler Hefte, 1989. 48 S. L 14f. (Oberurseler Hefte; 26)

361 Stolt, Birgit: **Martin Luthers rhetorische Syntax.** In: 051, 207-220.

362 Stolt, Birgit: **Rhetorische Textkohärenz – am Beispiel Martin Luthers.** Rhetorik 10 (1991), 89-99.

363 Szarota, Tomasz: **Zur Genese des Begriffs »der deutsche Michel«.** Acta Poloniae historica 63/64 (WZ 1991), 89-119. L".

364 Thompson, John L.: **The immoralities of the patriarchs in the history of exegesis:** a reappraisal of Calvin's position. Calvin theological journal 26 (Grand Rapids, Mich. 1991), 9-46.

365 Turtiainen, Jouni: **Luther psalmien tulkkina** (Luther als Psalmenausleger). TA 96 (1991), 333-338.

366 Villwock, Jörg: **Rhetorik und Poetik:** theoretische Grundlagen der Literatur. In: 049, 98-120. L".

367 Vorster, Hans: **Martin Luther:** Meister Bettler. In: 041, 180-186.

368 Wenz, Gunther: **Das Schriftprinzip im gegenwärtigen ökumenischen Dialog zwischen den Reformationskirchen und der römisch-katholischen Kirche:** eine Problemskizze. In: 056, 304-316.

369 West, Jonathan: **Lexical innovation in Dasypodius' Dictionary:** a contribution to the studies of the development of the early modern German lexicon based on Petrus Dasypodius' Dictionarium Latinogermanicum Straßburg 1536. B; NY: de Gruyter, 1988. XV, 486 S. L 444-454+". (Studies linguistica Germanica; 24) – Veränderte Fassung von: Dublin, Trinity College, phil. Diss., 1986.

370 Wiederkehr, Dietrich: **Das Prinzip Überlieferung:** In: 018. 100-123. L 103.

371 Winkler, Eberhard: **Überlegungen zum Predigtziel.** KD 38 (1992), 20-29: summary.

372 Wöhle, Andreas H.: **Een torah van meester Martinus aangaande de Torah** (Eine Torah-Unterrichtung von Meister Martinus über die Torah). In: 067, 125-128.

k) **Gottesdienst, Gebet, Kirchenlied, Musik**

373 Akerboom, Theodorus H. M.: **Nun frewt euch lieben Christen gmeyn:** een spiegel van Luthers theologie (Nun freut euch, lieben Christen gmein: ein Spiegel von Luthers Theologie). In: 067, 239-250.

374 Albrecht, Christoph: **Einführung in die Liturgik.** 4. Aufl. Lizenzausgabe der Ausgabe B, 1989. GÖ: V&R, 1989. 109 S. L".

375 Bieritz, Karl-Heinrich: **Das Kirchenjahr:** Feste, Gedenk- und Feiertage in Geschichte und Gegenwart. 3. Aufl. M: Beck, 1991. 270 S. (Beck-'sche Reihe; 447)

376 Böcher, Otto: **Licht und Feuer V: Praktisch-theologisch.** TRE 21 (1991), 113-119. L".

377 Boendermaker, Johannes P.: **Gottesdienst und Gemeinde bei Thomas Müntzer und Martin Luther.** In: Omnes circumastantes: contributions towards a history of the role of the people in the liturgy = Festschrift für H[erman] A. J. Wegman. Kampen: Kok, 1990, 177-188.

378 Boendermaker, Johannes P.: **Das Sintflutgebet:** eine Grenzbrücke zwischen Judentum und Christentum. In: 067, 313-324.

379 Bolin, Norbert: **»Sterben ist mein Gewinn«:** (Phil 1,21): ein Beitrag zur evangelischen Funeralkomposition der deutschen Sepukralkultur des Barock: 1550-1750. Kassel: Arbeitsgemeinschaft Friedhof und Denkmal, 1989. 456 S.: Ill. L 85-104+". (Kasseler Studien zur Sepulkralkultur; 5) – Zugl.: Köln, Univ., Diss., 1985.

380 Brown, Frank Burch: **Religious aesthetics:** a theological study of making and meaning. Princeton, NJ: University, 1989. XVI, 225 S.: Ill., Kt., Noten. L".

381 Eire, Carlos M. N.: **War against the idols:** the Reformation of worship from Erasmus to Calvin. 1. Taschenbuchausgabe. Cambridge; NY; New Rochelle; Melbourne; Sydney: Cambridge University, 1989. X, 325 S. L 65-73+".

382 Grethlein, Christian: **Abriß der Liturgik:** ein Studienbuch zur Gottesdienstgestaltung. GÜ: GVH, 1989. 278 S. L 55-57+". – Bespr.: Bieritz, Karl-Heinrich: ThLZ 116 (1991), 865-867.

383 Guicharousse, Hubert: **Luther et la culture musicale de son temps:** de l'abstraction à la création. P, 1991. 567 S.: 38 Ill. – Zugl.: P X-Nanterre, Institut d'Études Germaniques, Diss., 1991.

384 Holze, Heinrich: **Unreformatorischer Gottesdienst?:** die Abendmahlsfeier der Lima-Liturgie aus der Sicht frühreformatorischer Gottesdienstordnungen. ZThK 88 (1991), 287-312.

385 Kalb, Friedrich: **Liturgie I: Christliche Liturgie.** TRE 21 (1991), 358-377. L 363-365.

386 Korrick, Leslie: **Instrumental music in the early sixteenth century Mass:** new evidence. Early music 18 (Oxford 1990), 359-370.

387 **Liederkunde.** 2. Teil: **Lied 176-394**/ hrsg. von Joachim Stalmann; J. Einrich. GÖ: V&R, 1990. XIV, 554 S. (Handbuch zum Evang. Kirchengesangbuch; 3 II)

388 Lochman, Jan Milič: **The Lord's prayer** (Unser Vater ⟨engl.⟩)/ übers. von Goeffrey W. Bromiley. Grand Rapids, Mich.: Eerdmans, [1990]. X, 180 S.

389 Nirmal, A. P.: **Faith's provocations – Luther's liturgical reforms.** Gurukul journal of theological studies 3 (Madras 1992) Heft 1, 1-17.

390 Reich, Christa: **»... davon ich singen und sagen will«:** Überlegungen zum Verhältnis von Musik und Evangelium. Musik und Kirche 62 (1992), 2-11.

391 Robinson-Hammerstein, Helga: **The Lutheran Reformation and its music.** In: 063, 141-171.

392 Veit, Patrice: **Le chant, la Reforme et la Bible.** In: 060, 659-681.

393 Veit, Patrice: **Die Musik und der religiöse Gesang.** In: 068, 1223-1245: Ill.

394 Wegman, Herman A. J.: **Riten en mythen:** Liturgie in de geschiedenis van het christendom (Riten und Mythen: Liturgie in der Geschichte des Christentums). Kampen: Kok, 1991. 408 S. L 307-329+".

1) Katechismus, Konfirmation, Schule

395 Bloth, Peter C.: **Katechismus und Pluralismus:** eine religionsdidaktische Reflexion. In: 066, 58-75.

396 Bornert, René: **La confirmation dans les églises de la Reforme:** tradition lutherienne, calvinienne et anglicane. Questions liturgiques 70 (Louvain 1989), 51-68. – Bespr.: Segovia, Augusto: Archivo teológico Granadino 53 (Granada 1990), 246f.

397 Bottigheimer, Ruth B.: **Martin Luther's children's bible.** Wolfenbütteler Notizen zur Buchgeschichte 15 (1990) Heft 2, 152-161.

398 Fusselman, Douglas D.: **»Pray like this«:** the significance of the Lord's prayer in Luther's catechisms. CJ 18 (1992), 132-152.

399 Harran, Marilyn J.: **The contemporary applicability of Luther's pedagogy:** education and vocation. CJ 16 (1990), 319-332.

400 Hubig, Christoph: **Humanismus – die Entdekkung des individuellen Ichs und die Reform der** Erziehung. In: 049, 31-67: Ill.

401 Kaufmann, Hans Bernhard: **Martin Luther (1483-1546).** In: 029, 7-23.

402 Köpf, Ulrich: **Der Anspruch der Kirchen auf die Schule im 16. Jahrhundert.** In: 019, 491-503.

403 Lienhard, Marc: **Luther et Calvin commentateurs du Notre Père.** RHPhR 72 (1992), 73-88.

404 Maier, Karl Ernst: **Gesamtdarstellung:** [das Schulwesen von der Zeit der Reformation bis zur Aufklärung]. In: 019, 349-383. L".

405 Nagel, Norman: **The Spirit's gifts in the confessions and in Corinth.** CJ 18 (1992), 230-243.

406 Peters, Albrecht: **Kommentar zu Luthers Katechismen.** Bd. 3: **Das Vaterunser**/ hrsg. von Gottfried Seebaß. GÖ: V&R, 1992. 198 S.

407 Reusch, Martin: **Lutero como educador** (Luther als Erzieher). Revista do CEM 7 (São Leopoldo 1985) Heft 1, 36-40.

408 Rosin, Robert: **The Reformation, humanism, and education:** the Wittenberg model for reform. CJ 16 (1990), 301-318.

409 Ruhloff, Jörg: **Renaissance, Humanismus, Bildungstheorie der Gegenwart:** einführende Bemerkungen zum Problem und zur Intention der Studien. In: 050, 9-41.

410 Thompson, Virgil: **The promise of Catechesis.** LQ 4 (1990), 259-270.

411 Vogler, Bernard: **Catéchisme et catéchèse dans l'orthodoxie lutherienne à Strasbourg (1560-1750).** In: Actes du 109e Congrès National des Sociétés Savantes, Dijon, 1984, Section d'histoire moderne et contemporaine I = Transmettre la foi: XVIe-XXe siècles. Bd. 1: Pastorale et prédication en France. P: C.T.H.S., 1984, 9-17.

m) Weitere Einzelprobleme

412 Baron, Frank: **Ein Einblattdruck Lucas Cranach d. J. als Quelle der Hexenverfolgung in Luthers Wittenberg.** In: Poesis et pictura = Festschrift für Dieter Wuttke zum 60. Geburtstag/ hrsg. von Stephan Füssel und Joachim Knape. Baden-Baden: Koerner, 1989, 277-294: 1 Ill. (Saecula spiritalia; Sonderbd.)

413 Bauer, Franz J.: **Von Tod und Bestattung in alter und neuer Zeit.** HZ 254 (1992), 1-31: L 7. 10.

414 Böcher, Otto: **Licht und Feuer IV: Kirchengeschichtlich.** TRE 21 (1991), 107-113. L 111f.

415 Bollmann, Ulrike: **Von der gelehrten und/oder lasterhaften Frau:** zum Verständnis der gebildeten Frau im Renaissance-Humanismus. In: 050, 216-281: Ill.

416 Colón, David M.: **Martin Luther, the devil and**

the Teufelchen: attitudes toward mentally retarded children in sixteenth-century Germany. Proceedings of the PMR Conference 14 (Villanova, PA 1989), 75-84.

417 Courth, Franz: **Kontroverspunkte im ökumenischen Gespräch über die Mutter Jesu und Ansätze zu ihrer Überwindung.** In: 012, 9-33.

418 Daur, Martin: **Die Rechtsbeziehungen zwischen der evangelischen Kirche und den Kommunitäten, Bruderschaften und Orden.** ZEvKR 36 (1991), 229-253. L 242-244+".

419 **»Dein leuchtend Angesicht, Maria...«:** das Bild der Mutter Jesu in der Glaubensgeschichte/ hrsg. von Wolfgang Beinert und Jürgen Hoeren. Originalausgabe. FR; BL; W: Herder Taschenbuch, 1988. 125 S. L". (Herder Taschenbuch; 1565)

420 Evans, George Peter: **The cult of the saints in the early Lutheran Reformation and in the Second Vatican Council:** a comparison. Washington, D. C., 1987. VIII, 392 S. – Washington, D. C., Catholic University of America, Diss., 1987.

421 Frank, Karl Suso: **Geschichte des christlichen Mönchtums.** 5. Aufl., textidentische Sonderausgabe der 4. Aufl. DA: WB, 1988. X, 208 S. L 124-126+" (Grundzüge; 25) [Vgl. LuB 1990, Nr. 428]

422 Frase, Michael: **Zum Selbstverständnis evangelischer Ordensritter in der Ballei Hessen des Deutschen Ordens.** JHKV 42 (1991), 1-11.

423 Grass, Hans: **Traktat über Mariologie.** Marburg: Elwert, 1991. VIII, 117 S. L 44-57. (Marburger Theol. Studien; 30)

424 Gutmann, Hans-Martin: **Über Liebe und Herrschaft:** Luthers Verständnis von Intimität und Autorität im Kontext des Zivilisationsprozesses. GÖ: V&R, 1991. X, 385 S.: Ill. (Göttinger theol. Arbeiten; 47)

425 Happe, Barbara: **Der Camposanto in Buttstädt:** ein seltener Zeuge frühneuzeitlicher Sepulkralkunst in Thüringen. Die Auslese (1992) Heft 1, Ausgabe E, 4. März, 1-18: Ill. L".

426 Hardt, Tom G. A.: **Vad är evangelisk-luthersk kyrkolära om Jungfru Maria?** (Was ist evang.-luth. Kirchenlehre über die Jungfrau Maria?). Nya väktaren 78 (Växjö 1985), 38-44.

427 **Hexen und Hexenprozesse in Deutschland**/ hrsg. von Wolfgang Behringer. Originalausgabe. M: dtv, 1988. 495 S. L 104+". (dtv; 2957: dtv-Dokumente)

428 Houtman-Visser, L[eonora] J.: **De figuur van Maria in het Magnificat van Luther** (Die Gestalt der Maria in Luthers Magnifikat). Documentatieblad Lutherse kerkgeschiedenis 10 (Haarlem 1992), 3-12.

429 Huovinen, Eero: **Kuolemattomuudesta osallinen:** Martti Lutherin kuoleman teologian ekumeeninen perusongelma (Von der Unsterblichkeit: das ökumenische Grundproblem der Theologie des Todes bei Martin Luther). Helsinki: Suomalainen Teologinen Kirjallisuusseura, 1981. 114 S. (Suomalaisen Teologisen Kirjallisuusseura julkaisuja; 130) – Bespr.: Martikainen, Eeva: ThR 53 (1988), 371-387.

430 Müller, Hans Martin: **Christliche Rede vom ewigen Leben.** KD 37 (1991), 190-208: summary.

431 Napiórkowski, Stanisław Celestyn: **Matka mojego Pana** (Die Mutter meines Herrn). Opole: Wydawnictwo św. Krzyża, 1988. 247 S. L".

432 Nowicki-Pastuschka, Angelika: **Frauen in der Reformation:** Untersuchungen zum Verhalten von Frauen in den Reichstädten Augsburg und Nürnberg zur reformatorischen Bewegung zwischen 1517 und 1537. Pfaffenweiler: Centaurus, 1990. 167 S.: 2 Ill. (Forum Frauengeschichte; 2) – Zugl.: HH, Univ., Fachbereich Mittlere und Neuere Geschichte, Magister, 1987.

433 Öberg, Ingemar: **Luther och världsmissionen:** historisk-systematiska studier med särskild hänsyn till bibelutläggningen (Luther und die Weltmission). Åbo: Åbo Akademis, 1991. 670 S. (Studier utgivna av Institutionen för Systematisk Teologi vid Åbo Akademi; 23)

434 Paulus, Herbert: **Beata Maria virgo:** das Marienbild aus der Sicht Luthers. In: 039, 447-449: 1 Ill.

435 Rammel, Georg: **Die schulische Situation von Gehörlosen und Körperbehinderten.** In: 019, 595-604.

436 Rössler, Andreas: **Evangelische Gesichtspunkte zur Bedeutung der Mutter Jesu.** In: 039, 450-459.

437 Roper, Lyndal: **The holy household:** women and morals in Reformation Augsburg. Oxford: Clarendon, 1989. VI, 296 S.: Ill. L". (Oxford studies in social history)

438 Scheffczyk, Leo: **Die ökumenische Problematik bezüglich des Assumpta-Dogmas.** In: 012, 57-80.

439 Thiede, Werner: **Auferstehung der Toten – Hoffnung ohne Attraktivität?:** Grundstrukturen christlicher Heilserwartung und ihre verkannte religionspädagogische Relevanz. GÖ: V&R, 1991. XII, 437 S. (Forschungen zur systematischen und ökumenischen Theologie; 65) – Zugl.: M, Univ., Diss., 1990.

440 Thiede, Werner: **Auferstehungshoffnung bei Martin Luther.** Impulse 34 (1992) Heft 3. 24 Bl. (EZW-Texte)

441 Thiede, Werner: **Die Zeit aus dem Sinn tun:** wie

modern ist Luthers Auferstehungshoffnung? LM 31 (1992), 297-299: Ill.
442 Thompson, John L.: **John Calvin and the daughters of Sarah:** women in regular and exceptional roles in the exegesis of Calvin, his predecessors and his contemporaries. Genève: Droz, 1992. 328 S. (Travaux d'humanisme et Renaissance; 259)

3 Beurteilung der Persönlichkeit und ihres Werkes

443 Aland, Kurt: **Der »deutsche« Luther.** (1980). In: 03, 274-288.
444 Avendaño, Francisco: **Martin Lutero y la Reforma Luterana** (Martin Luther und die lutherische Reformation). In: 061, 11-16.
445 Banaszak, Marian: **Historia Kościoła Katolickiego:** csasy nowożytne 1517-1758 (Die Geschichte der kath. Kirche: Neuzeit 1517-1758). Bd. 3. WZ: Akademia Teologii Katolickiej, 1989. 367 S. L 26-57.
446 Betz, Otto: **Aufsätze zur biblischen Theologie.** Bd. 2: **Jesus, der Herr der Kirche.** TÜ: Mohr, 1990. VIII, 514 S. L". (Wissenschaftliche Untersuchungen zum Neuen Testament; 52)
447 Boff, Leonardo: **Luther, the Reformation, and liberation.** In: Faith born in the struggle for life: a re-reading of Protestant faith in Latin America today/ hrsg. von Dow Kirkpatrick; übers. von Lewistine McCoy. Grand Rapids, Mich.: Eerdmans, 1988, 195-212.
448 Dalmases, Cándido de: **Ignatius von Loyola:** Versuch einer Gesamtbiographie des Gründers der Jesuiten (El padre maestro Ignacio ⟨dt.⟩). M: Neue Stadt, 1989. 276 S. L 159. (Große Gestalten der Christenheit)
449 Deppermann, Klaus: **Martin Luther – Bahnbrecher der Neuzeit?** In: 011, 5-21.
450 Deschner, Karlheinz: **Das Kreuz mit der Kirche:** eine Sexualgeschichte des Christentums. Lizenzausgabe. Genehmigte, ungek. Taschenbuchausgabe, 12., erw., und aktualisiert Neuausgabe. M: Heyne, 1989. 575 S. (Heyne-Sachbuch; 19/16)
451 Durling, Robert M.: **Das Ideal vom Epos.** In: 049, 507-527. L 515-517.
452 Gennep, Frederik O. van: **De terugkeer van de verloren Vader:** een theologisch essay over vaderschap en macht in cultuur en christendom (Die Rückkehr des verlorenen Vaters: ein theologischer Essay zu Vaterschaft und Macht in Kultur und Christentum). Baarn: ten Have, 1989. 544 S. L 238f.
453 Greiner, Albert: **Martin Luther – la quête de l'absolu.** La vie 1993 (P 1983) 10. November, 34-40.
454 Kasper, Walter: **Die Wissenschaftspraxis der Theologie.** In: 018, 242-277. L".

455 Kern, Walter: **Der Beitrag des Christentums zu einer menschlicheren Welt.** In: 018, 278-314. L 296.
456 Kittelson, James M.: **Luther der Mensch.** CJ 17 (1991), 384-392.
457 Kłoczowski, Jerzy: **Chrześcijaństwo i historia** (Das Christentum und die Geschichte). Kraków: Społeczny Instytut Wydawniczy, 1990. 390 S. L 133f. 170-178.
458 Kyndal, Erik: **Luther i økumenisk belysning:** Luthers »Anliegen« – sakrament – og kirkesyn (Luther im Lichte der Ökumene). In: 01, 114-126.
459 Lapointe, Roger: **Le pouvoir d'excommunier.** In: 02, 231-244.
460 Letocha, Danièle: **L'autorité de la conscience jusqu'au concile de Trente:** contribution à la préhistoire de la subjectivité. In: 02, 140-157. L".
461 McGrath, Alister E.: **The genesis of doctrine:** a study in the foundations of doctrinal criticism. Oxford: Basil Blackwell, 1990. X, 266 S. L".
462 McKim, Donald K.: **Theological turning points:** major issues in Christian thought. Atlanta, GA: Knox, 1988. 211 S. L".
463 Mann, Golo: **Deutsche Geschichte des 19. und 20. Jahrhunderts.** Sonderausgabe: 40 Jahre Fischer Taschenbücher. F: Fischer Taschenbuch, 1992. 1063 S. L 31-35+". (Fischer-Taschenbücher; 11231)
464 Nilsson, Kjell Ove: **Luther i ekumeniskt perspektiv** (Ökumenische Perspektiven bei Luther). In: 01, 159-174.
465 Olivier, Daniel: **Une crise majeure.** Le messager évangélique (Strasbourg 1983) Nr. 44, 10.
466 Olivier, Daniel: **La Réforme – une grande crise de l'Europe.** Unité des chrétiens 52 (P 1983) octobre, 3.
467 Roeck, Bernd: **Reformation und Gegenreformation:** die großen geistigen Ereignisse zwischen Mittelalter und Neuzeit. In: 049, 68-97: Ill.
468 Socci, Antonio; Ricci, Tommaso: **... der Mönch, der der Gnosis verfiehl:** »Luther?: manichäische Delirien«: [Interview mit Theobald Beer]. 30 Tage in Kirche und Welt 2 (1992) Heft 2, 42-48: Ill.
469 Socci, Antonio: **Luther ist »unser Bier«.** 30 Tage in Kirche und Welt 2 (1992), 52f: Ill.

470 Spengler, Oswald: **Der Untergang des Abendlandes:** Umrisse einer Morphologie der Weltgeschichte/ Nachwort von Rolf Hochhut: »Spengler veränderte das Lebensgefühl Europas«. Ungek. Lizenzausgabe in einem Bd. GÜ: Bertelsmann-Club; Kornwestheim: EBG; W: Buchgemeinschaft Donauland; Zug/Schweiz: Buch- und Schallplattenfreunde, s.a. 1215 S. L 875-881+". (Klassiker des modernen Denkens)

471 Spengler, Oswald: **Der Untergang des Abendlandes:** Umrisse einer Morphologie der Weltgeschichte/ Nachwort von Anton Mirko Koktanek. Ungek. Taschenbuchausgabe, 10. Aufl. M: dtv, 1991. XVII, 1269 S. L 922-927+". (dtv; 838: dtv-Sachbuch)

472 Stec, Wiesław: **Literacki kształt polskich polemik antyjezuickich z lat 1578-1625** (Die literarische Gestalt der antijesuitischen Polemik 1578-1625). Białystok: Dział Wydawnictw Filii UW, 1988. 359 S. L". (Dissertationes Universitatis Varsoviensis; 340)

473 Stoll, Karlheinz: **»Christus liebhaben ist viel besser als alle Weisheit«:** (Johannes Bugenhagen): Bericht des Leitenden Bischofs der VELKD, Karlheinz Stoll vor der Generalsynode in Schleswig vom 20. Oktober 1985. Hannover: Luth. Kirchenamt der VELKD, 1985. 32 S. (Texte aus der VELKD; 29)

474 Timmermann, Klaus: **Europa in der Zeit des Umbruchs.** In: 08, 13-29.

475 Wolf, Hans-Jürgen: **»Neuer« Pfaffenspiegel:** Sünden der Kirche: das Geschäft mit dem Glauben: ein kritischer Beitrag zur Kirchengeschichte: Plädoyer eines enttäuschten Christen. Dornstadt: Historia, 1989. 695 S.: Ill. L 232-244.

476 Wolpers, Theodor: **Schuld und Tragik bei Shakespeare.** In: Schuld: Zusammenhänge und Hintergründe: eine Vorlesungsreihe der Georgia Augusta, Göttingen/ hrsg. von Konrad Thomas. F; Bern; NY; P: Lang, 1990, 207-233. L 229. (Europäische Hochschulschriften: Reihe 20: Philosophie; 305)

4 Luthers Beziehungen zu früheren Strömungen, Gruppen, Persönlichkeiten und Ereignissen

477 Bell, Theo M. M. A. C.: **Pater Bernardus:** Bernard de Clairvaux vu par Martin Luther. Citeaux 41 (Saint-Nicolas-les-Citeaux 1990), 233-255.

478 Bell, Theo M. M. A. C.: **Testimonium Spiritus Sancti:** an example of Bernard-reception in Luther's theology. Bijdragen 53 (Meppel 1992), 62-72.

479 Douglass, E. Jane Dempsey: **Justification in late medieval preaching:** a study of John Geiler of Keisersberg. 2. Aufl. Leiden; NY; København; Köln: Brill, 1989. XI, 240 S. L". (Studies in medieval and Reformation thought; 1)

480 Flasch, Kurt: **Wozu erforschen wir die Philosophie des Mittelalters?** In: Die Gegenwart Ockhams/ hrsg. von Wilhelm Vossenkuhl und Rolf Schönberger mit Beiträgen von O. Aicher ... Weinheim: VCH Acta humaniora, 1990, 393-409. L 397f.

481 Haas, Alois Maria: **Luther und die Mystik.** (1986). In: 017, 264-285.

482 Haas, Alois Maria: **»Theologia deutsch«, Meister Eckhart und Martin Luther.** (1985). In: 017, 286-294.

483 Hägglund, Bengt: **Misuthiku toluta?** (Mystik und Rechtfertigung: eine Untersuchung über Tauler und die deutsche Mystik ⟨jap.⟩). In: Kirisutosha no keiken = Ingu toru sensei kiju kinen kenter ronbunshu (Christliche Frömmigkeit = Festschrift für Professor Toru Ingu zu seinem 77. Geburtstag)/ hrsg. von Akira Yamada und Isao Kuramatsu. Tokyo: [ohne Verlag], 1989, 101-118. L".

484 Irmscher, Johannes. **Hoi pateres tes ekklesias apo ten apopse tou Martinou Loutherou** (Die Kirchenväter in der Sicht Luthers). The patristic and Byzantine review 8 (Kingston, NY 1989), 35-39.

485 Jaspert, Bernd: **Weltliche Frömmigkeit im Mittelalter.** (1986). In: 027, 135-166.

486 Kolb, Robert: **»Saint John Hus« and »Jerome Savonarola, confessor of God«:** the Lutheran »canonization« of late medieval martyrs. CJ 17 (1991), 404-418.

487 Larcher, Gerhard: **Modelle fundamentaltheologischer Problematik im Mittelalter.** In: 018, 334-346. L 346.

488 Maron, Gottfried: **Wer hat einen besseren Zugang zum Verständnis des Mittelalters, Katholiken oder Protestanten?:** eine freundschaftliche Gegenrede auf eine allzu schnelle Antwort. In: 044, 263-280.

489 Oberman, Heiko A.: **Die Bedeutung der Mystik von Meister Eckhart bis Martin Luther:** In: Begegnung mit Gott/ Wolfgang Böhme; mit Beiträgen von Dietmar Mieth ... S: Steinkopf, 1989, 83-101. (Bücher mystischer Lebensdeutung)

490 Pol, Frank van der: **Duistere Middeleeuwen in het licht:** kerkgeschiedenis van de Middelleeuwen: een aanbeveling voor wie de reformatie zijn toegedaan (Dunkles Mittelalter im Licht: Kirchengeschichte des Mittelalters: eine Empfehlung für die, welchen die Reformation zu Herzen geht). Barneveld: de Vuurbaak 1991. 60 S. L".

491 Posset, Franz: **The elder Luther on Bernard.** Tl. 2: **Last exegetical work.** The American Benedictine review 42 (Atchinson, KS 1991), 179-201.

492 Pranger, M. B.: **Predite vixi:** Bernard de Clairvaux et Luther devant l'échec existential. Bijdragen 53 (Meppel 1992), 46-61.

493 Santos Noya, Manuel: **Die Sünden- und Gnadenlehre des Gregor von Rimini.** F; Bern; NY; P: Lang, 1990. XII, 357 S. L 154-157+". (Europäische Hochschulschriften: Reihe 23: Theologie; 388) – Zugl.: TÜ, Univ., Diss., 1989.

494 Sbaffoni, Fausto: **Lutero e Savonarola.** Rivista di ascetica e mistica 16 (Firenze 1991), 162-177.

495 Turrado, Argimiro: **Gracia y libre albedrio en San Agustín y en Lutero:** la tragedia de la incompresión en el siglo XVI y la hermenéutica de las culturas (Gnade und freier Wille nach St. Agustin und Luther: die Tragödie des Mißverstehens im 16. Jahrhundert und die Hermeneutik der Kulturen). Estudio Agustiniano 23 (Valladolid 1988), 483-514. – Bespr.: Segovia, Augusto: Archivo teológico Granadino 52 (Granada 1989), 230 f.

496 Wetzel, Richard: **Staupitz und Luther:** Annäherung an eine Vorläufer-Figur. BlPfKG 58 (1991), 369-395 = Ebernburg-Hefte 25 (1991), 41-67.

497 Wriedt, Markus: **Gnade und Erwählung:** eine Untersuchung zu Johann von Staupitz und Martin Luther. MZ: von Zabern. 1991. XII, 272 S. (Veröffentlichungen des Instituts für Europäische Geschichte Mainz; 141: Abt. Religionsgeschichte) – Zugl.: Überarb. HH, Univ., Fachbereich Evang. Theologie, Diss., 1989/90: »Gnade und Erwählung bei Johann von Staupitz«.

498 Wriedt, Markus: **Staupitz und Luther:** zur Bedeutung der seelsorgerlichen Theologie Johanns von Staupitz für den jungen Martin Luther. In: 036, 67-108.

499 Wriedt, Markus: **Staupitz und Luther:** zur Bedeutung der seelsorgerlichen Theologie Johanns von Staupitz für den jungen Martin Luther. In: 037, 67-108.

5 Beziehungen zwischen Luther und gleichzeitigen Strömungen, Gruppen, Persönlichkeiten und Ereignissen

a) Allgemein

500 Chaunu, Pierre: **L'aventure de la Réforme:** le monde de Jean Calvin. P: Editions complexe, 1991. 200 S. L".

501 **Das Christentum** (Atlas of the Christian church ⟨dt.⟩)/ hrsg. von Henry Chadwick und G. R. Evans; übers. von Hans-Ludwig Heuss ... M: Christian, 1988. 240 S.: Ill., Kt. L". (Weltatlas der alten Kulturen)

502 Engammare, Max: **Cinquante ans de révision de la traduction biblique d'Olivétan:** les Bibles réformées genevoises en français du XVIe siècle. Bulletin d'humanisme et de renaissance 53 (Genève 1991), 347-377.

503 Gaßmann, Günther: **Lutherische Kirchen.** TRE 21 (1991), 599-616. L 599 f.

504 Henning, Hans: **Zur Entstehung und Inhalt der Stammbücher des 16. Jahrhunderts.** In: 058, 33-50. L".

505 Klose, Wolfgang: **Stammbucheintragungen im 16. Jahrhundert im Spiegel kultureller Strömungen.** In: 058, 13-31: Tab. L".

506 **Le livre dans l'Europe de la Renaissance** = Actes du XVIIIe Colloque international d'Etudes humanistes de Tours/ hrsg. von Pierre Aquilon und Henri-Jean Martin in Zsarb. mit François Dupuigrenet Derousilles. P: Promodis: Editions du Cercle de la Librairie, 1988. 587 S. L".

507 **The Reformation** (L'aventure de la reforme ⟨engl.⟩)/ hrsg. von Pierre Chaunu; übers. von Victoria Atland ... NY: St. Martin's, 1990. 296 S.: 350 Ill. – Siehe LuB 1992, Nr. 036. – Bespr.: Estep, W. R.: SCJ 22 (1991), 561 f.

508 Rublack, Hans-Christoph: **... hat die Nonne den Pfarrer geküßt?:** aus dem Alltag der Reformationszeit. GÜ: GVH, 1991. 160 S. L". (GTB Siebenstern; 1113)

509 Scribner, Robert W.: **Oral culture and the transmission of Reformation ideas.** (1984). In: 063, 83-104.

510 Smith, Gary Scott: **The Reformation:** Luther, Calvin, and the Anabaptists. In: Building a Christian world view. Bd. 2: The universe, society,

and ethics/ hrsg. von W. Andrew Hofacker und Gary Scott Smith. Phillipsburg, NJ: Presbyterian and Reformed, 1988, 221-255.
511 Vogler, Bernard: **Die deutschen, schweizerischen und skandinavischen Gebiete.** In: 068, 391-446: Ill., Taf. L".
512 Ziegler, Walter: **Religion und Politik im Umfeld des Regensburger Religionsgesprächs von 1541.** In: 047, 9-30.

b) Wittenberger Freunde

513 Alvarez, Carmelo E.: **Felipe Melanchthon:** humanista cristiano (Philipp Melanchthon: christlicher Humanist). In: 061, 37-44.
514 Biermann, Andreas: **Melanchthon und Lippe.** JWKG 85 (1991), 136-148.
515 Bokeloh, Karl-Heinz: **Amsdorf, Nikolaus von.** In: 033, 133 f.
516 Burigana, Riccardo: **Il regesto delle dispute di Melantone.** Cristianesimo nella storia 12 (Bologna 1991), 353-380.
517 Casey, Paul F.: **Paul Rebhuhn:** a biographical sketch. In: 063, 133-139.
518 Heinzer, Felix: **Das Album amicorum (1545-1569) des Claude de Senarckens.** In: 058, 95-124.
519 Jillich, Achim: **Philipp Melanchthon und Moritz von Sachsen:** der Reformator und sein Landesherr. In: 057, 51-68.
520 Martin, Ludwig: **Ein Mitstreiter Luthers:** zum 500. Geburtstag von Johannes Briesmann. Cottbuser Heimatkalender (1988), 76-79: Portr.
521 Melanchthon, Philipp: **Glaube und Bildung:** Texte zum christlichen Humanismus: lateinisch/deutsch/ ausgew., übers. und hrsg. von Günter R. Schmidt. S: Reclam, 1989. 221 S. (Universal-Bibliothek; 8609)
522 [Melanchthon, Philipp] Melantone, Filippo: **Il potere e il primato del papa:** trattato composto dai teologi radunati a Smalcalda nell'anno 1537 (Tractatus de potestate et primatu papae ⟨it.⟩)/ übers. und komm. von Paolo Ricca. In: LuB 1993, Nr. 44, 131-173: Ill.
523 Mennecke-Haustein, Ute: **Alberus, Erasmus.** In: 033, 92-94.
524 Mülhaupt, Erwin: **Heimaterinnerungen und Heimatbeziehungen Philipp Melanchthons.** 2. Aufl. Bretten: Melanchthonverein, 1983. 59 S.
525 **Professing theology:** essays in praise of teachers/ bearb. von James M. Wall. The Christian century 107 (Chicago, Ill. 1990), 124-127. 143-155.
526 Rhein, Stefan: **Wittenberg in Sachsenland:** Lesefrüchte zu Melanchthons Beziehungen zu Wittenberg und Sachsen. In: 09, 29-39: Ill.
527 Schäfer, Rolf: **Philipp Melanchthon:** der stille Gelehrte. In: 041, 199-203.
528 Scheible, Heinz: **Agricola, Johannes.** In: 033, 63 f.
529 Scheible, Heinz: **Luther and Melanchthon** (Luther und Melanchthon ⟨engl.⟩)/ übers. von Timothy J. Wengert. LQ 4 (1990), 317-339.
530 Scheible, Heinz: **Major, Georg (1502-1574).** TRE 21 (1991), 725-730.
531 Scheible, Heinz: **Melanchthon, Philipp.** In: 034, 88-92.
532 Scheible, Heinz: **Die Verfasser der kurpfälzischen Schulordnung von 1556.** BlPfKG 58 (1991), 397-406 = Ebernberg-Hefte 25 (1991), 69-78.
533 Schild, Maurice E.: **Approaches to Bugenhagen's Psalms commentary.** LThJ 26 (1992), 63-71.
534 Schmidt, Günter R.: **Philippus Melanchthon (1497-1560).** In: 029, 23-34.
535 Schröder, Ingrid: **Die Bugenhagenbibel:** Untersuchungen zur Übersetzung und Textgeschichte des Pentateuchs. Köln; W. Böhlau, 1991. 479 S. (Mitteldeutsche Forschungen; 105) – Zugl.: GÖ, Univ., Diss., 1989.
536 Urban, Georg: **Philipp Melanchthon:** 1497-1560: sein Leben. 3. Aufl./ unv. Nachdruck der 2., von Willy Bickel neubearb. und neugestalteten Aufl. Bretten, 1978. Bretten: Melanchthonverein, 1991. 91 S.: Ill.
537 Wiedermann, Gotthelf: **Der Reformator Alexander Alesius als Ausleger der Psalmen.** Erlangen, 1988. 270 S. (MS). L 108-115+". – Erlangen/Nürnberg, Univ., Theol. Fak., Diss., 1988.
538 Wolgast, Eike: **Johannes Bugenhagens Beziehungen zur Politik nach Luthers Tod.** In: Gedenkschrift für Reinhold Olesch/ hrsg. von Hans Rothe... Köln; W: Böhlau, 1990, 115-138.

c) Altgläubige

539 Aland, Kurt: **Luther und die römische Kirche.** (1984). In: 03, 226-273.
540 Bäumer, Remigius: **Alfeldt, Alveld, Alveldt, Alfeld, Augustin von.** In: 033, 106 f.
541 Cochlaeus, Johannes: **Responsio ad Johannem Bugenhagium Pomeranum/** hrsg. von Ralph Keen. Nieuwkoop: de Graaf, 1988. 178 S. (Bibliotheca humanistica & reformatorica; 44) – Bespr.: Lund, Eric: ChH 60 (1991), 110f.
542 Dittrich, Christoph: **Katholische Kontroverstheologem im Kampf gegen Reformation und Täufertum.** Mennonitische Geschichtsblätter 47/48 (1990/91), 71-88: 2 Faks. auf Taf.
543 **Dokumente zur causa Lutheri:** (1517-1521). Teil

2: **Vom Augsburger Reichstag 1518 bis zum Wormser Edikt 1521**/ hrsg. und komm. von Peter Fabisch und Erwin Iserloh. MS: Aschendorff, 1991. XV, 558 S.: Ill. (Corpus catholicorum; 42)

544 Dowling, Maria: **John Fisher and the preaching ministry**. ARG 82 (1991), 287-309: Zusammenfassung, 309.

545 Endean, Philip: **Ignatius in Lutheran light**. The month 252 (LO 1991), 271-278.

546 **Gasparo Contarini e il suo tempo:** atti del convegno, Venezia, 1-3 marzo 1985 (Gasparo Contarini und seine Zeit: Akten des Kongresses, Venedig, 1.-3. März 1985)/ von Gigliola Fragnito ...; hrsg. von Francesca Cavazzana Romanelli. Venezia: Studium Cattolico Veneziano, 1988. 266 S.: Ill. L".

547 Godfroy, Marie-France: **Vers la frontière:** Thomas Illyricus. In: 015, 89-96.

548 Hausberger, Karl: »**Ein kampff besteen dy zwo parthei, rath, welcher tail got nähner sey**«: Verlauf und Scheitern des Regensburger Religionsgesprächs vom Frühjahr 1541. In: 047, 31-46. L".

549 Heinrich, Gerd: **Kardinal Albrecht von Brandenburg und das Haus Hohenzollern**. In: 013, 17-36.

550 Immenkötter, Herbert: **Albrecht von Brandenburg auf dem Augsburger Reichstag 1530**. In: 013, 132-139.

551 Laplanche, François: **Kontroversen und Dialoge zwischen Katholiken und Protestanten**. In: 068, 330-355: Ill.

552 Lienhard, Marc: **Les pamphlets antiluthériens de Thomas Murner**. In: 015, 97-107.

553 Lohse, Bernhard: **Albrecht von Brandenburg und Luther**. In: 013, 73-83.

554 Luttenberger, Albrecht P.: **Konfessionelle Parteilichkeit und Reichstagspolitik:** zur Verhandlungsführung des Kaisers und der Stände in Regensburg 1541. In: Fortschritte in der Geschichtswissenschaft durch Reichstagsaktenforschung: vier Beiträge aus der Arbeit in den Reichstagsakten des 15. und 16. Jahrhunderts/ hrsg. von Heinz Angermeier ... GÖ: V&R, 1988, 65-101. L". (Schriftenreihe der Historischen Kommission bei der Bayerischen Akademie der Wissenschaften; 35)

555 Mehl, James V.: **The first printed editions of the history of church councils**. Annuarium historiae conciliorum 18 (PB 1986), 128-143. L 140.

556 **Pflugiana:** Studien über Julius Pflug (1499-1564): ein internationales Symposium/ hrsg. von Elmar Neuss und J[acques] V. Pollet. MS: Aschendorff, 1990. XI, 233, [10] S.: Ill. L". (Reformationsgeschichtliche Studien und Texte; 129)

557 Pörnbacher, Hans: **Amerbach, Amerpach, Veit**. In: 033, 128 f.

558 **Quellen zur Geschichte Karls V.**/ hrsg. von Alfred Kohler. DA: WB, 1990. XXV, 502 S.: Ill. L". (Freiherr vom Stein-Gedächtnisausgabe; B, ausgewählte Quellen zur deutschen Geschichte der Neuzeit; 15) – Bespr.: Oehmig, Stefan: ZGW 39 (1991), 714 f.

559 Scheib, Otto: **Erzbischof Albrecht von Brandenburg und die Religionsgespräche**. In: 013, 140-155.

560 Smolinsky, Heribert: **Reform oder Theologie?:** Beobachtungen zu Johannes Ecks exegetischen Vorlesungen an der Universität Ingolstadt. In: 044, 333-349.

561 Tenberg, Reinhard: **Adelmann von Adelmannsfelden, Bernhard**. In: 033, 44.

562 Wright, William J.: **Mainz versus Rome:** two responses to Luther in the 1520s. ARG 82 (1991), 83-105: Zusammenfassung, 105.

d) Humanisten

563 Bagchi, David V. N.: »**Teutschlandt uber alle Welt**«: nationalism and catholicism in the early Reformation Germany. ARG 82 (1991), 39-58: Zusammenfassung, 57 f.

564 Baron, Frank: **The precarious legacy of Ranaissance humanism in the Faust legend**. In: 021, 303-315.

565 Barycz, Henryk: **Środowisko naukowe Krakowa w okresie Jana Kochanowskiego** (Die wissenschaftliche Umwelt Krakaus zur Zeit von Jan Kochanowski). In: 010, 225-261. L".

566 Bergvall, Åke: **Reason in Luther, Calvin, and Sidney**. SCJ 23 (1992), 115-127.

567 Białostocki, Jan: **Dürer i niemieccy humaniści** (Dürer und die deutschen Humanisten). In: 025, 113-127. L".

568 Denis, Philippe: **Penser la démocratie au XVIe siècle:** Morely, Aristote et la réforme de la Réforme. BPF 137 (1991), 369-386.

569 [Erasmus Roterodamus, Desiderius]: **The correspondence of Erasmus:** letters 1356 to 1534, 1523 to 1524/ übers. von R. A. B. Mynors und Alexander Dalzell; komm. von James M. Estes. Toronto; Buffalo; LO: University of Toronto, 1992. XXI, 515 S.: 1 Kt., Faks. (Collected works of Erasmus; 10)

570 [Erasmus Roterodamus, Desiderius] Erazm z Rotterdamu: **Wybór pism** (Schriften in Auswahl)/ übers. von Maria Cytowska ...; Textauswahl, eingel. und komm. von Maria Cytowska. Wrocław: Zakład Narodowy im. Ossolińskich,

1992. CXXIII, 459 S. L". (Biblioteca narodowa; 231: seria II)

571 **Erasmus of Rotterdam: the man and the scholar** = Proceedings of the Symposium held at the Erasmus University, Rotterdam, 9-11 November 1986/ hrsg. von Jan Sperna Weiland und Willem Th. M. Frijhoff. Leiden; NY; København; Köln: Brill, 1988. 260 S. L".

572 Fleischer, Manfred P.: **Humanism and Reformation in Silesia:** imprints of Italy – Celtis, Erasmus, Luther, and Melanchthon. In: 021, 27-107: Ill., Kt. L 48-58+".

573 Gönna, Sigrid von der: **Albrecht von Brandenburg als Büchersammler und Mäzen der gelehrten Welt.** In: 013, 381-477. L 438f+".

574 Halkin, Léon-Ernest: **Erasme parmi nous.** P: Fayard, 1987. 499 S. L 219-238+".

575 Halkin, Léon-Ernest: **Erasmus von Rotterdam:** eine Biographie (Erasme parmi nous ⟨dt.⟩)/ übers. von Enrico Heinemann. ZH: Benziger, 1989. 375 S. Ill. L 169-183+".

576 Hammer, Gerhard: **Erasmus von Rotterdam:** der geniale Philologe und Humanist. In: 041. 173-179.

577 Hoffmann, Manfred: **Erasme on free will:** an issue revisited. Erasmus of Rotterdam Society yearbook 10 (Washington, D. C. 1990), 101-121.

578 Kreutz, Wilhelm: **Ulrich von Hutten in der deutschen Geschichte.** BlPfKG 58 (1991) [215-239] = Ebernburg-Hefte 24 (1990), 7-31: Ill.

579 Mazur, Czesław: **La littérature patristique en Pologne à l'époque de la Renaissance.** Vox patrum 4 (Lublin 1984), 231-248. L". (Międzywydziałowa Zakład Badań nad Antykiem Chrześcijańskim KUL)

580 Nehlos, Bettina: **Erasmus von Rotterdam – das Für und Wider der Skepsis.** In: 050, 282-315: Ill.

581 Rohner, Ludwig: **Die literarische Streitschrift:** Themen, Motive, Formen. Wiesbaden: Harrassowitz, 1987. 251 S.: 10 Ill. L". (Sammlung Harrassowitz)

582 Rott, Jean: **De quelques pamphletaires nobles:** Hutten, Cronberg et Matthias Wurm de Geudertheim. (1978). In: 053, 575-585.

583 Rott, Jean: **Hutten et les débuts de la Réforme à Strasbourg.** (1974). In: 052, 464-496: Portr.

584 Spruyt, Bart J.: **Listrius lutheranz:** his »Epistola theologica adversus Dominicanos Suollenses (1520). SCJ 22 (1991), 727-751.

585 Tinkler, John F.: **Erasmus' conversation with Luther.** ARG 82 (1991), 59-81: Zusammenfassung, 81.

586 Turchetti, Mario: **Une question mal posée:** Erasme et la tólerance. L'idée de sygkatabasis. Bulletin d'humanisme et de renaissance 53 (Genève 1991), 379-395. L".

587 Valcke, Louis: **Trois humanistes face à la cité:** Jean Pic de la Mirandole, Thomas More, Erasme de Rotterdam. In: 02, 19-32.

588 Walter, Peter: **Albrecht von Brandenburg und Erasmus von Rotterdam.** In: 013, 102-116.

e) Thomas Müntzer und Bauernkrieg

589 Berg, M[arinus] A. van den: **Luther en Müntzer:** niet het zwaard, maar het woord (Luther und Müntzer: nicht das Schwert, sondern das Wort). Kampen: Kok, 1990. 118 S.

590 Bräuer, Siegfried: **»dodurch dye zeyt nicht vorgebens vorswinde«:** Thomas Müntzers Reform des Gottesdienstes. Zeitschrift für Gottesdienst und Predigt 6 (1989) Heft 6, 13-18.

591 Brandt, Felix; Friedrich, Uwe: **Zur Pflege der Bauernkriegstradition im mot. Schützenregiment »Thomas Müntzer«.** Militärgeschichte 28 (1989), 558-564: Ill.

592 Brendler, Gerhard: **Zur Ideologie Müntzers.** Urania Mitteilungen 36 (1989) Heft 1, 3-6.

593 Bubenheimer, Ulrich: **Müntzer, Thomas.** In: 034, 289f.

594 Deppermann, Klaus: **Thomas Müntzer – Bahnbrecher der Neuzeit?** (1990). In: 011, 30-40.

595 Dreher, Luis Henrique: **Decadência da cristandade e hermenêutica na teologia de Thomas Müntzer.** Revista eclesiastica Brasileira 50 (Petrópolis 1990), 858-895.

596 Ebert-Obermeier, Traude: **»Seint darumb keine Teuffel«:** Thomas Müntzer und die Musik. Musik und Gesellschaft 39 (1989), 618-623: Ill.

597 Günther, Gerhard: **Müntzer und die Täufer:** zur Frage: Hat Müntzer die Glaubenstaufe praktiziert? Mennonitische Geschichtsblätter 47/48 (1990/91), 38-48.

598 Held, Wieland: **Thomas Müntzer in Orlamünde.** ZGW 39 (1991), 1224-1230.

599 Hopkins, William Lowell: **From interpretation to revolution:** Thomas Müntzers use of »Starcke Vorgleichung«, »Leyden« and »Gesetz«. AnA: UMI, 1983. 346 S. (4 Microfiches). – Zugl.: Madison, Univ. of Wisconsin, Diss., 1983.

600 Hoyer, Siegfried: **Müntzers theologische Begründung des bewaffneten Kampfes der Aufständischen 1525.** Militärgeschichte 28 (1989), 547-557: Ill.

601 Junghans, Helmar: **Die Theologie Thomas Müntzers:** die Bibel als Spiegel der Zeit. ARG 82 (1991), 107-122: abstract, 122.

602 Kobuch, Manfred: **Der Aufruf der Gemeinde zu**

Mühlhausen vom 5. Mai 1525 an die Dörfer des reichsstädtischen Territoriums zur Gestellung bewaffneter Kräfte für den Zug nach Frankenhausen: ein unzutreffend interpretiertes Dokument aus dem Nachlaß Thomas Müntzers. Mühlhäuser Beiträge 13 (1990), 54-63.

603 Krumwiede, Hans-Walter: **Thomas Müntzer, ein Prophet Gottes?** JNKG 88 (1990), 101-123.

604 LaRocca, Tommaso: **Es ist Zeit:** apocalisse e storia: studio su Thomas Müntzer (1490-1525) (Es ist Zeit: Apokalypse und Geschichte: Studie zu Thomas Müntzer [1490-1525]). Bologna: Capelli, 1988. 212 S. (Biblioteca Cappelli) – Bespr.: Campi, Emidio: Pro 44 (1989), 281-283.

605 Lauerwald, Paul: **Thomas Müntzer und Nordhausen:** Ergebnisse und Probleme der regionalgeschichtlichen Forschung. Mühlhäuser Beiträge 13 (1990), 41-43.

606 Leisering, Eckhart: **Die Anhänger Thomas Müntzers in Mühlhausen:** soziale Zusammensetzung und politische Aktivitäten. Mühlhäuser Beiträge 13 (1990), 44-53.

607 Müntzer, Thomas: **Schriften und Briefe/** hrsg. und mit einem Vorwort von Gerhard Wehr. ZH: Diogenes, 1989. 191 S. (Diogenes-Taschenbuch; 21809)

608 Petzoldt, Martin: **Gesang als Mittler zwischen Gott und Gemeinde:** Müntzers Leistung für die evangelische Liturgie. Musik und Gesellschaft 39 (1989), 623-626: Ill.

609 Rogge, Joachim: **Thomas Müntzer:** seine Botschaft für unsere Zeit. In: Kirche im Übergang = Festschrift für Nikolaus Becker zum 60. Geburtstag/ hrsg. im Auftrag der Leitung der Evang. Kirche in Rheinland von Erhard Krause ... Neuwied; F: Luchterhand, 1989, 103-113.

610 Rott, Jean: **La Guerre des Paysans et la Ville de Strasbourg.** (1975). In: 052, 199-208. L".

611 Schild, Maurice E.: **Thomas Müntzer translated and reassessed.** LThJ 25 (1991), 172-178.

612 Schildt, Joachim: **Thomas Müntzer und die deutsche Sprache.** Zeitschrift für Phonetik, Sprache und Kommunikation 42 (1989), 491-498.

613 Stam, Juan: **Thomas Müntzer y la teología latinoamericana** (Thomas Müntzer und die lateinamerikanische Theologie). In: 061, 25-36.

614 Stayer, James M.: **The German Peasants' war and anabaptist community of Goods.** Montreal; LO; Buffalo: McGill-Queen's University, 1991. X, 227 S.: Ill.

615 **Thomas Müntzer:** Ehrung der DDR 1989. Reichenbach (Vogtl.): Bild und Heimat, 1989. 12 Bl.: Ill.

616 **Thomas Müntzer:** 500. Geburtstag: Druckgraphik. 1. Aufl. B: Verlag für Agitations- und Anschauungsmaterial, 1989. 7 Bl.: Ill. (Die Edition g; 6)

617 Tode, Sven: **»Dye leuthe zu Mohlhausen seynt langsam«:** Thomas Müntzer und die Reichsstadt Mühlhausen: Überlegungen zur Wechselwirkung zwischen reformatorischem und städtischem Selbstbewußtsein im thüringischen Bauernkrieg. Mühlhäuser Beiträge 14 (1991), 60-70.

618 Wirth, Günter: **Fortschrittliche bürgerliche und christliche Standpunkte zu Müntzer.** Urania Mitteilungen 36 (1989) Heft 1, 9-12: Ill.

619 Wirth, Günter: **Zu Aspekten der Müntzer-Rezeption:** Mühlhäuser Beiträge 14 (1991), 70-75.

620 Wollgast, Siegfried: **Ideologische Wirkungen Thomas Müntzers im 16. und 17. Jahrhundert.** Urania Mitteilungen 36 (1989) Heft 2, 12-14.

f) »Schwärmer« und Täufer

621 Bauman, Clarence: **The spiritual legacy of Hans Denck:** interpretation and translation of key texts. Leiden; NY; København; Köln: Brill, 1991. XI, 287 S. L". (Studies in medieval and Reformation thought; 47)

622 Bonorand, Conradin: **Die Engadiner Reformatoren Philipp Gallicius, Jachiam Tütschett Bifrun, Durich Chiampell:** Voraussetzungen und Möglichkeiten ihres Wirkens aus der Perspektive der Reformation im allgemeinen/ Anhang: Hans-Peter Schreich-Stuppan: Il »Cudesch da Psalms« dal 1562 da Durich Chiampell/ dt. Zusammenfassung: Das rätoromanische Psalmenbuch Durich Chiampells von 1562. Chur: Evang. Kirchenrat Graubünden, 1987. 96 S.: Ill. L".

623 Bubenheimer, Ulrich: **Andreas Bodenstein genannt Karlstadt (1486-1541).** In: Fränkische Lebensbilder: neue Folge der Lebensläufe aus Franken/ hrsg. im Auftrag der Gesellschaft für Fränkische Geschichte von Alfred Wendehorst ... Bd. 14. Neustadt/Aisch: Degener, 1991, 47-64. (Veröffentlichungen der Gesellschaft für Fränkische Geschichte: Reihe 7 A, Fränkische Lebensbilder: N.F.; 14)

624 [Denck, Hans]: **Selected writings of Hans Denck 1500-1527**/ hrsg. von E[dward] J. Furcha. Lewiston, NY; Queenston, Ont.; Lampeter, Wales: Mellen, 1989. XX, 324 S. L". (Texts and studies in religion; 44)

625 Deppermann, Klaus: **Melchior Hoffman und Thomas Müntzer – zwei verschiedene Wege zum gleichen Ziel?** In: 011, 41-47.

626 Goldammer, Kurt: **Paracelsus in neuen Horizonten:** gesammelte Aufsätze. W: Verband der Wissenschaftlichen Gesellschaften Österreichs, 1986. 400 S.: 1 Frontispiz, Ill. L″. (Salzburger Beiträge der Paracelsusforschung; 24)

627 Lienhard, Marc: **Die Wiedertäufer.** In: 068, 122-190: Ill. L″.

628 Shantz, Douglas H.: **Cognitio et communicatio Christi interna:** the contribution of Valentine Crautwald to 16th century Schwenckfeldian spiritualism. The Mennonite quarterly review 61 (Goshen, Ind. 1987), 421. – Abstract: Waterloo, Ont., Can., Univ., Department of History, phil. Diss., 1986.

g) Schweizer und Oberdeutsche

629 **Bibliotheca dissidentium:** répertoire des nonconformistes religieux des seizième et dix-septième siècles/ hrsg. von André Séguenny in Zusammenarb. mit Irena Backus und Jean Rott. Bd. 10: **Michael Servetus**/ Gordon A. Kinder. Baden-Baden; Bouxwiller: Koerner, 1989. 168 S.: 8 Ill. L″. (Bibliotheca bibliographica Aureliana; 116)

630 Biel, Pamela: **Doorkeepers at the house of righteousness:** Heinrich Bullinger and the Zurich clergy 1535-1575. Bern; F; NY; P: Lang, 1991. 244 S. L 13-16+″. (Zürcher Beiträge zur Reformationsgeschichte; 15)

631 Böttger, Paul Christoph: **Calvins Institutio als Erbauungsbuch:** Versuch einer literarischen Analyse. NK: NV, 1990. 148 S. L″. – GÖ, Univ., theol. Diss., 1963. – Bespr.: Rogge, Joachim: ThLZ 117 (1992), 43 f.

632 Burnett, Amy Nelson: **Church discipline and moral Reformation in the thought of Martin Bucer.** SCJ 22 (1991), 439-456. L″.

633 Ehmer, Hermann: **Johannes Brenz:** der Berater des Herzogs. In: 041, 204-209.

634 **Faits d'histoire générale et strasbourgeoise = Ereignisse aus der allgemeinen und Straßburger Geschichte**/ Konzeption: Jean Rott. In: 040, 39-47.

635 Fugel, Adolf: **Tauflehre und Taufliturgie bei Huldrych Zwingli.** Bern; F; NY; P: Lang, 1989. 524 S. L″. (Europäische Hochschulschriften: Reihe 23: Theologie; 380)

636 Gäbler, Ulrich: **Die Basler Reformation.** ThZ 47 (1991), 7-17.

637 Gäbler, Ulrich: **Huldreich Zwingli in zijn milieu** (Ulrich Zwingli in seiner Gesellschaft). NAKG 64 (1984), 111-122. L″.

638 Greschat, Martin: **Martin Bucer** (Martin Bucer ⟨franz./dt.⟩). In: 040, 7-23: Ill.

639 Greschat, Martin: **Martin Bucer:** ein Reformator und seine Zeit 1491-1551. M: Beck, 1990. 308 S.: Ill., Kt. – Bespr.: Moeller, Bernd: ARGBL 20 (1991), 32 f.

640 Grötzinger, Eberhard: **Huldreich Zwingli:** der politische Religionskritiker. In: 041, 187-191.

641 Hammann, Gottfried: **Vivre autrement!:** le message de Martin Bucer pour notre temps. PL 39 (1991), 211-230. L″.

642 Hammer, Gerhard: **Martin Bucer:** der gesprächsbereite Vermittler. In: 041, 192-198.

643 Holeczek, Heinz: **Oekolampad, Johannes.** In: 034, 486-488.

644 Kretschmar, Georg: **Der Reichstag von Regensburg 1541 und seine Folgen im protestantischen Lager:** verpaßte Gelegenheit oder Stunde der Wahrheit? In: 047, 47-91. L 55-57+″.

645 Kroon, Marijn J. J. P. de: **Martin Bucer en Johannes Calvijn:** reformatorische perspectieven, teksten en inleiding. Zoetermeer: Meinema, 1991. 222 S. L″. (Vgl. LuB 1992, Nr. 607)

646 Leu, Urs H.: **Conrad Gesner als Theologe:** ein Beitrag zur Zürcher Geistesgeschichte des 16. Jahrhunderts. Bern; F; NY; P: Lang, 1990. 321 S. L 142-145+″. (Schriftenreihe der Stiftung Franz Xaver Schnyder von Wartensee; 55) (Zürcher Beiträge zur Reformationsgeschichte; 14) – Bespr.: Füglister, Hans: ARGBL 20 (1991), 34.

647 Lienhard, Marc; Rott, Jean: **Die Anfänge der evangelischen Predigt in Straßburg und ihr erstes Manifest:** der Aufruf des Karmeliterlesemeisters Tilman von Lyn (Anfang 1522). (1976). In: 052, 444-463.

648 Lienhard, Marc: **Kontroversen und Dialoge zwischen Lutheranern und Reformierten.** In: 068, 309-330. 354: Ill.

649 McKee, Elise Anne: **Elders and the plural ministry:** the role of exegetical history in illuminating John Calvin's theology. Genève: Droz, 1988. 222 S. L 165-168+″. (Travaux d'humanisme et renaissance; 223)

650 Millet, Olivier: **Die reformierten Kirchen.** In: 068, 47-121: Ill., Taf.

651 Millet, Olivier: **Le thème de la conscience libre chez Calvin.** In: 032, 21-37. L″.

652 Mullett, Michael: **Calvin.** LO; NY: Routledge, 1989. 68 S. L″. (Lancaster pamphlets)

653 **Principaux faits concernant Bucer = Bucers Lebensereignisse**/ Konzeption: Jean Rott. In: 040, 33-38.

654 Randell, Keith: **Calvin and the later Reforma-**

tion. LO; Baltimore; Auckland: Arnold, 1988. 113 S.: Ill., Kt. (Access to A-level history)
655 Rorem, Paul: **Calvin and Bullinger on the Lord's supper.** Bramcote: Grove, 1989. 58 S. L". (Alcuin GROW liturgical study; 12) (Grove liturgical study; 60)
656 Rott, Hans Georg: **Martin Bucer und die Schweiz:** drei unbekannte Briefe von Zwingli, Bucer und Vadian (1530, 1531, 1536). (1978). In: 053, 203-234. L".
657 Rott, Hans Georg: **Radikale und gemäßigte Evangelische im Kampf um Straßburg:** das »Judicium« des Pacatius von 1523. (1981). In: 052, 497-519: Faks.
658 Rott, Jean: **Beatus Rhenanus et Martin Bucer:** l'humaniste chrétien et le réformateur. (1985). In: 053, 166-176: Faks.
659 Rott, Jean: **Bucer et les débuts de la querelle sacramentaire:** l'instruction donnée à Grégoire Caselius pour sa mission auprès de Luther (octobre 1525). (1954). In: 053, 182-202.
660 Rott, Jean: **Bucer, Martin, réformateur strasbourgeois et européen.** (1984). In: 053, 126-135.
661 Rott, Jean: **Le déroulement de la Réforme à Strasbourg.** (1976). In: 052, 368-378.
662 Rott, Jean: **Documents strasbourgeois concernant Calvin.** (1964). In: 053, 266-311. L".
663 Rott, Jean: **L'humaniste strasbourgeois Nicolas Gerbel et son diaire (1522-1529).** (1950). In: 053, 313-322.
664 Rott, Jean: **Nouveaux documents sur Jean Sleidan, historien de la Réforme (1506-1556).** (1969). In: 053, 363-459. L".
665 Schurb, Ken: **Sixteenth-century Lutheran-Calvinist conflict on the Protevangelium.** CThQ 54 (1990), 25-47.
666 Spijker, W[illem] van 't: **Gereformeerde scholastiek III: Zwingli en Bucer** (Reformierte Scholastik III: Zwingli und Bucer). Theologia reformata 29 (Woerden 1986), 136-160. L". [Siehe Teil II unter LuB 1987, Nr. 936]
667 Strehle, Stephen: **Fides aut foedus:** Wittenberg and Zurich in conflict over the gospel. SCJ 23 (1992), 3-20.
668 **Zwingli in vierderlei perspectief** (Zwingli in vierfacher Perspektive)/ W. Balke ... Utrecht: de Banier, 1984. 138 S. L".

h) Juden

669 Augustijn, Cornelis: **Een vorstelijk theoloog:** Phil. von Hessen over joden in een christelijke samenleving (Ein fürstlicher Theologe: Philipp von Hessen über die Juden in einer christlichen Gesellschaft). In: Geschiedenis, godsdienst en letterkunde = Festschrift für S. Zilverberg/ hrsg. von E. K. Grootes; J. den Haan. Roden: Nehalennia, 1989, 38-44. L".
670 Margolin, Jean-Claude: **Liberté de conscience ou intolérance?:** reflexions sur quelques »histoires juives« à la renaissance. In: 032, 191-216. L".
671 Marquardt, Friedrich-Wilhelm: **Zur Reintegration der Tora in eine Evangelische Theologie.** In: Die Hebräische Bibel und ihre zweifache Nachgeschichte = Festschrift für Rolf Rendtorff zum 65. Geburtstag/ hrsg. von Erhard Blum ... NK: NV, 1990, 657-676. L".
672 Röhm, Eberhard; Thierfelder, Jörg: **Juden, Christen, Deutsche: 1933-1945.** Bd. 1: **1933-1935.** S: CV, 1990. 451 S.: Ill. (Calwer Taschenbibliothek; 8)
673 Rubenstein, Richard L.: **Luther and the roots of the Holocaust.** In: Persistent prejudice: perspectives on anti-Semitism/ hrsg. von H. Hirsch und J. Spiro. Fairfax, Va.: George Mason University, 1988, 31-41.
674 Stegemann, Ekkehard: **Die Stellung Martin Luthers und der Evangelischen Christen zum Judentum.** In: 028, 121-138.
675 Wenzel, Edith: **Martin Luther und der mittelalterliche Antisemitismus.** In: Die Juden in ihrer mittelalterlichen Umwelt/ hrsg. von Alfred Ebenbauer ... W; Köln: Böhlau, 1991, 301-319. L".

i) Künstler und Kunst

676 Bashir-Hecht, Herma: **Der Mensch als Pilger:** Albrecht Dürer und die Esoterik der Akademien seiner Zeit/ mit einem Geleitwort von Renate Riemeck. S: Urachhaus, 1985. 180 S.: Ill.
677 **Bilder und Bildersturm im Spätmittelalter und in der frühen Neuzeit:** Vorträge gehalten anläßlich eines Arbeitsgesprächs vom 15. bis 17. September 1986 in der Herzog August Bibliothek/ hrsg. von [Robert W.] Bob Scribner und Martin Warnke. Wiesbaden: Harrassowitz, 1990. 334 S.: Ill. L". (Wolfenbütteler Forschungen; 46)
678 Dvořák, Max: **Dürers Apokalypse.** In: ders.: Studien zur Kunstgeschichte/ mit einem Essay von Irma Emmrich. 2. Aufl. L: Reclam, 1991, 5-15. (Reclam-Bibliothek; 1306)
679 Ehmer, Hermann: **Das Uracher Bildergespräch 1537.** BlWKG 90 (1990), 65-91. L 81 f.
680 Etienne, François: **Luther aux Pays des images.** L'histoire 61 (P 1983), 69-77.
681 Fafié, T[heodorus] A[rnoldus]: **Lucas Cranach, vriend van Luther:** zijn laatste altaarstuk en

laatste rustplaats (Lucas Cranach, Freund Luthers: sein letztes Altarbild und sein Grab). Documentatieblad Lutherse kerkgeschiedenis 9 (Haarlem 1991), 28-39: Ill.

682 Goertz, Hans-Jürgen: **»Bannwerfer des Antichrist« und »Hetzhunde des Teufels«:** die antiklerikale Spitze der Bildpropaganda in der Reformation. ARG 82 (1991), 5-38: 10 Ill.: abstract, 28.

683 Harasimowicz, Jan: **Der Einfluß von Glaubenskonflikten auf die schlesische Kunst des 16. und 17. Jahrhunderts.** Acta Poloniae historica 61 (WZ 1990), 117-140.

684 Harasimowicz, Jan: **Sztuka mieszczańska w Europie Środkowowschodniej:** stan i perspektwy badań (Die bürgerliche Kunst in Ostmitteleuropa: Stand und Perspektiven der Forschung). In: 059, 15-155. L".

685 Hutchinson, Jane Campbell: **Albrecht Dürer:** a biography. Princeton. NJ: Princeton University, 1990. XIV, 208 S., 42 Taf. – Bespr.: Silver, Larry: SCJ 22 (1991), 775 f.

686 Kießling, Gotthard: **Die Schloßkirche St. Michael in Sulzbürg:** ein evangelischer Kirchenbau des 18. Jahrhunderts. ZBKG 60 (1991), 22-98: Ill. L".

687 Köpf, Ulrich: **Die Bilderfrage in der Reformationszeit.** BlWKG 90 (1990), 38-64.

688 Mai, Hartmut: **Zmiany w użytkowaniu kościołów miastach Saksonii po wprowadzeniu reformacij** (Wandlungen im Gebrauch der Kirchen in sächsischen Städten nach der Einführung der Reformation). In: 059, 261-281. L".

689 Meinardus, Otto F. A.: **Der Homonculus in der Verkündigungsikonographie der Luther-Bibel.** Wolfenbütteler Notizen zur Buchgeschichte 16 (1991), 29-40: Ill.

690 Mertin, Andreas: **Kunstvoll predigen:** der Umgang mit Kunstwerken in homiletischer Perspektive. In: 07, 212-231. L 221.

691 Pokora, Jakub: **Stuka w służbie reformacij:** Śląskie ambony 1550-1650 (Die Kunst im Dienste der Reformation: die schlesischen Kanzeln 1550-1650). WZ: PWN, 1982. 336 S. L". – Bespr.: Kobielus, Stanisław: Studia theologica Varsaviensia 23 (WZ 1985) Heft 1, 279-299. [Vgl. LuB 1985, Nr. 573]

692 Reber, Horst: **Albrechts Begegnungen mit der Kunst.** In: 013, 277-295.

693 Roettig, Petra: **Reformation als Apokalypse:** die Holzschnitte von Matthias Gerung im Codex germanicus 6592 der Bayerischen Staatsbibliothek in München. Bern; B; NY; P: Lang, 1991. 362 S.: Ill. L". (Vestigia biblia: Jahrbuch des Deutschen Bibel-Archivs Hamburg; 11/12)

694 Stupperich, Martin: **Tradition verdolmetschen:** das Thema Rechtfertigung im Religionsunterricht. Glaube und Lernen 7 (1992), 64-81. L 70-78+".

695 Tacke, Andreas: **Das Hallenser Stift Albrechts von Brandenburg:** Überlegungen zu gegen-reformatorischen Kunstwerken vor dem Tridentinum. In: 013, 357-380.

696 Wohlfeil, Rainer; Wohlfeil, Trudl: **Stände und Konfessionen:** Lukas Cranach d.J.: »Die Predigt Johannes des Täufers«. Bartholomäus Bruyn d. Ä.: »Die drei Stände der Christenheit« im Vergleich. In: 08, 263-292.

j) Territorien und Orte innerhalb des Deutschen Reiches

697 **Albrecht von Brandenburg und die religiöse Frage im Reich:** Rundgespräch I/ Referenten: Bernhard Lohse und Rolf Decot... In: 013, 483-496.

698 Barton, Peter F.: **Die Evangelische Kirche im Lande und Erzstift Salzburg.** In: Geschichte Salzburgs: Stadt und Land/ hrsg. von Heinz Dopsch... Bd. 2 III. Salzburg: Pustet, 1991, 1521-1550. L".

699 **Das Bistum Münster.** Bd. 3: **Das Domstift St. Paulus zu Münster/** bearb. von Wilhelm Kohl. B; NY: de Gruyter, 1989. XXX, 662 S. L 191. (Germania Sacra: N.F.; 17: Die Bistümer der Kirchenprovinz Köln, Das Bistum Münster; 3)

700 **Das Bistum Würzburg.** Bd. 4: **Das Stift Neumünster in Würzburg/** im Auftrag des Max-Planck-Instituts für Geschichte bearb. von Alfred Wendehorst. B; NY: de Gruyter, 1989. XIII, 892 S., Ill., Kt. auf Faltaf. L". (Germania Sacra: N.F.; 26: Die Bistümer der Kirchenprovinz Mainz, Das Bistum Würzburg; 4)

701 Böcher, Otto: **Mainz II: Universität.** TRE 21 (1991), 717-725. L 720.

702 Bokeloh, Karl-Heinz: **Billican, Theobald.** In: 033, 509 f.

703 Brecht, Martin: **Via antiqua, Humanismus und Reformation – der Mainzer Theologieprofessor Adam Weiß.** ZKG 102 (1991), 362-371.

704 Decot, Rolf: **Zwischen altkirchlicher Bindung und reformatorischer Bewegung:** die kirchliche Situation im Erzstift Mainz unter Albrecht von Brandenburg. In: 013, 84-101.

705 Egert, Ilonka: **Städtische reformatorische Bewegungen in Mitteldeutschland.** In: 013, 196-211.

706 Ehmer, Hermann: **Geschichte der Grafschaft Wertheim.** Wertheim: Buchheim, 1989. XII, 276 S.: Ill., 1 Kt., 2 Stammtaf. L". – Bespr.: Scherzer, Walter: ZBKG 60 (1991), 210f.

707 Ehmer, Hermann: **Schorndorf in der Reformation.** In: 065, 12-17.
708 Ehmer, Hermann: **Die württembergischen Klosterschulen.** In: Die württembergischen Klosterschulen und Seminare/ hrsg. vom Verein für württembergische Kirchengeschichte in Zsarb. mit dem Landeskirchlichen Archiv Stuttgart und dem Landeskirchlichen Museum. Metzingen: Franz, 1991, 10-44.
709 Enderle, Wilfried: **Konfessionsbildung und Ratsregierung in der katholischen Reichsstadt Überlingen (1500-1618):** im Kontext der Reformationsgeschichte der oberschwäbischen Reichsstädte. S: Kohlhammer, 1990. LIII, 490 S. L". (Veröffentlichungen der Kommission für Geschichtliche Landeskunde in Baden-Württemberg: Reihe B: Forschungen; 118) – Zugl.: TÜ, Univ., Phil. Fak., Diss., 1988.
710 Fläschendräger, Werner: **»... da mythe die universitet gemehrt und gebessert solde werden ...«:** zur Geschichte der Universität Leipzig in der Lutherzeit. Beiträge zur Hochschul- und Wissenschaftsgeschichte Erfurts (1987), 53-62: Ill.
711 Fürnrohr, Walter: **Das Regensburger Gymnasium Poeticum.** In: 019, 456-465.
712 Immenkötter, Herbert: **Stadt und Stift Kempten in der Reformationszeit.** In: Geschichte der Stadt Kempten/ im Auftrag der Stadt Kempten (Allgäu) hrsg. von Volker Dotterweich ... Kempten: Dannheimer, 1989, 167-183. L".
713 König, Karlheinz: **Franken.** In: 019, 195-232. L".
714 Konersmann, Frank: **Disziplinierung und Verchristlichung von Sexualität und Ehe in Pfalz-Zweibrücken im 16. und 17. Jahrhundert.** BlPfKG 58 (1991), 11-41. L 17f.
715 Kühn, Roland: **Nürnberg und Fürstentum Brandenburg-Ansbach.** In: 019, 395-404.
716 Lienhard, Marc: **La liberté de conscience à Strasbourg au XVIe siècle.** In: 032, 39-54. L 43.
717 Looß, Sigrid: **Der Rothenburger Schulmeister Valentin Ickelshamer:** Position und Leistung. ZBKG 60 (1991), 1-19.
718 Maier, Karl Ernst: **Die Schulverhältnisse der Reichsstadt Regensburg.** In: 019, 447-455.
719 Müller, Rainer A.: **Altbayern.** In: 019, 385-394.
720 Nollau, Christoph: **Theologie in Zwiefalten zwischen 1540 und 1551.** BlWKG 90 (1990), 169-192.
721 Oblinger, Hermann: **Konfessioneller Schulstreit in Schwaben zur Zeit der Reformation und Gegenreformation.** In: 019, 466-477.
722 Oldenburg, Margarete; Maier, Karl Ernst: **Deutsches und Lateinisches Schulwesen.** In: 019, 436-446.
723 Rott, Jean: **La Réforme à Nuremberg et à Strasbourg:** contacts et contrastes: (avec des correspondances inédites). (1972). In: 052, 391-442. L".
724 Rublack, Hans-Christoph: **Martin Luther and the urban social experience.** In: 063, 65-82.
725 Schildhauer, Johannes: **Die Reformation in Norddeutschland als eine bürgerlich-städtische Bewegung.** In: 020, 193-202.
726 Schildhauer, Johannes: **Die Stadt im 16. Jahrhundert.** In: Geschichte der Stadt Stralsund/ hrsg. von Herbert Ewe. 2. Aufl. Weimar: Böhlau, 1985, 103-136: Ill., Kt. L".
727 Ullmann, Wolfgang: **Magdeburg.** TRE 21 (1991), 677-686. L 683.
728 Voges, Dietmar-Henning: **Die Reichsstadt Nördlingen:** 12 Kapitel aus ihrer Geschichte. M: Beck, 1988. 351 S.: Ill., Kt. L".

k) Länder und Orte außerhalb des Deutschen Reiches

729 Audisio, Gabriel: **Deux réseaux, quatre circuits:** le livre religieux en Provence au 16e siècle. In: 035, 95-109.
730 **Aux origines du catéchisme en France:** colloque historique organisé par l'Institut Supérieur de Pastorale Catéchétique et le Départment de la Recherche de l'Institut Catholique de Paris sous le titre: Aux origines du catéchisme paroissial et des manuels diocésains de catéchisme en France (1500-1660) les 11 et 12 mars 1988/ unter der Leitung von Pierre Colin ... [P]: Desclée, 1989. 304 S. L". (Relais-études; 6)
731 Backus, Irena: **Marie Dentière:** un cas de féminisme théologique à l'époque de la Réforme. BPF 137 (1991), 179-195. L".
732 Biskup, Marian: **Stadt und Reformation am Beispiel von zwei königlich-preußischen Städten – Elbing und Thorn – am Anfang des 16. Jahrhunderts.** In: 020, 203-216.
733 Bogucka, Maria: **Reformation, Kirche und der Danziger Aufstand in den Jahren 1517-1526.** In: 020, 217-224.
734 Boom, H[endrik] ten: **De reformatie in Rotterdam:** 1530-1585 (Die Reformation in Rotterdam: 1530-1585). Amsterdam: De Bataafsche Leeuw, 1987. 301 S.: Ill., Zusammenfassung. L". (Hollandse historische reeks; 7) – Zugl.: Utrecht, Univ., Diss., 1986.
735 Brigden, Susan: **London and the Reformation.** Oxford: Clarendon, 1989. XIX, 676 S.: 6 Tafeln. L".
736 Budny, Szymon: **O przedniejszych wiary chry-**

styjańskiej artykulech (Über die Hauptartikel des christlichen Glaubens)/ bearb. von Maria Maciejewska ... im Auftrag von Polska Akademia Nauk, Institut Filozofii i Socjologii. WZ: Naukowe, 1989. XV, 248 S. L". (Biblioteka pisarzy reformacyjnych; 16)

737 Città Italiane del '500 tra riforma e controriforma: atti del convegno internazionale di studi, Lucca, 13-15 ottobre 1983 (Die italienische Stadt im 16. Jahrhundert zwischen Reformation und Gegenreformation)/ Wissenschaftl. Komitee: Marino Berengo ...; Red.: Simonetta Adorni-Braccesi. Lucca: Fazzi, 1988. VIII, 366 S.: Ill. L".– Bespr.: Seidel-Menchi, Silvana. ARGBL 19 (1990), 187-189.

738 Davies, Norman: **Boże igrzysko:** historia Polski (God's playground: a history of Poland ⟨poln.⟩)/ übers. von Elżbieta Tabakowska. Bd. 1. Kraków: Wydawnictwo Znak, 1989. 812 S. L".

739 Debard, Jean-Marc: **Pierre Toussain et la Réforme dans le Comté de Montbéliard.** PL 40 (1992), 3-31. L".

740 Decavele, Johan: **Vroege reformatorische bedrijvigheid in de grote Nederlandse steden:** Claes van der Elst te Brussel, Antwerpen, Amsterdam en Leiden (1524-1528) (Frühe reformatorische Betriebsamkeit in den großen niederländischen Städten: Claes van der Elst in Brussel, Antwerpen, Amsterdam und Leiden (1524-1528). NAKG 70 (1990), 13-29.

741 Dickens, Arthur Goeffrey: **The English Reformation.** 2. Aufl. LO: Batsford, 1989. 461 S.

742 Estié, Paul: **Het plaatselijk bestuur van de Nederlandse Lutherse gemeenten:** onstaan en ontwikkeling in de jaren 1566 tot 1686. (Die Lokalkirchenordnungen der niederl. luth. Gemeinden: Entstehen und Entwicklung in den Jahren 1566-1686). Amsterdam: Rodopi, 1987. 92 S. L".

743 **La farce des théologastres/** bearb. und eingeleitet von Claude Longeon. Genf: Droz, 1989. 131 S. L". (Textes littéraires français)

744 Fredriksson, Inger: **Studier i Mikael Agricolas bibliska företal** (Studien zu den Bibelvorreden Michael Agricolas). Umeå: Almquist & Wiksell International, 1985. 149 S. & Beil. (Faks.). L". (Acta universitatis Umensis; 73: Umeå studies in the humanities) – Zugl.: Umeå, Univ., Phil. Fak., Diss.

745 Fritze, Ronald H.: **Root or link?:** Luther's position in the historical debate over the legitimacy of the Church of England, 1558-1625. JEH 37 (1986), 288-302.

746 Gonzalez Novalin, José Luis: **Luteranismo e inquisition en España (1519-1561):** bases para la periodización de tema en el siglo de la Reforma (Luthertum und Inquisition in Spanien [1519-1561]: Grundlagen zur Periodisierung des Themas im Jahrhundert der Reformation). Annuario dell'Istituto Storico Italiano per l'età moderna e contemporanea 27/28 (Bologna 1985/86), 43-75.

747 Grabes, Herbert: **Das englische Pamphlet.** Bd. 1: **Politische und religiöse Polemik am Beginn der Neuzeit (1521-1640).** TÜ: Niemeyer, 1990. X, 220 S.: Ill. L 1-3.

748 Groß, Reiner: **Reformation und frühbürgrliche Revolution im Lausitzer Raum.** Bautzener Kulturschau 33 (1983) Heft 11, 2f: Ill.

749 Hajduk, Andrej: **Tri vyznania viery zo 16. storočia** (Drei Glaubensbekenntnisse aus dem 16. Jahrhundert). Zvolen: Evanjelický a. v. cirkevný zbor, 1990. 30 S. L".

750 Harper-Bill, Christopher: **The pre-Reformation church in England, 1400-1530.** LO: Longman, 1989. VIII, 135 S. L". (Seminar studies in history)

751 Heininen, Simo: **Suomalaisen historiankirjotuksen synty:** tutkimus Paavali Juustenin piispainkronikasta (Die Entstehung der finnischen Geschichtsschreibung: die Forschungen von Paul Juustens als Bischofschronist). Helsinki: Suomen Kirkkohistoriallinen Seura, 1989. 129 S.: Zusammenfassung, 127-129. (Suomen Kirkkohistoriallisen Seuran toimituksia; 147)

752 Higman, Francis: **Farel et Luther dans la bibliothèque d'Anne de Montmorency?** Bulletin d'humanisme et de renaissance 53 (Genève 1991), 415-418.

753 Jehle, Marianne; Jehle, Frank: **Kleine St. Galler Reformationsgeschichte/** hrsg. vom evang.-reform. Kirchenrat des Kantons St. Gallen. 2. Aufl. St. Gallen: Zollikofer, 1987. 140 S.: Ill. L 55-58+".

754 Johannesson, Kurt: **Renaissance und Barock in der skandinavischen Literatur.** In: 049, 473-493. L".

755 Kick, Remi: **I kyrkans och kronans tjänst:** boktrycket under reformationstiden i Sverige-Finland (Im Dienst der Kirche und der Krone: der Buchdruck in Schweden-Finnland in der Reformationszeit). KÅ 91 (1991), 83-91.

756 Kłoczowski, Jerzy: **Ostmitteleuropa:** Böhmen, Ungarn und Polen. In: 068, 816-661: Ill. L".

757 Kressel, Konrad: **Albrecht Markgraf zu Brandenburg-Ansbach, Herzog in Preußen:** ein lutherischer Politiker von europäischem Gewicht. Luth. Kirche in der Welt 39 (1992), 83-103.

758 Ladusch, Manfred: **Martin Luther und die Lausitzer Sorben:** der Einfluß und die Auswirkun-

gen der Reformation auf die Lausitz. Bautzener Kulturschau 33 (1983) Heft 11, 15-21: Ill.

759 Lennep, Maximiliaan Frederik van: **La Reforma en España en el siglo XVI.** (Hervorming in Spanje in de 16e eeuw. [1901] ⟨span.⟩). Michigan: SLC, 1984. 299 S. L".

760 Maliszewski, Kasimierz: **Kształtowanie się stereotypu Niemca i obraz krajów niemieckich w połoczenej świadomości sarmackiej od XVI do połowy XVIII** (Die Ausformung des Deutschenstereotyps und des Bildes von deutschsprachigen Ländern im Bewußtsein der Adelsgesellschaft Polens vom 16. bis zur Hälfte des 18. Jh.). In: Polacy i Niemcy: z badań nad kształtowaniem heterostereotypów etnicznych/ hrsg. von Kazimierz Wajda. Toruń: Wydawnictwo Adam Marszałek, 1991, 9-43. L 24 f.

761 Mendykowa, Aleksandra: **Dzieje książki polskiej na Śląsku** (Die Geschichte des polnischen Buches in Schlesien). Wrocław: Ossolineum, 1991. 443 S. L".

762 Milhou, Alain: **Die Iberische Halbinsel.** In: 068, 662-733: Ill., Taf. L".

763 Morata, Olympia Fulvia: **Briefe/** aus dem Lateinischen, Italienischen und Griechischen übersetzt von Rainer Kößling und Gertrud Weiss-Stählin; mit Einleitung, Anmerkungen, Literatur- und Personenverzeichnis von Rainer Kößling. L: Reclam, 1990. 236 S.: 16 Ill. L". (Reclam-Bibliothek; 1364: Sonderreihe)

764 Noflatscher, Heinz: **Gesellpriester und Kapläne in der Reformation.** In: St. Elisabeth im Deutschhaus zu Sterzing/ hrsg. von der Messerschmitt-Stiftung; mit Beiträgen von Franz Caramelle ... Innsbruck: Tyrolia; Bozen: Athesia, 1989, 81-120. L". (Berichte zur Denkmalpflege; 5)

765 **Ostmitteleuropas Bekenntnisschriften der evangelischen Kirchen A. und H. B. des Reformationszeitalters = Confessiones ecclesiarum evangelico-reformatorum A. C. et H. C. Europae centro-orientalis tempore reformationis/** bearb. vom »Institut für Protestantische Kirchengeschichte, Wien« und vom Institutum Historiae Reformationis Europeae Centro-orientalis, Debrecen; hrsg. von Peter F. Barton; László Makkai ... Bd. 3 I: **1564-1576.** BP: Presseabt. des Synodalbüros der Reform. Kirche in Ungarn, 1987. 371 S. L".

766 Patzelt, Herbert: **Geschichte der evangelischen Kirche in Österreich-Schlesien.** Dülmen: Laumann, 1989. 424 S.: Ill., 2 Kt. (Schriften der Stiftung Haus Oberschlesien; 5)

767 Pirinen, Kauko: **Keskiaika ja uskonpuhdistuksen aika** (Mittelalter und Reformation). Porvoo: WSOY, 1991. 395 S. (Suomen kirkon historia; 1)

768 Pol, Frank van der: **De reformatie de Kampen in de zestiende eeuw** (Die Reformation in Kampen im 16. Jahrhundert). Kampen: Kok, 1990. 494 S. L".

769 **Polnische Drucke und Polonica 1501-1700:** Katalog der Herzog August Bibliothek Wolfenbüttel = **Druki polskie i polonica 1501-1700:** Katalog zbiorów Herzog August Bibliothek Wolfenbüttel. Bd. 1: **1501-1600.** Teil 2/ bearb. von Małgorzata Gołuszka und Marian Malicki. M; NY; LO; P: Saur, 1992. S. 266-547: Faks. L".

770 Rapp, F[rancis]: **Les franciscains et la Réformation en Alsace: deux religieux humanistes dans la tourmente: Murner et Pellican.** Annales de l'Est. 5. sér. 37 (Nancy 1986), 132-138.

771 Ritoók-Szalay, Ágnes: **Ein unbekannter Brief von Mátyás Dévai?** Luth. Kirche in der Welt 39 (1992), 71-82.

772 Schildhauer, Johannes: **Reformation im Ostseeraum und beginnender Kampf um das Dominium maris Baltici im 16. Jahrhundert.** In: 043, 19-35.

773 Spijker, W[illem] van 't: **Geest, woord en kerk:** opstellen over het de geschiedenis van het gereformeerd protestantisme (Geist, Wort und Kirche: Aufsätze über den reformierten Protestantismus). Kampen: Kok, 1991. 224 S. L".

774 Thazbir, Janusz: **Reformacja polska jako ruch umysłowy** (Die Reformation in Polen als eine intellektuelle Bewegung). In: 025, 65-73. L".

775 **Téâtre et propagande aux débuts de la Réforme:** six pièces polémiques du Recueil La Valliere/ Texte wiederhergest. nach MS B.N. 24341 mit Vorwort, Einl., krit. Apparat und Glossarium von Jonathan Beck. Genève; P: Slatkine, 1986. 270 S. L". (Textes et études/ Centre d'Études Franco Italien, Universités de Turin et de Savoie: Domaine français; 11)

776 Tokarczyk, Andrzej: **Fünf Jahrhunderte Luthertum in Polen.** WZ: Interpress, 1984. 57 S. L".

777 Unghváry, Alexander Sándor: **The Hungarian Protestant Reformation in the sixteenth century under the Ottoman impact:** essays and profiles. Lewiston, NY; Queenston, Ont.; Lampeter, Wales: Mellen, 1989. XIV, 405 S.: Ill. (Texts and studies in religion; 48)

778 Urban, Wacław: **Jakub z Iłży i jego uczniowie** (Jakob aus Iłża und seine Schüler). ORP 36 (1992), 209-211.

779 Venard, Marc: **Frankreich und die Niederlande.** In: 068, 447-523: Ill. L".

780 Vilar, Juan B[autista]: **La Europa de la Reforma**

vista por un viajero español del siglo XVI (Das Europa der Reformation von einem spanischen Reisenden des 16. Jahrhunderts gesehen). Boletin de la Real Academia de la Historia 181 (Madrid 1984) Heft 1, 61-91.

781 Vocelka, Karl: **Das Türkenbild des christlichen Abendlandes in der frühen Neuzeit.** In: Österreich und die Osmanen/ hrsg. von Erich Zöllner und Karl Gutkas. W: Bundesverlag, 1988, 20-31.

(Schriften des Instituts für Österreichkunde; 51f)

782 Wemme, Kurt: **Die große Umwälzung in der Oberlausitz vor 450 Jahren.** Bautzener Kulturschau 33 (1983) Heft 11, 4-15: Ill.

783 Wolny, Jerzy: **Kaznodziejstwo katedralne w Krakowie na tle środowiska:** (okres 1520-1584) (Das Predigtwesen am Dom zu Krakau in seiner Umwelt: [1520-1584]). In: 010, 285-316. L''.

6 Luthers Wirkung auf spätere Strömungen, Gruppen, Persönlichkeiten und Ereignisse

a) Allgemein

784 Bauberot, Jean: **El protestantismo francés y su historiografia** (Der französische Protestantismus und seine Geschichtsschreibung). Sociedad y religión 5 (Buenos Aires 1987), 54-65.

785 Besier, Gerhard: **Reformationsfeiern in der Mark Brandenburg vom 17.-20. Jahrhundert als Spiegel der Rezeption.** JBrKG 58 (1991), 134-155.

786 **Dialogue between neighbours:** communicas and theses/ hrsg. von Hannu T. Kamppuri. Helsinki, 1986. 114 S. L''. (The theological conversations between the Evangelical-Lutheran Church of Finland and the Russian Orthodox Church; 1970-1986) (Publications of Luther-Agricola Society: B; 17)

787 Finke, Christian: **Kirche der Reformation – Singende Kirche:** Berliner Gesangbücher: von der Reformation bis zur Gegenwart. Berliner theol. Zeitschrift 8 (1991), 51-58.

788 Fischer, Joachim: **Luther in Brasilien.** In: 014, 6-22.

789 Gaßmann, Günther: **Lutherischer Weltbund.** TRE 21 (1991), 616-620. L 617.

790 Henning, Friedrich: **Luthers Schule in Eisenach:** Geschichte und Tradition. Lu 62 (1991), 140-149.

791 Huch, Ricarda: **Untergang des Römischen Reiches Deutscher Nation/** mit einem Nachwort von Gordon A. Craig; Holzschnitte von Lisa Hampe. ZH: Manesse, 1988. 486 S.: Ill. L''. (Huch, Ricarda: Deutsche Geschichte; 3)

792 Jaspert, Bernd: **Zur Wirkungsgeschichte des Reformators Martin Luther.** In: 027, 203-216.

793 Junghans, Reinhard: **The rise and decline of Thomas Müntzer.** LQ 5 (1991), 247-276.

794 Kress, Hartmut: **Evangelische Sozialethik vor dem Problem der neuzeitlichen Säkularisierung:** Protestantische Weltverantwortung zwischen ethischer Güterlehre und kirchlicher Ethik. Jahrbuch für christliche Sozialwissenschaften 32 (1991), 111-132. L 114.

795 Lienhard, Marc: **Les protestants.** In: Epp, René; Lienhard, Marc; Raphael, Freddy: Catholiques, protestants et juifs en Alsace. Strasbourg: Alsatia, 1992, 117-188. L''.

796 Link, Christian: **Schöpfung.** Teil 2: **Schöpfungstheologie angesichts der Herausforderungen des 20. Jahrhunderts.** GÜ: GVH, 1991. XVI S., S. 333-600, XIX S. L''. (Handbuch Systematischer Theologie; 7) – Bespr.: Moltmann, Jürgen: EvTh 52 (1992), 86-92.

797 Loonstra, Bernard: **De historische wortels van de leer aangaande het verbond** (Die geschichtlichen Wurzeln der Lehre vom Bund). Theologia reformata 30 (Woerden 1987), 46-63. L''.

798 Mostert, Walter: **Luther, Martin (1483-1546)** III: **Wirkungsgeschichte.** TRE 21 (1991), 567-594.

799 Narzyński, Janusz: **Geschichte und Bedeutung der Taufe in den ev. Kirchen in Polen.** EvD 61 (1992), 29-51: Ill. L''.

800 Obst, Helmut: **Außerkirchliche religiöse Protestbewegungen der Neuzeit.** B: EVA, 1990. 118 S. L''. (Kirchengeschichte in Einzeldarstellungen; III, 4)

801 **Quellen zur Entstehung und Entwicklung selbständiger evangelisch-lutherischer Kirchen in Deutschland/** Manfred Roensch; Werner Klän. F; Bern; NY: Lang, 1987. 594 S. L''. (Europäische Hochschulschriften: Reihe 23: Theologie; 299)

802 Schnabel, Wolfgang: **Grundwissen zur Theologie- und Kirchengeschichte:** eine Quellenkunde. Bd. 4: **Die Neuzeit.** GÜ: GVH, 1990. 195 S. L''.

803 Thorkildsen, Dag: **Fra Martin Luther til Eivind Berggrav:** fortolkning og bruk av Rom. 13, 1-7 (Von Martin Luther bis Eivind Berggrav: Auslegung und Gebrauch von R 13, 1-7). NTT 90 (1989), 105-123.

804 Turowski, Stefan: **Kościół Ewangelicko-Unijny w Polsce 1920-1939** (die Evang.-Unierte Kirche in Polen 1920-1939). Bydgoszcz: Wyższa Szkoła Pedagogiczna, 1990. 422 S. L".

805 Vogler, Bernard: **Utilisation et modes de lecture des »Gebetsbücher« luthériens.** In: 035, 245-251.

b) Orthodoxie und Gegenreformation

806 Barrie-Curien, Viviane: **Die anglikanische Reformation.** In: 068, 191-238: Ill. L 231 f.

807 Bèze, Théodore de: **Correspondance.** Bd. 14: **1573/** hrsg. von Alain Dufour und Béatrice Nicollier. Genève: Droz, 1990. XXVI, 356 S. L". (Travaux d'humanisme et renaissance; 242)

808 Bèze, Théodore de: **Correspondance.** Bd. 15: **1574/** hrsg. von Alain Dufour und Béatrice Nicollier. Genève: Droz, 1991. XVIII, 267 S. L". (Travaux d'humanisme et renaissance; 254)

809 **Bibliotheca dissidentium: répertoire des non-conformistes religieux des seizième et dix-septième siècles/** hrsg. von André Séguenny in Zsarb. mit Irena Backus und Jean Rott. Bd. 8: **Daniel Bielinski, Stanislaw Budzinski, Stanislaw Taszycki, Wojciech Calissius, Piotr Gonesius, Marcin Krowicki, Andrzej Wojdowski/** Vorwort von Wacław Urban. Baden-Baden; Bouxwiller: Körner, 1987. 224 S.: 20 Ill. L". (Bibliotheca bibliographica Aureliana; 109)

810 **Bibliotheca dissidentium: répertoire des non-conformistes religieux des seizième et dix-septième siècles/** hrsg. von André Séguenny in Zsarb. mit Irena Backus und Jean Rott. Bd. 11: **The Heidelberger Antitrinitarians:** Johann Sylvan, Adam Neuser, Matthias Vehe, Jacob Suter, Johann Hasler/ Christopher J. Burchill. Baden-Baden; Bouxwiller: Koerner, 1989. 280 S.: 24 Ill. L". (Bibliotheca bibliographica Aureliana; 120)

811 Blaschke, Karlheinz: **Les frontières confessionnelles en Allemagne à partir des Rèformes:** genèse, stabilisation, conséquences. In: 015, 171-175.

812 Brecht, Martin: **Beobachtungen zur Vorstellung vom Heiligen Geist in der lutherischen Orthodoxie und im frühen Pietismus.** In: 022, 46-74. L".

813 Cieślak, Katarzyna: **Wittenberga czy Genewa?:** sztuka jako argument w sporach gdańskich luteran z kalwinami na przełomie XVI i XVII w. (Wittenberg oder Genf?: die Kunst als Argument in der Auseinandersetzung zwischen Danziger Lutheranern und Calvinisten am Ende des 16. und zu Anfang des 17. Jh.). In: 059, 283-300. L".

814 **Deutsche Drucke des Barock 1600-1720:** Katalog der Herzog August Bibliothek Wolfenbüttel/ begr. von Martin Bircher; bearb, von Thomas Bürger. Abt. B: **Mittlere Aufstellung.** Bd. 7: **Allgemeines Buchwesen, Geographie, Wissenschaftskunde.** M; NY: Saur, 1989. IX, 272 S.: Ill. L 62 f.

815 Freudenberger, Theobald: **Die Fürstbischöfe von Würzburg und das Konzil von Trient.** MS: Aschendorff, 1989. XI, 227 S. L 163-165+". (Reformationsgeschichtliche Studien und Texte; 128)

816 Garstein, Oskar: **Rome and the counter-Reformation in Scandinavia:** Jesuit educational strategy 1553-1622. Leiden; NY; København; Köln: Brill, 1992. LII, 462 S. L". (Studies in the history of Christian thought; 46)

817 Goebel, Karl Gottfried: **Johann Philipp Elbert (1621-1699), Superintendent der Grafschaft Nassau-Idstein:** Leben und Werk. Teil 3. JHKV 42 (1991), 57-92.

818 Grzybkowska, Teresa: **Arystokratyzm kultury mieszczańskiej Gdańska przełomu XVI i XVII wieku** (Das Aristokratische in der bürgerlichen Kultur in Danzig um die Wende vom 16. zum 17. Jh.). In: 059, 239-260.

819 Hägglund, Bengt: **»Was ist der Mensch?«:** Psalm 8, 5. In: 05, 69-80. L".

820 Hardt, Tom G. A.: **The Saliger sacramental controversy/** übers. aus dem Schwedischen von Erling T. Teigen. LQ 4 (1990), 405-418.

821 Hieronymus, Frank: **Gewissen und Staatskirchenraison:** Basler Theologie und Zensur um 1578. ARG 82 (1991), 209-238: abstract, 238.

822 Janssen, Heinrich: **Die Bibel als Grundlage der politischen Theorie des Johannes Althusius.** MS, 1990. 253 S. L 44-46+". – MS, Univ., Evang.-theol. Fak., Diss., 1990.

823 Kittelson, James M.: **Humanism in the Theological faculties of Lutheran universities during the late Reformation.** In: 021, 139-157.

824 Klose, Wolfgang: **Corpus alborum amicorum:** CAAC: beschreibendes Verzeichnis der Stammbücher des 16. Jahrhunderts. S: Hiersemann, 1988. XXII, 723 S. L". (Hiersemanns bibliographische Handbücher; 8)

825 Koch, Ernst: **Auseinandersetzungen um die Autorität von Philipp Melanchthon und Martin Luther in Kursachsen im Vorfeld der Konkordienformel von 1577.** LuJ 59 (1992), 128-159.

826 Koch, Traugott: **Drei Passionslieder Paul Gerhardts – und das lutherische Verständnis der Passion Christi.** KD 37 (1991), 2-23: summary. L 20+".

827 Koch, Traugott: **Lutherische Frömmigkeit im**

Zeitalter der Orthodoxie. Berliner theol. Zeitschrift 8 (1991), 139-146. [Bespr. zu LuB 1992, Nr. 774]

828 Kolb, Robert: **Philipps's foes, but followers nonetheless:** late humanism among the Gnesio-Lutherans. In: 021, 159-177: Ill.

829 Leinsle, Ulrich Gottfried: **Das Ding und die Methode:** methodische Konstitution und Gegenstand der frühen protestantischen Metaphysik. 2 Teile. Augsburg: Maro, 1985. 472 S.; S. 474-898 S. L". – Zugl.: Innsbruck, Univ., Theol. Fak., Habil., 1985.

830 Liebig, Heinz: **Frontière intranchissable?:** l'accès des Réformés à la paix d'Augsbourg 1555-1577. In: 015, 215-223.

831 Mahlmann, Theodor: **Johannes Kromayers Wirken für Schule und Kirche im frühen 17. Jahrhundert.** In: 066, 9-38. L".

832 Maron, Gottfried: **Ignatius von Loyola und wir Evangelischen.** MD 42 (1991), 87-91.

833 **Myśl ariańska Polsce XVII wieku:** antologia tekstów (Arianisches Denken im Polen des 17. Jh.: Textanthologie)/ aus dem Lat. übers. von Tadeusz Włodarczky ...; bearb., eingel. und komm. von Zbigniew Ogonowski. Wrocław: Zakład Narodowy im. Ossolińskich, 1991. 649 S. L". (Polska Akademia Nauk: Instytut Filozofii i Socjologii)

834 Neuhaus, Gisela M.: **Justus Georg Schottelius: Die Stammwörter der Deutschen Sprache samt derselben Erklärung, und andere die Stammwörter betreffenden Anmerkungen:** eine Untersuchung zur frühneuhochdeutschen Lexikologie. Göppingen: Kümmerle, 1991. 250, [158] S. L 143-147. (Göppinger Arbeiten zur Germanistik; 562) – Zugl.: MS, Univ., Phil. Fak., Diss., 1988/89.

835 Nischan, Bodo: **Kontinuität und Wandel im Zeialter des Konfessionalismus:** die zweite Reformation in Brandenburg. JBrKG 58 (1991), 87-133.

836 Olson, Jeannine E.: **Jean Crespin, humanist printer among the Reformation martyrologists.** In: 021, 317-340.

837 O'Reilly, Terence: **Ignatius of Loyola and the counterreformation:** the hagiographic tradition. Heytrop journal 31 (LO 1990), 439-470. L".

838 Parvio, Martti: **Suomalainen katekismus kyrillisin kirjaimin (1644) eli ns. van Selowin katekismus** (Der finnische Katechismus in kyrillischer Schrift (1644) oder der sogenannte van Selow- 'sche Katechismus. Vuosikirja årsskrift = Jahrbuch der finnischen Gesellschaft für Kirchengeschichte 75 (Helsinki 1986), 37-71: Zusammenfassung.

839 Perkins, William: **A commentary on Galatians.** Reprint der 2. Ausgabe, 1617/ hrsg. von Gerald T. Sheppard. NY: Pilgrim, 1989. 693 S. – Bespr.: Rasmussen, Carl J.: SCJ 22 (1991), 780-782.

840 Reingrabner, Gustav: **Zur Geschichte der flacianischen Bewegung im Lande unter der Enns.** Jahrbuch für Landeskunde von Niederösterrich 54/55 (W 1988/89 [erschienen 1990]), 265-301. L".

841 Rosin, Robert: **Replantin Eden:** the Elizabethanum as God's garden. In: 021, 109-136: Ill.

842 **Sacro sancti oecumenici et generalis concilii Tridentini canones et decreta/** Paul III., Julius III., Pius IV. und andere = **Des hochheiligen, ökumenischen und allgemeinen Concils von Trient Canones und Beschlüsse:** nebst den darauf bezüglichen päpstlichen Bullen und Verordnungen und einem vollständigen Inhaltsverzeichnisse/ Wilhelm Smets. 6. Aufl. Nachdr. der Ausgabe Bielefeld, 1868. Sinzig: Esser, 1989. XXXVI, 335 S. L 253-262. (Sinziger theol. Texte und Studien; 1)

843 Salmonowicz, Stanisław: **Życie religijne luteranów toruńskich w XVII-XVIII w.** (Das religiöse Leben der Lutheraner in Thorn im 17. und 18. Jh.). ORP 34 (1989), 115-130. L".

844 Schnurrer, Christian Friedrich: **Slavischer Bücherdruck in Württemberg im 16. Jahrhundert:** ein literarischer Bericht. Unveränd. Nachdr. der Ausgabe TÜ, 1799. M: Trofenik, 1989. VIII, 128, 9 S.: Ill. L 128. (Geschichte, Kultur und Geisteswelt der Slowenen; 20)

845 Simpfendörfer, Gottfried: **Johann Sebastian Bachs Umgang mit den Texten seiner Kantaten:** ein Niederschlag seiner Frömmigkeit. 2 Bde. HD, 1988. 222 Bl. & Anh. (42 Bl.) – HD, Univ., Evang.-theol. Fak., Diss., 1988.

846 Tazbir, Janusz: **Elisabeth I in her contemporary polish opinion.** Acta Poloniae historica 61 (WZ 1990), 91-115.

847 Vogler, Bernard: **La naissance d'une frontière confessionnelle dans les pays rhénans de 1555 à 1618.** In: 015, 309-313.

848 Weiss, James Michael: **The harvest of German humanism:** Melchior Adam's collective biographies as cultural history. In: 021, 341-350.

c) Pietismus und Aufklärung

849 Aland, Kurt: **Spener – Schütz – Labadie?:** notwendige Bemerkungen zu den Voraussetzungen und der Entstehung des deutschen lutherischen Pietismus. (1981). In: 03, 400-428.

850 Bizer, Christoph: **Johann Jacob Rambach (1693-1735)**. In: 029, 85-97.
851 Dieter, Melvin E.: **Wesleyan theology**. In: John Wesley: contemporary perspectives/ hrsg. von John Stacey. LO: Epworth, 1988, 162-175.
852 Francke, August Hermann: **Predigten**. Bd. 2/ hrsg. von Erhard Peschke. B; NY: de Gruyter, 1989. XXV, 639 S. (Texte zur Geschichte des Pietismus: Abt. 2. Francke, August Hermann: Schriften und Predigten; 10)
853 Gawthrop, Richard L.: **Lutheran pietism and the Weber thesis**. German studies review 12 (Tempe, AZ 1989), 237-247.
854 Höhne, Hans: **Johan Melchior Goeze im Urteil seiner Zeitgenossen und der Literatur bis heute.** In: 064, 27-62. L".
855 Hof, Willem J. op 't: **Gisbertus Voetius' evaluatie van de reformatie**: een voorlopig onderzoek (Gisbertus Voetius' Urteil über die Reformation: eine vorläufige Untersuchung). Theologia reformata 32 (Woerden 1989), 211-242. L".
856 Hornig, Gottfried: **Lessing, Gotthold Ephraim (1729-1781)**. TRE 21 (1991), 20-33. L 25.
857 Jaspert, Bernd: **Gerhard Tersteegen als ökumenischer Theologe**. MEKGR 39 (1990), 207-234. L".
858 Jetter, Werner: »**Der erleuchtete Catechismus = Prediger**«: Erinnerung an ein abgegangenes evangelisches Bildungsinstrument. In: Bildung – Glaube – Aufklärung: zur Wiedergewinnung des Bildungsbegriffs in Pädagogik und Theologie: [Karl Ernst Nipkow zum 60. Geburtstag]/ hrsg. von Reiner Preul ... 1. Aufl. GÜ: GVH, 1989, 74-100. L". (Eine Veröffentlichung des Comenius-Instituts, Münster)
859 Jetter, Werner: »**Der erleuchtete Catechismus = Prediger**«: Erinnerung an ein abgegangenes evangelisches Bildungsinstrument. In: Bildung – Glaube – Aufklärung: zur Wiedergewinnung des Bildungsbegriffs in Pädagogik und Theologie: [Karl Ernst Nipkow zum 60. Geburtstag]/ hrsg. von Reiner Preul ... 2. Aufl. GÜ: GVH, 1990, 74-100. L". (Eine Veröffentlichung des Comenius-Instituts, Münster)
860 Jung, Martin: **Die Württembergische Kirche und die Juden in der Zeit des Pietismus (1675-1780)**. TÜ, 1989. VI, 425 Bl. (MS). L". – TÜ, Univ., Evang.-theol. Fak., Diss., 1990.
861 Junghans, Reinhard: **Die Lutherrezeption Johann Gottfried Herders**: eine Untersuchung mit besonderer Berücksichtigung seiner theologischen Schriften und mit rezeptionstheoretischen Überlegungen. LuJ 59 (1992), 160-191.
862 Klaiber, Walter: **Aus Glauben, damit aus Gnaden**: der Grundsatz paulinischer Soteriologie und die Gnadenlehre John Wesleys. ZThK 88 (1991), 313-338. L 336.
863 Köster, Beate: **Evangelienharmonien im frühen Pietismus**. ZKG 103 (1992), 195-225. L".
864 Leibniz, Gottfried Wilhelm: **Die Theodizee von der Güte Gottes, der Freiheit des Menschen und dem Ursprung des Übels**: Vorwort, Abhandlung, erster und zweiter Teil = **Essais de théodicée sur la bonté de Dieu, la liberté de l'homme et l'origine du mal**: préface, discours, première et seconde partie ⟨franz./dt.⟩ / hrsg. und übers. von Herbert Herring. F: Insel, 1986. 660 S. L 50f. 98f+" (Leibniz, Gottfried Wilhelm: Philosophische Schriften; 2 I)
865 [Mühlenberg, Heinrich Melchior]: **Die Korrespondenz Heinrich Melchior Mühlenbergs aus der Anfangszeit des deutschen Luthertums in Nordamerika**. Bd. 3: **1763-1768**/ hrsg. in Verbindung mit der Martin-Luther-Universität Halle-Wittenberg, Univ.- und Landesbibliothek Sachsen-Anhalt, Archiv der Franckeschen Stiftung von Kurt Aland. B; NY: de Gruyter, 1990. XIII, 715 S. L". (Texte zur Geschichte des Pietismus: Abt. 3: Francke, August Hermann: Handschriftlicher Nachlaß; 4)
866 [Novalis (Ps) Hardenberg, Friedrich von]: **Novalis Schriften**: die Werke Friedrich von Hardenbergs/ begr. von Paul Kluckhohn ...; hrsg. von Richard Samuel ... Historisch-kritische Ausgabe in 4 Bdn., 1 Materialbd. und 1 Erg.-Bd. mit dem dichterischen Jugendnachlaß und weiteren neu aufgetauchten Handschriften. Bd. 5: **Materialien und Register**/ hrsg. von Hans-Joachim Mähl und Richard Samuel; Registerbearb.: Hermann Knebel. S: Kohlhammer, 1988. XX, 954 S., 8 Taf., 1 Kt. L 881.
867 Otto, Hans: **Milde Aufklärung**: Theologie und Kirchenleitung bei Johann Hinrich Pratje (1710-1791), Generalsuperintendent der Herzogtümer Bremen und Verden. GÖ: V&R, 1989. 406 S. L". (Studien zur Kirchengeschichte Niedersachsens; 30) – Zugl.: GÖ, Univ., Diss., 1987 unter dem Titel: »Theologie und Kirchenleitung im Zeitalter der Aufklärung«.
868 Peschke, Erhard: **Zur Jesajavorlesung August Hermann Franckes**. ThLZ 117 (1992), 321-334. L 326.
869 Philipp, Guntram: **Herrnhuter Texte für Telemann'sche Passionsmusiken**: Georg Philipp Telemann (1681-1767), Erdmann Neumeister (1671-1756), Johann Friedrich Fasch (1688-1758). Unitas fratrum 27/28 (1990), 23-88. L 60f.
870 Schade, Herwarth von: **Johann Melchior Goeze**

und das Hamburger Gesangbuch. In: 064, 197-213: Faks. L".

871 Schnoor, Christian: **Kants kategorischer Imperativ als Kriterium der Richtigkeit des Handelns.** TÜ: Mohr, 1989. X, 344 S. L". (Tübinger rechtswissenschaftliche Abhandlungen; 67)

872 Schott, Christian-Erdmann: **Das Gesangbuch des Breslauer Kircheninspektors David Gottfried Gerhard.** Jahrbuch für Schlesische Kirchengeschichte 69 (1990), 19-41. L".

873 Semler, Johann Salomo: **Christologie und Soteriologie/** mit einem Kommentar und Register hrsg. von Gottfried Hornig ... Neudr. von ders.: Vorbereitung auf die Königlich Großbritannische Aufgabe von der Gottheit Christi. Halle, 1787. Würzburg: Königshausen & Neumann, 1990. 265 S. L".

874 **Le siècle des lumières et la Bible/** hrsg. von Yvon Belaval und Dominique Bourel. P: Beauchesne, 1986. 896 S.: Ill. L". (Bible de tous les temps; 7)

875 Steiger, Lothar: **Goezes Schwächen.** In: 064, 63-86. L".

876 Waschkies, Hans-Joachim: **Physik und Physikotheologie des jungen Kant:** die Vorgeschichte seiner »Allgemeinen Naturgeschichte« und »Theorie des Himmels«. Amsterdam: Grüner, 1987. 711 S. L 315. (Bochumer Studien zur Philosophie; 8) – Zugl.: Kiel, Univ., Phil. Fak., Habil., 1984.

877 Wawrykowa, Maria: **U progu nowoczesności:** szkice z dziejów kultury niemieckiej XVIII i XIX wieku (An der Schwelle der Moderne: Skizzen aus der deutschen Kulturgeschichte im 18. und 19. Jh.). WZ: PWN, 1988. 317 S. L".

878 Weyer-Menkhoff, Martin: **Christus, das Heil der Natur:** Entstehung und Systematik der Theologie Friedrich Christoph Oetingers. GÖ: V&R, 1990. XII, 334 S.: Ill. L". (Arbeiten zur Geschichte des Pietismus; 27) – Zugl.: Marburg, Univ., Evang.-theol. Fak., Diss., 1985.

879 Wolff, Gottfried: **Solus Christus:** Wurzeln der Christusmystik bei Gerhard Tersteegen. Gießen; BL: Brunnen, 1989. VI, 198 S. (TVG; 350) – Bespr.: Schicketanz, Peter: ThLZ 116 (1991), 756-763.

880 Zimmerling, Peter: **Zinzendorfs Trinitätslehre.** TÜ, 1989. 389 Bl. – TÜ, Univ., Evang.-theol. Fak., Diss., 1990.

d) 19. und 20. Jahrhundert bis 1917

881 **Aloys Henhöfer (1789-1862) und die badische Erweckungsbewegung** = Eine Ausstellung der Badischen Landesbibliothek Karlsruhe/ in Zusammenarb. mit der Evang. Landeskirche in Baden / Landeskirchliche Bibliothek Karlsruhe; erarb. von Gerhard Schwinge; Ausstellungskatalog hrsg. von der Badischen Landesbibliothek. Karlsruhe: Badische Landesbibliothek, 1989. 88 S.: Ill., Faks. L".

882 Barnikol, Ernst: **Das entdeckte Christentum im Vormärz:** Bruno Bauers Kampf gegen Religion und Christentum und Erstausgabe seiner Kampfschrift. 2., wesentl. erw. Aufl./ besorgt von Ralf Ott. Aalen: Scientia, 1989. VIII, 270 S. L".

883 Baur, Jörg: **»Alles Vereinzelte ist verwerflich«:** Überlegungen zu Goethe. NZSTh 33 (1991), 152-166.

884 Blum, Carl: **Christus, unser Leben:** wolgadeutsche Predigten. 2. Aufl. Nachdruck der Ausgabe Dorpat, 1896. Erlangen: Martin-Luther-Verlag, 1989. 547 S. L".

885 Bonkhoff, Bernhard H.: **Die »Christliche Ethik« von Philipp Theodor Culmann (1824-1863).** BlPfKG 58 (1991), 43-90. L".

886 Bonkhoff, Bernhard H.: **Die Einführung der Confessio Augustana variata von 1540 als Unionsbekenntnis der Vereinigten Protestantisch-Christlichen Kirche der Pfalz im Jahre 1853.** BlPfKG 58 (1991), 113-126.

887 Brandt, Peter: **Das studentische Wartburgfest vom 18./19. Oktober 1817.** In: 042, 89-112. L".

888 Burkhardt, Johannes: **Reformations- und Lutherfeiern:** die Verbürgerlichung der reformatorischen Jubiläumskultur. In: 042, 212-236.

889 Dienst, Karl: **Das Bild Luthers und der Reformation in der Predigt im Vormärz am Beispiel der Freien Stadt Frankfurt am Main.** Lu 63 (1992), 21-36.

890 Dienst, Karl: **Martin Luther in der Predigt um 1848:** Beispiel: Freie Stadt Frankfurt am Main. BlPfKG 58 (1991), 407-425 = Ebernburg-Hefte 25 (1991), 79-97.

891 Dienst, Karl: **Rund um die Paulskirche ...:** die Kirchen der Freien Stadt Frankfurt am Main um 1848 zwischen Verkündigung und Politik. JHKV 42 (1991), 13-47. L 33-40+".

892 Duntze, Klaus: **Der Magistrat als protestantische Obrigkeit:** am Beispiel der Berliner Säkularfeier 1839 zur Einführung der Reformation in der Mark Brandenburg. JBrKG 58 (1991), 156-198. L".

893 Eberlein, Hermann-Peter: **Theologie als Scheitern:** Franz Overbecks Geschichte mit der Geschichte. HD, 1988. 320 S. L". (Theologie in der Blauen Eule; 3) – Zugl.: HD, Univ., Diss., 1988.

894 **Essays in honor of the centenary of John Henry Cardinal Newman:** (1801-1890): dedicated to

the memory of Raymond Schoder. Front Royal, VA: Christendom, 1989. 170 S. L". (Faith and reason; 15, 4)

895 Fisher, George P.: **The relation of the church of England to the other protestant churches.** (1874). In: ders.: Discussion in history and theology. Repr. der Originalausgabe NY, 1880. NY; LO: Garland, 1987, 176-226. L 196. (American religious thought of the 18th and 19th centuries; 11)

896 Füßl, Wilhelm: **Professor in der Politik:** Friedrich Julius Stahl (1802-1861): das monarchische Prinzip und seine Umsetzung in die parlamentarische Praxis. GÖ: V&R, 1988. 400 S. L". (Schriftenreihe der Historischen Kommission bei der Bayerischen Akademie der Wissenschaften; 33) – Zugl.: Überarb. M, Univ., Phil. Fak., Diss., 1985/86.

897 Gramlich, Sybille: **Johann Gottfried Schadow begegnet Luther im Jahr 1806.** Berliner theol. Zeitschrift 8 (1991), 275-293; Ill.

898 Haubold, Arndt: **Karl Friedrich Göschel (1784-1861):** ein sächsisch-preußisches Lebensbild des Literaten, Juristen, Philosophen, Theologen zwischen Goethezeit und Bismarckära. Bielefeld: Luther-Verlag, 1989 (c 1988). 269 S. (Unio und confessio; 14) – Zugl.: L., Univ., Theol. Fak., Diss., 1992.

899 Jacobs, Manfred: **Liberale Theologie.** TRE 21 (1991), 47-68. L 53.

900 Kießig, Manfred: **Johann Wilhelm Friedrich Höfling:** Leben und Werk. GÜ: GVH, 1991. 419 S. (Die luth. Kirche: Geschichte und Gestalten; 14) – Zugl.: Erlangen-Nürnberg, Univ., Theol. Fak., Diss., 1987/88.

901 **A letter from C. F.W. Walther to Jacob Aall Ottesen:** December 29, 1858/ aus dem Dt. übers. und eingel. von William M. Cwirla. CJ 18 (1992), 164-171.

902 Lienhard, Marc: **Le reveil confessionnel luthérien en Alsace au XIXe siècle.** PL 40 (1992), 74-83.

903 Murray, Scott: **Luther in Newman's »Lectures on justification«.** CThQ 54 (1990), 155-178.

904 Rade, Martin: **Reine Lehre:** eine Forderung des Glaubens und nicht des Rechts. (1900). In: 046, 62-97.

905 Rieder, Joachim: **Kunst und Religion in der Frühromantik:** Offenbarung als göttliche Inspiration im Künstler am Beispiel der »Herzensergießungen eines kunstliebenden Klosterbruders«. In: 07, 68-79.

906 Rieske-Braun, Uwe: **Im Krieg die Gesinnung betätigen:** die Krise der lutherischen Sozialethik nach 1914. LM 30 (1991), 270-272.

907 Rieske-Braun, Uwe: **Unterordnung erniedrigt die Kirche:** die Zwei-Reiche-Lehre diente nicht nur Thron und Altar. LM 31 (1992), 270f.

908 Schleiermacher, Friedrich Daniel Ernst: **Briefwechsel 1774-1796:** Briefe 1-326/ hrsg. von Andreas Arndt und Wolfgang Virmond. B; NY: de Gruyter, 1985. LXXII, 489 S. L". (Schleiermacher, Friedrich Daniel Ernst: Kritische Gesamtausgabe. Abt. 5: Briefwechsel und biographische Dokumente; 1)

909 Schulze, W. A.: **Friedrich Wilhelm Krummachers Konflikt mit Carl Friedrich Wilhelm Paniel 1840.** MEKGR 40 (1991), 359-392. L 366-370.

910 Schwinge, Gerhard: **Aloys Henhöfer – ein »zweiter Luther«?:** ein Lutheraner in der badischen Unionskirche? In: Die Erweckung in Baden im 19. Jahrhundert: Vorträge und Aufsätze aus dem Henhöfer-Jahr 1989/ im Auftrag des Vereins für Kirchengeschichte hrsg. von Gerhard Schwinge. Karlsruhe: EPV für Baden, 1990, 61-82. (Veröffentlichungen des Vereins für Kirchengeschichte in der Evang. Landeskirche in Baden; 42)

911 Schwinge, Gerhard: **Katalog der Henhöfer-Bibliothek in der Landeskirchlichen Bibliothek Karlsruhe:** Hermann Erbacher zum 80. Geburtstag am 16. März 1989 gewidmet. Karlsruhe: EPV für Baden, 1989. 127 S.: Ill. L". (Veröffentlichungen des Vereins für Kirchengeschichte in der Evang. Landeskirche Baden; 40)

912 Schwöbel, Christoph: **Einleitung.** In: 046, 9-37.

913 Simmel, Georg: **Einleitung in die Moralwissenschaft:** eine Kritik der ethischen Grundbegriffe. (1904). Bd. 2/ hrsg. von Klaus Christian Köhnke. F: Suhrkamp, 1989. 427 S. L 278. (Simmel, Georg: Gesamtausgabe; 4) (Suhrkamp Taschenbuch Wissenschaft; 804)

914 Smith, Henry B.: **Faith and philosophy.** Reprint der Originalausgabe NY, 1877. NY; LO: Garland, 1987. XIV, 496 S. L". (American religious thought of the 18th and 19th centuries; 18)

915 Tetz, Martin: **»Mischmasch von Irrtum und Gewalt«:** zu Goethes Vers auf die Kirchengeschichte. ZThK 88 (1991), 339-363. L 359-363+".

e) 1918 bis 1983

916 Amberg, Ernst-Heinz: **Ernst Sommerlath und die Theologie des 20. Jahrhunderts.** (1989). In: 04, 238-248. L".

917 Amberg, Ernst-Heinz: **Glaube und Dogmatik.** (1964). In: 04, 21-32.

918 Amberg, Ernst-Heinz: **Die Kirche als Geschöpf der Gnade.** (1982). In: 04, 163-170.

919 Amberg, Ernst-Heinz: **Luther in der Theologie des 20. Jahrhunderts:** Beispiele theologischer Luther-Interpretation. (1983). In: 04, 183-206.

920 Amberg, Ernst-Heinz: **Reich Gottes – Kirche – Welt.** (1982). In: 04, 147-162. L".

921 Barth, Ulrich: **Die Christologie Emanuel Hirschs:** eine systematische und problemgeschichtliche Darstellung ihrer geschichtsmethodologischen, erkenntniskritischen und subjektivitätstheoretischen Grundlagen. B; NY: de Gruyter, 1992. XVI, 669 S. L 19-53. 556-558. 614-619+". – Zugl.: GÖ, Univ., Theol. Fak., Habil., 1990.

922 Behnen, Michael: **Ritter, Gerhard.** In: Literatur Lexikon: Autoren und Werke deutscher Sprache/ hrsg. von Walther Killy unter Mitarb. von Hans Fromm ... Bd. 9: Ore-Roq. GÜ: Bertelsmann, 1991, 486.

923 Beyschlag, Karlmann: **Werner Elert in memoriam.** Luth. Kirche in der Welt 39 (1992), 29-58.

924 Class, Gottfried: **Der verzweifelte Zugriff auf das Leben:** Dietrich Bonhoeffers Sündenverständnis in »Schöpfung und Fall«. HD, 1989. VIII, 364 Bl. – HD, Univ., Theol. Fak., Diss., 1990.

925 Cooper, Terry D.: **Carl Rogers and Martin Luther:** a »Reformation« in the helping professions. Pastoral psychology 38 (NY 1989), 15-24.

926 Demke, Christoph: **Lutherehrung in der DDR:** Hintergründe und Herausforderungen. (1982). In: Gemeinsam unterwegs: Dokumente aus der Arbeit des Bundes der Evangelischen Kirchen in der DDR 1980-1987/ hrsg. vom Bund der Evang. Kirchen in der DDR; Red.: Roswitha Bodenstein ... B: EVA, 1989, 192-200.

927 Deppermann, Klaus: **Gerhard Ritters Lutherbild.** In: 011, 22-29.

928 **Dokumentation zum Kirchenkampf in Hessen und Nassau.** Bd. 7 III/ bearb. und hrsg. im Auftrag der Evang. Kirche in Hessen und Nassau von Ernst Sames ... JHKV 42 (1991), 473-680.

929 Feige, Franz G. M.: **The varieties of protestantism in Nazy Germany:** five theopolitical positions. Lewiston, NY; Queenston, Ont.; Lampeter, Wales: Mellen, 1990. XII, 498 S. (Toronto studies in theology; 50)

930 Feil, Ernst: **Aspekte der Bonhoefferinterpretation:** ein Rückblick auf das vergangene Jahrzehnt. Teil 1. ThLZ 117 (1992), 1-15.

931 Fleinert-Jensen, Flemming: **Karl Barth og den lutherske tradition:** i anledning af en bog (Karl Barth und die luth. Tradition: anläßlich eines Buches). DTT 54 (1990), 36-47.

932 Flessau, Kurt-Ingo: **Schule der Diktatur:** Lehrpläne und Schulbücher des Nationalsozialismus/ mit einem Vorwort von Hans-Jochen Gamm. Lizenzausgabe der Ausgabe M, 1977. Ungek., vom Autor durchges. Ausgabe. 16.-18. Tsd. F: Fischer Taschenbuch, 1984. 319 S. L 151-155+". (Fischer-Taschenbücher; 3422)

933 Gayhart, Bryce A.: **The ethics of Ernst Troeltsch:** a commitment to relevancy. Lewiston, NY; Queenston, Ont.; Lampeter, Wales: Mellen, 1990. 293 S. L 195. (Toronto studies in theology; 53)

934 Gies, Horst: **Geschichtsunterricht als deutschkundliche Weihestunde:** historische Nabelschau in der nationalsozialistischen Schule. In: Schule und Unterricht im Dritten Reich/ hrsg. von Reinhard Dithmer. Neuwied: Luchterhand, 1989, 39-58. L".

935 Greiner, Albert: **J'aime Luther.** Unité des chrétiens 52 (P 1983) octobre, 17.

936 Haga, Tsutomu: **Theodizee und Geschichtstheologie:** ein Versuch der Überwindung der Problematik des Deutschen Idealismus bei Karl Barth. GÖ: V&R, 1991. 289 S. L". (Forschungen zur systematischen und ökumenischen Theologie; 59) – Zugl.: HD, Univ., Diss., 1987.

937 Hamm, Berndt: **Schuld und Verstrickung der Kirche:** Vorüberlegungen zu einer Darstellung der Erlanger Theologie in der Zeit des Nationalsozialismus. In: Kirche und Nationalsozialismus/ hrsg. von Wolfgang Stegemann unter Mitarbeit von Dirk Acksteiner ... S: Kohlhammer, 1990, 11-55. L".

938 Hamm, Berndt: **Schuld und Verstrickung der Kirche:** Vorüberlegungen zu einer Darstellung der Erlanger Theologie in der Zeit des Nationalsozialismus. In: 028, 13-49. L".

939 Hammann, Gottfried: **Les communautés confessantes dans les Églises de la Réforme:** un enjeu majeur. Revue de théologie et de philosophie 117 (Lausanne 1985), 111-128. L".

940 Hermle, Siegfried: **Die Kirche am Scheideweg:** eine Ausarbeitung Paul Schempps aus dem Jahre 1934. EvTh 51 (1991), 183-197.

941 Hörenz, Günther: **Martin Luther und die Reformation im Geschichtsunterricht der polytechnischen Oberschule:** Lutherehrungen an der Luther-Oberschule Bautzen. Bautzener Kulturschau 33 (1983) Heft 11, 24-27; Ill.

942 Iserloh, Erwin: **Lortz, Joseph (1887-1975).** TRE 21 (1991), 466-468.

943 Jahr, Hannelore: **Theologie als Gestaltmetaphysik:** die Vermittlung von Gott und Welt im Frühwerk Paul Tillichs. B; NY: de Gruyter, 1989. XIV, 482 S. (Theol. Bibliothek Töpelmann; 46) –

Zugl.: Saarbrücken, Univ., phil. Fak., Diss., 1988.

944 Jaspert, Bernd: **Die Neuentdeckung der Religion im 20. Jahrhundert:** das Lebenswerk Paul Tillichs (1886-1965). In: 026, 9-56. L".

945 Jüngel, Eberhard: **Zur Freiheit eines Christenmenschen:** eine Erinnerung an Luthers Schrift. 3. Aufl. M: Kaiser, 1991. 128 S. (Kaiser-Taschenbücher; 102) – Bespr.: Edelmann, Helmut: Lu 63 (1992), 44f.

946 Kaiser, Jochen-Christoph: **Sozialer Protestantismus im 20. Jahrhundert:** Beiträge zur Geschichte der Inneren Mission 1914-1945. M: Oldenbourg, 1989. XI, 506 S. L 379. – Zugl.: MS, Univ., FB Geschichte, Habil., 1986.

947 Kinner, Klaus: **Die Müntzerrezeption in der revolutionären deutschen Arbeiterbewegung:** von den Anfängen bis 1945. Urania Mitteilungen 36 (1989) Heft 1, 7-9; Ill.

948 Köpf, Ulrich: **Die Theologiegeschichte der Neuzeit in der Sicht Emanuel Hirschs.** In: Christentumsgeschichte und Wahrheitsbewußtsein: Studien zur Theologie Emanuel Hirschs/ hrsg. von Joachim Ringleben. B; NY: de Gruyter, 1991, 63-97.

949 Koza, Stanisław Jósef: **Ewangelijna katolickość:** zarys porównawczej eklezjologii Friedricha Heilera (Evang. Katholizität: Abriß der vergleichenden Ekklesiologie Friedrich Heilers). Lublin: Katolickiego Uniwersytetu, 1987. 398 S.: Zusammenfassung, 387-392. L". (Jeden Pan, jedna wiara; 2)

950 Kress, Hartmut: **Individualität und Gewissen:** ethische Gegenwartsfragen in der Perspektive des protestantischen Gewissensbegriffs. PTh 80 (1991), 86-103.

951 Lienhard, Marc: **Comment Luther est perçu aujourd'hui par les Luthèriens.** (1983). Eaux vives 466 (Fontenay-sous-Bois 1984), 7-9.

952 Lienhard, Marc: **Comment Luther est perçu aujourd'hui par les Luthèriens.** Unité des chrétiens 52 (P 1983) octobre, 18-20.

953 Luzak, Franz-Josef: **Die Lutherbildaffäre in Oldenburg:** die Evangelisch-Lutherische Kirche im Kampf um Kreuz und Lutherbild. In: Zur Sache – Das Kreuz!: Untersuchungen zur Geschichte des Konflikts um Kreuz und Lutherbild in den Schulen Oldenburgs, zur Wirkungsgeschichte eines Massenprotests und zum Problem nationalsozialistischer Herrschaft in einer agrarisch-katholischen Region/ hrsg. von Joachim Kuropka. 2., durchges. Aufl. Vechta: Vechtaer Druckerei und Verlag, 1987, 82-100. 456f. – Bespr.: Geldbach, Erich: ThLZ 117 (1992), 371.

954 **Martin Rade:** Theologe – Publizist – Demokrat (1857-1940) = Eine Ausstellung der Universitätsbibliothek Marburg vom 26. April bis 20. Mai 1990/ Ausstellung und Katalog: Ana Maria Mariscotti de Görlitz... Marburg: Universitätsbibliothek, 1990. 229 S.: 49 Ill. L". (Schriften der Universitätsbibliothek Marburg; 47)

955 Milano, Andrea: **Rivelazione ed ermeneutica:** Karl Barth, Rudolf Bultmann, Italo Mancini (Offenbarung und Hermeneutik). Urbino: Quattro Venti 1988. 174 S. (Biblioteca di ermeneutica; 11)

956 Müller, Christine-Ruth: **Bekenntnis und Bekennen:** Dietrich Bonhoeffer in Bethel (1933): ein protestantischer Versuch. M: Kaiser, 1989. 210 S. L". (Studienbücher zur kirchlichen Zeitgeschichte; 7)

957 Nipkow, Karl Ernst: **Otto Eberhard (1875-1966).** In: 029, 210-222. L 213f.

958 Nowak, Kurt: **Zeiterfahrung und Kirchengeschichtsschreibung:** Heinrich Bornkamm im Dritten Reich. ZKG 103 (1992), 46-80.

959 Ottemann, Christian: **Initiatisches Christentum:** Karlfried Graf Dürckheims Lehre vom »initiatischen Weg« als Herausforderung an die evangelische Theologie. F; Bern; NY; P: Lang, 1990. VIII, 639 S. L 113-126. (Europäische Hochschulschriften: Reihe 23: Theologie; 402) – Zugl.: HH, Univ., Fachbereich Evang. Theol., Diss., 1989.

960 »**Pfarrer, Christen und Katholiken«:** das Ministerium für Staatssicherheit der ehemaligen DDR und die Kirchen/ hrsg. von Gerhard Besier; Stephan Wolf. 1. Aufl. NK: NV, 1991. X, 867 S. L 379-382. 388-392+". (Historisch-theol. Studien zum 19. und 20. Jahrhundert [Quellen]; 1)

961 »**Pfarrer, Christen und Katholiken«:** das Ministerium für Staatssicherheit der ehemaligen DDR und die Kirchen/ hrsg. von Gerhard Besier; Stephan Wolf. 2., durchges. und um weitere Dokumente erw. Aufl. NK: NV, 1992. XVI, 959 S. L 388-391. 397-400+". (Historisch-theol. Studien zum 19. und 20. Jahrhundert [Quellen]; 1)

962 Rade, Martin: **Was können wir aus Luthers Kirchenbegriff für die Neugestaltung unserer Kirche herausholen?** (1921). In: 046, 197-209.

963 Rasmussen, Larry R.: **Dietrich Boenhoeffer:** his significance for Northern America/ mit Renate Bethge. MP: Fortress, 1990. X, 198 S. L 149-160.

964 Ratschow, Carl Heinz: **Protestantisches Prinzip und religiöser Atheismus bei Paul Tillich.** In: 026, 57-81. L".

965 Reimer, A. James: **The Emanuel Hirsch and Paul Tillich debate:** a study in the political ramifications of theology. Lewiston, NY; Queenston,

Ont.: Mellen, 1989. XV, 348 S. (Toronto studies in theology; 42)

966 Rostagno, Segio: **Teoria e prassi in Barth** (Theorie und Praxis bei Barth). Hermeneutica 7 (Urbino 1987), 61-81.

967 Rothen, Bernhard: **Die Klarheit der Schrift.** Bd. 2: **Karl Barth:** eine Kritik. GÖ: V&R, 1990. 211 S. – Zugl.: Bern, Univ., Diss. – Bespr.: Dietzfelbinger, Ulrich: ThLZ 116 (1991), 746-748; Schmidt, Gerhard: Lu 62 (1991), 97 f.

968 Scheliha, Arnulf von: **Emanuel Hirsch als Dogmatiker:** zum Programm der »christlichen Rechenschaft« im »Leitfaden zur christlichen Lehre«. B; NY: de Gruyter, 1991. XVII, 528 S. L". (Theol. Bibliothek Töpelmann; 53)

969 **Stefan Zweig**/ mit Selbstzeugnissen und Bilddokumenten dargest. von Hartmut Müller. Reinbek bei HH: Rowohlt, 1988. 155 S.: Ill. L 101. (Rowohlts Monographien; 413)

970 **Stefan Zweig**/ mit Selbstzeugnissen und Bilddokumenten dargest. von Hartmut Müller. 12.-15. Tsd. Reinbek bei HH: Rowohlt, 1990. 155 S.: Ill. L 101. (Rowohlts Monographien; 413)

971 **Stefan Zweig**/ mit Selbstzeugnissen und Bilddokumenten dargest. von Hartmut Müller. 16.-19. Tsd. Reinbek bei HH: Rowohlt, 1991. 155 S.: Ill. L 101. (Rowohls Monographien; 413)

972 Stieber, Rolf: **Helmut Gollwitzer – eine biographische Skizze.** Wort und Dienst 20 (1989), 333-351. L 334.

973 Tellechea Idígoras, José Ignacio: **A. Gordon Kinder, investigador del protestantismo español del siglos XVI** (A. Gordon Kinder, ein Erforscher des spanischen Protestantismus des 16. Jh.). Diálogo ecuménico 22 (Salamanca 1987), 365-367.

974 Tillich, Paul: **Among the ambiguities of life:** spirit and the curches. (1963). In: 062, 233-311. L".

975 Tillich, Paul: **Nature and sacrament.** (1929). In: 062, 82-95.

976 Tillich, Paul: **The problem of theological method.** (1947). In: 062, 126-141.

977 Tyfa, Karl-Heinz: **Die deutsche Schriftsprache – ein Beitrag zur Herausbildung der deutschen Nation:** Lutherehrung an der Luther-Oberschule Großpostwitz. Bautzener Kulturschau 33 (1983) Heft 11, 27 f.

978 Warfield, Benjamin B.: **The theology of the Reformation.** (1917). In: ders.: Studies in theology. 1. Ausgabe des Verlages. Edinburgh: Banner of Truth Trust, 1988, 461-479.

979 Winling, Raymond: **Teologia w spòlczesna 1945-1980** (La théologie contemporaine 1945-1980 ⟨poln.⟩)/ übers. von Krystyna Kisielewska-Sławińska. Kraków: Wydawnictwo Znak, 1990. 494 S. L".

980 Zwanepol, Klaas: **Onderscheiden:** een studie naar achtergrond, motief en methode van de theologie van Gerhard Ebeling (Unterscheiden: eine Untersuchung über Hintergrund, Motiv und Methode der Theologie Gerhard Ebelings). Kampen: Kok, 1990. 511 S.: Zusammenfassung. L". – Zugl.: Kampen, Univ., theol. Diss., 1990.

7 Luthers Gestalt und Lehre in der Gegenwart

981 Adam, Gottfried: **Was ist in der Kirche verbindlich?** Glaube und Lernen 7 (1992), 5-8.

982 Altmann, Walter: **Reação à palestra de P. Moila** (Antwort auf die Rede von P. Moila). In: 048, 98-102. [Vgl. LuB 1993, Nr. 1055]

983 Amberg, Ernst-Heinz: **Gemeinde unter dem Wort – Kirche für andere:** zur 3. und 4. These der Theologischen Erklärung von Barmen. (1984). In: 04, 207-213.

984 Asendorf, Ulrich: **Hoffnung jenseits der Utopie:** die Rechtfertigungslehre verweist auf menschliches Maß. LM 31 (1992), 120f.

985 Asendorf, Ulrich: **Luthers Osterpredigten in ihrer ökumenischen und diakonischen Bedeutung.** Diakonie (1991) Nr. 1, 42-46.

986 Asendorf, Ulrich: **Was ergibt sich aus Luthers Predigten zum Thema ökumenischer Grundkonsens bzw. Grunddissens?** KD 37 (1991), 96-116: summary, 116.

987 Baeske, Albérico: **Releitura de Lutero em contextos de Terceiro Mundo** (Überdenken von Luther im Kontext der Dritten Welt). In: 048, 15-35. [Vgl. LuB 1993, Nr. 1000]

988 Bakkevig, Trond: **Ordnungstheologie und Atomwaffen:** eine Studie zur Sozialethik von Paul Althaus, Walter Künneth und Helmut Thielicke/ übers. von Jostein Ådna. Oslo: Solum; PB: Schöningh, 1989. 200 S. L". – Zugl.: Olso, Univ., Theol. Fak., Diss., 1984.

989 Barica, Alexander: **Ako vidíme Luthera dnes?** (Wie sehen wir heute Luther?). CL 104 (1991), 147f.

990 Barth, Hans-Martin: **Gemeinsam im Glauben und in der Liebe wachsen:** Kriterien evangelischer Frömmigkeit. In: 024, 5-24. L".

991 Birmelé, André: **L'actualité de la foi des Eglises luthériennes.** PL 40 (1992), 58-73.

992 Brakemeier, Gottfried: **Justification by grace and**

liberation theology: a comparison. The ecumenical review 40 (Genève 1988), 215-222. L".

993 **Carta del Obispo Presidente de la Iglesia Evangélica Alemana al Papa** (Brief des Vorsitzenden des Rates der EKD an den Papst). Pastoral ecuménica 1 (Madrid 1984), 260-262.

994 **Church and politics in Latin America**/ hrsg. von Dermot Keogh. NY: St. Martin, 1990. XVII, 430 S.: Ill. L". (Latin America studies series)

995 Dreher, Martin N.: **Luthers Theologia Crucis und das Anliegen der Theologie der Befreiung.** In: 014, 38-54.

996 Duchrow, Ulrich; Liedke, Gerhard: **Schalom: der Schöpfung Befreiung, dem Menschen Gerechtigkeit, den Völkern Frieden:** eine biblische Arbeitshilfe zum Konziliaren Prozeß. 2. Aufl. S: Kreuz, 1988. 251 S. L".

997 Duchrow, Ulrich; Liedke, Gerhard: **Shalom:** biblical perspectives on creation, justice & peace (Schalom ⟨engl.⟩). Geneva: WCC, 1989. 198 S.: Ill. L".

998 **Einig in der Lehre von der Rechtfertigung:** mit einer Antwort von Jörg Baur/ hrsg. von Heinz Schütte; mit Beiträgen von Horst Georg Pöhlmann ... PB: Bonifatius, 1990. 83 S.

999 **Enchiridion oecumenicum:** relaciones y documentos de los diálogos interconfesionales de la Iglesia Católica y otras Iglesias Christianas y declaraciones de sus autoridades: (1964-1984): con anexos de grupos no oficiales de Diálogo Teológico Interconfesional (Enchiridion oecumenicum: Berichte und Dokumente vom interkonfessionellen Dialog zwischen kath. Kirche und anderen christlichen Kirchen sowie Verlautbarungen von deren Kirchenleitungen: (1964-1984): mit Anhängen zu inoffiziellen Arbeitsgruppen des interkonfessionellen theol. Dialogs)/ hrsg., eingel., komm. und mit einem Register vers. von Adolfo Gonzáles Montes. Salamanca: Universidad Pontificia, 1986. LXVIII, 1009 S. (Bibliotheca oecumenica Salmanticensis; 12)

1000 Eto, Naozumi: **Reação à palestra de A. Baeske** (Antwort auf die Rede von A. Baeske). In: 048, 36-39. [Vgl. LuB 1993, Nr. 987]

1001 **Evangelischer Erwachsenenkatechismus:** Kursbuch des Glaubens/ im Auftrag der Katechismuskommission der Vereinigten Evang.-Luth. Kirche in Deutschland. Hauptband/ hrsg. von Hartmut Jetter ... 5., neu bearb. und erg. Aufl. (201.-220. Tsd.). GÜ: GVH, 1989. 1446 S.

1002 Faber, Rolf: **Die Reformation in Mosbach-Biebrich.** Wiesbaden-Biebrich: Zeidler, 1984. 36 S. (Biebricher Geschichtsblätter) (Schriftenreihe des Verschönerungs- und Heimatvereins Biebrich am Rhein; 1)

1003 Frey, Christofer: **Rechtfertigung.** Glaube und Lernen 7 (1992), 9-16.

1004 Frieling, Reinhard: **Evangelische Freiheit im ökumenischen Horizont:** die ökumenische Situation und der evangelische Bund. In: 024, 126-141. L".

1005 García Hernando, Julián: **El V centenario de Martín Lutero en España** (Die 500-Jahrfeier Martin Luthers in Spanien). Pastoral ecuménica 1 (Madrid 1984), 207-218.

1006 **Gemeinsame Stellungnahme.** In: 031, 9-55. L".

1007 Gestrich, Christof: **Der Römerbrief des Paulus und wir heute:** eine Einführung. ZDZ 45 (1991), 86-91.

1008 Goertz, Hans-Jürgen: **Die Genauigkeit des Urteils:** Gedenkrede für Klaus Deppermann (1930-1990). Mennonitische Geschichtsblätter 47/48 (1990/91), 215-222.

1009 Góźdź, Krystof: **Jesus Christus als Sinn der Geschichte bei Wolfhart Pannenberg.** Regensburg: Pustet, 1988. 284 S. L 164. 223. (Eichstätter Studien: N.F.; 25) – Zugl.: Eichstätt, Univ., Kath.-Theol. Fak., Diss., 1986/87.

1010 Graf, Friedrich Wilhem: **Ambivalenz der Moderne:** Fortschrittskritik und religiöse Moderne. LM 31 (1992), 166-170.

1011 G[rote], H[einer]: **Nachruf Peter Manns.** MD 42 (1991), 100.

1012 Hahn, Eberhard: **Wo ist Kirche Jesu Christi?:** theologische Beurteilung kirchlicher Trennungen anhand von Fallbeispielen. Wuppertal: Brockhaus, 1988. XII, 336 S. (Monographien und Studienbücher) (TVG; 338) – Zugl.: Erlangen-Nürnberg, Univ., Theol. Fak., Diss., 1986.

1013 Hartvelt, Gerrit P.: **Symboliek:** een beschrijving van kernen van christelijk belijden (Symbolik: eine Beschreibung von Kerngedanken des christlichen Bekennens). Kampen: Kok, 1991. 364 S. L 159-217+".

1014 Henkys, Jürgen: **Sola scriptura im gegenwärtigen kirchlichen Handeln.** In: 056, 79-98.

1015 Herms, Eilert: **Theologie und Politik:** die Zwei-Reiche-Lehre als theologisches Programm einer Politik des weltanschaulichen Pluralismus. In: ders.: Gesellschaft gestalten: Beiträge zur evangelischen Sozialethik. TÜ: Mohr, 1991, 95-124.

1016 Heymel, Michael: **Wie Gott in der Welt zur Sprache kommt:** Bemerkungen zum Verhältnis von Verkündigung und Lehre. PTh 80 (1991), 288-306.

1017 Hild, Helmut: **Wie rede ich vom Glauben?** In: 024, 90-107. L".

1018 Honecker, Martin: **Der Auftrag der Kirche und die Aufgabe des Staates.** Essener Gespräche zum Thema Staat und Kirche 25 (1991), 49-102. L".

1019 Honecker, Martin: **Rechtfertigung und Gerechtigkeit in der Perspektive evangelischer Theologie.** In: 023, 41-60. L".

1020 Huber, Wolfgang: **Ökumenische Situation und protestantisches Prinzip:** eine Problemanzeige. ZThK 89 (1992), 98-120. L 117f.

1021 Jaspert, Bernd: **Hermeneutik als Kirchengeschichte.** (1989). In: 027, 19-77.

1022 Jensen, Oddvar Johan: **Die charismatischen Erneuerungsbewegungen:** ihre Ziele und unsere Beurteilung (aus norwegischer Sicht). In: 022, 105-118.

1023 Jesudoss, Devasahayam W.: **Justificação pela fé e missão num contexto multireligiosa e multicultural** (Rechtfertigung aus Glauben und Mission im multireligiösen und multikulturellen Kontext). In: 048, 67-80. [Vgl. LuB 1993, Nr. 1044]

1024 [Johannes Paul II.]: **Carta de Juan Pablo II al Cardenal Willebrands con ocasión del V centenario de Lutero** (Brief von Johannes Paul II. an Kardinal Willebrands anläßlich der 500-Jahrfeier Luthers.) Pastoral ecuménica 1 (Madrid 1984), 73-75.

1025 Jordahn, Ottfried: **Eine breite Spur Marias in der lutherischen Kirche und Frömmigkeit:** Maria in der Evangelisch-Lutherischen Kirche Schwerpunkt Norddeutschland. In: 039, 467-472.

1026 Jüngel, Eberhard: **Die Bedeutung der Rechtfertigungslehre für das Verständnis des Menschen:** ein Beitrag reformatorischen Denkens für das Europa der Zukunft. Lu 62 (1991), 110-126.

1027 Junghans, Helmar: **The Christian's contribution to the non-violent revolution in the GDR in the fall of 1989/** aus dem Dt. übers. von Katharina Junghans. Philosophy & theology 6 (Milwaukee, WI 1991) fall, 79-93.

1028 Kalinna, Hermann E.: **Not und Gewinn des Unterscheidens eines Theologen im Geschäft der Politik.** In: 030, 91-109. L 100.

1029 Kantzenbach, Friedrich Wilhelm: **Das Christliche am Christentum:** Überlieferung und Neuanfang. Saarbrücken-Scheidt: Dadder, 1989. 225 S. L".

1030 Khosa, Andreas Ruben: **Die Ahnen fliegen mit:** 6 Jahre im Lande Luthers. Erlangen: Evang.-Luth. Mission, 1989. 126 S.: Ill. L 44f. (Erlanger Taschenbücher; 90)

1031 Kiderlen, Hans-Joachim: **Staat und Kirche im künftigen Europa:** Föderalismus für eine gedeihliche Zukunft. LM 30 (1991), 362-364.

1032 **Kirche im Dialog:** 40 Jahre Vereinigte Evangelisch-Lutherische Kirche Deutschlands/ hrsg. im Auftrag des Luth. Kirchenamtes der VELKD von Jürgen Jeziorowski. Hannover: LVH, 1988. 95 S. L".

1033 Klein, Christoph: **Das Gebet als Rede und als Geschehen:** Berührungen zwischen ostkirchlichem und lutherischem Gebetsverständnis. Kirche im Osten 33 (1990), 58-69.

1034 Knuth, Hans Christian: **Ein Theologe des Wortes Gottes:** Gerhard Ebeling wird 80 Jahre alt. LM 31 (1992), 295f: 1 Portr.

1035 Körner, Christoph: **Die Frage des Geldes als Schlüsselproblem der Wirtschaftsethik für die Theologie.** ZDZ 45 (1991), 109-116.

1036 Kremers, Helmut: **Die Schwierigkeit, Stand zu gewinnen:** veränderte Bedingungen für christliches Arbeitsethos. LM 30 (1991), 122-125: Ill.

1037 Kuck, David: **Paul and pastoral ambition:** a reflection on 1 Corinthians 3-4. CTM 19 (1992), 174-183.

1038 Kühn, Ulrich: **Gott und Gottesdienst.** PTh 81 (1992), 64-79. L".

1039 Kühn, Ulrich; Pesch, Otto Hermann: **Rechtfertigung im Disput:** eine freundliche Antwort an Jörg Baur. TÜ: Mohr, 1991. VIII, 116 S. [Bespr. zu LuB 1991, Nr. 1210]

1040 Kürzdörfer, Klaus: **Nicht Gott, nur diffuse Transzendenz:** eine Befragung zur Religiosität von Studierenden. LM 30 (1991), 257-260.

1041 Kuramatsu, Isao: **Die gegenwärtige Kreuzestheologie und Luther, besonders in Rücksicht auf die Theologie des Schmerzes Gottes von Kazo Kitamori.** KD 36 (1990), 273-283: summary, 283.

1042 **Laudatio Helmar Junghans zum 60. Geburtstag am 19. 10. 1991/** Theol. Fakultät der Universität Leipzig; Martin Petzoldt. ThLZ 116 (1991), 878.

1043 Läpple, Alfred: **Eucharistie:** Einsetzung, Geschichte, Mitfeier. St. Ottilien: EOS, 1989. 160 S.: Ill. L 138.

1044 Laiser, Naaman: **Reação à palestra de D. W. Jesudoss** (Antwort auf die Rede von D. W. Jesudoss). In: 048, 81f. [Vgl. LuB 1993, Nr. 1023]

1045 Lange, Dietz: **Evangelische Seelsorge in ethischen Konfliktsituationen.** PTh 80 (1991), 62-77.

1046 Lee, Randall R.: **Implications for the ministry of bishops:** a study of the Lutheran confessions and the rite of installation of a bishop. CTM 18 (1991), 184-195.

1047 Lehmann, Karl: **Ist »der Schritt zurück« ein ökumenischer Fortschritt?:** die Aufarbeitung der gegenseitigen Lehrverurteilungen der Kirchen: Ertrag und künftige Perspektiven aus katholischer Sicht. In: 055, 127-147. L".

1048 **The Leuenberg agreement and Lutheran-reformed relationships:** evaluations by Northern American and European theologians/ hrsg. von William G. Rusch und Daniel F. Martensen. MP: Augsburg, 1989. 154 S. L".

1049 Maffeis, Angelo: **Il ministero nella chiesa:** uno studio del dialogo Cattolico-Luterano (1967-1984) (Das Amt in der Kirche: eine Studie des kath.-luth. Dialogs [1967-1984]). Milano: Glossa, 1991. 361 S. L". (Dissertatio; 2)

1050 Mahrenholz, Jürgen Christian: **Entmachteter Souverän:** Pfarrwahl ist Sache der Gemeinden. LM 31 (1992), 207f.

1051 Maimela, Simon S.: **Confessional heritage and ecumenical commitment.** Theologia evangelica 22 (Pretoria, South Africa 1989) March, 39-46.

1052 Middelkoop, Eduard van: **Reformatie en tolerantie** (Reformation und Toleranz). Apeldoorn: de Zwijgerstichting, 1985. 80 S. L". (Reformatorische stemmen)

1053 Möller, Christian: **Luthers Seelsorge und die neueren Seelsorgekonzepte.** In: 036, 109-128.

1054 Möller, Christian: **Luthers Seelsorge und die neueren Seelsorgekonzepte.** In: 037, 109-128.

1055 Moila, M. Philip: **Reinado de Deus e compromisso politico** (Herrschaft Gottes und politische Verantwortung). In: 048, 83-97. [Vgl. LuB 1993, Nr. 982]

1056 Müller, Gerhard: **Walther von Loewenich zum Gedächtnis.** Lu 63 (1992), 3 f.

1057 Müller, Helmut A.: **Bild und Bekenntnis heute.** BlWKG 90 (1990), 158-168.

1058 Nagel, Norman: **Scriptural standards and ecclesiastical expectations.** CJ 17 (1991), 440-447. [Bespr. zu LuB 1993, Nr. 1086]

1059 Noland, Martin R.: **Comprehending Missouri's dissent:** holding fast to grace. Lutheran forum 23 (NY 1989), 18-21.

1060 Nürnberger, Klaus: **A new song:** sermon delivered at LSTC May 29, 1991. CTM 19 (1992), 85-88.

1061 Nürnberger, Klaus: **Der realsoteriologische Ansatz in Drittwelttheologien als Herausforderung an das protestantische Schriftprinzip.** In: 056, 348-362.

1062 **Ökumenischer Dialog über »Kirchengemeinschaft in Wort und Sakrament«:** Stellungnahme einer Arbeitsgruppe der Glaubens- und Ökumenekommission der Deutschen Bischofskonferenz vom 26. Mai 1987. Anhand: **Erklärung der Gemeinsamen Kommission von Bischofskonferenz und Kirchenleitung der Vereinigten Evangelisch-Lutherischen Kirche Deutschlands vom 14. Oktober 1985.** Bonn: Sekretariat der Deutschen Bischofskonferenz, 1988. 38 S. L 32. (Arbeitshilfen/ Sekretariat der Deutschen Bischofskonferenz; 59)

1063 **Ökumenischer Dialog über »Kirchengemeinschaft in Wort und Sakrament«:** Stellungnahme einer Arbeitsgruppe der Glaubens- und Ökumenekommission der Deutschen Bischofskonferenz vom 26. Mai 1987: Stellungnahme der Gemeinsamen Kommission von Bischofskonferenz und Kirchenleitung der Vereinigten Evangelisch-Lutherischen Kirche Deutschlands vom 14. Oktober 1985. Hannover: Luth. Kirchenamt der VELKD, 1988. 38 S. L 32. (Texte aus der VELKD; 36)

1064 Pałubicki, Władysław: **Kwestia kobieca w protestantyzmie** (Das Frauenproblem im Protestantismus). Euhemer: przegląd religioznawczy 30 (WZ 1990) Heft 1-2 (153), 47-53.

1065 Pannenberg, Wolfhart: **Die Rechtfertigungslehre im ökumenischen Gespräch.** ZThK 88 (1991), 232-246. L".

1066 Pawlas, Andreas: **Auch Ungehorsam könnte geboten sein:** wird das Menschenbild des Grundgesetzes revidiert? LM 30 (1991), 177-180.

1067 Peiponen, Matti: **Land der Erweckung:** Finnlands lutherische Kirche. LM 31 (1991), 161-164.

1068 Peter, Carl J.: **Dialogo tra luterani e cattolici negli Stati Uniti:** il contributo della teologia all' 'unità cristiana in tutto il mondo (Dialog zwischen Lutheranern und Katholiken um den Stand der Einheit: der Beitrag der Theologie zur weltweiten christlichen Einheit). Teologia: rivista della Facultà Teologica dell' Italia Settentrionale 11 (Brescia 1986), 168-181.

1069 Pietrantonio, Ricardo: **A liberdade cristã e os processos históricos de libertação** (Die christliche Freiheit und der historische Prozeß der Befreiung). In: 048, 41-63. [Vgl. LuB 1993, Nr. 1079]

1070 Plathow, Michael: **Visitatio est gubernatio et reformatio:** Visitation als kirchenleitendes Handeln. KD 37 (1991), 142-159: summary. L 148 f.

1071 Potin, Jean: **Le bien commun de tous chrétiens.** La croix 103 (P 1983) 9. November, 3.

1072 Preul, Reiner: **Evangelische Kirche – Was ist das heute?** PTh 81 (1992), 2-16.

1073 Preus, Robert D.: **Confessional Lutheranism in today's world.** CThQ 54 (1990), 99-116.

1074 Raheb, Mitri: **Das reformatorische Erbe unter den Palästinensern:** zur Entstehung der Evangelisch-Lutherischen Kirche in Jordanien. GÜ: GVH, 1990. 317 S. L". (Die luth. Kirche: Geschichte und Gestalten; 11) – Zugl.: Marburg, Univ., Evang.-theol. Fak., Diss., 1988.

1075 Reuter, Hans-Richard: **Die Bedeutung des Gewissens für Christen in Kirche und Staat:** evangelische Ethik vor dem Problem der »Militärsteuerverweigerung aus Gewissensgründen«. ZEvE 35 (1991), 124-128. L".

1076 Ricca, Paolo: **Authentisches Christentum:** ein Lebensbericht über Valdo Vinay (1906-1990). EvD 61 (1992), 118-125: 1 Portr.

1077 Root, Michael: **Alister McGrath on cross and justification.** The Thomist 54 (Washington, D. C. 1990), 705-725. L 714-720+".

1078 **Rudolf Mau zum 65. Geburtstag**/ Theol. Fakultät der Humboldt-Universität Berlin; Wolf Krötke. ThLZ 117 (1992), 234f.

1079 Samuel, Prasanna K.: **Reação à palestra de R. Pietrantonio** (Antwort auf die Rede von R. Pietrantonio). In: 048, 64f. [Vgl. LuB 1993, Nr. 1069]

1080 Schäfer, Rolf: **Ist die Entscheidung der Reformation für Kindertaufe und Volkskirche noch gültig?** (1988). In: 054, 316-328.

1081 Schenk, Wolfgang: **Lima-Ökumene als Gegenaufklärung und Gegenreformation:** exegetische Einsprüche gegen die kategoriale Unterordnung von Taufe und Herrenmahl unter einem Amtsbegriff. Bonn: Linguistica Biblica, 1990. 121 S. L". (Forum theologiae linguisticae; 19)

1082 Schmidt, Ervino: **Lutherische Theologie im theologischen Kontext Brasiliens** (Theologia luterana no contexto teológico brasilieiro ⟨dt.⟩). In: Glauben im Teilen bewahrt: lutherische Existenz in Brasilien (Presença luterana 1990 ⟨dt.⟩)/ hrsg. von Gottfried Brakemeier; Redaktion: Christoph Jahn. Erlangen: Evang.-Luth. Mission, 1989, 139-152. (Erlanger Taschenbücher; 92) [Vgl. die nachfolgende Nr.]

1083 Schmidt, Ervino: **Teologia luterana no contexto teológico brasileiro** (Luth. Theologie im Kontext Brasiliens). In: Presença luterana 1990/ hrsg. von Gottfried Brakemeier. São Leopoldo RS Brasil, 1990, 119-129 S. [Vgl. die vorangehende Nr.]

1084 Schneider-Flume, Gunda: Rechtfertigung und Persönlichkeit. Glaube und Lernen 7 (1992), 37-50.

1085 Schockenhoff, Eberhard: **Bonum hominis:** die anthropologischen und theologischen Grundlagen der Tugendethik des Thomas von Aquin. MZ: Matthias Grünewald, 1987. 613 S. L 124. 204. 384. (Tübinger theol. Studien; 28) – Zugl.: TÜ, Univ., Diss., 1986.

1086 **Scriptural standards and ecclesiastical expectations for servants in the office of the public ministry**/ Standing Committee for Pastoral Ministry. StL: Board for Educational Services of the Lutheran Church – Missoury Synod, 1989. 27 S. – Bespr. siehe LuB 1993, Nr. 1058.

1087 Siegwalt, Gérard: **Evangelische Katholizität im Geiste lutherischer Theologie.** Luth. Kirche in der Welt 39 (1992), 59-69.

1088 Simon, Helmut: **Karl-Barth-Preis 1990:** Laudatio Bischof Dr. Gottfried Forck. Berliner theol. Zeitschrift 8 (1991), 154-159.

1089 Slenczka, Reinhard: **Die Erkenntnis des Geistes, die Lehre vom Geist und die Unterscheidung der Geister.** In: 022, 75-104.

1090 Smith, Axel: **Die Alkoholfrage als Thema der evangelischen Ethik.** ZEvE 35 (1991), 139-148. L 145.

1091 Spengler, Helmut: **Allgemeines Priestertum in der Kirche.** In: 023, 80-91.

1092 Streminger, Gerhard: **Gottes Güte und die Übel der Welt.** TÜ: Mohr, 1992. V, 442 S. L 251 f+".

1093 Stuhlmann, Rainer: **Kindertaufe statt Säuglingstaufe:** ein Plädoyer für den Taufaufschub. PTh 80 (1991), 184-204.

1094 Sundberg, Walter: **Ecumenism and the conflict over modernity.** LQ 4 (1990), 383-403. L".

1095 Temme, Jon M.: **Pastoral counseling:** under the cross. CTM 19 (1992), 114-119.

1096 **Der Text bringt sich selbst zu Gehör:** Gespräch mit dem Theologen Oswald Bayer/ Ulrich Asendorf; Helmut Kremers. LM 31 (1992), 70-73: 1 Portr.

1097 Timm, Hermann: **Wege zur Vielsprachlichkeit:** Protestantismus in der Postmoderne. LM 30 (1991), 315-319.

1098 Trappe, Christian: **Reformation im Kleiderschrank?** PTh 81 (1992), 117-130. L".

1099 **Überholte Verurteilungen?:** die Gegensätze in der Lehre von Rechtfertigung, Abendmahl und Amt zwischen dem Konzil von Trient und der Reformation – damals und heute/ hrsg. von Dietz Lange für die Göttinger Theologische Fakultät. GÖ: V&R, 1991. 136 S. L".

1100 **»Vielleicht bin ich morgen weiter«:** Gespräch mit der Hamburger Bischöfin Maria Jepsen/ Helmut Kremers. LM 31 (1991), 264-267: 1 Portr.

1101 Vinke, Rainer: **In memoriam Peter Manns.** LuJ 59 (1992), 7-10.

1102 Volf, Miroslav: **Materiality of salvation:** an investigation in the soteriologies of liberation and Pentecostal theologies. Journal of ecumenical studies 26 (Phil 1989), 447-467.

1103 Volkmann, Martin: **Das Erbe Luthers und die Theologie der Befreiung.** In: 014, 23-37.

1104 Wan[ner, Ulrich]: **Thomas Nipperdey.** [Nekrolog]. LM 31 (1991), 334.

1105 Weß, Paul: **Gemeindekirche – Ort des Glaubens:** die Praxis als Fundament und als Konsequenz der Theologie. Graz; Köln: Styria, 1989. 716 S. L". – Zugl.: Innsbruck, Univ., Habil.

1106 Wilckens, Ulrich: **Glaubensgemeinschaft und Kirchengemeinschaft:** zur Frage nach dem Verhältnis zwischen Einheit und Pluralität in der Kirche. In: 055, 99-125. L".

8 Romane, Schauspiele, Filme, Varia

1107 Aland, Kurt: **Martin Luther in der modernen Literatur:** ein Beitrag zur Begegnung des Schriftstellers mit der Historie. (1982). In: 03, 429-459.

1108 Herz, Heinz Martin: **Wie ein Fels im Sturm:** Martin Luther, eine Begegnung in Szenen, Worms 16.-26. April 1521. Otterbach: Arbogast, 1991. 124 S.: Ill. – Bespr.: Böcher, Otto: BlPfKG 58 (1991), 431f = Ebernburg-Hefte 25 (1991), 103f.

1109 **Ich will euch was erzählen ...:** deutsche Kinderreime/ ausgew. von Anne Gabrisch; Buchgestaltung: Lothar Reher. 8. Aufl. L: Reclam, 1988. 356 S.: Ill. L 244.

1110 Kratochwil, Ernst-Frieder: **Die Allstedt-Erfahrung:** Erzählung in fiktiven Dokumenten. B: Union, 1990. 221 S.

1111 Schäferdiek, Willi: **Rebell in Christo:** ein Thomas-Müntzer-Roman. Nachdruck der Ausgabe Hattingen, 1953. M: Langen & Müller, 1989. 314 S.: Ill.

C FORSCHUNGSBERICHTE, SAMMELBESPRECHUNGEN, BIBLIOGRAPHIEN

1112 **Bibliografie van H. M. Kuitert**/ bearb. von J. F. de Leeuw. In: 016, 290-326.

1113 **Bibliographie der Jahreshefte der Mühlhäuser Beiträge, Heft 1 bis 13, 1978-1990**/ zsgest. von Ingeborg Siedhof. Mühlhäuser Beiträge 14 (1991), 115-123.

1114 **Bibliographie deutschsprachiger Rhetorikforschung**/ Thomas Pekar. Rhetorik 10 (1991), 123-144.

1115 **Bibliographie Helmar Junghans**/ zu seinem 60. Geburtstag zsgest. von Michael Beyer. ThLZ 116 (1991), 775-796.

1116 **Bibliographie Kurt Aland**/ zsgest. von Beate Köster und Christian Uhlig. In: 03, 487-516.

1117 **Bibliographie Rudolf Mau:** zum 65. Geburtstag am 13. März 1992/ zsgest. von Hans-Peter Hasse. ThLZ 117 (1992), 235-238.

1118 **Bibliographische Übersicht:** 1981-1990/ Vereinigte Evang.-Luth. Kirche Deutschlands. Hannover: VELKD, 1990. 21 S. (Texte aus der VELKD; 38)

1119 Boendermaker, Johannes P.: **Lutheronderzoek in Nederland** (Lutherforschung in den Niederlanden). In: Congresbundel: reformatiestudies/ hrsg. von Wulfert de Greef; Marinus van Campen. Kampen: de Groot Goudriaan, 1990, 12-15.

1120 **Calvin bibliography 1990**/ zsgest. von Peter de Klerk. Calvin theological journal 25 (Grand Rapids, MI 1990), 225-248.

1121 **Deutsche Drucke des Barock 1600-1720:** Katalog der Herzog August Bibliothek Wolfenbüttel/ begr. von Martin Bircher; bearb. von Thomas Bürger. **Register zu den Bänden A1-A7, B1-B6, C1-C3.** M; NY: Saur, 1988. IX, 306 S. L 63f.

1122 Fleischer, Manfred P.: **Introduction:** seu pro captu lectoris quod fatum his libellus habuit. In: 021, 17-25.

1123 Goertz, Hans-Jürgen: **Thomas Müntzer im Ausland.** Mennonitische Geschichtsblätter 47/48 (1990/91), 178-188.

1124 Gołubkin, Jurij A.; Bajew, Siergiej I.: **Problem reformacij i wojny chłopskiej w Niemczech w radziekiej historiografii ostatniego trzydziestolecia** (Das Problem der Reformation und des Bauernkrieges in Deutschland in der sowjetischen Geschichtsschreibung der letzten 30 Jahre). Studia historico slavo-germanica 16 (Poznań 1987), 217-233.

1125 **Gustav Adolf Benrath Bibliographie 1960-1991**/ zum 7. Dezember 1991 nach Unterlagen des Verf. zsgest. von Heiko Wulfert. BlPfKG 58 (1991), 339-349 = Ebernburg-Hefte 25 (1991), 11-21.

1126 Haendler, Gert: **20. Tagung des Theologischen Arbeitskreises für Reformationsgeschichtliche Forschung vom 12.-15. 9. 1991.** ThLZ 116 (1991), 957f.

1127 Hege, Lydie; Wiebe, Christoph: **Bucer-Collo-**

quium in Straßburg. Mennonitische Geschichtsblätter 47/48 (1990/91), 231 f.
1128 Hövelmann, Hartmut: **Aus der Luthergesellschaft.** Lu 63 (1992), 48 f.
1129 Junghans, Helmar: **Luther und die Welt der Reformation.** LuJ 59 (1992), 194-209.
1130 **Lewis W. Spitz:** education, positions, honors, and publications. In: 021, 7-16.
1131 Lindberg, Carter: **Müntzeriana:** review essay. LQ 4 (1990), 195-214.
1132 **Liste chronologique des travaux de Jean Rott = Verzeichnis der Schriften Jean Rotts.** In: 052, XXI-XXXIII.
1133 **Lutherbibliographie 1992/** mit ... bearb. von Helmar Junghans; Michael Beyer; Reinhard Junghans. LuJ 59 (1992), 210-264.
1134 Mora, Aldo: **Martin Lutero:** un decennio di studi (1975/76-1986/87) attorno ad un centenario (1483-1983) (Martin Luther: ein Studienjahrzehnt um eine Jahrhundertfeier). Bari: Centro ecumenico »S. Nicola«, 1989. 223 S. (Quaderni di O Odegos; 8) – Bespr.: Citrini, Tullio: La scuola cattolica 119 (Milano 1991), 427 f; Gilmont, Jean-François: Revue théologique de Louvain 22 (Louvain 1991), 553; Halleux, André de: Ephemerides theologicae Lovanienses 66 (Leuven 1990), 434 f.

1135 Rößling, Udo: **Geschichte im Museum.** ZGW 39 (1991), 697 f.
1136 Schlichting, Wolfhart: **Moderne Sprachlosigkeit gegenüber der Rechtfertigung:** eine internationale Konsultation über »Rechtfertigung und Weltverantwortung«. LM 30 (1991), 569 f.
1137 **Scholars of early modern studies:** formerly Historians of early modern Europe. Bd. 25/ Haupthrsg.: R. V. Schnucker. Kirksville, Mo: SCJ Publishers, 1991. 140 S.
1138 **Thomas Müntzer:** Auswahlbibliographie: zum Wirken Thomas Müntzers im Gebiet der heutigen Bezirke Halle und Magdeburg/ zsgest. von Otto Jacob. Halle (Saale): Univ.- und Landesbibliothek Sachsen-Anhalt, 1989. 44 S. L". (Schriften zum Bibliotheks- und Büchereiwesen in Sachsen-Anhalt; 63)
1139 **Verzeichnis zu den Jahrbüchern für Westfälische Kirchengeschichte einschließlich der Beihefte und der Beiträge zur Westfälischen Kirchengeschichte 1899-1989/** erst. von Dirk Bokkermann = JWKG 83 (1990). 320 S. L 205.
1140 Wilhelmi, Thomas: **Sebastian Brant:** Bibliographie. Bern; F; NY; P: Lang, 1990. XIII, 349 S. L 104 f. (Arbeiten zur mittleren Deutschen Literatur und Sprache; 18/3)

NACHTRÄGLICHE BESPRECHUNGEN

LuB 1983

284 Peters, Albrecht – Trowitzsch, Michael: ThR 56 (1991), 185-191.

LuB 1984

751 Laulaja, Jorma – Martikainen, Eeva: ThR 53 (1988), 371-387.

LuB 1985

1372 Brecht, Martin; Ehmer, Hermann – Wandel, Uwe-Jens: BlWKG 90 (1990), 337-339.

LuB 1986

022 Luther: mythe ... – Spijker, W. van 't: Theologia reformata 33 (1990), 57.
338 McGrath, Alister E. – Siehe LuB 1993, Nr. 1077.
494 Peters, Albrecht – Trowitzsch, Michael: ThR 56 (1991), 185-191.

LuB 1987

681 Ruokanen, Miikka – Martikainen, Eeva: ThR 53 (1988), 371-387.

LuB 1988

284 Bayer, Oswald – Pöhlmann, Horst Georg: ZEvE 36 (1992), 74 f.
1250 Meding, Wichmann von – Loock, Hans-Dietrich: JBrKG 58 (1991), 345 f.

LuB 1989

480 Martikainen, Eeva – Martikainen, Eeva: ThR 53 (1988), 371-387.
658 Ebert, Klaus – Junghans, Helmar: LuJ 59 (1992), 200 f.
867 Embach, Michael – Junghans, Reinhard: LuJ 59 (1992), 192 f.

LuB 1990

016 Der Durchbruch ... – Lindberg, Carter: ChH 60 (1991), 105-107.
028 Reformation und Revolution – Junghans, Helmar: LuJ 59 (1992), 208 f.
077 Der Theologe Thomas Müntzer – Wolf, Gerhard Philipp: ZBKG 60 (1991), 152-154; siehe auch LuB 1993, Nr. 1131.
138 McGrath, Alister E. – Gritsch, Eric W.: ChH 60 (1991), 116-118.
167 Saarinen, Risto – Zur Mühlen, Karl-Heinz: ARGBL 20 (1991), 18 f.
220 Kisimba, Nyembo – Dufort, Jean-Marc: Science et esprit 42 (Montréal 1990), 65 f.
323 Sommer, Wolfgang – Frommer, Heinrich: BlWKG 90 (1990), 351-353.
401 Sack, Vera – Gebauer, Victor E.: ChH 60 (1991), 104 f; Schilling, Johannes: ARGBL 20 (1991), 28 f; Stolt, Birgit: Rhetorik 9 (1990), 163-165.
665 Müntzer, Thomas: The collected works – Bailey, Richard G.: ChH 60 (1991), 107 f; Junghans, Helmar: ZKG 102 (1991), 257-261; siehe auch LuB 1993, Nr. 1131.
679 Steinmetz, Max – Junghans, Helmar: LuJ 59 (1992), 201 f.
954 Gross, Friedrich – Zur Mühlen, Karl-Heinz: ARGBL 20 (1991), 19.

LuB 1991

012 Zum Gedenken an Joseph Lortz (1887-1975) – Skalweit, Stephan: ZKG 103 (1992), 259-261.
033 Johannes Eck (1486-1543) ... – Schenker, Lukas: Zeitschrift für Schweizerische Kirchengeschichte 84 (Freiburg/Schweiz 1990), 204 f.
046 La Réforme et le livre – Bodouelle, Guy: Schweizerische Zeitschrift für Geschichte 1 (Basel 1991), 69-70.
048 Luther und Theosis – Posset, Franz: SCJ 22 (1991), 825 f.
049 Le temps des Réformes ... – Siehe unter LuB 1993, Nr. 060.
051 Die dänische Reformation ... – Lockhart, Paul Douglas: SCJ 22 (1991), 575 f.
39 Luther, Martin [WA 64] – Vogler, Günter: ZGW 39 (1991), 1172 f; zur Mühlen, Karl-Heinz: ARGBL 20 (1991), 16.
139 Schilling, Johannes – Hoffmann, Konrad: ARGBL 20 (1991), 27.
195 Ebeling, Gerhard – Groot-Kopetzky, B. L. de: Tijdschrift voor theologie 31 (Nijmegen 1991), 432; Vercruysse, Jos. E.: Gregorianum 72 (Roma 1991), 776-778.
247 Hammann, Konrad – Rogge, Joachim: ThLZ 116 (1991), 687-680.
261 Rasmussen, Tarald – Rogge, Joachim: ThLZ 117 (1992), 200-203.
279 Hardt, Tom G. A. – Kandler, Karl-Hermann: Lu 63 (1992), 46 f.
317 Mennecke-Haustein, Ute – Stolt, Birgit: Arbitrium 2 (1991), 180-182.
443 Hövelmann, Hartmut – Dienst, Karl: BlPfKG 58 (1991), 437 f = Ebernburg-Hefte 25 (1991), 109 f; JHKV 42 (1991), 132 f; Merk, Otto: ZBKG 60 (1991), 162-168.
463 Rothen, Bernhard – Dietzfelbinger, Ulrich: ThLZ 116 (1991), 746-748; Schmidt, Josef: SCJ 22 (1991), 870.
609 Hoffman, Bengt – Radler, Aleksander: KÅ 91 (1991), 110-112.
610 Janz, Denis R. – Forell, George Wolfgang: SCJ 22 (1991), 402.
616 Arnold, Martin – McLaughlin, R. Emmet: SCJ 22 (1991), 580 f.
647 Höß, Irmgard – Looß, Sigrid: ZGW 39 (1991), 1260 f; Rublack, Hans-Christoph: ARGBL 20 (1991), 29.
691 The correspondence of Erasmus (Coll. works; 9) – Shantz, Douglas H.: SCJ 22 (1991), 386 f.
723 Bubenheimer, Ulrich – Junghans, Helmar: LuJ 59 (1992), 203 f; Vogler, Günter: Mennonitische Geschichtsblätter 47/48 (1990/91), 174-178; siehe auch LuB 1993, Nr. 1131.
740 Goertz, Hans-Jürgen – Junghans, Helmar: LuJ 59 (1992), 204-206; Mau, Rudolf: ThLZ 117 (1992), 45 f; Wolf, Gerhard Philipp: ZBKG 60 (1991), 151 f.
744 Gritsch, Eric W. – Junghans, Helmar: LuJ 59 (1992), 207 f; siehe auch LuB 1993, Nr. 1131.
752 Historien von Thomas Müntzer – Junghans, Helmar: LuJ 59 (1992), 202 f.
806 Müntzer, Thomas – Held, Wieland: ZGW 39 (1991), 727.
809 Pauli, Frank – Junghans, Helmar: ZKG 102 (1991), 261 f.
1210 Baur, Jörg – Siehe LuB 1993, Nr. 1039.

LuB 1992

05 Bayer, Oswald – Asendorf, Ulrich: LM 31 (1992), 93; Pawlas, Andreas: Lu 63 (1992), 42 f.
106 La foi des Églises luthériennes – Siegwalt, Gérard: ThLZ 117 (1992), 204 f.
108 Humanism, reform ... – Loades, David M.: ARGBL 20 (1991), 42 f.
026 Martin Luther und das Bischofsamt – Heintze,

Gerhard: ThLZ 117 (1992), 119f; Lohse, Bernhard: Lu 63 (1992), 45 f.
027 Martin Luther ... Südosteuropa – Bräuer, Siegfried: ThLZ 117 (1993), 203 f; Kuby, Alfred Hans: BlPfKG 58 (1991), 182 f; Meyer, Dietrich: Jahrbuch für Schlesische Kirchengeschichte 70 (1991), 223-225.
033 Oecumenica et patristica – Mühlenberg, Ekkehard: ZKG 103 (1992), 92-94.
38 Lutero, Martin – Gherardini, Brunero: Divinitas 36 (Roma 1992), 91 f.
49 Martin Luther ... – Junghans, Helmar: LuJ 59 (1992), 194 f.
50 Über den Rang ... – Schröter, Johannes: LThK 15 (1991), 45 f; Lehmann, Hartmut: ZKG 103 (1992), 262 f.
116 Lutz, Jürgen – Kaufmann, Thomas: ThLZ 117 (1992), 206-209.
117 Pannenberg, Wolfhart – Sparn, Walter: LM 30 (1991), 563.
130 Peura, Simo – Junghans, Helmar: LuJ 59 (1992), 195 f.
141 Lienhard, Marc – Siehe LuB 1993, Nr. 186.
257 Tanskanen, Kalevi – Saarinen, Risto: TA 96 (1991), 254-256.

261 Bach, Inka – Müller, Jan Dirk: ARGBL 20 (1991), 85 f.
267 Beutel, Albrecht – Hövelmann, Hartmut: Lu 63 (1992), 43 f.
335 Weismann, Christoph – Junghans, Helmar: LuJ 59 (1992), 198 f.
352 Peters, Albrecht – Asendorf, Ulrich: LM 30 (1991), 331; Hägglund, Bengt: ThLZ 117 (1992), 285-287; Junghans, Helmar: LuJ 59 (1992), 196-198; Ludolphy, Ingetraut: Lu 62 (1991), 152 f; zur Mühlen, Karl-Heinz: ARGBL 20 (1991), 17.
353 Peters, Albrecht – Hägglund, Bengt: ThLZ 117 (1992), 285-287.
472 Cochlaeus, Johannes – Lund, Eric: ChH 60 (1991), 110 f.
522 Hutten, Ulrich von – Schilling, Johannes: ARGBL 20 (1991), 71 f.
555 Friesen, Abraham – Hoyer, Siegfried: ZGW 39 (1991), 1261.
587 Biegger, Katharina – Beumers [d. i. Bunners], Michael: ThLZ 117 (1992), 71-73.
608 Lange van Ravenswaay, J. Marius J. – Delius, Hans-Ulrich: ThLZ 116 (1991), 753-755.
774 Axmacher, Elke – Siehe LuB 1993, Nr. 872.

Abgeschlossen am 31. Juli 1992

Berichtigungen

Es muß heißen **LuB 1987,** Nr. 524 »Bonnie« statt »B.«; Nr. 793 ergänze »(Biblioteca di studi religiosi; 1)«; **LuB 1988,** Nr. 028 ergänze »(Bibliotheca oecumenica Salmanticensis; 9)«; **LuB 1990,** Nr. 862 »Argimiro« statt »Argimito«; Nr. 99 »Günter Luther« statt »Günter Luhter«; **LuB 1991,** Nr. 44 »749 S.: Ill.« statt »74 S.«; Nr. 261 ergänze »– Zugl.: Olso, Univ., Theol. Fak., Diss., 1985.«; Nr. 541 »208 S.: Ill.« statt »310 S.« und ergänze »– Zugl.: Kiel. Univ., Theol. Fak., Diss., 1988.«; Nr. 1039 »245 S. L 21-24. 39-42+". (Civitas monografias)« statt »245 S.«; Nr. 1170 »M[elquíades] Andrés« statt »M. Andres« und »In: Homenaje a Pedro Sainz Rodríguez. Bd. 4: Estudios teológicos. Madrid: Fundación Universitaria Española, 1986« statt »Fundación ... 1986«; **LuB 1992,** Nr. 32 »(1990)« statt »(1991)«; Nr. 284 ergänze »(Rhetorik-Forschungen; 1)«; Nr. 428 »Atchinson, KS« statt »Atchison, KS«; **Nachträgliche Besprechungen: LuB 1991:** »39 Luther, Martin – ...« statt »41 Luther, Martin – ...«.

AUTOREN- UND TITELREGISTER

Academia et ecclesia 01.
Acksteiner, D. 028.
Actes du 109ᵉ Congrès... I 411.
Actes du colloque de Mulhouse... 032.
Actes du XVIII° Colloque... humanistes de Tours 506.
Actes du XXXI° colloque... humanistes 015.
Adam, G. 981.
Adorni-Braccesi, S. 737.
Aegidius Viterbiensis 122.
Æquitas, ... 02.
Akerboom, Th. H. M. 373.
Aland, K. 03. 52-62. 84. 123. 138. 443. 539. 849. 865. 1107. 1116.
Alberigo, G. 194.
Albert Herzog zu Sachsen 09.
Albrecht, Ch. 374.
Albrecht, L. 83.
Albrecht von Brandenburg... 697.
L'alliance:... 311.
Almen, L. G. 204.
Aloys Henhöfer... 881.
Altmann, W. 982.
Alvarez, C. E. 513.
Amberg, E.-H. 04. 162. 916-920. 983.
Ambros, P. 99f.
Ameln, K. 23.
Anderson, R. R. 329.
Angermeier, H. 554.
Anthropologie und Christologie 05.
Approaches to teaching... 312.
Aquilon, P. 506.

Arndt, A. 908.
Arnold, M. 132. 313.
Arrighini, A. 195.
Asendorf, U. 152. 246. 984-986. 1096.
Audisio, G. 729.
Auer, L. 124.
Augustijn, C. 669.
Ausstellung aus... [Deutsche Staatsbibliothek] 106.
Eine Ausstellung der Badischen Landesbibliothek... 881.
Eine Ausstellung der Universitätsbibliothek Marburg... 954.
Eine Ausstellung des Stadtarchivs Schorndorfs... 065.
Ausstellung in... Lutherhalle Wittenberg... 97.
Ausstellung... Antwerpen 1.
Berlin 106.
Karlsruhe 881.
Kevelaer 039.
Kiel 5.
Marburg 954.
Schorndorf 065.
Strasbourg 040.
Wesel 102.
Wittenberg 97. 103.
Wolfsburg 91.
Aux origines du catéchisme... 730.
Avendaño, F. 444.
Das Babstsche Gesangbuch... 23.
Backus, I. 629. 731. 809f.
Baeske, A. 987.
Bäumer, R. 540.

Bagschi, D. V. N. 563.
Bajew, S. I. 1124.
Bakker, J. T. 314.
Bakkevig, T. 988.
Balke, W. 668.
Baltzer, D. 66.
Banaszak, M. 445.
Barica, A. 989.
Barnikol, E. 882.
Baron, F. 412. 564.
Barrie-Curien, V. 806.
Barth, H.-M. 047. 990.
Barth, U. 921.
Barton, P. F. 698. 765.
Barycz, H. 565.
Bashir-Hecht, H. 676.
Bašus, B. B. 63.
Bauberot, J. 784.
Bauer, F. J. 413.
Baumann, C. 621.
Baumann, Th. 011.
Baur, J. 315. 883. 998.
Bax, D. 275.
Bayer, O. 06. 163. 247-249. 276-278. 316. 1096.
Beck, J. 775.
Becker, N. 609.
Bedouelle, G. 060. 279.
Beer, Th. 468.
Begegnung mit Gott 489.
Behnen, M. 145. 922.
Behringer, W. 427.
Behrmann, A. 317.
Beinert, W. 419.
Beintker, H. J. E. 318.
Belaval, Y. 874.
Bell, Th. M. M. A. C. 164. 477f.
Benrath, G. A. 1125.
Berengo, M. 737.

Berg, M. A. van den 589.
Bergvall, Å. 566.
Bering, D. 319.
Besch, W. 358.
Besier, G. 785. 960f.
Betz, O. 320. 446.
Beutel, A. 107. 321.
Beutin, W. 325.
Beyer, M. 322. 1115. 1133.
Beyschlag, K. 923.
Bèze, Th. de 807f.
Białostocki, J. 567.
Die Bibel:... 66-68.
Die Bibel in Bildern 69.
Bibliografie van H. M. Kuitert 1112.
Bibliographie der Jahreshefte... 1113.
Bibliographie deutschsprachiger Rhetorikforschung 1114.
Bibliographie Helmar Junghans 1115.
Bibliographie Kurt Aland 1116.
Bibliographie Rudolf Mau 1117.
Bibliographische Übersicht 1118.
Bibliotheca dissidentium VIII 809; X 627; XI 810.
Bickel, W. 536.
Biel, P. 630.
Bielfeldt, D. 323.
Bieritz, K. H. 375.
Biermann, A. 514.
Bilder und Bildersturm... 677.
Bilder und ihre Macht 07.
Bildung – Glaube... 858f.
Die Bildung des

frühmodernen Staates 08.
Bircher, M. 814. 1121.
Birmelé, A. 991.
Biskup, M. 732.
Das Bistum Münster III 699.
Das Bistum Würzburg IV 700.
Bizer, Ch. 850.
Blätter für Sächsische Heimatkunde 09.
Blaschke, K. 811.
Bloth, P. C. 066. 395.
Blum, C. 884.
Blum, E. 671.
Bock, E. 88.
Bockermann, D. 1139.
Bodenstein, R. 926.
Böcher, O. 376. 414. 701.
Bödecker, H. E. 035.
Böhme, W. 489.
Boendemaker, J. P. 067. 377f. 1119.
Böttcher, D. 280.
Böttger, P. Ch. 631.
Boff, L. 447.
Bogucka, M. 733.
Bokeloh, K.-H. 515. 702.
Bolin, N. 379.
Bollmann, U. 415.
Bonkhoff, B. H. 885f.
Bonorand, C. 622.
Boom, H. ten 734.
Bornert, R. 396.
Bottigheimer, R. B. 397.
Bourel, D. 874.
Braekman, E. M. 1.
Bräuer, S. 590.
Brakemeier, G. 992. 1082f.
Brandt, F. 591.
Brandt, P. 887.

Brandt, R. 250.
Brant, S. 1140.
Bremer Bibel II-VIII 24-30; XII-XVI 31-35; XVIII 36.
Bremer Gesangbuch 70.
Brendler, G. 99f. 109. 592.
Brigden, S. 735.
Brown, C. 153.
Brown, F. B. 380.
Bubenheimer, U. 593. 623.
Bucer, M. 040.
Bucers Lebensereignisse 653.
Buchholz, St. 217.
Budny, S. 736.
Bürger, Th. 814. 1121.
Building a Christian ... II 510.
Een bundel ... vor J. P. Boendermaker 067.
Bundestheologie ... 324.
Burce, W. L. 82.
Burchill, Ch. J. 810.
Burigana, R. 516.
Burkard, F.-P. 144.
Burkhardt, J. 888.
Burnett, A. N. 632.

Calvin, J. 1120.
Calvin bibliography 1990 1120.
Calviniana: ideas ... 256.
Campen, M. van 1119.
Caramelle, F. 764.
Card catalogue ... 3.
Carta del Obispo Presidente ... 993.
Casale, U. 251.
Casey, P. F. 517.
Cassese, M. 252.
Cavazzana Romanelli, F. 546.
Chadwick, H. 501.

Chaunu, P. 500, 507.
Chiampell, D. 622.
Chilstrom, H. W. 204.
Das Christentum 501.
Christentumsgeschichte und ... 948.
Christian identity 327.
Christologie II 39.
Church and politics in Latin ... 994.
Cieślak, K. 813.
Città Italiane ... 737.
Class, G. 924.
Cleve, F. 01.
Cochlaeus, J. 541.
Colin, P. 730.
Collange, J.-F. 281.
Colón, D. M. 416.
Confessiones ecclesiarum ... 3 I 765.
Congresbundel: reformatiestudies 1119.
Cooke, B. J. 218.
Cooper, R. 282.
Cooper, T. D. 925.
Courth, F. 417.
Cracovia litterarum 010.
Craig, G. A. 791.
Crossmann, R. C. 183.
Cwirla, W. M. 901.
Cytowska, M. 570.

Dähne, E. 87.
Dalferth, I. U. 165.
Dalmases, C. de 448.
Dalzell, A. 569.
Damm, E. 85.
Daur, M. 418.
Davies, N. 738.
Debard, J.-M. 739.
Decavele, J. 740.
Decot, R. 697. 704.
»Dein leuchtend

Angesicht, Maria« 419.
Delhass, S. 133.
Delius, H.-U. 4. 46.
Delumeau, J. 110.
Demke, Ch. 926.
Denck, H. 624.
den Haan, J. 669.
Denis, Ph. 568.
Deppermann, K. 011. 449. 594. 625. 927. 1008.
Derousilles, F. D. 506.
Deschner, K. 450.
Deutsche Geschichte 145.
Deutsche Literaturgeschichte 325.
Dialogue between neighbours 786.
Dickens, A. G. 741.
Dickerhoff, H. 305.
Dictionnaire des mots ... 139.
Dienst, K. 889-891.
Diesner, H.-J. 283.
Dieter, M. E. 851.
Dithmer, R. 934.
Dittrich, Ch. 542.
Divergenzen in der Mariologie 012.
Doering, W. 5.
Dokumentation einer Tagung ... 045.
Dokumentation zum Kirchenkampf ... 7 III 928.
Dokumente zur causa Lutheri II 543.
Dopsch, H. 698.
Dotterweich, V. 712.
Douglas, J. D. 140.
Douglass, E. J. D. 479.
Dowling, M. 544.
Dreher, L. H. 595.
Dreher, M. N. 995.
Druki polskie ... 1 I 15; 1 II 769.

Ducellier, A. 015.
Duchrow, U. 996f.
Düding, D. 042.
Düfel, H. 86.
Dufour, A. 807f.
Dulles, A. 018.
Duntze, K. 892.
Duquoc, C. 327.
Durling, R. M. 451.
Dutschke, M. 326.
Dvořák, M. 678.

Ebeling, G. 40. 154. 166. 231f. 1034.
Ebenauer, A. 675.
Eberlein, H.-P. 893.
Ebert-Obermeier, T. 596.
Eckey, W. 066.
Egert, I. 705.
Ehmer, H. 633. 679. 706-708.
Eicher, P. 327.
Einig in der Lehre ... 998.
Einrich, J. 387.
Eire, C. M. N. 381.
Elberfelder Bibel 83.
Elert, W. 923.
Elwell, W. A. 140.
Emmrich, I. 678.
Enchiridion oecumenicium 999.
Enciclopedia pedagogica IV 143.
Endean, Ph. 545.
Enderle, W. 709.
Engammare, M. 502.
Engel, E. 020.
Enke, J.-F. 73.
Epp, R. 795.
Epperlein, U. 155.
Erasmus of Rotterdam: the man ... 571.
Erasmus Roterodamus, D. 569f.
Erazm z Rotterdamu 570.
Erbacher, H. 911.
Ereignisse ... Straßburger Geschichte 634.

Die Erweckung in Baden ... 910.
Erzbischof Albrecht von Brandenburg ... 013.
Essays ... Lewis Spitz 021.
Essays ... John Henry Card. Newman 894.
Estes, J. M. 569.
Estié, P. 742.
Etienne, F. 680.
Eto, N. 1000.
Evang. Frömmigkeit 024.
Evang. Erwachsenenkatechismus 1001.
Evang.-Luth. Kirche in Brasilien 014.
Evans, G. R. 501.
Evans, George Peter 420.
Ewe, H. 726.
Exalto, K. 45. 196.
Exposition ... Martin Bucer 040.

Faber, R. 1002.
Fabisch, P. 543.
Fafié, Th. A. 681.
Faith born ... 447.
Faits d'histoire ... 634.
La farce ... 743.
Feige, F. G. M. 929.
Feil, E. 930.
Ferry, P. 328.
Festschrift für Dieter Wuttke ... 412.
Festschrift für Georg Schwaiger ... 044.
Festschrift für H. A. J. Wegman. 377.
Festschrift für Nikolaus Becker ... 609.
Festschrift für Rolf Rendtorff ... 671.
Festschrift für S. Zilverberg 669.

215

Finke, Ch. 787.
Fischer, J. 788.
Fisher, G. P. 895.
Fix, U. 334.
Fläschendräger, W. 710.
Flasch, K. 480.
Fleinert-Jensen, F. 180. 931.
Fleischer, M. P. 021. 572. 1122.
Fleischmann-Bisten, W. 023 f.
Flessau, K.-I. 932.
Floristan, C. 327.
Flugschriften des späteren 16. Jahrhunderts I 41.
Folmar, B. R. 167.
Fontes hymnodiae Neerlandicae... 6.
Forck, G. 1088.
Fortschritte in der ... 554.
Fowler, A. 87.
Fränkische Lebensbilder XIV 623.
Fragnito, G. 546.
Francke, A. H. 852.
Frank, K. S. 421.
Frase, M. 422.
Frederiksson, I. 744.
Freudenberger, Th. 815.
Frey, Ch. 284. 1003.
Friedenthal, R. 111 f.
Friedrich, U. 591.
Frieling, R. 48. 1004.
Frijhoff, W. Th. M. 571.
Fritze, K. 043.
Fritze, R. H. 745.
Fromm, H. 033 f. 119. 922.
Les frontières... 015.
Frühneuhochdeutsches Wörterbuch 2 I 329.
Fürnrohr, W. 711.
Füssel, St. 412.

Füßl, W. 896.
Fugel, A. 635.
Furcha, E. J. 624.
Furnham, A. 285.
Fusselman, D. D. 398.

Gabrisch, A. 1109.
Gadamer, H.-G. 330.
Gäbler, U. [bzw. K. U.] 016. 636 f.
Gamm, H.-J. 932.
Ganoczy, A. 253.
García Hernando, J. 1005.
Garstein, O. 816.
Gasparo Contarini ... 546.
Gaßmann, G. 503. 789.
Gawthrop, R. L. 853.
Gayhart, B. A. 933.
Gedenkschrift für Reinhold Olesch 538.
Die Gegenwart Ockhams 480.
Geloof dat ... 016.
Gemeinsam unterwegs 926.
Gemeinsame Stellungnahme 1006.
Gennep, F. O. van 452.
Gerlings, W. 331.
Gernentz, H. J. 332.
Geschichte der Stadt Kempten 712.
Geschichte der Stadt Stralsund 726.
Die Geschichte des Christentums VIII 068.
Geschichte Salzburgs 2 III 698.
Geschiedenis, godsdienst ... 669.
Gestrich, Ch. 1007.
Gies, H. 934.
Gilmont, J.-F. 14.

Glaser, H. 141.
Glauben im Teilen ... 1082.
Glebe-Möller, J. 181.
Godfroy, M.-F. 547.
Godzik, P. 233.
Goebel, H. Th. 197.
Goebel, K. G. 817.
Goebel, U. 329.
Goede, U. 354.
Gönna, S. von der 573.
Goertz, H.-J. 682. 1008. 1123.
Goeser, R. 156. 234.
Goldammer, K. 626.
Gołubkin, J. A. 1124.
Gołuszka, M. 15. 769.
Gonzáles Montes, A. 999.
Gonzalez Novalin, J. L. 746.
Góźdź, K. 1009.
Grabes, H. 747.
The grace of God, the will ... 274.
Graf, F. W. 1010.
Gramlich, S. 897.
Les grandes dates ... 113.
Grass, H. 423.
Greef, W. de 1119.
Greiner, A. 219. 453. 935.
Greive, W. 045.
Greschat, M. 638 f.
Grethlein, Ch. 382.
Grimm, G. E. 333.
Grötzinger, E. 640.
Grootes, E. K. 669.
Groß, R. 748.
Große, R. 334.
Der große Ploetz 114.
Grote, H. 1011.
Grube, M. 44.
Die Grundlegung... 115.
Grzybkowska, T. 818.
Günther, G. 597.

Guggisberg, H. R. 032.
Guicharousse, H. 383.
Gustav Adolf Benrath Bibliographie ... 1125.
Gutkas, K. 781.
Gutmann, H.-M. 424.
Gutzen, D. 335.

Haas, A. M. 017. 481 f.
Die Habsburger 142.
Hägglund, B. 483. 819.
Haendler, G. 1126.
Haga, T. 936.
Hahn, E. 1012.
Hajduk, A. 749.
Halkin, L.-E. 574 f.
Hall, D. J. 182 f.
Hamann, B. 142.
Hamm, B. 937 f.
Hammann, G. 641. 939.
Hammer, G. 576. 642.
Handbuch der Fundamentaltheologie IV 018.
Handbuch der Geschichte ... 019.
Handbuch zum Evang. Kirchengesangbuch 3 II 387.
Hansische Stadtgeschichte – ... 020.
Happe, B. 425.
Haraldsø, B. 116.
Harasimowicz, J. 059. 683 f.
Hardenberg, F. von 866.
Hardt, T. G. A. 220 f. 254 f. 336 f. 426. 820.
Harper-Bill, Ch. 750.
Harran, M. J. 399.
Hartmann, H. 72.

Hartvelt, G. P. 1013.
The harvest of humanism ... 021.
Hasse, H.-P. 1117.
Haubold, A. 898.
Hausberger, K. 044. 548.
Hauschild, W.-D. 055.
Hausewedell & ... 7.
Die Hebräische Bibel ... 671.
Hege, L. 1127.
Heijting, W. 8 f.
Der Heilige Geist im ... 022.
Heimbucher, K. 184.
Heininen, S. 47. 751.
Heinrich, G. 549.
Heinzer, F. 518.
Held, W. 598.
Hell, S. 157.
Henkys, J. 1014.
Henning, F. 790.
Henning, H. 504.
Hermle, S. 940.
Herms, E. 198. 1015.
Herring, H. 864.
Herrmann, I. 141.
Herz, H. M. 1108.
Hesselink, I. J. 256.
Heubach, J. 05. 022. 030. 036 f. 159.
Heuss, A. 118.
Hexen und Hexenprozesse ... 427.
Heymel, M. 1016.
Hieronymus, F. 821.
Higman, F. 752.
Hild, H. 1017.
Hinkelammert, F. J. 061.
Hinlicky, P. R. 356.
Hintzenstern, H. von 88.
Hirsch, H. 673.
Des hochheiligen, ... Concils ... 842.
Hochhut, R. 470.
Höhne, H. 854.

216

Hörenz, G. 941.
Hövelmann, H. 80.
1128.
Höweler, C. A. 6.
Hof, W. J. op 't 855.
Hofacker, W. A.
510.
Hoffmann, M. 577.
Holeczek, H. 643.
Holze, H. 384.
Honecker, M.
1018 f.
Hopkins, W. L. 599.
Hornig, G. 856.
Houtman-Visser, L.
J. 428.
Hoyer, S. 600.
Huber, W. 1020.
Hubig, Ch. 400.
Huch, R. 791.
Hünermann, P. 199.
Hütter, R. 168.
Huovinen, E. 51.
429.
Hutchinson, J. C.
685.

Ich will euch ...
1109.
Im Lichte der Reformation XXXIII
023.
Im Lichte der Reformation XXXIV
024.
Immenkötter, H.
550. 712.
Ingu toru ... 483.
Ingu, T. 483.
Irmscher, J. 484.
Iserloh, E. 543. 942.

Jackowski, J. W. 42.
Jackson, T.R. 338.
Jacobs, M. 899.
Jahn, Ch. 1082.
Jahr, H. 943.
Jan Kochanowski ...
I 025.
Janssen, H. 822.
Jark-Swain, M. 185.
Jaspert, B. 026 f. 485.
792. 857. 944.
1021.

Jay, P. 186.
Jehle, F. 753.
Jehle, M. 753.
Jensen, O. J. 187.
1022.
Jepsen, M. 1100.
Jesudoss, D. W.
1023.
Jetter, H. 1001.
Jetter, W. 858 f.
Jeziorowski, J. 1032.
Jillich, A. 519.
Joestel, V. 97.
Johannes Paul II.
1024.
Johannesson, K.
754.
John Wesley: contemporary ...
851.
Johnson, J. F. 222.
Jordahn, O. 1025.
Jornados sobre Martín Lutero 158.
Die Juden in ihrer ...
675.
Jüngel, E. 945. 1026.
Jürgensmeier, F.
013.
Julius III. 842.
Jung, H.-G. 304.
Jung, M. 860.
Junghans, H. 038.
46. 601. 1027.
1042. 1115. 1129.
1133.
Junghans, R. 793.
861. 1133.
Jungkuntz, Th. R.
188.

Kähler, E. 49.
Kaiser, J.-Ch. 946.
Kalb, F. 385.
Kalinna, H. E.
1028.
Kammer, O. 103.
Kamppuri, H. T.
786.
Kantzenbach, F. W.
1029.
Kapp, M. 10.
Kasper, W. 200. 454.
Katalog der Lei-

chenpredigten ...
I 126.
[Katalogteil: ...] 89.
Kaufmann, H. B.
401.
Kaufmann, L. 134.
Kaufmann, Th. 11.
127.
Keen, R. 541.
Kees, H. van der
067.
Keil, J. 12.
Keogh, D. 994.
De kerk, wezen, ...
196.
Kern, W. 018. 455.
Kettling, S. 257.
Khosa, A. R. 1030.
Kick, R. 755.
Kiderlen, H.-J. 1031.
Kießig, M. 900.
Kießling, G. 686.
Killy, W. 033 f. 119.
922.
Kinder, G. A. 629.
Kinner, K. 947.
Kirche im Dialog
1032.
Kirche im Übergang
609.
Kirche und Nationalsozialismus
028. 937.
Kirisutosha no keiken 483.
Kirkpatrick, D.
447.
Kirst, N. 048.
Kišš, I. 169. 286 f.
Kittelson, J. M. 456.
823.
Klän, W. 801.
Klaiber, W. 862.
Klassiker der Religionspädagogik
029.
Klein, Ch. 1033.
Klein, U. 87.
Kleine Konkordanz:
... 71 f.
Kleinheyer, B. 223.
Klerk, P. de 1120.
Kłoczowski, J. 457.
756.

Klose, W. 058. 505.
824.
Kluekkohn, P. 866.
Knape, J. 412.
Knebel, H. 866.
Knitter, P. 201.
Knoche, H. 170.
Knuth, H. CH.
1034.
Kobuch, M. 602.
Koch, E. 21. 825.
Koch, T. 826 f.
Köhler, H.-J. 41.
Koehn, H. 13.
Köhnke, K. Ch. 913.
König, K. 713.
Köpf, U. 339. 402.
687. 948.
Körner, Ch. 1035.
Kößling, R. 763.
Köster, B. 03. 863.
1116.
Koester, C. 340.
Kohl, W. 699.
Kohler, A. 117. 558.
Koktanek, A. M.
471.
Kolb, R. 202. 486.
828.
Konersmann, F.
714.
Konfesja Augsburska ... 42.
Korpinen, S. 258.
Die Korrespondenz
H. M. Mühlenbergs III 865.
Korrick, L. 386.
Korsch, D. 259.
Koza, St. J. 949.
Kratochwil, E.-F.
1110.
Kratsch, D. 203.
Krause, E. 609.
Kremers, H. 1036.
1096. 1100.
Kress, H. 794. 950.
Kressel, K. 757.
Kretschmar, G. 644.
Kreutz, W. 578.
Krieger, Ch. 040.
Krieger, K. F. 147.
Krötke, W. 1078.
Kroon, Marijn [bzw.

M. J. J. P.] de 052 f.
645.
Krumwiede, H.-W.
603.
Kuck, D. 1037.
Kühn, R. 715.
Kühn, U. 031. 235.
1038 f.
Kürzdörfer, Karl
143.
Kürzdörfer, Klaus
1040.
Eine Kugel ... 90.
Kuhr, H. 91.
Kuitert, H. M. 106.
1112.
Die Kunst des Unterscheidens 030.
Kunzmann, P. 144.
Kuramatsu, I. 483.
1041.
Kvist, H.-O. 01.
Kyndal, E. 458.

LaBrosse, O. de 139.
Ladusch, M. 758.
Läpple, A. 1043.
Lage, D. 189.
Laiser, N. 1044.
Lange, D. 1045.
1099.
Lange, U. 145.
Laplanche, F. 551.
Lapointe, R. 459.
Larcher, G. 487.
LaRocca, T. 604.
Laskey, D. A. 341.
Laudatio Helmar
Junghans ...
1042.
Lauerwald, P. 605.
Lazareth, W. H. 204.
Leach, K. 146.
Lebrun, F. 113.
Lee, R. R. 1046.
Leeuw, J. F. de
1112.
Lehmann, K. 1047.
Die Lehrverurteilungen ... 031.
Leibniz, G. W. 864.
Leinsle, U. G. 829.
Leipold, H. 342.
Leisering, E. 606.

217

Lennep, M. F. van 759.
Lenz, R. 126.
Letocha, D. 02. 460.
A letter from C. F. W. Walther... 901.
Leu, U. B. 646.
The Leuenberg agreement... 1048.
Lewis W. Spitz: education... 1130.
La liberté de conscience... 032.
Liebing, H. 830.
Liederkunde II 387.
Liedke, G. 996f.
Liedtke, M. 019.
Lienhard, M. 040. 052f. 288f. 403. 552. 627. 647f. 716. 795. 902. 951f.
Lieske, R. 92.
Lindberg, C. 260. 1131.
Link, Ch. 171. 796.
Liste chronologique ... Jean Rott 1132.
Literatur Lexikon I 033; VII 119; VIII 034; IX 922.
Le livre dans l'Europe... 506.
Le livre religieux... 035.
Lobrichon, G. 343.
Lochmann, J. M. 388.
Loewenich, W. von 1056.
Lohse, B. 553. 697.
Longeon, C. 743.
Loonstra, B. 797.
Looß, S. 717.
Lubac, H. de 172.
Lukáš, J. 63.
Lutero, Martin 44.
Luther, Martin 23-38. 40. 43-46. 49-63. 66-69. 71-84. 1133.
Luther, Martti 51.

Luther als Seelsorger 036f.
Luther und Theosis 159.
Lutherbibliographie 1992 1133.
Die Lutherhalle Wittenberg 93.
Lutherjahrbuch LIX 038.
Luttenberger, A. P. 554.
Lutz, H. 117f.
Luzak, F.-J. 953.

Maaser, W. 290.
McGonigle, Th. D. 160.
McGrath, A. E. 205. 461.
Maciejewska, M. 736.
MacIntyre, A. 291.
McKee, E. A. 649.
McKim, D. K. 462.
Mackin, Th. 224.
Mähl, H.-J. 866.
Maffeis, A. 1049.
Mahlmann, Th. 831.
Mahrenholz, J. Ch. 1050.
Mai, H. 688.
Maier, K. E. 404. 718. 722.
Maimela, S. S. 1051.
Makkai, L. 765.
Malicki, M. 15. 769.
Maliszewski, K. 760.
Mann, G. 118. 463.
Mannermaa, T. 173.
Manns, P. 1011. 1101.
The many faces... 204.
Marburg:... 87.
Marcol, A. 296.
Margolin, J.-C. 670.
Maria – mater... 039.
Mariscotti de Görlitz, A. M. 954.

Markschies, Ch. 190.
Maron, G. 236. 488. 832.
Marquardt, F.-W. 671.
Martens, G. 261.
Martensen, D. F. 1048.
Martin, H.-J. 506.
Martin, L. 520.
Martin Bucer:... catalogue... 94.
Martin Bucer:... Exposition... 040.
Martin Rade: Theologe... 954.
Maser, H. G. 76.
Matter, F. H. 6.
Mau, R. 262. 1078. 1117.
Mazur, C. 579.
Meessen, P. 191.
Mehl, J. V. 555.
Mehlhausen, J. 056.
Meijer, A. de 122.
Meinardus, O. F. A. 689.
Meister, A. 83.
Melanchthon, Ph. 44. 521f.
Melantone, F. 44. 522.
De melodieën van het... 6.
Mendykowa, A. 761.
Menge, H. 83.
Mennecke-Haustein, U. 523.
Mertin, A. 07. 690.
Michalko, J. 206.
Middelkoop, E. van 1052.
Mieth, D. 489.
Milano, A. 955.
Milhou, A. 762.
Millet, O. 650f.
Ministerium verbi 344.
Moeller, B. 95.
Möller, Ch. 1053f.
Mohr, R. 225.

Moila, M. Ph. 1055.
Mora, A. 1134.
Morata, O. F. 763.
Moses, J. 292.
Mostert, W. 174. 798.
Le moyen âge et la Bible 343.
Mühlenberg, H. M. 865.
Mülhaupt, E. 524.
Müller, Ch.-R. 956.
Müller, F. 040.
Müller, G. 1056.
Müller, Hans Martin 430.
Müller, Hartmut 969-971.
Müller, Helmut A. 1057.
Müller, Helmut M. 147.
Müller, Herbert 148.
Müller, R. A. 719.
Müller-Mertens, E. 020.
Müntzer, Th. 607. 1138.
Mullett, M. 652.
Murray, S. 903.
Muszyński, H. 344.
Mutter der Glaubenden 039.
Mynors, R. A. B. 569.
Myśl ariańska... 833.
Mystisch-theosophische Texte... 64.

Nagel, N. 405. 1058.
Napiórkowski, St. C. 431.
Narzyński, J. 799.
Nave, F. de 1.
Neher, P. 237.
Nehlos, B. 580.
Nehmt... I 041.
Das Neue Testament: sechs... 83.

Neuhaus, G. M. 834.
Neuner, P. 263.
Neuss, E. 556.
Newman, John Henry Card. 894.
Nicollier, B. 807f.
Niemczyk, J. B. 344.
Niemetz, G. 149.
Niinivaara, E. 293.
Nilsen, E.-B. 238.
Nilsson, K. O. 464.
Nipkow, K. E. 858f. 957.
Nipperdey, Th. 1104.
Nirmal, A. P. 389.
Nischan, B. 835.
Noflatscher, H. 764.
Noland, M. R. 1059.
Nollau, Ch. 720.
Noordergraaf, A. 345.
Novalis (Ps) 866.
Nowak, K. 958.
Nowicki-Pastuschka, A. 432.
Nürnberger, K. 1060f.

Oberman, H. A. 207. 489.
Oblinger, H. 721.
Obst, H. 800.
Öberg, I. 433.
Öffentliche Festkultur 042.
Ökumenischer Dialog... 1062f.
Österreich und die Osmanen 781.
Ogonowski, Z. 833.
Ohlig, K.-H. 39.
Ohly, F. 264.
Oldenburg, M. 722.
Olesch, Reinhold 538.
Olivier, D. 465f.
Olshen, B. N. 312.
Olson, J. E. 836.
Omnes circumadstantes 377.
Opstellen... H. M. Kuitert 016.

O'Reilly, T. 837.
Der Ost- und Nordseeraum 043.
Ostmitteleuropas Bekenntnisschriften ... 3 I 765.
Ott, R. 882.
Otte, H. 867.
Ottemann, Ch. 959.

Pałubicki, W. 1064.
Pannenberg, W. 208. 346. 1065.
Papsttum und Kirchenreform 044.
Pareigis, W. 347.
Parvio, M. 838.
Passio Lutheri 47.
Patzelt, H. 766.
Paul III. 842.
Paulus, H. 434.
Pawlas, A. 294. 1066.
Peiponen, M. 1067.
Pekar, Th. 1114.
Pel, C. 96.
Pelc, J. 025.
Perkins, W. 839.
Persistent prejudice 673.
Persson, P. 298.
Pesch, O. H. 348. 1039.
Peschke, E. 852. 868.
Peter, C. J. 1068.
Peter, R. 14.
Peters, A. 406.
Petri, H. 012.
Petzoldt, M. 04. 608. 1042.
Peura, S. 265.
»Pfarrer, Christen ...« 960f.
Pfeiffer, G. 623.
Pflugiana 556.
Philipp, G. 869.
Pietrantonio, R. 1069.
Pinnock, C. 274.
Pirinen, K. 767.
Pius IV. 842.
Pizzo, E. 44.

Placher, W. C. 65.
Plathow, M. 1070.
Ploetz, K. J. 114.
Pöhlmann, H. G. 998.
Pörnbacher, H. 557.
Poesis et pictura 412.
Pokora, J. 691.
Pol, F. van der 490. 768.
Polacy i Niemcy 760.
Pollet, J. V. 556.
Polnische Drucke ... 1 I 15; 1 II 769.
Posset, F. 129. 491.
Potin, J. 1071.
Pranger, M. B. 492.
Preißler, H. 150.
Presença luterana 1990 1083.
Preul, R. 859. 1072.
Preus, R. D. 1073.
Prien, H.-J. 295.
Principaux faits ... 653.
Proceedings ... Erasmus University ... 571.
Professing theology 525.
Propyläen-Weltgeschichte VII 118.
Protestantische Ethik zwischen ... 045.
Pryszmont, J. 296.

Quellen zur Entstehung ... 801.
Quellen zur Geschichte Karls V. 558.
Quigley, J. F. 160.

Rade, M. 046. 209. 239. 266. 297. 904. 954. 962.
Raheb, M. 1074.
Rammel, C. 274.
Randell, K. 654.
Raphael, F. 795.
Rapp, F. 770.

Rasmussen, L. L. 963.
Rassow, P. 145.
Ratschow, C. H. 026. 964.
Raunio, A. 267.
Readings in the history ... II 65.
Reber, H. 692.
Rechtfertigung und Gerechtigkeit 023.
The Reformation 507.
Reformationen: ... 298.
Der Reformator mit dem Hammer 97.
Das Regensburger Religionsgespräch ... 047.
Reher, L. 1109.
Reich, Ch. 390.
Reichmann, O. 329.
Reimer, A. J. 965.
Reimer, H. H. 76.
Reimers, H. 75f.
Reingrabner, G. 840.
Reiniger, W. 16.
Reinitzer, H. 064.
Releitura da teologia ... 048.
La »Religione populare« 252.
Religionen unserer Welt 150.
Reller, H. 75f.
Renaissance und Barock 049.
Renaissance-Humanismus 050.
Rendtorff, R. 671.
Rendtorff, T. 299.
Reumann, J. 210.
Reusch, M. 407.
Reuter, H.-R. 1075.
Rhein, St. 98. 526.
Rhetorik zwischen ... 051.
Ricca, P. 44. 522. 1076.
Ricci, T. 128. 468.
Riché, P. 343.

Rieder, J. 905.
Rieske-Braun, U. 906f.
Ringel, K.-H. 349.
Ringeling, H. 175.
Ringleben, J. 948.
Ritoók-Szalay, Á. 771.
Robinson-Hammerstein, H. 063. 240. 391.
Roeck, B. 467.
Röhm, E. 672.
Roensch, M. 801.
Roessle 71.
Rössler, A. 268. 436.
Rößling, U. 99f. 1135.
Roettig, P. 693.
Rogge, J. 46. 609.
Rohls, J. 300.
Rohner, L. 581.
Roloff, H.-G. 119. 350.
Romano, R. 115.
Rommel, K. 041.
Roosen, R. 226.
Root, M. 211. 1077.
Roper, L. 437.
Rorem, P. 655.
Rosin, R. 408. 841.
Rostagno, S. 966.
Rothe, H. 538.
Rothen, B. 351. 967.
Rott, Jean [bzw. Hans Georg] 040. 052f. 17f. 582f. 610. 629. 634. 647. 653. 656-664. 723. 809f. 1132.
Roussel, B. 060.
Rubenstein, R. L. 673.
Rublack, H.-Ch. 508. 724.
Rudolf Mau zum 65. ... 1078.
Ruhloff, J. 050. 409.
Ruppert, M. 301.
Rusch, W. G. 1048.

Saarinen, R. 302.
Sachau, U. 135.

Sacro sancti oecumenici ... 842.
Salmonowicz, St. 843.
Sames, E. 928.
Samuel, P. K. 1079.
Samuel, R. 866.
Santos Noya, M. 493.
Sattler, D. E. 24-38.
Saulnier, Ch. 113.
Sauzet, R. 015.
Sbaffoni, F. 494.
Schad, M. 101.
Schade, H. von 870.
Schäfer, R. 054. 227. 241. 352. 527. 1080.
Schäferdiek, W. 1111.
Schaibley, R. W. 353.
Scheel, R. 065.
Scheffczyk, L. 176. 438.
Scheib, O. 559.
Scheible, H. 528-532.
Scheliha, A. von 968.
Schenk, W. 1081.
Schild, M. E. 19. 303. 533. 611.
Schildhauer, J. 725f. 772.
Schildt, J. 612.
Schiller, J. 63.
Schilling, J. 20.
Schlachter, F. E. 83.
Schleiermacher, F. D. E. 908.
Schlichting, W. 1136.
Schloemann, M. 066.
Schlosser, H. D. 354.
Schmid, H. H. 056.
Schmidt, E. 1082f.
Schmidt, G. R. 521. 534.
Schmidt, H. R. 242.
Schmitt-Lieb, W. 039.

219

Schmugge, L. 136.
Schnabel, W. 802.
Schneider-Flume, G. 1084.
Schnoor, Ch. 871.
Schnorr von Carolsfeld, J. 69.
Schnucker, R. V. 256. 1137.
Schnübbe, O. 304.
Schnurrer, Ch. F. 844.
Schockenhoff, E. 1085.
Schoder, R. 894.
Schoenborn, U. 014.
Schöpsdau, W. 71.
Scholars of early ... XXV 1137.
Schott, Ch.-E. 872.
Schreich-Stuppan, H.-P. 622.
Ein Schritt zur Einheit ... 055.
Schröder, I. 535.
Schröer, H. 029.
Schütte, H. 212. 998.
Schützeichel, H. 355.
Schuld: Zusammenhänge ... 476.
Schule und Unterricht ... 934.
Schulze, W. A. 909.
Schurb, K. 269. 665.
Schwaiger, G. 044.
Schwarz, R. 81. 129. 228.
Schwarzwäller, K. 270.
Schwebel, H. 07.
Schwinge, G. 881. 910f.
Schwöbel, Ch. 046. 912.
Scribner, R. W. [bzw. Bob] 509. 677.
Scriptural standards ... 1086.
Scripture alone 356.
Seebaß, G. 406.

Séguenny, A. 629. 809f.
Seifert, A. 305.
Semler, J. S. 873.
Shantz, D. H. 628.
Sheppard, G. T. 839.
Le siècle des lumières ... 874.
Siedhof, I. 1113.
Siegwalt, G. 229. 1087.
Simmel, G. 913.
Simon, H. 1088.
Simpfendörfer, G. 845.
Skowronek, A. 344.
Slenczka, R. 1089.
Smith, A. 1090.
Smith, G. S. 510.
Smith, H. B. 914.
Smolinsky, H. 068. 560.
Socci, A. 468f.
Sola scriptura 056.
Solé, J. 192.
Sommer, W. 306.
Soulie, M. 307.
Sparn, W. 064. 357.
Spengler, H. 1091.
Spengler, O. 470f.
Spijker, Willem van't 196. 243. 666. 773.
Spitz, Lewis W. 021. 1130.
Sprachgeschichte II 358.
Spruyt, B. J. 584.
St. Elisabeth ... 764.
Staat und Kirche 057.
Stacey, J. 851.
Stalmann, J. 387.
Stam, J. 613.
Stammbücher ... 058.
Stayer, J. M. 614.
Stec, W. 472.
Stefan Zweig 969-971.
Stegemann, E. 674.
Stegemann, W. 028.
Steiger, L. 875.
Stein, A. 213.

Steinacker, P. 177.
Steiner, J. 130.
Stempel, W. 102.
Stieber, R. 972.
Stockmann-Hovekamp, Ch. 359.
Stoll, K. 473.
Stolle, V. 360.
Stolt, B. 361f.
Strehle, J. 103.
Strehle, St. 667.
Strelan, J. G. 271.
Streminger, G. 1092.
Studia ... Frederic Cleve 01.
Stuhlmann, R. 1093.
Stupperich, M. 694.
Sundberg, W. 1094.
Synopse ... 84.
Szarota, T. 363.
Sztuka miast ... 059.

Tacke, A. 695.
Taylor, M. K. 062.
Tazbir, J. 774. 846.
Tejada, A. M. 120.
Tellechea Idígoras, J. I. 973.
Temme, J. M. 1095.
Le temps des Réformes ... 060.
Tenberg, R. 561.
Tenenti, A. 115.
Teología alemana ... 061.
Terra-X: ... Kolumbus 141.
Tetz, M. 915.
Der Text bringt ... 1096.
Théâtre et propagande ... 775.
Theology & violence 275.
Theology of the cross 183.
Thiede, W. 439-441.
Thierfelder, J. 672.
Thomas Müntzer: Auswahlbibliographie 1138.

Ehrung ... 614. 500. Geburtstag 615.
Thompson, J. L. 364. 442.
Thompson, V. 410.
Thorkildsen, D. 803.
Tillard, J. M. R. 272.
Tillich, P. 062. 974-976.
Timm, H. 1097.
Timmermann, H. 08.
Timmermann, K. 474.
Tinkler, J. F. 585.
Todd, J. M. 151.
Tode, S. 617.
Tokarczyk, A. 776.
Toon, P. 140.
Transmettre la foi I 411.
The transmission of ... 063.
Trappe, Ch. 1098.
Treu, M. 93. 97. 103-105.
Tuchman, B. 131.
Turchetti, M. 586.
Turowski, St. 804.
Turrado, A. 495.
Turtiainen, J. 365.
Tyfa, K.-H. 977.

Überholte Verurteilungen? 1099.
Ueding, G. 051.
Uhlig, Ch. 1116.
Ulewicz, T. 010.
Ullmann, W. 727.
Ullrich, L. 031. 273.
Ein unbekannter Brief ... an Martin Luther ... 21.
Unghváry, A. S. 777.
... unnder beider gestalt ... 102.
Urban, G. 536.
Urban, W. 778. 809.

Valcke, L. 587.
VanCleve, J. W. 308.
Veit, P. 392f.

Venard, M. 068. 244. 309. 779.
Verleden en heden 345.
Verspätete Orthodoxie 064.
Verzeichnis der Schriften Jean Rotts 1132.
Verzeichnisse ... JWKG 1139.
Veselý, D. 121.
Viallaneix, P. 289.
Vieker, J. D. 43.
»Vielleicht ...« 1100.
450 Jahre Reformation: Schorndorf ... 065.
Vilar, J. B. 780.
Villa-Vicencio, C. 275.
Villwock, J. 366.
Vinay, V. 1076.
Vinke, R. 1101.
Virmond, W. 908.
Vocelka, K. 781.
Voges, D.-H. 728.
Vogler, B. 214. 244. 411. 511. 805. 847.
Vogt, M. 145.
Volf, M. 1102.
Volkmann, M. 1103.
Vollrath, H. 147.
Von der Reformation zur Aufklärung 066.
Voor de achtste dag 067.
Vorster, H. 367.
Vossenkuhl, W. 480.

Wagner, H.H. 22.
Wajda, K. 760.
Wall, J. M. 525.
Walls, J. L. 274.
Walter, P. 588.
Wandel, U. J. 065.
Wanner, U. 1104.

Wantuła, A. 42.
Warfield, B. B. 978.
Warnke, M. 677.
Wartenberg, G. 46.
Was du ... 106.
Waschkies, H.-J. 876.
Wawrykowa, M. 877.
Weber, H. 334.
Wee, D. D. 245.
Wegman, H. A. J. 377. 394.
Wehr, G. 64. 607.
Weiland, J. Sp. 571.
Weir, D. A. 178.
Weiss. J. M. 848.
Weitlauff, M. 044.
Welte, M. 62.
Wemme, K. 782.
Wendehorst, A. 623. 700.
Wenz, G. 368.
Wenzel, E. 675.
Weß, P. 1105.
West, J. 369.
Wetzel, H. 5.
Wetzel, R. 496.
Weyer, R. van de 50.
Weyer-Menkhoff, M. 878.
Wicks, J. 215.
Wiebe, Ch. 1127.
Wiederkehr, D. 370.
Wiedermann, G. 537.
Wiedmann, F. 144.
Wieland, J. 310.
Wilckens, U. 1106.
Wilhelmi, Th. 1140.
Winkler, E. 230. 371.
Winling, R. 979.
Winter, I. M. 137.
Wirsching, J. 216.
Wirth, G. 618f.
Wischer, E. 049.
Włodarczyk, T. 833.
Wöhle, A. H. 372.
Wohlfeil, R. 696.
Wohlfeil, T. 696.
Wolf, H.-J. 475.
Wolf, St. 960f.
Wolff, G. 879.
Wolgast, E. 538.
Wollgast, S. 620.
Wolny, J. 783.
Wolpers, Th. 476.
Wriedt, M. 497-499.
Wright, W. J. 562.
Die württembergischen Klosterschulen ... 708.
Wulfert, H. 1125.
Wuttke, D. 412.
Yamada, A. 483.
Die Zeit der Konfessionen 068.
Ziegler, W. 512.
Zilleßen, D. 029.
Zilverberg, S. 669.
Zimmerling, P. 880.
Zöllner, E. 781.
Zur Sache – Das Kreuz! 953.
Zur Mühlen, K.-H. 161.
Zwanepol, K. 179. 193. 980.
Zwingli in vielerlei ... 668.